Henry Mance · Mit Tieren leben

HENRY MANCE

MIT TIEREN LEBEN

Warum wir das Verhältnis zwischen
Mensch und Tier neu definieren müssen

Aus dem Englischen
von Yamin von Rauch

KEIN & ABER

Für Eliza, die sich früher für einen »*Very*-tarier« hielt, und Cleo, die manchmal glaubt, sie sei ein Tiger.

Die Originalausgabe erschien 2021 unter dem Titel
How to love animals bei Jonathan Cape

Deutsche Erstausgabe

Cover: Maurice Ettlin
Satz: Dörlemann Satz, Lemförde
Druck und Bindung: GGP Media GmbH, Pößneck
ISBN 978-3-0369-5853-8
Auch als eBook erhältlich

www.keinundaber.ch

INHALT

Vorwort

Liebe ist die äußerst heikle Erkenntnis, dass etwas anderes als man selbst real ist. Liebe … ist die Entdeckung der Wirklichkeit.
Iris Murdoch

Um in dieser Welt den Anschein gezielten Handelns aufrecht zu erhalten, muss man daran glauben, dass etwas falsch oder richtig ist.
Joan Didion

Ich sah, wie die besten Köpfe meiner Generation von Katzenvideos zerstört wurden. Katzen, die über gebohnerte Fußböden schlittern, in Kartons springen oder den Abstand zum Dach des Nachbarhauses falsch einschätzen. Es waren die goldenen Jahre des Internets, bevor die Impfgegner und Anti-Anti-Faschisten aufgetreten sind und alles verdorben haben.

Diese Videos sagen etwas über uns aus. Wir halten uns für Tierfreunde. Wir verschlingen Naturdokumentationen und herzerwärmende Geschichten über die erstaunlichen Fähigkeiten von Tieren. Wir erwärmen uns für Politiker, die mit Tieren posieren – ihre Haustiere würden vermutlich eher wiedergewählt werden als sie selbst.

Doch unsere Tierliebe kommt mit Selbstzweifeln daher. Wir wissen, dass sich unsere Gesellschaft in eine andere Richtung bewegt hat. Wenn man uns drängt, werden wir zugeben, dass die meisten Nutztiere wahrscheinlich kein gutes Leben haben, und dass viele Wildtiere ihren Lebensraum verlieren. Wir würden es zwar lieber sehen, wenn die Situation eine andere wäre, doch das ist der Preis, den wir für unseren Wohlstand zahlen.

Also denken wir nicht viel über Tiere nach. Obwohl sie das Material für die meisten unserer Nahrungsmittel und Kleidungsstücke liefern, obwohl sie zum Aufstieg und Fall menschlicher Gesellschaften beigetragen haben, und obwohl sie wahrscheinlich noch immer hier sein werden, wenn wir verschwunden sind, machen wir uns kaum Gedanken über ihre Existenz.

Unser Planet scheint den Menschen zu gehören. Da ich in der Stadt lebe, wie ein Großteil der Weltbevölkerung es heute tut, kann ein ganzer Tag vergehen, an dem ich kaum ein Tier sehe. Ich gehe an einigen Tauben vorbei, verscheuche eine Fruchtfliege und hebe meine Katze Crumble behutsam von der Ecke der Zeitschrift, die ich gerade lesen will – und dann mache ich so weiter wie bisher. Tiere tauchen in klischeehaften Darstellungen und witzigen Logos auf, aber nicht als fühlende Wesen, die auf diesem Planeten in der Mehrzahl sind. Wir sind eine Gattung unter etwa 500 Primaten, 6400 Säugetieren und grob geschätzt etwa sieben bis acht Millionen Tieren. Wie häufig wird uns das bewusst?

Wenn wir uns mit Tieren befassen, teilen wir sie in Arten und Gruppen auf: Kühe, Hunde, Füchse, Elefanten und so weiter. Und wir weisen ihnen einen Platz in unserer Gesellschaft zu: Kühe gehören auf den Teller, Hunde aufs Sofa, Füchse in die Mülltonne, Elefanten in den Zoo, und Millionen wilder Tiere bleiben irgendwo da draußen, bis sie hoffentlich in einer der nächsten Dokumentationen von David Attenborough auftreten werden. Diese Fähigkeit zur Kategorisierung hat sich als außerordentlich nützlich erwiesen: Sie hat es uns ermöglicht, uns mit Nahrung zu versorgen, Gefährten zur Unterhaltung zu finden und uns vor gefährlichen Tieren zu schützen. Sie hat verhindert, dass wir jedes Mal eine philosophische Debatte führen müssen, wenn wir ein Sandwich essen wollen. Sie hat uns davor bewahrt, uns schuldig zu fühlen, nur weil wir existieren.

Doch diese Kategorien sind instabil. Tatsächlich sind sie gerade dabei, sich aufzulösen. Fast täglich werden wir mit neuen Erkenntnissen über unsere Mitgeschöpfe konfrontiert. Von Tieren, die wir als Nahrungsmittel betrachten – vor allem Schweine und Kühe –, weiß man mittlerweile, dass sie mental und sozial komplexe Wesen sind. Tiere, die wir lange für entbehrlich gehalten haben – wie Wölfe und Biber –, haben sich als unverzichtbar für unsere Umwelt erwiesen. Tiere, die wir besonders schätzen – wie Jaguare und Orang-Utans –, sind durch den menschlichen Fortschritt heimatlos geworden.

Derartige Kategorien sagen mehr über uns selbst aus als über die Tiere. Je mehr wir die Tiere um ihrer selbst willen lieben, desto brüchiger werden unsere Kategorien. In der westlichen Welt sind wir größtenteils überzeugt, dass es falsch ist, wenn manche Japaner Wale, manche Südkoreaner Hunde und manche Kambodschaner Ratten essen. Aber versuchen Sie mal zu erklären, warum es in Ordnung ist, Schweine und Kühe zu verspeisen anstatt Wale und Hunde, und Sie verirren sich in einem philosophischen Kaninchenbau – wie der Auftragskiller in Quentin Tarantinos *Pulp Fiction*, der argumentiert, ein Hund könne kein schmutziges Tier sein, da er »Persönlichkeit« besitze. Schweine haben auch Persönlichkeit. Warum ist es dann in Ordnung, 1,5 Milliarden Schweine im Jahr umzubringen, aber ein Frevel, einen Hund zu schlachten? Warum ist es in Ordnung, Schweine in kahlen Gehegen zu halten, nicht aber Hunde? Warum ist es moralisch falsch, ein Dutzend Wale zu jagen, nicht aber, Fischernetze zu verwenden, in denen sich hunderte Delfine verfangen?

Einfach gesagt: Weil die Tierliebe einer der Grundwerte der westlichen Gesellschaft ist, und das rationale Denken ein anderer. Doch unsere Behandlung von Tieren entspricht keinem dieser Werte; sie ist von Tradition und Trägheit geprägt. Niemand würde das drohende Massenaussterben wilder Tiere gutheißen, schon gar nicht die Tiere selbst. Wie sollen wir der nächsten Generation erklären, was direkt vor unseren Augen geschieht? Charles Darwin befand, dass schamhaftes Erröten die menschlichste aller Ausdrucksformen sei – was passend ist, denn wir haben genug Grund zum Erröten.

Bevor das Coronavirus uns befallen hat, haben Optimisten gesagt, dass wir in der besten Zeit leben, die es für den Menschen jemals gab – wenn man sich eine Zeit aussuchen könnte, in der man leben möchte, dann sollte es jetzt sein. Aber würden sich andere Lebewesen auch so entscheiden? Würden Sie heute als ein nichtmenschliches Säugetier geboren, wäre es sehr wahrscheinlich, dass Sie sich in einem Massentierhaltungsbetrieb wiederfinden würden, in einer beengten, unnatürlichen Umgebung. In einem großen Molkereibetrieb produziert eine Kuh vielleicht vier mal so viel Milch wie vor einem Jahrhundert, doch ihre Lebenserwartung ist deutlich gesunken. Als Wildtier wären Sie weit größerer Gefahr ausgesetzt als noch vor einigen Generationen, dass Ihr Lebensraum zerstört wird oder sich das Klima so sehr verändert, dass Sie sich nicht mehr anpassen können. Seit den 1970er-Jahren haben sich die Wildtierpopulationen im Durchschnitt um zwei Drittel verringert, wie der Living Planet Index (LPI) belegt. Und weil der Tierhandel vor allem in Asien stark zugenommen hat, bestünde außerdem die Gefahr, dass Sie in Gefangenschaft geraten und unter grausamen Bedingungen gehalten werden würden. Wir stellen uns vielleicht vor, wie ein Hund im heutigen Amerika zu leben, auf dem Sofa herumzulungern, Biokekse zu futtern und einen drolligen Instagram-Account zu haben, falls wir zufällig reinkarniert werden sollten, doch es ist mindestens zwanzig Mal wahrscheinlicher, dass wir als Hühner in einer Legebatterie enden. Wenn ein Tier sich eine Zeit aussuchen könnte, in der es leben wollte, würde es sich dann für heute entscheiden? Ich glaube kaum.

Was würde geschehen, wenn wir über Tiere nachdächten – über alle Tiere? Würde sich unsere Nahrungsversorgung, unser Umgang mit der Umwelt und unser Blick auf Tiere im Zoo verändern?

Wie viele andere Leute verliebte ich mich in Tiere, weil ich sie wunderbar fand. Meine Familie besaß einen Hund, und meine Eltern nahmen mich mit in den Zoo. Wir sahen uns das Grand-National-Pferderennen im Fernsehen an, und ich war verblüfft, dass Pferde ohne Reiter disqualifiziert wurden; war es nicht bemerkenswert, dass sie schneller liefen, wenn der Jockey heruntergefallen war? Auf der Universität war ich für eine kurze Zeit Vegetarier, aus Umweltschutzgründen, bis ich eines Tages in einem Drop-down-Menü die falsche Option auswählte und infolgedessen auf einem Langstreckenflug nur ein paar rohe Karotten zum Abendessen serviert bekam. In meinen Zwanzigern entdeckte ich die Fotografie. Ich war besessen davon, eine Hummel im Flug, einen Grashüpfer aus nächster Nähe und andere wundersame Tiere festzuhalten. Ganz im Geiste von George Best gab ich 90 Prozent meines Geldes für Kameralinsen aus, den Rest verplemperte ich einfach.

Tiere zu fotografieren lohnt sich besonders. Ein halbes Dutzend glänzender silberner Fische, die auf einem Dock liegen. Ein Orang-Utan auf Borneo, der lässig von Ast zu Ast schwingt. Ein junges Nilpferd auf einer Farm in Kolumbien, die früher dem Drogenbaron Pablo Escobar gehörte, der im Gegensatz zu mir rohe Karotten als Nahrung für die Seele ansah. Je genauer man unsere Mitgeschöpfe betrachtet, desto erstaunlicher erscheinen sie einem. Auf einem Fotoausflug stand ich einmal an Deck eines Boots und beobachtete die Papageientaucher, die sich gegen den Nordseewind stemmten, um zu ihren Nistplätzen zurückzugelangen, als ich hörte, wie ein kleiner Junge seinen Eltern mit ernster Miene zuflüsterte: »Ich liebe die Papageientaucher.« Ich liebe die Papageientaucher auch, dachte ich. Doch was hatte ich eigentlich für sie getan, außer Fotos zu machen? Hatte meine Bewunderung einen Nutzen für sie? Hatte ich ihnen irgendetwas zurückgegeben für das Vergnügen, das sie mir bereiteten? Ich war ein Tierfreund in der Theorie, aber vermutlich nicht in der Praxis.

Heutzutage gehen wir mit dem Wort Liebe sehr großzügig um, wir lieben alles mögliche, von unseren Eltern bis zu den neuen Tischsets. Iris Murdoch war der Auffassung, Liebe sei ein Leitbegriff der Moralphilosophie, eine Kraft, die uns unsere Ichbezogenheit überwinden lässt. Für sie beruhte Liebe vor allem auf der Fähigkeit, anderen unsere Aufmerksamkeit zuzuwenden. Denn wenn wir das Wohlergehen anderer bedenken, werden wir uns ihnen gegenüber richtig verhalten. Obgleich Murdoch dabei an die Liebe zwischen Menschen dachte, lässt sich ihr Gedanke problemlos auf unseren Umgang mit anderen Lebewesen übertragen. Wir sind aufgefordert, Liebe nicht als etwas anzusehen, das wir bekennen, sondern das wir praktizieren, indem wir die Einzigartigkeit anderer Lebewesen achten und über unsere eigene Voreingenommenheit nachdenken.

Ich beschloss, mich selbst auf die Probe zu stellen. Ich wollte herausfinden, ob meine Tierliebe sich auch in meinem Verhalten niederschlug, oder ob sie eher theoretisch war – wie meine Vorliebe für Arthouse-Filme. Über die Wunder und die Schönheit der Tierwelt zu staunen, während man sich Naturdokumentationen ansieht, ist ja ganz nett, doch ich wollte etwas tun. Ich wollte ergründen, welchen Platz sie in unserer Welt einnehmen. Ich wollte mich mit der Realität von Bauern- und Schlachthöfen, Zoos und Tierhandlungen, Ozeanen und Wäldern konfrontieren. Verhielt ich mich Tieren gegenüber fair? Wenn nicht, konnte ich mich ändern? Das würde mein »Animal Test« sein. Diese Erfahrung sollte mich aus meiner Blase herausholen, und sie hat meine Lebensweise auf vielfältige Weise verändert. Ich glaube, das kann uns allen gelingen.

Doch zunächst müssen wir uns die Frage stellen, warum wir Tiere überhaupt fair behandeln sollten?

❖

Es gibt ein berühmtes psychologisches Experiment, bei dem Kinder je einen Marshmallow vorgesetzt bekommen und anschließend allein in einem Raum bleiben. Zuvor hat man ihnen gesagt, wenn sie warteten und den Marshmallow nicht gleich aufäßen, bekämen sie einen weiteren. Im Durchschnitt halten Vorschulkinder weniger als zehn Minuten durch, bevor sie den Marshmallow essen. Das Experiment veranschaulicht eine grundlegende menschliche Erfahrung – unseren ständigen Kampf, unsere Begierden im Zaum zu halten und Pläne für die Zukunft zu machen.

Aber wie typisch menschlich ist das eigentlich? Bei einem vergleichbaren Test mit Schimpansen zeigte man ihnen die Belohnungen, die sie erhalten würden, wenn sie geduldig warteten. Die Schimpansen schnitten dabei ungefähr so gut ab wie die Kinder – manche widerstanden der Versuchung sogar zwanzig Minuten lang. Sie verwendeten sogar dieselbe Taktik wie die Kinder und lenkten sich mit Spielsachen ab, um die Süßigkeit nicht zu essen. Ein afrikanischer Graupapagei, dem man bedeutete, auf eine schmackhaftere Nuss zu warten, konnte sich fünfzehn Minuten lang beherrschen. Derartige Experimente legen nahe, dass zumindest einige Tiere einen Begriff von Zukunft haben – sie können verschiedene Optionen abwägen und das ausüben, was wir bei Menschen gern als freien Willen bezeichnen.

Über die Jahrhunderte haben Denker von Aristoteles bis Karl Marx versucht herauszufinden, zu welchen Dingen nur der Mensch in der Lage ist. Einst waren wir die einzige Gattung, die Werkzeuge herstellen kann. Dann beobachtete Jane Goodall, wie ein wildlebender Schimpanse ein Stöckchen nahm, um damit Termiten aus einem Bau zu angeln. Heute wissen wir, dass es sich dabei nicht um ein einmaliges Vorkommnis handelte: Eine Theorie besagt sogar, dass Kobras das Spucken erlernten, um sich gegen Werkzeug schwingende Primaten zu verteidigen. Andere Tiere verwenden nicht nur Werkzeuge, sie stellen sie auch her. In neueren Experimenten bastelten Krähen aus Neukaledonien Werkzeuge aus verschiedenen Einzelteilen zusammen, um an Futter in einer Kiste zu gelangen. Es scheint ihnen Spaß zu machen, mit Werkzeug zu hantieren.

Andere Tiere erfassen auch abstrakte Konzepte. Keas, große Papageien, die in Neuseeland leben, besitzen einen Instinkt für statistische Wahrscheinlichkeiten. Die Forscher zeigten ihnen zwei Gläser mit jeweils unterschiedlichen Anteilen schwarzer und oranger Stäbchen, von denen sie die schwarzen wie eine Währung gegen Leckereien eintauschen konnten. Wenn der Forscher nun aus beiden Gläsern ein Stäbchen zog, ohne dass sie es sehen konnten, wählten die Keas immer die Hand, die in das Gefäß gegriffen hatte, in der mehr schwarze als orange Stäbchen enthalten waren.

Vogelgehirne sind zwar klein, doch deutlich leistungsstärker, als die Menschen einst angenommen haben. Einige Papageien und Schimpansen sind dazu in der Lage, Wörter zu benutzen: Nachdem man ihm die Wörter »grün« und »Banane« beigebracht hatte, verwendete ein Schimpanse den Ausdruck »grüne Banane«, um eine Gurke zu bezeichnen. Präriehunde haben unterschiedliche Warnrufe für Kojoten, Hunde, Menschen und Rotschwanzbussarde. Und wenn man ihnen ein Objekt zeigt, das sie noch nie zuvor gesehen haben, verwenden sie unabhängig voneinander immer denselben Ruflaut, um es zu beschreiben. Komplexe Kommunikation findet sich nicht nur bei Säugetieren. Hummeln können sich gegenseitig mitteilen, wo eine Nektarquelle zu finden ist – in Form eines Tanzes, der sich an der Position der Sonne orientiert. Sie können sich mehrere Tage lang unterschiedliche Orte merken. Forscher haben sich sogar eine Form von »Bienenfußball« ausgedacht: In einem Experiment erhalten die Bienen Zuckerwasser, nachdem sie einen Ball in ein Loch befördert haben. Eine Biene, die noch nie mit einer derartigen Aufgabe konfrontiert war, findet dennoch den kürzesten Weg, um das Tor zu machen. In natürlicher Umgebung konnte sie keine derartige Erfahrung machen. Dennoch »scheint sie das gewünschte Ziel zu erfassen und nicht nur das Verhalten anderer Bienen nachzuahmen«, sagt der Psychologieprofessor Lars Chittka von der Queen Mary University of London. Spinnen benutzen alle ihre acht Beine, um ein Netz zu spinnen, und wenn sie eines ihrer Beine verlieren, was häufig vorkommt, sind sie immer noch in der Lage, ein gleichartiges Netz zu spinnen. Eine Interpretation besagt, dass sie eine Vorstellung davon haben, was sie konstruieren wollen, und ihr Verhalten den Umständen anpassen. Ihre Gehirne mögen klein sein, aber sie sind außerordentlich effizient in der Nutzung ihrer Kapazitäten.

Wir können mittlerweile mit ziemlicher Sicherheit davon ausgehen, dass einige Tiere sich selbst in einem Spiegel erkennen, ein Zeichen dafür, dass sie ihre eigene Existenz begreifen, und eine Voraussetzung dafür, die Emotionen ihrer Mitgeschöpfe zu verstehen. Tiere können nützliches Verhalten erlernen und weitergeben: Als in Großbritannien Milchflaschen mit Verschlüssen aus Aluminiumfolie eingeführt wurden, fanden Blau- und Kohlmeisen bald heraus, wie man sie aufpickt, und diese Technik verbreitete sich im ganzen Land. Aufgrund anderer Umweltbedingungen oder einfach aus Experimentierfreude kommt es vor, dass eine Gruppe von Walen oder Elefanten eigene Praktiken entwickelt, die sie von anderen Gruppen unterscheiden – so wie sich menschliche Gesellschaften voneinander unterscheiden.

Tiere sind also intelligent, aber was können sie fühlen? Wir können nicht in den Kopf eines Gorillas schauen, ebenso wenig wie in den Kopf eines anderen Menschen. Wir können ihn nicht fragen, was er empfindet. Aber wir können das Verhalten von Tieren beobachten und ihre Körper studieren, ohne von vornherein davon auszugehen, dass ihre Fähigkeiten beschränkt sind. Außerdem können wir versuchen, eine Erklärung für ihr Verhalten zu finden, beispielsweise indem wir Tests verwenden, bei denen die Tiere eine Wahl treffen müssen, um etwas über ihre Vorlieben herauszufinden. Der Mensch fühlt Schmerzen, weil er darauf spezialisierte Nervenenden, ein Zentralnervensystem und den Neocortex hat. Andere Säugetiere verfügen über ähnliche Strukturen. Vögel haben eine Hirnregion, die dieselben Funktionen auszuüben scheint. Darüber hinaus sind viele Tiere dazu in der Lage, ein Vermeidungsverhalten auszubilden, wenn sie einem schmerzhaften Stimulus ausgesetzt werden – oder sie sind bereit, einen Preis dafür zu zahlen, um den Schmerz zu lindern, so wie wir uns in die nächste Apotheke schleppen, wenn wir schlimmes Kopfweh haben.

Wenn Afrikanische Elefanten sich nach einer längeren Zeit wiedertreffen, passen sie ihre Begrüßung daran an, wen sie begrüßen und wie gut sie denjenigen kennen. »Selbst streng wissenschaftlich betrachtet, kann keinerlei Zweifel daran bestehen, dass die Elefanten Freude empfinden, wenn sie sich wiedersehen«, schreibt Cynthia Moss, eine der Pionierinnen in der Verhaltensforschung zu Elefanten. »Sie ist vielleicht nicht mit menschlicher Freude vergleichbar, aber es ist Elefantenfreude, und sie spielt eine bedeutende Rolle in ihrem sozialen System.«

Noch 1987 konnte man im *Oxford Companion to Animal Behaviour* lesen, dass Tiere »nur ein begrenztes Spektrum an Grundemotionen« vorweisen: Angst, Freude, eventuell auch Wut. Auch an meiner Universität gab es Vertreter dieser Meinung. Wenn man Trauer allerdings dadurch definiert, dass man sich nach dem Ableben eines Verwandten anders als vorher verhält, dann sind Afrikanische Elefanten fähig zu trauern. Wale ebenso. 2018 starb ein Orca-Kalb vor der Küste von British Columbia, und seine Mutter tauchte mehrmals in die Tiefe, um es wieder heraufzuholen. Ihr muss klar gewesen sein, dass das Kalb tot war, dennoch behielt sie es über siebzehn Tage und 1000 Seemeilen bei sich. Andere Orcas und Delfine haben ihre toten Kälber noch eine Woche lang bei sich behalten. Wir wissen zwar nicht, wie weit verbreitet dieses Verhalten in der Tierwelt ist, doch der Mutterinstinkt beschränkt sich nicht auf Säugetiere – auch manche Schlangen beschützen ihre Jungen.

Fairness scheint eine der komplexen Strategien zu sein, die nur unter Menschen vorkommt. Doch es gibt Anzeichen dafür, dass einige Primaten und Hunde ebenfalls eine Vorstellung von Fairness haben – beim Teilen von Futter beispielsweise. Es könnte tatsächlich sein, dass wir nicht die einzige Spezies sind, die sich willentlich altruistisch gegenüber den Vertretern anderer Arten verhält: Die Wissenschaftlerin Joyce Poole hat dokumentiert, wie eine Elefantin neben einem Hirten mit einem gebrochenen Bein Wache stand. (Man muss fairerweise hinzufügen, dass die Elefantin für das gebrochene Bein verantwortlich war, wenn auch unabsichtlich.)

Haben Tiere Stimmungsschwankungen? Menschen reagieren anders auf uneindeutige Stimulationen, wenn sie vorher einen positiven

Anreiz erfahren haben – deshalb kaufen Leute Lotterielose, wenn sie gerade guter Laune sind. Schweine sind optimistischer gestimmt und erkunden neue Objekte mit mehr Eifer, wenn sie gut untergebracht sind und reichlich Platz und Stroh haben. Auch Bienen können sich optimistisch verhalten.

Sind Tiere Individuen? Jeder Haustierbesitzer kennt die Antwort. Eines meiner Lieblingsbeispiele stammt von dem chinesischen Künstler Ai Weiwei, der in Peking mit über vierzig Katzen lebt: »Eine von ihnen weiß, wie man Türen öffnet … wäre ich dieser Katze nicht begegnet, wüsste ich nicht, dass Katzen Türen öffnen können.«

Ich habe mit verschiedenen Katzen zusammengelebt, von denen nur eine Freude daran hatte, Fangen mit Papierschnipseln zu spielen, die ich im Zimmer herumwarf. Zweifellos sind sie alle Individuen gewesen.

In der Humanpsychologie setzt sich die Persönlichkeit eines Menschen aus Verhaltensmustern zusammen, die über einen längeren Zeitraum stabil bleiben und die sich vom Durchschnitt der Bevölkerung unterscheiden. Vor einigen Jahrzehnten ist Wissenschaftlern bei der Beobachtung von Kohlmeisen in den Niederlanden und wilden Dickhornschafen in Kanada aufgefallen, dass einige Individuen entsprechende Verhaltensmuster aufwiesen – sie waren beispielsweise besonders wagemutig oder angriffslustig. Schon das Wort »Persönlichkeit« scheint sich speziell auf den Menschen zu beziehen. Einige Forscher fühlen sich so unwohl bei der Vorstellung, dass Tiere Persönlichkeit haben könnten, dass sie absurde sprachliche Umwege eingehen und von »Verhaltenssyndromen« sprechen. Doch die Evolution arbeitet mit individuellen Variationen.

»Wir glauben, der Mensch sei etwas Besonderes. Wenn man sich die biologischen Voraussetzungen von Verhalten anschaut, unterscheiden sich die grundlegenden Systeme von Säugetieren und Fischen nur wenig«, sagt der Verhaltensbiologe Niels Dingemanse von der Ludwig-Maximilian-Universität München und einer der Pioniere der Tierpersönlichkeitsforschung. »Wenn wir beobachten, dass Fische exakt dieselbe Stressreaktion wie Menschen haben, finden wir das erstaunlich. Es ist nicht erstaunlich. Wenn es eine optimale Form der Entwicklung gibt, warum sollte diese sich nicht bei verschiedenen Spezies ausbilden?«

Um den Graben zwischen uns und anderen Lebewesen zu überbrücken, müssen wir vor allem begreifen, dass wir nicht so schlau sind, wie wir denken. In einer klassischen Studie aus dem Jahr 1977 wurden Kunden befragt, welche von vier Nylonstrumpfhosen die beste Qualität habe. Obgleich alle vier Paare identisch waren, sagten die meisten Kunden, die Strumpfhosen, die ganz rechts lagen, hätten die beste Qualität. Auf die Frage, warum dies so sei, antworteten sie mit einer Beschreibung der Verarbeitung, keiner von ihnen erwähnte die Position. Wir Menschen machen uns oft etwas vor, was unsere eigenen Instinkte angeht.

Vielen von uns fällt es instinktiv nicht schwer, Ähnlichkeiten zwischen Menschen und anderen Säugetieren in Bezug auf Intelligenz, Emotionen und soziale Beziehungen zu akzeptieren. Schwieriger wird es bei Fischen, Vögeln und Insekten, weil sie sich im Aussehen so stark von uns unterscheiden. Dennoch gibt es Eigenschaften und Fähigkeiten, die weiter in die Evolutionsgeschichte zurückreichen, als wir bislang angenommen haben. 2016 haben der Neurologe Todd Feinberg und der Evolutionsbiologe Jon Mallatt die These aufgestellt, dass nicht nur Menschen einen Erfahrungsbegriff haben, und nicht einmal nur Säugetiere und Vögel, sondern jedes Tier mit einer Wirbelsäule. Das Bewusstsein, argumentieren sie, existiert bereits seit mindestens 520 Millionen Jahren, lange bevor es Wälder und Säugetiere gab. Es entstand im Kambrium, als die ersten fischartigen Wirbeltiere in den Ozeanen schwammen.

Das Bewusstsein ist ein nur schwer greifbares Konzept; es näher zu definieren, ähnelt einem Puzzle, bei dem die einzelnen Teile verdeckt auf dem Tisch liegen. Es genügt zu sagen, dass das Bewusstsein die Fähigkeit beinhaltet, Informationen zusammenzubringen, die die verschiedenen Sinnesorgane liefern, und diese Informationen über die

Welt und die momentane Situation, in der sich das Tier befindet, zu verarbeiten. Feinberg und Mallatt stellten anhand von Fossilienfunden fest, dass die ersten Wirbeltiere hochauflösende Facettenaugen hatten, deren Bilder anschließend im Gehirn verarbeitet wurden. Sie konnten sich also ein Bild von der Welt machen. Der Auslöser für diese Entwicklung scheint das Auftreten der ersten Raubtiere auf dem Grund der Ozeane gewesen zu sein – Würmer, die andere Würmer fraßen; daraus entwickelte sich ein Wettrüsten um die am besten ausgebildeten Sinnesorgane und die schnellste Verarbeitungsgeschwindigkeit. Einige der Wirbellosen – wie Insekten, Krebse und Oktopusse – scheinen unabhängig von den Wirbeltieren ein Bewusstsein entwickelt zu haben. Das bedeutet, dass es offensichtlich möglich ist, die Welt mit den Augen einer Krähe, eines Dorsches oder eines Krebses zu sehen. Noch vor wenigen Jahrzehnten hätte man eine derartige Vorstellung als aberwitzig abgetan.

Es kommt vor, dass Veranstalter Wettkämpfe zwischen einem Olympiaschwimmer und einem Hai oder einem geschickten Leistungssportler und einem Schimpansen organisieren. Natürlich verlieren die menschlichen Teilnehmer dabei immer. Tiere können so vieles besser als wir: Hunde können Krankheiten riechen, sogar das Coronavirus, und Schildkröten können über tausende Meilen zu ihrem Ziel navigieren (auch wenn sie sich unterwegs oft verirren, genauso wie Menschen mit einem GPS-Gerät). Vögel, Fische, Reptilien und Amphibien besitzen Rezeptoren für ultraviolettes Licht. Hummeln sind womöglich in der Lage, Farben zu sehen, die wir uns noch nicht einmal vorstellen können. Könnte es nicht auch sein, dass Tiere Erfahrungen machen und Emotionen haben, die uns nicht zugänglich sind? Oder das die Intensität ihrer Eindrücke stärker ist als bei uns?

Die Überlegenheit des Menschen ist mittlerweile nicht mehr unstrittig. Afrikanische Elefanten besitzen deutlich mehr Neuronen als wir; andere Säugetiere haben eine ähnliche Gehirnstruktur. Fische, Vögel und Insekten besitzen weniger Neuronen, sie haben keine Großhirnrinde, doch ihre Gehirne scheinen durchaus in der Lage zu sein, viele vergleichbare Funktionen auszuführen. Heute wissen wir, dass Papageien und Oktopusse Intelligenz entwickelt haben, wir können also Tiere nicht mehr danach beurteilen, wie nahe sie dem Menschen genetisch stehen. Eines Tages, falls oder wenn die Menschen ausgestorben sind, werden andere Spezies – womöglich die Nachkommen der Ratten oder der Krähen – sich zu der dominanten Art entwickeln, die diesen Planeten beherrscht, wie wir es heute tun. Um den US-amerikanischen Naturschützer Aldo Leopold zu zitieren: »Auf der Odyssee der Evolution sind Menschen nur die Mitreisenden anderer Lebewesen.«

Als ich ein Kind war, taten die Erwachsenen die Tierdarstellungen in Disney-Filmen gern als »zu vermenschlichend« ab. Für Wissenschaftler bedeutet »anthropomorphisieren« die Annahme, dass ein Tier, das sich ähnlich wie wir verhält, es auch aufgrund derselben Emotionen tut. Wie alle Mutmaßungen ist auch diese problematisch. Doch Frans de Waal, einer der führenden Primatologen, sagt, es sei weitaus riskanter, *nicht* zu anthropomorphisieren. Was unsere Fähigkeiten und Emotionen angeht, sei es am sinnvollsten, wenn wir uns in einem Kontinuum mit anderen Tieren sehen würden. Die Tatsache, dass wir nicht genau bestimmen können, welche Emotionen Tiere haben, sagt mehr über die Beschränktheit unserer wissenschaftlichen Methoden aus als über die Grenzen ihrer Erfahrungen.

Dennoch gibt es einige Dinge, die eventuell nur auf den Menschen beschränkt sind. De Waal glaubt, dass (komplexe) Sprache die einzige »spezifisch menschliche« Fähigkeit ist. Der Verhaltensforscher Con Slobodchikoff, der die verschiedenen Warnrufe der Präriehunde identifiziert hat, ist anderer Meinung. Allerdings gibt es keinen Beleg dafür, dass Tiere über etwas kommunizieren, dass sich gestern ereignet hat. Das Wissen um die eigene Sterblichkeit könnte ebenfalls »spezifisch menschlich« sein; und zweifellos übertreffen wir andere Tiere, was Selbstwahrnehmung und Zukunftsplanung angeht. Feinberg und Mallatt verweisen darauf, dass die Form von Bewusstsein, die Vögel, Fische und Insekten besitzen, nicht so ausgeprägt ist wie die des Menschen – daher ist es wahrscheinlich, dass sie nicht über ihre eigenen Gefühle nachdenken können.

Vom moralischen Standpunkt scheint der wesentlichste Unterschied zwischen Menschen und anderen Lebewesen darin zu bestehen, dass wir die Macht haben, über das Schicksal anderer Spezies zu entscheiden. Wir halten die Leben von Milliarden von Tieren in unseren Händen – Säuger, Vögel, Fische, Insekten und so weiter – und das Schicksal von Millionen von Arten. Irgendwann Anfang des 20. Jahrhunderts haben die Menschen den Punkt überschritten, an dem sie entscheidenden Einfluss auf die Hälfte der eisfreien Gebiete der Erde genommen haben. Durch den Klimawandel, die Zerstörung natürlicher Lebensräume und die rücksichtslose Ausbeutung von Rohstoffen sind wir heute die dominante Kraft auf dem Planeten Erde. Wissenschaftler bezeichnen diese Epoche als Anthropozän, um sie von den vorhergehenden zu unterscheiden. Konkret bedeutet das, dass unsere Fußabdrücke überall sichtbar sind: Jede andere Spezies reagiert auf unsere Präsenz, unseren Bedarf an Ressourcen, unseren Ausstoß an Schadstoffen, Plastikabfällen und Treibhausgasen. Diese Welt ist vom Menschen geprägt. Mit Macht geht auch Verantwortung einher.

Tiere gut zu behandeln, nützt auch uns. Unser Wasser wäre nicht sauber, unser Kohlenstoff würde nicht aus der Atmosphäre abgebaut, unsere Küsten wären nicht vor Fluten geschützt – ohne die Ökosysteme, in dem andere Lebewesen eine entscheidende Rolle spielen. Viele unserer Nutzpflanzen würden nicht gedeihen, wenn Insekten und Vögel sie nicht bestäuben würden. Charles Darwin fand, keine andere Spezies habe eine »so bedeutende Rolle in der Weltgeschichte gespielt« wie der Regenwurm, der den Ackerbau erst möglich machte. Es kommt einem geradezu albern vor, weiter aufzuzählen, was Tiere für uns getan haben, denn ohne sie hätten wir rein gar nichts. Jeder, der glaubt, der Mensch könne eigenständige Kolonien auf dem Mars errichten, sollte etwas Zeit mit einem Ökologie-Handbuch verbringen – und mit einem Haustierhalter.

Doch unsere Denkweise macht es uns schwer, die Existenz anderer bewusster Lebewesen zu akzeptieren. Als ich Wirtschaftswissenschaften an der Universität studierte, behandelte man die Natur immer noch als Unterpunkt der Ökonomie, und nicht etwa umgekehrt. Außerdem galt es als selbstverständlich, dass das Leben der Tiere keinen eigenständigen Wert hat. Wenn wir bereit sind, dafür zu bezahlen, dass Tiere existieren – weil wir sie gerne mit dem Fernglas beobachten oder weil sie unsere Pflanzen bestäuben –, na schön. Ansonsten stellt ihr Verschwinden keinen wirtschaftlichen Verlust dar. Nicht zum ersten Mal erweist sich die Wirtschaftstheorie als ungenügend. Wenn wir einsehen, dass manche Tiere ein Bewusstsein haben, Schmerz empfinden und soziale Beziehungen unterhalten, müssen wir ebenfalls einsehen, dass ihr Leben wertvoll ist. Jane Goodall reagierte auf den Tod von Flo, einem wildlebenden Schimpansenweibchen, das sie elf Jahre lang kannte, mit den Worten: »Selbst wenn ich nicht da gewesen wäre, um ihre Geschichte aufzuschreiben, und nicht in ihre Privatsphäre eingedrungen wäre, wäre Flos Leben dennoch bedeutsam und wertvoll gewesen, sinnerfüllt, voller Energie und Lebensfreude.«

Es gibt andere Bücher, die davon handeln, was Tiere für uns tun können. Dieses Buch handelt davon, was wir für die Tiere tun können. Und davon, wie wir ihre Welterfahrung berücksichtigen können, während wir unsere eigene Gesellschaft unablässig weiterentwickeln.

Wir schütteln oft den Kopf und stellen fest, dass die Beziehung des Menschen zu anderen Lebewesen verwirrend und problematisch ist. Das ist eine Ausrede. Ob Tiere nun einen Sinn für Fairness haben oder nicht, wir haben ihn ganz sicher, und wir haben die Möglichkeit, danach zu handeln. Wenn wir andere Lebewesen zu schätzen wissen – im Urlaub, auf Geburtstagskarten und in Naturdokumentationen –, können wir nicht ignorieren, dass sie in Massentierhaltung gehalten werden oder vom Aussterben bedroht sind.

❖

Für mich hat sich alles verändert, als meine Töchter geboren wurden. Schon bald waren sie von Stofftieren umzingelt. Da gab es einen Hasen mit überlangen Schlappohren, einen gehäkelten Panda, dick genug, um als Türstopper zu fungieren, eine Eule, die Töne von sich gab, wenn man ihr in den Nacken blies, einen Tukan in völlig falschen Farben, eine Giraffe mit langen Gummibeinen, an denen man nuckeln konnte, einen Plastik-Oktopus ohne Arme, mit dessen Kopf man Badewasser schöpfen konnte, und vieles mehr. Noahs Arche, *made in China.* Jede Familie kennt das. Unsere Spielsachen hatten sich nach und nach angesammelt, als Geschenke, Leihgaben und Erbstücke. Natürliche Hierarchien waren aufgehoben: der Marienkäfer war so groß wie der Löwe, die Kuh ebenso exotisch wie das Zebra. Eliza und Cleo kümmerte das nicht. Für sie waren all diese Tiere harmlos und unversehrt, sie waren Spielgefährten der Menschen. Ich fühlte mich unbehaglich.

Rudyard Kipling, Beatrix Potter und Walt Disney haben dafür gesorgt, dass Kinder seit Jahrzehnten romantisierenden Vorstellungen von Tieren ausgesetzt sind. Ich versichere Ihnen, dass ich nicht einer dieser Pedanten bin, die darauf beharren, dass Peter Rabbit niemals ein Jackett tragen würde, dass Peppa Wutz einen ganzen Ferkelwurf an Geschwistern hätte, und der Tiger, käme er tatsächlich zum Tee, zuerst das kleine Mädchen verschlingen würde. Natürlich sind Bilderbücher irreführend: Die meisten Bauernhöfe sind keine kleinen, idyllischen Orte, und Wölfe und Oktopusse sind nicht unheimlich. Diese Dinge haben mich nie gestört.

Was mich störte, war das Gesamtbild. In Kindergeschichten sind Menschen und Tiere austauschbar: Micky Maus, Winnie Pu, der Bär Paddington, Peppa Wutz – sie alle sind Tiere mit genauso viel Persönlichkeit und moralischem Wert wie jeder Mensch. Ein Kind würde aus all diesen Büchern, Videos und Spielzeugen schließen, dass Menschen Tiere verstünden. Das Kind denkt: Bestimmt haben die Erwachsenen längst herausbekommen, wie man mit anderen Tieren zusammenlebt, und werden es mir bald beibringen. Bestimmt würden die Erwachsenen mir keine Gummigiraffen schenken, ohne dafür zu sorgen, dass die echten Giraffen nicht aussterben. Wäre es nur so. In den Büchern von Eliza und Cleo bin ich schon einigen Wieseln begegnet, aber ich glaube nicht, dass ich jemals ein echtes Wiesel gesehen habe. Ich begann mich zu fragen, wie ich meinen Kindern unser Verhältnis zu Tieren erklären würde, und mir wurde klar, dass ich es lieber sein lassen sollte.

Zunächst einmal haben die Menschen rekordverdächtig viele Großtiere ausgerottet, indem sie sie jagten. Als unsere Spezies Australien besiedelte, begannen andere Säugetiere zu verschwinden – beispielsweise acht Meter lange Eidechsen und 300 Kilo schwere Kängurus. Elefanten, Giraffen und Nashörner stellen für uns den Inbegriff der Wildtierwelt dar. Doch wenn wir uns an der bisherigen Entwicklung orientieren, könnten diese Tiere und andere von der gleichen Größe in zwei Jahrhunderten ausgestorben sein, wodurch die Kühe zu den größten Landlebewesen avancieren würden. In 45 Millionen Jahren ist es nicht vorgekommen, dass die größten Lebewesen so klein waren. Ich betrachtete den Spielzeugtiger meiner Töchter und wunderte mich. Ich fürchtete mich vor dem Tag, an dem sie mich fragen würden, warum Tiere eigentlich aussterben. Noch vor wenigen Generationen hätte man unser Verhältnis zu Tieren als hierarchisch und überlegen bezeichnet. Heute ist es von Schuld geprägt.

Was Tiere betrifft, sagen einem die Elternratgeber zwar, wie man dafür sorgt, dass die Kinder einen gefahrlosen Umgang mit ihnen haben, aber das ist auch schon alles. Verständlicherweise geht es in den Ratgebern um andere Dinge, beispielsweise darum, wie man mit vier Stunden Schlaf auskommt, ohne den Verstand zu verlieren. In Büchern über die Tierwelt kann man jedoch einiges über Elternschaft lernen. Sie vermitteln einem, wie prägend die ersten Eindrücke sind. Lachse kehren zu dem Fluss zurück, in dem sie gezeugt wurden. Albatrosse brüten ebenfalls an ihrem Geburtsort. In *Utopia* (1516) bemerkt Thomas Morus, dass gerade geschlüpfte Küken denjenigen, der sie füttert, »als Mutter« ansehen. Spätere Forschung hat gezeigt, dass viele Vögel sich emotional an das erste bewegliche Objekt binden, das sie wahrnehmen. Wenn ein Entenküken einen Mensch sieht, läuft es ihm nach und folgt nicht länger seiner Entenmutter. Und inwieweit sich Hunde für Menschen erwärmen können, entscheidet sich in den ersten Wochen. Diese ersten Erfahrungen finden in einer Phase statt, in der die Barriere zwischen den Arten noch am leichtesten überwunden werden kann.

Beim Menschen ist es anders, doch auch wir bestimmen, was für die nächste Generation als normal gilt. Wie nie zuvor sind wir gezwungen, unsere Welt zu erklären. »Sind Eulen echt oder nur erfunden?«, fragte Eliza mich eines Tages. »Warum bekamen die Dinosaurier keine Babys mehr?«, kam wenige Tage später. »Warum leben so viele Tiere im Zoo?«, fragte Cleo. Ich versuchte sie mit einem Foto abzulenken, auf dem ein Adler in einen See herabstößt. »Ist der Fisch traurig, wenn der Adler ihn auffrisst?«, fragte Eliza. Kinder aufzuziehen, kann eine Zeit der Erneuerung sein – eine Zeit, in der man sich fragt, wer wir auf diesem Planeten sein wollen. Oder eine Zeit der Trägheit – in der wir uns zwar Sorgen über den Rückgang der Bienen- und anderer Insektenpopulationen machen, aber dennoch den Rasen mähen, um eine saubere Spielecke für unsere kleinen Menschen zu schaffen.

Allen Eltern fällt auf, dass Kinder die Tierwelt erkunden wollen. Krabbelkinder interessieren sich mehr für lebendige Tiere als für Spielsachen. Die Namen der Tiere gehören zu den ersten Wörtern, die unsere Babys lernen, die Laute, die sie machen, zu den ersten Tönen. Mittlerweile gilt es als Teil ihrer moralischen Erziehung, Kinder mit Tieren zusammenzubringen. Ich würde zwar nicht unbedingt sagen, dass ich meinen Töchtern etwas über Tiere beibringe, um sie vor einer kriminellen Karriere zu bewahren, aber es kann sicherlich nicht schaden. Nur, was soll ich ihnen beibringen?

❖

Wir sind uns weitgehend einig, dass einige Dinge nicht für Tierliebe stehen: Stierkämpfe, Hunde zu schlagen oder Bären in winzigen Käfigen zu halten, um ihnen zu dubiosen medizinischen Zwecken Gallenflüssigkeit zu entnehmen. All das ist schändlich, und in vielen Ländern gibt es keine Gesetze dagegen. Und selbst wenn es ein Gesetz gibt, stehen die Tiere, die keine Stimme haben, nicht unbedingt weit oben auf der Prioritätenliste der Gesetzeshüter. Doch dabei handelt es sich nicht um Gewissensfragen, und wenn Sie dieses Buch lesen, sind Sie vermutlich bereits davon überzeugt, dass es keine gute Idee ist, Kosmetik an Affen zu testen. Wir brauchen uns keine Gedanken zu machen, wir müssen nur Geld an eine Tierschutzorganisation spenden.

In Südkorea gibt es über 750000 Hundefleischfarmen, wo die Hunde in kleinen Metallkäfigen gehalten werden, bevor sie mit einem Stromschlag getötet werden. Diese Hunde – darunter auch Corgis, Pudel und Labradore – sind chronischem Stress ausgesetzt, und weil Hunde dem Gesetz nach keine Nutztiere sind, gelten für sie nicht einmal die Tierschutzregeln für Hühner. Doch die meisten Südkoreaner essen kein Hundefleisch mehr, daher werden die Hundefleischfarmen wohl eingehen.

Ich habe mich für die Themen interessiert, über die wir uns noch keine Meinung gebildet haben, oder über die wir eine Meinung haben, aber nicht danach handeln. Von Anfang an war mir klar, das Fairness gegenüber Tieren für mich zweierlei bedeutete: Ich wollte nicht, dass Tiere unnötig leiden – wobei ich im Nachhinein gar nicht weiß, was »unnötig« in diesem Zusammenhang bedeuten soll. Und ich wollte nicht, dass Tiere aussterben oder ihre Populationen sich weiter verringern. Mein Ausgangspunkt war, dass wir Menschen vernünftige und vielleicht auch einschneidende Korrekturen in unserer Lebensweise vornehmen sollten, um dies zu erreichen.

Sofort wurde es kompliziert. Sollen wir Ratten töten, um seltene Vögel zu schützen? Sollen wir Rotwild schießen, damit die Wälder wachsen können? Tierschützer sagen nein, Naturschützer sagen ja.

Es stellte sich heraus, dass die Sorge um einzelne Tiere oder um eine ganze Spezies einem philosophischen Frontalzusammenstoß gleicht. »Naturschützer können keine Tierschützer sein. Tierschützer können keine Naturschützer sein«, schrieb der US-amerikanische Philosoph Mark Sagoff in einem Essay von 1984. Sagoff argumentiert, dass es Naturschützern um den Erhalt der ökologischen Integrität geht, während Tierschützer das Leid von Tieren verringern wollen. Dabei interessieren sie sich nicht für die gesamte Spezies, weil eine Spezies keine Emotionen hat – im Gegensatz zu individuellen Tieren. Einer Spezies kann man nicht in den Magen boxen oder ihr soziale Beziehungen verwehren. Wir können annehmen, dass Lonesome George, die letzte Pinta-Island-Schildkröte, die auf den Galapagosinseln lebte, bei seinem Ableben 2012 keine existenzielle Trauer über das Ende seiner Subspezies verspürte. Falls doch, müssen wir uns bei ihm entschuldigen – mittlerweile hat man andere Hybriden seiner Spezies gefunden.

Die Spaltung zwischen Natur- und Tierschützern besteht seit Jahrzehnten, und sie hat praktische Konsequenzen. Tierschutzorganisationen – wie People for the Ethical Treatment of Animals (PETA), mit 6,5 Millionen Mitgliedern und Unterstützern, und die Royal Society for the Prevention of Cruelty to Animals (RSPCA) – konzentrieren sich auf Tiere, die unter menschlicher Kontrolle auf Farmen und in Laboratorien leben. Naturschutzorganisationen – wie der WWF und Greenpeace – konzentrieren sich auf Wildtiere. Tier- und Naturschützer streiten sich vor allem darüber, ob es richtig ist, Tiere zu erlegen, um die Umwelt vor Schaden zu bewahren. Dabei kann es sich um invasive Spezies handeln, oder die Populationen können sich rasant vergrößert haben, weil natürliche Feinde ausgerottet wurden. Naturschützer akzeptieren die scheinbare Grausamkeit der Natur – Löwen erlegen Gazellen und so weiter –, während Tierschützer oft den Versuch machen, individuelle Wildtiere zu retten, beispielsweise indem sie ihnen Futter geben. Die Spaltung schadet beiden Seiten: Tierschützer setzen sich dem Vorwurf aus, sie hätten keine Ahnung davon, was ein natürliches Habitat ausmacht, und die Naturschützer verprellen diejenigen unter ihren Unterstützern, die daran glauben, dass Tiere ein Innenleben haben.

Auf jene Debatten werde ich später zurückkommen. Aber so viel sei gesagt: Diese Spaltung macht in meinen Augen keinen Sinn. Ohne den Naturschutz ist die Tierethik unvollständig. Das Motto von PETA lautet: »Tiere sind nicht dazu da, dass wir an ihnen experimentieren, sie essen, sie anziehen, dass sie uns unterhalten oder wir sie in irgendeiner anderen Form ausbeuten.« Hier geht es darum, wie Tiere *nicht* leben sollen. Aber wie sollen sie leben? Die Antwort liegt auf der Hand: an Orten, die die Evolution für sie vorgesehen hat und an denen sie möglichst nicht unter der Kontrolle der Menschen stehen – wie die Nationalparks, für die die Naturschützer eintreten. In der Wildnis leiden Tiere zwar gelegentlich, doch auch das menschliche Leben kann mitunter erbärmlich sein, und dennoch halten wir es für lebenswert. Die Naturschützer würden eine andere Sicht einnehmen, wenn sie das Leben der Tiere mehr achten würden – Biologen würden es beispielsweise nicht mehr als Kavaliersdelikt ansehen, Tiere als Proben zu sammeln –, doch es ist ebenso wahrscheinlich, dass das Ökosystem in manchen Fällen Vorrang vor individuellen Tieren hätte. Im Kosciuszko-Nationalpark in New South Wales, in dem sich auch die höchstgelegene Stadt Australiens befindet, haben Politiker die Verwaltung daran gehindert, Wildpferde zu erlegen. Das hat zur Folge, dass jedes Jahr voraussichtlich ein Fünftel der Wildpferde verhungern wird. So kann Tierliebe nicht verstanden werden. Ohne ein funktionierendes Ökosystem kann es weder Tierschutz noch Tierethik geben, und ohne große Tierpopulationen kann es kein funktionierendes Ökosystem geben.

Die Spaltung zwischen Tierschutz und Naturschutz gibt nicht wieder, wie die Menschen denken. Die meisten Tierfreunde, die ich kenne, wollen das Beste für individuelle Tiere, und gleichzeitig auch für ganze Populationen und Arten. Wir erfreuen uns an Videos mit Katzen und Tigern. Wir sind empört darüber, dass Affen in Käfigen eingesperrt und ihre Wälder gerodet werden. Wir wollen weder, dass

Orcas in SeaWorld gehalten werden noch dass sie aussterben. Zumindest in der Theorie ist es uns nicht egal, was mit den Tieren geschieht, ob sie nun wildlebend oder domestiziert sind. Letztendlich basieren Tierethik und Naturschutz auf derselben Überzeugung: dass nicht nur der Mensch die Welt erlebt und sie mit Schönheit füllt, sondern dass nichtmenschliches Leben ebenfalls berücksichtigt werden muss. Ein bestimmtes Tier zu lieben heißt fast immer, dass man das Fortbestehen seiner Spezies auf diesem Planeten befürwortet. Trotz ihrer historischen Spaltung stimmen Tier- und Naturschützer doch in den meisten Punkten überein. Sie wollen so weitreichende Veränderungen umsetzen, dass es kontraproduktiv wirkt, wenn sie sich gegenseitig bekämpfen. Sie sind wie die zwei Mäuse aus dem Kinderbuch, die sich über ein Stück Käse derart in die Haare kriegen, dass sie nicht bemerken, wie die Ratte sich damit davonmacht.

Dieses Buch soll dazu beitragen, Tierethik und Naturschutz zusammenzubringen. Es geht darum, das unverantwortliche Leid, das Menschen Tieren zufügen, abzuschaffen. Es geht auch darum, zu akzeptieren, dass Wildtiere Schmerzen ertragen müssen, genauso wie sie Freude empfinden (obwohl wir in diesem Buch Menschen begegnen werden, die der Ansicht sind, dass wir letztlich einen Weg finden werden, um die Lebensbedingungen von Wildtieren zu verbessern, so wie wir auch unsere eigenen verbessert haben).

Sich um Tiere zu sorgen, ist nicht dasselbe wie gerne Zeit mit ihnen zu verbringen, auch wenn sich beides häufig überschneidet. Aber nicht immer. Joe Exotic, der exzentrische Tierzüchter aus Oklahoma, der seinen eigenen Zoo gegründet und in der Netflix-Serie *Tiger King* aufgetreten ist, genießt es offensichtlich, mit Tigerbabys herumzutollen, doch es ist zweifelhaft, inwiefern er um ihr Wohlergehen besorgt ist. Der australische Philosoph Peter Singer hat die meiste Zeit seiner Karriere gegen Tierquälerei gekämpft, doch zum Erstaunen vieler seiner Bewunderer ist er nicht besonders gern mit Tieren zusammen. Es ist ein Unterschied, ob wir andere Lebewesen mit unseren Augen sehen, oder ob wir versuchen, uns selbst durch ihre Augen zu sehen.

Als Singer 1975 das Animal Liberation Movement gründete, sagte er, dass es mehr Altruismus erfordern würde als jede andere Befreiungsbewegung: Menschen würden sich nicht für andere Menschen engagieren, sondern für andere Arten. Die Artenbarriere sowie unsere Vorbehalte gegenüber anderen Lebewesen könnten abgebaut werden. Wir wollten sicherlich nicht, dass unser Wohlstand auf Kosten von leidenden Tieren ginge – ebenso wenig wie wir Ausbeuterbetriebe oder Kinderarbeit dulden könnten.

Tiere fair zu behandeln sollte jedem leicht fallen, der der Überzeugung ist, dass wir gemeinsame Wurzeln haben. Doch das ist nicht immer so. Nehmen wie Charles Darwin, der unseren Blick auf die Tierwelt entscheidend geprägt hat. Er widerlegte die These, dass der Mensch sich grundlegend von anderen Arten unterscheidet und ihnen überlegen ist. Die Suche nach unseren gemeinsamen Vorfahren führte später dazu, das Verhalten von Schimpansen zu beobachten und die Übereinstimmungen zwischen ihnen und uns zu erforschen. Darwin hasste Tierquälerei, und in seiner Funktion als Friedensrichter bestrafte er die Missetäter.

Dennoch entwickelte er keine spezielle Ethik über das Zusammenleben mit Tieren. »Du interessierst dich nur für das Jagen, deine Hunde und das Rattenfangen, und du bist eine Schande für dich selbst und deine ganze Familie«, sagte sein Vater zu ihm, vermutlich als er mit achtzehn Jahren das Medizinstudium hinwarf. Darwin stellte sich nicht auf die Seite der Kritiker der Jagd, denn er liebte es zu jagen, und er interessierte sich nicht für die vegetarische Bewegung des 19. Jahrhunderts. Er aß Fleisch; tatsächlich hatte er keinerlei Bedenken, einige der Schildkröten zu verspeisen, denen er auf den Galapagosinseln begegnete, obwohl man ihm gesagt hatte, dass sie bereits Gefahr liefen, durch die Jagd ausgerottet zu werden und er ihr Fleisch als »völlig geschmacklos« beschrieb. Für Darwin stand die Neugier an erster Stelle. Er erinnerte sich daran, wie er auf einer der Inseln, die heute zu Chile gehören, einen sehr seltenen Fuchs erblickte: »Indem ich mich leise von hinten anschlich, gelang es mir, ihm mit meinem Geologenhammer auf den Kopf zu schlagen. Dieser Fuchs … ist heute im Museum der Zoologischen Gesellschaft ausgestellt.« Darwin tötete auch Vögel und Eidechsen, um herauszufinden, wovon sie sich ernährten, und trat für die Vivisektion – das Aufschneiden von lebenden Tieren im Laboratorium – ein, solange diese aus triftigen Gründen vorgenommen wurde. Wie viele unserer Zeitgenossen war er dazu in der Lage, das Leid von Tieren zu verdrängen. »Dieses grauenvolle Thema macht mich ganz krank, also werde ich nichts weiter darüber sagen, denn sonst werde ich heute nacht nicht schlafen können«, schrieb er über die Vivisektion an einen Freund. Darwin besuchte gerne den Londoner Zoo – und vermachte ihm seine Sammlung von Vögeln und Säugetieren –, obwohl die Lebensbedingungen der dort untergebrachten Tiere meist niederschmetternd waren. Ein junges Orang-Utan-Weibchen namens Jenny, das Darwin besonders gerne beobachtete, als er 1838 über die Emotionen von Tieren forschte, starb bereits zwei Jahre nach seiner Ankunft an einer Krankheit, was keineswegs untypisch war. Darwin trat vehement gegen die Sklaverei ein, doch was das Tierwohl betraf, war er kein Visionär.

Der Darwinismus wird gemeinhin mit dem brutalen, amoralischen Kampf ums Überleben assoziiert. Sein Begründer überließ es den folgenden Generationen, herauszufinden, was seine wissenschaftlichen Erkenntnisse für unsere Beziehung zu anderen Lebewesen bedeuten.

Die gute Neuigkeit besteht darin, dass die Menschen häufig ihr Verhalten ändern, sobald sie die Zeit gefunden haben, über Tiere nachzudenken. Einer der berühmtesten britischen Naturschützer war Peter Scott, der Sohn des Polarforschers Robert Falcon Scott. Der 1909 geborene Peter war einer der Gründer des WWF, er entwarf das berühmte schwarz-weiße Panda-Logo. Außerdem war er ein Vogelliebhaber, der viele Naturschützer inspirierte. Doch er ging fast sein ganzes Leben lang auf Vogeljagd: »Zu jagen gehört zu den menschlichen Instinkten, gejagt zu werden zu den Instinkten der Vögel«, schrieb er. Es klingt wenig überzeugend, dass der Instinkt von Vögeln an Vorderlader angepasst ist, und als Peter in den Vierzigern war, erkannte er, wie sinnlos und brutal das Abschießen von Vögeln war, und vollzog eine bemerkenswerte Kehrtwende.

Ähnlich erging es John Mackey, dem Gründer von Whole Foods. Er verbrachte Jahre damit, die Supermarktkette als Vegetarier zu leiten, bevor er sich fragte, ob er mit gutem Gewissen Eier und Milch verzehren könne, angesichts der Zustände, die in Geflügelfarmen und Molkereibetrieben herrschen. Bevor er Veganer wurde, sagte er später, »habe ich einfach weggeschaut. Ich glaube, ich wollte mir darüber gar nicht bewusst werden.«

Meiner Erfahrung nach können wir unsere Sichtweise auf Tiere nur verändern, indem wir uns selbst weiterentwickeln. Es ist ein Prozess, der mit Unbehagen beginnt. Ich erinnere mich noch, wie ich einmal zufällig einen Kollegen traf, der gerade seinen Hund hatte kastrieren lassen. »Ich glaube, ich verstehe jetzt, wo das Problem liegt«, sagte er. »Es ist fast so gruselig wie in *The Handmaid's Tale.*« Es ist die unbehagliche Erkenntnis, dass wir die Kontrolle darüber haben, was mit anderen Spezies geschieht.

Bevor ich für dieses Buch zu recherchieren begann, war ich Vegetarier und hatte eine diffuse Liebe zur Natur. Heute bin ich Veganer, befürworte das Jagen und Fischen unter bestimmten Bedingungen und bin überzeugt davon, dass wir große Teile unseres Planeten anderen Spezies zur Verfügung stellen sollten. Sie werden vielleicht zu anderen Schlüssen kommen. Ich schreibe häufig: »Wir denken«. Das soll nicht etwa heißen, dass alle Menschen dasselbe denken. Tatsächlich habe ich kaum eine Familie getroffen, in der sich alle einig sind, was das Thema Tiere betrifft. Doch wir sollten alle viel mehr über Tiere nachdenken als wir es heute tun, und wenn wir es tun, werden wir vieles finden, über das wir uns einig sein können.

Im folgenden Kapitel fasse ich zusammen, wie sich die Haltung des Menschen gegenüber Tieren in den vergangenen Jahrhunderten verändert hat, bis hin zur Veganerbewegung, die in den letzten Jahren viel Zulauf bekommen hat. Anschließend beschäftige ich mich damit, wie wir heute noch das Töten von Tieren rechtfertigen: mit Viehzucht, Fischerei, medizinischer Forschung und der Jagd. Was braucht es tatsächlich, um eine Welt mit acht Milliarden menschlichen Omnivoren zu ernähren? Im zweiten Teil des Buchs geht es um verschiedene Formen der Tierliebe. Ich reiste nach San Francisco, Kolumbien, Indonesien, in die Mongolei und die britische Provinz, um mit Zoobetreibern, Naturschützern, Biologen und Haustierbesitzern zu sprechen. Zum Schluss biete ich einige praktische Vorschläge an, wie wir – als Individuen und als Gesellschaften – eine Welt gestalten können, die nicht nur besser für uns, sondern auch für andere fühlende Lebewesen ist. Einige Tiere haben bereits unsere Wertschätzung. Nun müssen wir diesen Weg weiter verfolgen.

Für mich ist es eine Geschichte der Erkenntnis und der Hoffnung – von Nebenwegen, die womöglich zum Mainstream werden können. »Der Geist ist ein Chaos aus Entzücken, aus dem eine zukünftige Welt und mehr stille Freude entstehen wird«, schrieb Darwin während seiner Reise auf der *Beagle*. Unser Geist ist das, was uns am meisten von anderen Lebewesen unterscheidet. Und er kann uns auch am besten dabei helfen, ein ausgewogenes Verhältnis zu ihnen zu entwickeln.

Früher dachte ich, das meiste, was wir falsch machen, sei keine bewusste Entscheidung, sondern nur eine Folge unseres mangelnden Interesses für das Leben der Tiere. Heute bin ich überzeugt, dass es ein großer Fehler ist, die Konsequenzen unseres Handelns nicht zu überdenken. Wir können so leben, dass es unserer grundsätzlichen Zuneigung zu anderen Arten entspricht. Wir können uns darüber klar werden, was Tiere uns zu bieten haben und was wir ihnen schuldig sind. Indem wir öfter und konkreter über Tiere nachdenken, können wir unsere Befangenheit überwinden.

Eine kurze Geschichte der Menschen und anderer Tiere

Wenn die Leute sagen: »Wir dürfen nicht sentimental werden«,
kann man davon ausgehen, dass sie etwas Grausames vorhaben.
Und wenn sie hinzufügen: »Wir müssen realistisch sein«,
heißt das, dass sie damit Geld machen werden.
Brigid Brophy

Früher habe ich gedacht, die Menschen seien ursprünglich gleichgültig gegenüber Tieren gewesen, doch im Laufe von Jahrtausenden seien sie allmählich mitfühlender geworden. Falsch. Unser Verhältnis zu Tieren – genauer gesagt: zu anderen Tieren – ist so irrlichternd wie der Flug einer Biene, die um einen Lavendelbusch tanzt.

Unsere Evolution verlief Seite an Seite mit anderen Tieren. Zuerst haben sie uns gejagt, dann wurden wir selbst zu Jägern. Die frühesten bekannten Höhlenmalereien fand man in Indonesien, sie sind 40000 Jahre alt und stellen die Jagd auf Schweine und Büffel dar. Die meisten der Darstellungen in Lascaux, Frankreich, die etwa 18000 Jahre alt sind, zeigen ebenfalls Tiere, sogar ein Wollnashorn ist dabei. Wir haben etwas getan, das keine andere Tierart tut: Wir haben bestimmte Tiere gezüchtet, um sie zu essen, oder damit sie uns Gesellschaft leisten. (Kühe, Schweine, Schafe und Ziegen wurden bereits vor mindestens 8000 Jahren domestiziert – Katzen und Hunde ebenfalls.)

Es ist also wenig überraschend, dass für viele der frühen menschlichen Gemeinschaften eine spirituelle Verbindung zwischen Menschen und anderen Tieren bestand. Diese Weltsicht scheint in einigen Punkten eher mit der heutigen Forschung zu Tieremotionen und -bewusstsein übereinzustimmen als unsere Haltung. Unsere Vorväter glaubten, dass Menschen und Tiere (sowie Pflanzen und unbelebte Objekte) eine Seele und ein Bewusstsein hätten, und dass Tiere sogar einen separaten menschlichen Körper besäßen. Einige Menschen konnten sich zeitweilig in ein Tier verwandeln; einige Tiere besaßen wiederum schamanische Kräfte. In den Schöpfungsmythen vieler Völker werden die Menschen als Nachkommen anderer Tiere betrachtet, oder Tiere gelten als Helfer der Menschen. Bei den Kayapó, einem indigenen Stamm, der heute noch im brasilianischen Amazonasgebiet lebt, glaubt man, dass eine Ratte die Menschen zum Mais geführt habe. Es ist offensichtlich, dass sie einen ganz anderen Blick auf Ratten haben als wir. Derartige Überzeugungen hinderten die Menschen jedoch nicht daran, Tiere zu töten – denn diese Gemeinschaften lebten von der Jagd. Doch sie waren sich zumindest theoretisch darüber bewusst, dass sie den Tieren Respekt und Fürsorge schuldeten.

Noch heute finden sich ähnliche Überzeugungen bei vielen indigenen Völkern von Kanada bis zur Kalahari-Wüste. Eine Voraussetzung ist der Glaube, dass es direkte, negative Konsequenzen für die Menschen hat, wenn man Tieren nicht den nötigen Respekt entgegenbringt. Aspekte des animistischen Glaubens gingen in den Hinduismus und den Buddhismus ein und bereiteten den Boden für die westliche Vegetarierbewegung.

Die alten Ägypter beerdigten mumifizierte Katzen, Hunde, Krokodile und andere Tiere neben den Verstorbenen – einige waren geliebte Haustiere, andere sollten im jenseits als Nahrung dienen, einige waren Gaben für die Götter. Dabei handelte es sich nicht etwa um ein Randphänomen: Archäologen schätzen, dass bis zu 70 Millionen Tiere gezüchtet wurden, um als Opfergaben verwendet zu werden, was einer Massentierhaltung gleichkommt. Wie viel Wohlstand die

Menschheit auch erlangt hat, wir wollen nicht von unseren Tieren getrennt werden. Vieles spricht dafür, dass wir während unserer Evolution eine Vorliebe für sie entwickelt haben, und dass die Gene, die uns dafür prädestinieren, zumindest mit einigen Tierarten zusammenzuleben, sich als vorteilhaft erwiesen haben.

Einige antike griechische Denker wie Pythagoras und Porphyrios waren aus ethischen Gründen Vegetarier. Doch sie waren in der Minderheit. Jahrhunderte lang galt in Europa die Überzeugung, dass der Mensch sich grundsätzlich vom Tier unterscheidet. Diese Unterscheidung war eng mit den Glaubenssätzen der Kirche verbunden. Im Gegensatz zu den Kulturen, die Tiere als Helfer ansahen, die die menschliche Existenz erst ermöglichten, wird die Schlange in der Bibel beschuldigt, Eva in Versuchung geführt zu haben. Der Mensch hat nichts gemein mit den wilden Tieren und nur er kann Erlösung erfahren. Thomas von Aquin glaubte, Gott habe die Tiere zum Nutzen der Menschen erschaffen. Im 17. Jahrhundert versicherte der französische Philosoph René Descartes seinen Lesern, dass Tiere keine Seele hätten – ihre Schreie seien nur mechanische Reaktionen, wie der Stundenschlag einer Uhr. Bevor es moderne Anästhesie gab, war diese Auffassung äußerst hilfreich für Biologen. In einem französischen Labor hätten die Wissenschaftler »mit vollkommener Gleichgültigkeit Hunden Schläge erteilt«, erinnerte sich ein bestürzter Beobachter namens Nicolas Fontaine. »Sie haben die armen Tiere an ihren vier Pfoten auf Bretter genagelt, um sie zu vivisezieren und die Zirkulation ihres Blutes zu beobachten, was damals in aller Munde war.«

Einige europäische Philosophen behaupteten, für den Menschen bestehe die Gefahr nicht darin, Tiere zu missachten, sondern sie zu respektieren. Descartes argumentierte, wenn die Menschen dächten, ihre Seelen würden sich nicht von denen der »Bestien« unterscheiden, dann würden sie glauben, »wir hätten daher nach diesem Leben nichts zu fürchten noch zu hoffen, nicht mehr als die Fliegen und die Ameisen«. Der niederländische Philosoph Baruch de Spinoza befürchtete, wenn die Menschen freundlich zu Tieren seien, würden sie auch sich selbst bald als Tiere ansehen – und damit die gesamte Zivilisation gefährden. (Da es das 17. Jahrhundert war, verurteilte er das zunehmende Mitgefühl gegenüber Tieren als »weibliche Schwäche«. Adam und Eva, Teil 2, nur dass Eva dieses Mal von einem Haushund anstelle einer wildlebenden Schlange verführt wurde.) Im England der frühen Neuzeit war es sogar ein Tabu, sich als Hund zu verkleiden – beispielsweise in einer Theateraufführung. Den Menschen war sehr daran gelegen, ihren besonderen moralischen Status zu demonstrieren.

Descartes' Versuch, andere Lebewesen als seelenlose »Automaten« abzutun, wurde durch die wissenschaftliche Forschung widerlegt. Er wusste, dass Menschen und »Bestien« dieselben Organe hatten (einer seiner englischen Zeitgenossen, der Schriftsteller Gervase Markham, behauptete, er habe nicht ein Pferd mit einem Gehirn gefunden, obgleich er mehrere Pferdeköpfe aufgeschnitten hatte). 250 Jahre später würde Darwin beweisen, dass Menschen und Tiere nicht nur vergleichbare Gehirne besitzen, sondern auch dieselbe Entstehungsgeschichte teilten.

Die Menschen erkannten, dass Tiere Emotionen haben, selbst wenn Descartes' Philosophie etwas anderes besagte. Im Jahr 1667 schnitt der englische Wissenschaftler Robert Hooke einen lebenden Hund auf, direkt vor den Augen des versammelten Publikums in der Royal Society. Seinem eigenen Bericht nach »entfernte [er] alle Rippen und öffnete den Bauch.« Anschließend führte er einen Blasebalg in die Lunge des Hundes ein, um ihn am Leben zu erhalten. »Ich wollte einige Untersuchungen zum Vorgang der Respiration vornehmen«, berichtete er. Das Experiment war erfolgreich. Aber Hooke konnte das Leid des Hundes nicht ignorieren. Er war so erschrocken über »die Tortur, die die Kreatur erlitt«, dass er sich weigerte, das Experiment zu wiederholen.

Viele Menschen sorgten sich nun nicht mehr darum, von Tieren angegriffen zu werden, oder dass die Zivilisation zusammenbräche, wenn sie ihnen mehr Mitgefühl entgegenbringen würden. Wir haben keine Belege für all die zahllosen Momente, in denen die Verbundenheit von Mensch und Tier deutlich wurde, doch wir wissen, dass Anne Boleyn ihren Hund so sehr liebte, dass keiner außer Heinrich VIII. es wagte, ihr von seinem Ableben zu berichten. In seinem großartigen Buch *Man and the Natural World* (1983) zeigte der britische Historiker Keith Thomas, wie die Mauer zwischen Menschen und anderen Tieren im Lauf der Jahrhunderte Risse bekam. Als die Menschen in die Städte zogen, begannen sie, die Tiere nicht länger nur als Wirtschaftsgut, sondern auch als Gefährten anzusehen. (Ich habe Thomas gefragt, warum er sich so sicher sei, dass die Landflucht dafür verantwortlich war. Er erzählte mir von seiner eigenen Kindheit auf einem Bauernhof in Wales in den 1930er- und 40er-Jahren, als die Hunde nicht ins Haus durften und die Pferde geschlagen wurden, wenn ein Karren während der Kornernte im matschigen Boden steckenblieb. »Mitgefühl war überhaupt nicht vorhanden«, erinnerte er sich.) Im 17. Jahrhundert kehrten Reisende aus Indien als überzeugte Vegetarier zurück – und lösten einen frühen Trend aus. Anders ausgedrückt: Selbst wenn die meisten Religionen behaupteten, die Menschen müssten keine Rücksicht auf die Gefühle der Tiere nehmen, waren viele Europäer doch gewillt, es zu tun.

Das Aufkommen von Tierrechten in der westlichen Welt wird oft mit dem englischen Philosophen Jeremy Bentham in Verbindung gebracht. Er wurde 1748 geboren, aß gerne Fleisch, trug Stiefel aus Robbenfell und trat im Namen der medizinischen Forschung dafür ein, Tauben mit Stromschlägen zu töten. Er schrieb vergnügt über »Schildkröten-Diners«, die im ausgehenden 18. Jahrhundert in England äußerst beliebt waren. Sie bestanden aus mehreren Gängen mit Speisen, die aus Schildkröten zubereitet wurden, die man lebend aus der Karibik herbeigeschafft hatte. Doch 1789 schrieb Bentham den einen Satz nieder, der seither am häufigsten von Tierrechtlern zitiert wurde: »Die Frage ist nicht ›Können sie *denken*?‹ oder ›Können sie *sprechen*?‹, sondern ›*Können sie leiden?*‹«

Dieser Satz verliert einiges an Durchschlagskraft, wenn man bemerkt, dass er nur eine Fußnote war. Tierschützer von heute übersehen eventuell auch, dass Bentham zu dem Schluss kam, die Menschen seien berechtigt, Tiere zu töten und zu essen, wenn der Tod der Tiere »schneller [und] weniger schmerzhaft ist [als] der unvermeidliche Lauf der Natur« (Er fügte die strittige Bemerkung hinzu: »Sie haben niemals einen Nachteil davon, tot zu sein.«) Als Utilitarier zweifelte er sogar daran, dass Menschen natürliche Rechte besäßen.

Dennoch leitete Benthams Frage einen Wende ein und veränderte unser Denken über Tiere. Ja, andere Tiere mögen anders aussehen, anders denken und sich anders verhalten als wir. Ja, die Bibel behauptet vielleicht, die Menschen seien allen anderen Lebewesen überlegen. Doch Bentham verglich die Situation der Tiere mit der Sklaverei: Ebenso wie schwarze Haut kein Grund dafür sei, dass man einen Menschen foltern dürfe, würde man eines Tages erkennen, dass Tiere nicht gequält werden dürften, nur weil sie sich physisch von den Menschen unterscheiden. Ihr Wohl müsse berücksichtigt werden.

Damals gab es auf der ganzen Welt keine Gesetze, die die Misshandlung von Tieren verhinderten. Die Engländer versammelten sich, um zuzusehen, wie ein Bulle oder ein Bär an einen Pfahl gebunden und von Hunden angegriffen wurde. Die Hunde wurden extra gezüchtet, sie besaßen einen starken Kiefer, damit sie sich an der Schnauze des Bullen festbeißen konnten; heute nennt man sie Bulldoggen. (Die Schilderungen lassen offen, ob der Bulle jemals eine Chance hatte.) Bullen zu quälen war aus kulinarischen Gründen erlaubt: Man dachte, ihr Blut würde verdünnt und das Fleisch somit weicher. Die Bullenhatz fand auch an Hochzeiten statt. Nachdem der Adel das Interesse daran verlor, warf man den Gegnern der Bullenhatz vor, sie würden der arbeitenden Bevölkerung jeglichen Spaß verderben wollen.

Großbritannien war der westliche Vorreiter für Tierschutzaktivismus, was nicht allzu überraschend ist, wenn man seinen Status als erste Industrienation und Pionier der Urbanisierung bedenkt. Zu Beginn des 19. Jahrhunderts nutzte ein angesehener, aber aufgeblasener Anwalt namens Thomas Erskine seine Pensionierung, um einen Kreuzzug für das Tierwohl anzuzetteln. Erskine war ein merkwürdiger Reformer, der in seinen dreißig Jahren im Parlament nicht eine einzige Gesetzesvorlage eingebracht hatte. Außerdem war er bekannt für seine Ichbezogenheit; es kursierte der Witz, den Druckern würde die Letter »I« (engl.: ich) ausgehen, wenn sie seine Reden setzten. Aber er scheint Tiere fast ebenso sehr wie sich selbst geliebt zu haben: Seinem Biografen zufolge lebte er mit mehreren Hunden, einer Gans, einem Ara und sogar zwei Blutegeln zusammen, von denen er glaubte, sie hätten sein Leben gerettet.

Erskine brachte 1809 einen Gesetzesantrag ein, der die Misshandlung von Tieren verbieten sollte. Seine Argumente stammten nicht von Bentham, sondern beriefen sich darauf, »was wir [Parlamentarier] jeden Tag unseres Lebens mitansehen müssen«: Pferde, die zu Tode geprügelt werden, damit manche Leute überflüssige Reisen unternehmen können, um »der Leere ihres nutzlosen Daseins zu entrinnen«. Sein Ansatz schuf eine Brücke zwischen der alten christlichen Weltsicht und dem heutigen Diskurs über Tierrechte. Er stellte weder infrage, dass Gott den Menschen die Herrschaft über die Tiere gegeben hatte, noch dass einige Tiere »offensichtlich dazu geschaffen« worden seien, den Menschen nützlich zu sein. Doch er sagte auch, dass Gott jedem Tier »Organe und Emotionen gegeben hat, um sich am Leben zu erfreuen«, und dass Tiere nahezu dasselbe Empfindungsvermögen wie der Mensch besäßen.

Es erscheint erstaunlich, dass Tierrechte zu einer Zeit ernst genommen wurden, in der es andere drängende Probleme gab, an erster Stelle die Sklaverei. Großbritannien hatte den Sklavenhandel erst 1807 abgeschafft; die versklavten Menschen in den karibischen Kolonien waren noch nicht befreit worden. Tatsächlich erwies sich der Vergleich mit der Sklaverei, den nicht nur Bentham ins Feld führte, als hilfreich, um der Kampagne gegen Tierquälerei Aufwind zu verschaffen. William Wilberforce, der führende britische Sklavereigegner, unterstützte Erskine, den er bereits einige Jahre zuvor als Anwalt in einer Familienstreitigkeit engagiert hatte. Wilberforce war der Ansicht, wenn die Menschen ihre Sicht auf die Tierwelt veränderten, hätte dies »eine Glückseligkeit zur Folge, die von nahezu unschätzbarem Ausmaß« sein würde.

Erskines Bemühungen scheiterten zunächst, doch 1822 verabschiedete das britische Parlament ein Gesetz, dass die Misshandlung von Rindern, Pferden und anderen Nutztieren verbot. Wilberforce und seine Mitstreiter gründeten die Society for the Prevention of Cruelty to Animals (später bekannt als RSPCA), um das Gesetz wirksam durchzusetzen. Anschließend setzte sich die Society erfolgreich dafür ein, auch andere Tiere gesetzlich zu schützen. 1835 wurde die Bullenhatz verboten, die allerdings bereits aus der Mode gekommen war. Rattenkämpfe, bei denen ein Hund und bis zu 200 Ratten in eine Grube geworfen wurden, während die Zuschauer Wetten darauf abschließen konnten, wie viele Ratten getötet werden würden, waren noch immer legal. Die Fuchsjagd blieb weiterhin erlaubt; die Tiere waren weniger bedeutend als der Adel. Tatsächlich betrieben auch viele der führenden Mitglieder der RSPCA diesen blutigen Sport. Die Society trat erst 1971 gegen die Fuchsjagd ein.

1842 tauchte der Begriff »Vegetarier« zum ersten Mal in Großbritannien auf und bezeichnete eine Ernährung, die wir heute vegan nennen. Vertreter der »Pflanzenkost« verbrachten die meiste Zeit damit, über die positiven Auswirkungen zu sprechen, die dadurch für die Menschen entstünden – beispielsweise ein »ausgeglichenes Temperament« –, und dachten dabei weniger an die Tiere. Ihre Gegner verspotteten sie als impotent.

Der Tierschutzaktivismus begann sich auch außerhalb von Großbritannien immer mehr zu verbreiten. Während des gesamten 19. Jahrhunderts bestand eines der überzeugendsten Argumente gegen Tierquälerei darin, eine Analogie zwischen der Gewalt gegen Tiere und gegen Menschen zu schaffen. Zuvor waren Tiere einfach Besitztümer gewesen, also konnte man dafür bestraft werden, wenn man die Tiere eines anderen misshandelte, aber nicht, wenn es die eigenen waren. Im Bundesstaat Maine in den Vereinigten Staaten wurde 1821 das erste Tierschutzgesetz verabschiedet; wer ein Pferd oder ein Rind misshandelte, wurde zu einer Strafe von 2 bis 5 US-Dollar (heute etwa 45 bis 110 US-Dollar) oder bis zu dreißig Tagen Gefängnis verurteilt. New York folgte bald darauf und erweiterte seine Gesetzgebung 1866–67 auf den Schutz aller Lebewesen, was größtenteils der Lobbyarbeit der neu gegründeten American Society for the Prevention of Cruelty to Animals zu verdanken war. 1868 sorgte die Society, die sich wie ihr britisches Pendant hauptsächlich aus Mitgliedern der Mittel- und Oberschicht zusammensetzte, dafür, dass ein Mann verurteilt wurde, der seinen Pferdewagen überladen hatte.

Im 19. Jahrhundert spielten Pferde eine entscheidende Rolle – in Bereichen wie Reisen, Transportwesen, Landwirtschaft, Kriegsführung und Sport. Sie wurden eingesetzt, um mechanische Arbeiten zu verrichten, und oft wie gefühllose Maschinen behandelt. In seltenen Momenten der Anteilnahme befanden die Briten, England sei eine »Hölle für Pferde«, während die Franzosen dasselbe über Frankreich dachten. Nicht nur ökonomische Gegebenheiten, sondern auch die Mode begünstigten die grausame Behandlung der Tiere: Die feste Kandare, die die Pferde daran hinderte, ihren Kopf zu senken und die ihre Luftröhre verletzen konnte, wurde bevorzugt verwendet, weil sie den Tieren ein lebhaftes Aussehen verlieh. (Heute noch zählt in der Hundezucht das Aussehen häufig mehr als das Wohlbefinden der Tiere.) Solche Kandaren wurden in dem Roman *Black Beauty* – die »Autobiografie eines Pferdes, aus der Pferdesprache übersetzt von Anna Sewell«, angeprangert, der 1877 zu einem Bestseller wurde. Die Leser wollten nicht nur Mitleid mit den Tieren haben, sie wollten die Welt mit ihren Augen sehen. Unsere enge Beziehung zu Pferden hat also sowohl Grausamkeit als auch die Bewegung gegen Tierquälerei befördert.

Pferde wurden durch Elektrizität verdrängt, den Verbrennungsmotor, Maschinengewehre, Panzer und schließlich sogar vom Fußball. Zu Beginn des 20. Jahrhunderts galten sie als gefährlich und unhygienisch: in Paris produzierten sie täglich über 2000 Tonnen Dung. Keine moderne Gesellschaft konnte es hinnehmen, derartig mit Mist überschwemmt zu werden, zumindest nicht, bevor es YouTube gab. Pferde passten nicht länger in die Städte, die sie mit aufgebaut hatten. In der westlichen Welt gibt es heute weitaus weniger von ihnen, doch sie werden besser behandelt als jemals zuvor – ein Beweis dafür, dass es den Menschen leichter fällt, Tiere zu lieben, wenn sie nicht wirtschaftlich von ihnen abhängig sind.

Das 19. Jahrhundert hat unseren Umgang mit Tieren auch auf andere Weise geprägt. Wir hätten uns von den Tieren trennen können, als wir in die Städte zogen. Stattdessen entstanden Haustierhaltung und Zoos in ihrer modernen Form. 1779 wurde in Wien die kaiserliche Menagerie eröffnet. Neue Zoos entstanden auch in London (1828), Amsterdam (1838) und Philadelphia (1874). Der Begriff »Domestizierung« tauchte in Großbritannien erstmalig in den 1770er-Jahren auf, einige Jahrzehnte später sprach man auch in Frankreich von *la domesticité*. Im 19. Jahrhundert wurde es in beiden Ländern Mode, Hunde und Nutztiere zu züchten. Tierschützer bemühten sich darum, Misshandlungen von Tieren zu reglementieren, vor allem die Vivisektion. Schlachthöfe wurden aus der Öffentlichkeit verbannt. Auch die Viktorianische Epoche prägte unser Verhältnis zu Tieren – vor allem durch Darwins Evolutionstheorie, die zeigte, dass wir uns nicht grundlegend von anderen Arten unterscheiden.

Doch der Wandel hätte deutlich größer sein können. 1871, zwölf Jahre nach der Veröffentlichung von *Über die Entstehung der Arten* publizierte Darwin seine Schrift *Die Abstammung des Menschen,* in der er darauf hinweist, dass einige Tiere »eine Vorstellung von richtig und falsch« haben könnten und sicherlich ein derartiges Verständnis entwickeln würden, wenn sie eine geistige Entwicklung wie der Mensch durchlaufen würden. Ein Jahr später, in *Der Ausdruck der Gemütsbewegungen bei dem Menschen und den Tieren,* legte er seine Überzeugung dar, die auf genauer Beobachtung basierte, dass die Gesichter von Tieren ihre Emotionen abbildeten. Dieser Gedanke verweist bereits auf neuere Studien zu den Emotionen von Tieren und welchen Status wir ihnen zubilligen sollten. Die *Gemütsbewegungen* hatte weit weniger Wirkung als *Über die Entstehung der Arten.* Während uns der erste Teil von Darwins Forschung in das Feld der Genetik geführt hat, debattieren Entwicklungspsychologen noch immer über seine Thesen zur Empfindungsfähigkeit von Tieren, sagt Alex Taylor, der die Forschungsgruppe Kognitionsbiologie an der Auckland University leitet.

Im 20. Jahrhundert berief man sich vor allem auf den Behaviorismus, der das Verhalten von Tieren für maßgeblich hält, nicht ihr Empfinden, und davon ausgeht, dass das Verhalten durch gezielt eingesetzte Belohnungen beeinflusst werden kann. In der Humanpsychologie ist der Behaviorismus längst aus der Mode gekommen – wie soll man die Äußerungen eines Menschen erklären, ohne sein Innenleben zu berücksichtigen? Dennoch beherrschte der Behaviorismus weiterhin unsere Haltung gegenüber Tieren. Nicht immer wurden die Fähigkeiten der Tiere dabei unterschätzt – sein wohl bekanntester Vertreter, B. F. Skinner, beschäftigte sich während des Zweiten Weltkriegs damit, Tauben darauf zu dressieren, eine Fernrakete auf Kurs zu halten – ein Projekt, dass die US Air Force letztendlich aufgeben musste –, doch der behavioristische Ansatz hinderte die Forscher daran, das Innenleben der Tiere in seiner Gänze zur Kenntnis zu nehmen. Der Primatenforscher Frans de Waal erinnert sich: »Sobald man sagte: ›Mein Hund ist eifersüchtig‹, hieß es: ›Das ist vermenschlichend‹. Ein Totschlagargument, das besagte, dass man falsch lag.« Descartes, nicht Darwin, war auf dem Vormarsch, und hinderte uns daran, Tiere ernst zu nehmen.

Mit der Zeit befreiten sich die Forscher mithilfe einer neuen Methode aus diesen Fesseln – der Ethologie, die davon ausging, dass das Verhalten der Tiere von ihren Sinneswahrnehmungen, Genen und Erfahrungen geprägt ist. In den 1960er-Jahren reiste Jane Goodall in die Wälder von Tansania, um Schimpansen zu beobachten, und erkannte, wie komplex und konfliktreich die soziale Interaktion zwischen ihnen ist. Goodall gab den Schimpansen Namen und betrachtete sie als Freunde. Cynthia Moss dokumentierte, dass Afrikanische Elefanten in strukturierten, matriarchalischen Gemeinschaften leben;

die Elfenbeinjäger töteten also nicht nur Individuen, sondern schädigten die Gemeinschaft, indem sie den jungen Elefanten die Möglichkeit nahmen, von älteren Tieren zu lernen. De Waal machte die Beobachtung, dass Schimpansen und auch Präriewühlmäuse einander auf ähnliche Weise wie Menschen trösten. Wenn eine weibliche Präriewühlmaus Stress ausgesetzt war, erhöhte sich der hormonelle Stresspegel ihres Partners ebenfalls; und wenn beide Mäuse wieder zusammenkamen, begann das Männchen, sie ausgiebig zu putzen. Präriewühlmäuse sind monogame, niedliche, hamsterartige Wesen; wir alle würden von ihrer Zuwendung profitieren.

2012 hielt eine Gruppe von Neurologen an der Cambridge University eine Konferenz ab und unterzeichnete die klangvoll betitelte Cambridge Declaration on Consciousness, die besagt, dass nicht nur der Mensch ein Nervensystem besitzt, das es ihm ermöglicht hat, ein Bewusstsein zu entwickeln, sondern »alle Säugetiere und Vögel, und viele andere Lebewesen, beispielsweise Oktopusse.« Dennoch hat die Verzögerung, mit der wir die geistige Komplexität von Tieren erkannt haben, dafür gesorgt, dass unser Mitgefühl auf der Strecke geblieben ist.

Unsere Fähigkeit, Tieren Leid zuzufügen, hat sich rasant gesteigert. Obwohl der Begriff »Vegetarier« bereits im 19. Jahrhundert auftauchte, nahm der Fleischverbrauch nicht nur in Europa und den Vereinigten Staaten zu. Im buddhistischen Japan herrschte bis in die 1870er-Jahre ein Tötungsverbot für Tiere (allerdings nicht für Fische). Doch mit dem Kaiser Mutsuhito, der Japan modernisieren und dem Westen Konkurrenz machen wollte, kam auch der Verzehr von Fleisch in Mode. Er ließ verlauten, dass er regelmäßig Fleisch essen würde; seine Regierung verkündete, Fleisch sei gut für die Gesundheit, und förderte damit die heimische Rinderzucht. Auch in Indien traten Veränderungen ein: Fleischverzehr wurde mit der Stärke der Briten assoziiert, und einige Inder, zu denen kurzzeitig auch der junge Mahatma Gandhi gehörte, hofften, sie könnten es ihnen gleichtun, indem sie ebenfalls Fleisch aßen.

Selbst Länder, die gesetzlich gegen Tierquälerei vorgingen, gestatteten den einheimischen Jägern, weiterhin Blut zu vergießen. Die neuen Hinterlader machten es einfacher denn je, Tiere zu erlegen. In den Vereinigten Staaten verschwanden die Bisons, in Schwarzafrika die Elefanten. Die Harpunenkanone mit Explosionsladung, die sich der ehemalige norwegische Seehundjäger Svend Foyn 1870 patentieren ließ, gefährdete die Meeresfauna. Sie wurde am Bug eines kleinen Dampfschiffs angebracht und ermöglichte es, selbst die größten Meerestiere problemlos zu erlegen. Das galt damals als Fortschritt. Doch es dauerte nicht lange, bis man erkannte, dass der Mensch auf diese Weise das Aussterben diverser Tierarten verursachen könnte.

Die alarmierenden Auswirkungen der Jagd, zusammen mit einem wachsenden Interesse für Naturgeschichte und Tierschutz, führte zur Entstehung der modernen Naturschutzbewegung. Gesetze zum Schutz von »Haarwild« gab es bereits. 1869 setzte sich Christopher Sykes, der für Yorkshire im Parlament saß, dafür ein, das Gesetz auch auf Seevögel auszuweiten. Seine Begründung war scharfsinnig: Wenn die Vögel verschwänden, würde der Mensch darunter leiden – denn die Vogelrufe halfen den Matrosen der Handelsschiffe dabei, sich bei nebligem Wetter in Küstennähe zu orientieren, und das Kreisen der Vögel über dem Wasser half den Fischern dabei, Fischschwärme auszumachen. Das Gesetz zum Schutz von Seevögeln wurde zur Grundlage für die Einführung einer Schonzeit bei der Vogeljagd.

Von Anfang an haben sich sowohl Jäger, die Tiere erlegen wollen, als auch Naturfreunde, die dies als Sakrileg ansehen, für den Naturschutz erwärmt. Der Waffennarr Teddy Roosevelt erkannte, dass die Jäger langfristig Gefahr liefen, ihr Hobby aufgeben zu müssen, wenn die Natur nicht geschützt wurde. Der Waffengegner John Muir begeisterte sich für naturbelassene Landschaften. Die Vereinigten Staaten hatten bereits 1872 den weltweit ersten Nationalpark gegründet, damit die Menschen die großartige Landschaft genießen konnten, in der sogar einige Bisons Schutz fanden. Doch die Gründung des Yellowstone-Parks hatte auch eine Schattenseite: Die indigenen Stämme, die auf dem Gebiet lebten, wurden vertrieben. Dennoch wurde Yellowstone zum Musterbeispiel für Nationalparks auf der ganzen Welt.

Die menschliche Bevölkerung nahm stetig zu, ihr Wohlstand florierte – und brachte die Tierwelt in Bedrängnis. Massentierhaltung kam vor etwa hundert Jahren auf. Geflügelfleisch war vorher nur ein Nebenprodukt der Eierproduktion gewesen. In den 1920er-Jahren begannen die Farmer in Delaware, Hühner zum Verzehr zu züchten; sie fanden heraus, dass man die Hühner lebenslang im Stall halten kann, wenn man ihnen Vitamin D verabreicht. Gab es vorher nur einige hundert Hühner auf ihren Farmen, so waren es nun Zehntausende. Nach dem Zweiten Weltkrieg begannen die Farmer auch Schweine in Metallkäfigen und Kühe in Ställen zu halten, um die Produktivität zu steigern. Die Konsumenten protestierten letztendlich, doch bis dahin hatte sich diese Praxis weltweit durchgesetzt.

Die US-amerikanische Biologin Rachel Carson prangerte 1962 in ihrem Buch *Der stumme Frühling* die verheerenden Auswirkungen von Pestiziden an und rief die Menschen dazu auf, »sich auf eine vernünftige Weise mit den Insektenscharen zu arrangieren«. *Der stumme Frühling* gilt als Meilenstein für den Naturschutz: Das Buch sorgte dafür, dass das Insektizid DDT verboten wurde. Doch seit seiner Publikation haben sich die weltweiten Insektenpopulationen nicht etwa erholt – tatsächlich haben sie weiter abgenommen. Neue Pestizide haben unvorhersehbare Auswirkungen für die Bienen. Regenwürmer werden durch das Umpflügen der Äcker vertrieben. Glühwürmchen werden durch künstliches Licht irritiert. Viele Insektenarten fallen der unaufhörlichen menschlichen Expansion zum Opfer, die Umweltverschmutzung und Ausbeutung der natürlichen Ressourcen mit sich bringt. Zwischen fünf und zehn Prozent der Insektenarten sind seit der Industriellen Revolution ausgestorben. Wir sind uns nur wenig darüber bewusst, wie viele es noch sein werden und wie sich ihr Verschwinden auf unsere Existenz auswirken wird.

Die moderne Naturschutzbewegung begann in den Vereinigten Staaten mit Muir und Carson, die Tierschutzbewegung dagegen in

Großbritannien, als Reaktion auf die Massentierhaltung. »Für uns ist es unverständlich, dass die griechischen Philosophen sich so ausgiebig mit Recht und Unrecht beschäftigt und dennoch niemals bemerkt haben, dass die Sklaverei moralisch unhaltbar ist«, schrieb die Autorin und Aktivistin Brigid Brophy 1965 in einem Essay. »In 3000 Jahren wird man es vermutlich für ebenso unglaublich halten, dass wir nicht bemerkt haben, wie unmoralisch die Unterdrückung von Tieren ist.« Die Tierschutzbewegung etablierte sich als progressive Gegenkultur, nicht als Fortführung des Puritanismus des 19. Jahrhunderts.

Der britische Psychologe Richard Ryder versuchte 1970, Tierrechte in den Kontext der Frauenrechtsbewegung und der Antirassismus-Bewegung zu stellen. Er prägte den Begriff des »Speziesismus«, um zu beschreiben, wie arrogant und unmoralisch sich der Mensch anderen Spezies gegenüber verhält. Damit wurde eine neue Phase des Tierrechtsaktivismus eingeläutet – die weniger an schrittweisen Verbesserungen des Tierwohls interessiert war, sondern vielmehr das Verhalten des Menschen grundsätzlich infrage stellte und für Tierrechte eintrat. Peter Singer, der mit Ryder befreundet war, veröffentlichte 1975 sein Buch *Animal Liberation – Die Befreiung der Tiere*, in dem die verheerenden Zustände in Zuchtbetrieben und Laboren beschrieben wurden, und folgerte, dass der Mensch verpflichtet sei, die »Interessen der Tiere« zu berücksichtigen. Beim Speziesismus gehe es nicht darum, den Menschen und andere Lebewesen gleichzusetzen, sondern um die Erkenntnis, dass andere Lebewesen ebenso leidensfähig seien wie der Mensch. (Singer, der wie Bentham Utilitarier ist, zieht es vor, Interessen gegeneinander abzuwägen, als sich konkret für Tierrechte auszusprechen.) Von Singer inspiriert, organisierte der Gewerkschaftler Henry Spira 1979 eine erfolgreiche Kampagne, die verhinderte, dass Hunde und Katzen aus New Yorker Tierheimen weiterhin in der medizinischen Forschung eingesetzt wurden. *Animal Liberation* ist vermutlich das einflussreichste Buch, das jemals über Tiermisshandlung geschrieben wurde. Dennoch hat sich seit seiner Veröffentlichung die Fleischproduktion weltweit verdreifacht. Darin liegt ein Paradox: Die

Lage der Tiere hat sich verschlechtert, obwohl wir uns scheinbar besser um sie kümmern.

❖

Die 2000er-Jahre waren womöglich die wichtigste Dekade für Tierschützer seit den 1970ern. Es scheint, als sei die Zeit reif für ein Umdenken gewesen. Veganuary, eine Kampagne, die den Menschen nahelegt, einen Monat lang auf Fleisch, Milch, Eier und andere Tierprodukte zu verzichten, wurde 2014 zum ersten Mal in Großbritannien veranstaltet. Immer mehr Menschen identifizierten sich mit ihrer Ernährung. Die Welt probierte es mit dem Veganismus, vielleicht auch deshalb, weil sie alle anderen Ernährungskonzepte bereits ausprobiert und verworfen hatte. Zwischen Dezember 2015 und Dezember 2016 verdoppelte sich die Zahl der Google-Abfragen für das Wort »vegan«. 2020 nahmen 400000 Menschen am Veganuary teil, anstatt sich nach Weihnachten bei einem Fitnessstudio anzumelden. Unsere neu entdeckte Sensibilität für Tiere ging sogar noch weiter. Volkswagen stoppte endlich die Diesel-Abgastests an Affen. Noch vor einigen Jahrzehnten hatte Hollywood sich mit Filmen wie *Der weiße Hai* und *Anaconda* vor allem auf die Gefahr fokussiert, die von Tieren ausgeht. Heute dürfen in der TV-Show *Dschungelcamp* noch nicht einmal mehr Insekten verspeist werden, nachdem sich Zuschauer beschwert hatten.

Veränderung lag in der Luft. 2015 sprach sich ein Drittel der US-Amerikaner dafür aus, dass Tiere ebenso wie Menschen ein Recht auf Unversehrtheit haben und vor Ausbeutung geschützt werden sollten. (2007 war es ein Viertel der Amerikaner.) Frauen und Demokraten stimmten eher zu als Männer und Republikaner. In den Niederlanden haben Tierschützer sogar ihre eigene Partei gegründet: Die »Partij voor de Dieren«, die sich ebenso für größere Goldfischgläser einsetzte wie für die Einführung des Euro, gewann 2017 fünf Parlamentssitze. »Die Öffentlichkeit wünscht sich schon längst, dass die Politik Tiere besser schützt, und darin besteht die große Chance für eine Partei wie unsere«, sagt die Parteivorsitzende Esther Ouwehand.

2016 gaben nur 2 Prozent der britischen Erwachsenen an, Vegetarier zu sein, und ein weiteres Prozent bezeichnete sich als vegan. In den Vereinigten Staaten sind 5 Prozent der Einwohner Vegetarier. In Spanien, dem Land des Schinkens und des Fischs, essen nur etwa 1,5 Prozent der Einwohner kein Fleisch. Die Datenlage ist häufig unzureichend, doch man kann davon ausgehen, dass in den westlichen Ländern weniger als ein Zehntel der Einwohner Vegetarier sind. Indien gilt vielen Vegetariern als Vorbild, denn traditionelle Glaubensrichtungen wie Hinduismus und Jainismus üben Fleischverzicht. Die indische Verfassung verpflichtet die Regierung dazu, die Schlachtung von Kühen zu unterbinden. Dennoch geben fast drei Viertel der Inder an, dass sie Fleisch essen. Die Zahl ist vermutlich noch höher: Die neuere Forschung legt nahe, dass viele Inder in Umfragen nur angeben, sie seien Vegetarier, weil sie kulturellem Druck ausgesetzt sind.

Warum haben wir so lange gebraucht, um umzudenken? Tierfreunde gab es schon immer. Alle Argumente, die sich für Vegetarismus und Veganismus ins Feld führen lassen, existierten bereits in ähnlicher Form im 19. Jahrhundert – und häufig schon früher. Heute finden sie zum ersten Mal auch in der Mitte der Gesellschaft Gehör, selbst wenn nur ein kleiner Teil der Menschen auf fleischlose Ernährung umgestiegen ist. Zwei Dinge haben sich verändert: Erstens die Klimakrise, die Menschen in aller Welt dazu gezwungen hat, zu erkennen, wie ungewiss unsere Zukunft und wie zerstörerisch unser Lebenswandel ist. Seit ich erwachsen bin, habe ich mir Sorgen über den Klimawandel gemacht. In den vergangenen Jahren ist aus einem politischen Thema eine greifbare Realität geworden – und wir müssen einsehen, dass wir den Wandel zu lange ignoriert haben und unsere Zukunft im Dunklen liegt. Das beste Heilmittel gegen derartige Ängste ist es, zu Protestmärschen zu gehen und sich anzusehen, wie viele Menschen daran teilnehmen.

Zweitens die sozialen Medien. Seit dem 19. Jahrhundert, als die Urbanisierung immer mehr Fahrt aufgenommen hat und die Pferde von unseren Straßen verschwunden sind, haben wir uns physisch von den Tieren distanziert. Diese Distanz wurde durch die sozialen Medien wieder ausgeglichen. Womöglich waren die Katzenvideos nicht nur die reine Zeitverschwendung; womöglich haben sie uns sensibilisiert. Ich habe mir angesehen, wie Pandas einen Hügel hinunterrollen oder wie sie niesen. Das Internet hat es zweifellos leichter gemacht, Randthemen in den Mainstream zu bringen; das gilt sowohl für Tierrechte als auch für rechtsradikale Bewegungen. Die Medienmarke The Dodo aus New York postet niedliche, suchtgefährdende Tiervideos wie »Küken begrüßt jeden Morgen seine menschliche Schwester« und »Hund imitiert alle Yogaübungen seines Herrchens«. Mittlerweile zählt The Dodo zu den beliebtesten Content-Providern auf Facebook, weil uns Tiere als Individuen gezeigt werden, die selbstbestimmt handeln.

Vor kaum zehn Jahren mussten Tierschützer noch darum kämpfen, andere für ihr Anliegen zu interessieren. Wenn die Aktivisten ihre bestürzenden Aufnahmen aus Farmen und Schlachthöfen den Fernsehsendern anboten, weigerten diese sich, sie zu senden. PETA, eine der radikalsten Aktionsgruppen, verlegte sich darauf, ihren Freiwilligen Bildschirme umzuhängen, auf denen die Videos abgespielt wurden, und sie damit auf die Straßen zu schicken. Die meisten Passanten rannten davon, so schnell sie konnten. Jeder der Aktivisten konnte so am Tag nur etwa hundert Menschen erreichen. Heute lädt PETA seine Clips auf Facebook hoch, wo sie innerhalb weniger Stunden hunderttausende Male angeklickt werden. So gehen nicht nur Aktivisten vor: Die britische Supermarktkette Iceland hat eine Werbung produziert, in der es um die Notlage von Orang-Utans geht, die von Palmölplantagen verdrängt werden. Als politisches Statement konnte der Werbespot nicht im britischen Fernsehen gesendet werden, doch er hat über sechs Millionen Views auf YouTube erzielt. Dass er aus dem Fernsehen verbannt wurde, trug entscheidend dazu bei.

Der Comedy-Autor Charlie Brooker sagte einmal, Twitter würde einem die furchtbarsten Dinge zeigen, die genau in diesem Moment überall auf der Welt passieren. Ziemlich häufig gehören tote Tiere dazu. 2014 wurde im Kopenhagener Zoo eine gesunde Giraffe eingeschläfert; der Tweet eines Aktivisten löste einen internationalen Proteststurm aus. Im folgenden Jahr erschoss ein US-amerikanischer Zahnarzt in Simbabwe einen Löwen mit einem Verbundbogen, und die Reaktion im Internet war so heftig, dass der US-Kongress die Regeln für die Einfuhr von Fellen oder anderen Körperteilen von Tieren verschärfte. Es war sicherlich hilfreich, dass diese Wesen Namen trugen wie Jane Goodalls Schimpansen – die Giraffe wurde von den Zoowärtern Marius genannt, den Löwen hatten die Wildtierforscher Cecil getauft. Als Australien 2020 in einem beispiellosen Ausmaß von Buschfeuern heimgesucht wurde, waren die am häufigsten angeklickten Videos nicht die von niedergebrannten Häusern und ihren bedauernswerten Bewohnern, sondern von toten Kängurus, die am Straßenrand aufgestapelt worden waren. Über drei Milliarden Tiere sind Schätzungen zufolge in den Feuern gestorben, Frösche und Insekten nicht eingerechnet. Im Gegensatz zu Menschen kann man Tiere nicht warnen. Ihr Sterben wirkt daher besonders brutal.

Die sozialen Medien sind ein grobes Werkzeug. Die Empörung, die wir empfinden, wenn Tiere getötet werden oder sterben, ist häufig fehlgeleitet. Im Fall von Marius, der Giraffe, müssen wir uns fragen, was wir eigentlich gedacht haben, was mit Zootieren geschieht, die keinen natürlichen Feinden mehr ausgesetzt sind. Dass sie für immer am Leben bleiben? Ist uns nicht aufgefallen, dass die Zoos nicht ständig wachsen? Wir sind betroffen, aber auch verwirrt.

2020 war der Ausdruck »viral gehen« plötzlich keine Metapher mehr. Das Coronavirus tauchte zuerst in Wuhan auf einem Großmarkt auf, auf dem Wildtiere unter furchtbaren Bedingungen gehalten wurden, neben Ständen mit handelsüblichem Fleisch und Meeresfrüchten. Das Virus offenbarte unser schwieriges Verhältnis zu Tieren. Ein Stand auf dem Großmarkt hatte hundert verschiedene lebende Tiere im Angebot, darunter auch Zibetkatzen. Auf anderen asiatischen Märkten entdeckten Besucher fünf lebende Fledermäuse, die an ihren Flügeln aufgehängt waren, verwundete Pangoline und Hühner in überfüllten Käfigen. Während ich dies schreibe, geht man davon aus, dass das Coronavirus zunächst bei Fledermäusen auftrat und vermutlich über ein Pangolin auf den Menschen übertragen wurde. Wissenschaftler haben uns davor gewarnt, dass Krankheitserreger von Wildtieren und aus der Massentierhaltung auf uns überspringen können, aber wir haben sie einfach ignoriert. »Ich denke nicht: ›Habe ich's euch nicht gesagt?‹, sondern eher: ›Hätte ich lauter warnen müssen?‹«, sagt Kate Jones, eine führende Fledermaus-Expertin. Wenn wir jemals geglaubt haben, dass wir unsere Welt von der der Tiere abschotten können, hat die Pandemie uns eines Besseren belehrt.

Das Coronavirus hat einiges ans Licht gebracht. In den Wochen des ersten Lockdowns gerieten die Fleisch- und Milchindustrie unter Druck. Die Milch landete eimerweise im Ausguss, der Schweinebestand musste reduziert werden, weil die Bauern sich das Futter nicht mehr leisten konnten. In einem Massentierhaltungsbetrieb in Iowa, USA, wurden tausende Schweine getötet, indem man die Luftzufuhr zu ihren Ställen blockierte und die Heizung aufdrehte, sie wurden praktisch zu Tode gekocht. Millionen Hühner wurden getötet, indem man sie mit dem Schaum aus Feuerlöschern besprühte. Das war kein Fleisch, das ohne Tierquälerei hergestellt wurde, sondern Tierquälerei, ohne Fleisch zu produzieren.

Während wir Zuhause saßen, geschah auch etwas Erfreulicheres: Tiere wagten sich auf die Straßen zurück. Kojoten wurden in San Francisco gesichtet, Biber in Washington DC und Schakale in den Parks von Tel Aviv. Das Anthropozän machte eine Pause. Die Vögel sangen leiser, weil sie nicht länger den Verkehrslärm übertönen mussten; sie konnten eine niedrigere Frequenz benutzen, und ihr Gesang war weithin zu hören. In diesen ersten Wochen konnte man sich eine Welt vorstellen, in der nicht überall Menschen herumtrampeln, und das schien beinahe angenehm zu sein. »Wir sind das Virus. Die Natur ist die Heilung«, hieß es in einem Internet-Meme.

Für einen kurzen Augenblick wurden wir daran erinnert, dass unser Planet nicht nur die Heimat der Menschen ist. Indem wir etwas Abstand gewannen, konnten wir erkennen, welchen Schaden wir angerichtet hatten. Während des Lockdowns sehnten sich viele Leute nach der Gesellschaft von Tieren: In Großbritannien gab es zeitweise sogar einen Engpass an Hundewelpen. Andere wieder arrangierten virtuelle Treffen für ihre Hunde. Alpakas und Lamas nahmen an Zoom-Meetings teil. Sie waren vermutlich besser darin, die Stummschaltung aufzuheben als viele Menschen.

Das Coronavirus hat uns in vielerlei Hinsicht wachgerüttelt. Es zeigte, dass Angestellte nicht unbedingt in Büros arbeiten und Gottesdienste nicht in Kirchen stattfinden müssen. Vieles, das uns festgelegt erschien, konnte geändert werden. Könnte unser Verhalten gegenüber Tieren nicht auch dazugehören? Nahrungsgewinn durch Tierzucht und Jagen haben unsere Kulturen und unsere Identität bestimmt. Könnten wir das ändern? Die Modemarke Gucci hatte 2007 zögerlich eingeräumt, dass Pelze »eigentlich nicht mehr zeitgemäß« seien und man sie nicht länger verwenden wolle. Nachdem das Coronavirus einschlug, ging der Kreativdirektor Alessandro Michele sogar noch weiter und beklagte, dass »die Menschen ihre Schwesternschaft mit den Schmetterlingen, den Blumen, den Bäumen und den Wurzeln verloren« haben.

Unsere Haltung gegenüber Tieren ist ein wirres Durcheinander. Wie eine Schublade, in der wir wertvolle Dinge aufbewahren, die wir aber nie aufräumen. Unsere gemeinsame Geschichte ist vor allem durch die Nahrungssuche bestimmt gewesen. Wenn wir unsere Beziehung zu anderen Lebewesen überdenken wollen, bleibt dieser Punkt wesentlich. Also müssen wir bei der Nahrung beginnen.

TEIL I

TIERE TÖTEN

1. Schlachthof-Regeln

Was kann man von einem Schwein schon erwarten,
außer einem Grunzen?
Altes englisches Sprichwort

Vergessen Sie, dass das Schwein ein Tier ist –
behandeln Sie es wie eine Maschine in einer Fabrik.
Hog Farm Management Journal, 1976

»Warum essen Sie kein Fleisch?« Als ich vor einigen Jahren Vegetarier wurde, begann ich bald, diese Frage zu fürchten. Sie ging häufig mit abstruser Logik einher: Ein Mann in meinem Stammcafé fragte mich sogar, ob ich mich nach einem Flugzeugabsturz in der Wildnis weigern würde, meine Mitpassagiere aufzuessen. (Ich hätte ihn gerne gebissen.) Doch mir war auch klar, dass ich keine passende Antwort parat hatte. Wie viele Leute, die weniger oder gar kein Fleisch essen, hatte ich mich nicht umfassend informiert. Meine Entscheidung hatte ich getroffen, nachdem ich einige Seiten in Yuval Noah Hararis Bestseller *Eine kurze Geschichte der Menschheit* gelesen hatte, der feststellt, dass »die moderne industrielle Tierhaltung das größte Verbrechen der Menschheitsgeschichte« sei. Es war der 2. Januar, und mir fiel kein besserer Neujahrsvorsatz ein. Anschließend las ich die Schlagzeilen über den Klimawandel und die Gesundheitsgefahren, die von rotem

Fleisch ausgehen. Ich wusste kaum etwas darüber, wie Tiere in Massentierhaltungsbetrieben leben, oder ob es überhaupt eine ethisch vertretbare Form der Tierhaltung gibt. Vegetarier zu sein, macht einen nicht automatisch zu einem Experten für irgend etwas, außer darin, wie man Gesprächen aus dem Weg geht, warum man Vegetarier geworden ist. In Großbritannien, wo ich aufgewachsen bin, wurde die Tierhaltung in Kinderbüchern, Fernsehfilmen und Supermarktanzeigen immer als redliches, sogar vergnügliches Gewerbe dargestellt. Fast überall, wo ich hinkam, besonders in den Vereinigten Staaten, Frankreich und Kolumbien, galten die Viehzüchter als wichtiger Bestandteil der Landeskultur. Ich wollte herausfinden, wie es in der Realität aussah. Irgendwo musste ich anfangen, also entschied ich mich dazu, die ganze Sache von vorne aufzurollen.

❖

Als erstes stellte ich fest, dass es nicht schwierig ist, einen Job in einem Schlachthof zu bekommen. Es gibt Jobs, für die man einen Lebenslauf braucht, Referenzen oder sogar eine Meldeadresse. Es gibt Jobs, die eine Flut von Bewerbungen auslösen, sobald sie online gestellt werden. »Hilfskraft im Schlachtbetrieb« scheint keiner davon zu sein. Ich rief die Nummer an, die in der Internetanzeige stand und bekam gesagt, ich solle einfach vorbeikommen.

Ich nehme den Zug, fahre etwa eine Stunde in südöstlicher Richtung aus London heraus und lege zu Fuß ein paar hundert Meter auf einer Landstraße zurück. Vögel singen in den Bäumen, ein Zug fährt vorüber. Eine nette Gegend. Nur dass hier, in einem halben Dutzend barackenartiger Gebäude, jeden Tag über tausend Schafe und Schweine »verarbeitet« werden. Die Firma Forge Farm Meats ist ein Schlachthof mittlerer Größe, nur einen Steinwurf entfernt von einer Pendlersiedlung. Ich möchte herausfinden, wie das Töten von Tieren in der Realität aussieht: der Gestank, der Lärm, die psychologischen Aspekte. Alles, was mir dabei helfen kann, eine Entscheidung zu treffen.

Ich klopfe an die Tür des Büros und werde von einem umgänglichen Mann in den mittleren Jahren begrüßt, der sich als Steve vorstellt. Ich habe mir eine ausgefeilte Tarngeschichte zurechtgelegt, warum jemand wie ich, der genau so aussieht, spricht und sich benimmt wie ein durchschnittlicher Journalist, in einem Schlachthof arbeiten möchte. Das hätte ich mir sparen können. Steve fragt mich gar nicht, warum ich in der Schlachterei arbeiten will. Er will nicht einmal meinen Nachnamen wissen. »Es bringt nichts, wenn ich Ihnen etwas über den Job erzähle«, sagt er und steht auf. »Am besten probieren Sie es einfach selbst aus. Manche Leute finden es ziemlich krass.« Er hält inne und korrigiert sich: »Es *ist* ziemlich krass.«

In der Internetanzeige stand: »Bewerber werden angelernt.« Die Schulung besteht aus einem weißen Overall, weißen Gummistiefeln und einem Haarnetz, die Steve mir gibt, bevor er die Tür zu einem einstöckigen Metallbau öffnet und mich zum Fließband führt. Ich finde mich neben einer Reihe kopfloser Schafe wieder.

All das geschieht innerhalb von fünf Minuten, nachdem ich an Steves Bürotür geklopft habe. In einem Londoner Geschäftsgebäude hätte ich länger gebraucht, um an der Rezeption vorbeizukommen.

Die Schafe hängen an einer motorbetriebenen Schiene, und alle paar Meter steht ein Mann, der einzelne Organe oder Teile von ihnen entfernt. In dem fensterlosen Raum, kaum 10 × 10 Meter groß, verwandeln sich die Tiere von etwas, das man auf einer Weide sieht, in etwas, das in einem Supermarktregal liegt. Überall sind rote Spritzer. Gleich nachdem ich eingetroffen bin, rutscht dem Mann neben mir das Messer aus, und die Haut über seinem Fingerknöchel platzt auf wie ein gekochtes Ei. Er starrt auf den grellrot und weißen Kreis mit dem Umfang einer kleinen Münze, der sich gebildet hat. »Oh, das sieht übel aus«, lacht ein Mann weiter unten in der Reihe.

Ich werde an eine Maschine gestellt, die »der Reißer« genannt wird. Wenn die Schafe hier eintreffen, wurde ihnen bereits die Kehle durchgeschnitten, Köpfe und Hufe abgetrennt und die Haut ihrer Vorderbeine vom Fleisch gelöst. Der Reißer hat zwei Zangen, die

die lose Haut an den Vorderbeinen greifen und ziehen, bis die Hälfte des wolligen Fells abgezogen ist. »Klemm dir nicht die Finger ein«, sagt ein Kollege, der nicht wissen kann, dass ich mir genau das bereits ganz fest vorgenommen habe. Ich bin auf Augenhöhe mit der durchgeschnittenen Kehle des Schafs. Ich kann bis in seinen Brustkorb blicken. Ist das eine Lunge oder eine Niere, frage ich mich.

Ich habe etwa 20 Sekunden Zeit, um die lose Haut des Schafs in die Zangen des Reißers zu stecken und das Pedal zu betätigen, das die Zangen hinunterdrückt und die Wolle abzieht. Danach läuft das Fließband weiter, bringt das Schaf zur nächsten Station und liefert mir eine weitere Karkasse an. Zwanzig Sekunden sind viel, wenn die Arbeit reibungslos abläuft. Aber nicht, wenn die Haut nicht abgelöst ist oder die Maschine klemmt, oder wenn der Mann, der vor mir in der Reihe steht, noch immer damit beschäftigt ist, die Hufe des Schafs abzutrennen. Oder wenn die abgelöste Haut zerreißt, bevor der Reißer seine Arbeit verrichtet hat, was ständig passiert.

In diesen Fällen muss man die Wolle per Hand abziehen. Man greift sich so viel Haut wie möglich, und benutzt sein ganzes Körpergewicht, um sie von den Muskeln zu trennen. Manchmal funktioniert es, doch es kann auch zu gut funktionieren. Wenn es einem gelingt, die Wolle ganz abzuziehen, zuckt die durchgeschnittene Kehle zurück und Blut spritzt einem ins Gesicht. Steve hatte recht, es ist ziemlich krass.

Besonders auffällig ist, dass es in einem Schlachthof so chaotisch zugeht. Ich habe schon vorher Fließbänder gesehen – in Autofabriken, Zeitungsdruckereien und in den Fernsehnachrichten – und sie wirkten alle so professionell. Dieses Fließband diente der Demontage. Selbst wenn die Ausrüstung extra für diese Tiere angefertigt wurde, selbst wenn buchstäblich Millionen von Tieren genau hier getötet und zerteilt worden sind, scheint nichts zusammenzupassen. Auf dem Boden stehen Pfützen, in denen Wolle und unidentifizierbare Körperteile schwimmen. Mittlerweile weiß ich, dass das englische Wort »*shambles*« (Schlachtfeld, Saustall) einst ein Synonym für »Schlachthaus« war.

Auch in der Schlachterei ist es laut. Man hört das Knirschen verschiedener Maschinen und muss schreien, wenn man sich verständlich machen will. Im Radio läuft Kiss FM, die meiste Zeit kann ich nicht einmal ausmachen, welcher Song gerade gespielt wird. Ich höre zwar die Ankündigung für die Nachrichten, aber nicht die Uhrzeit. Über allem liegt ein dichter Nebel aus verschiedenen Gerüchen. Es kommt mir vor, als könnte ich sie sehen. Ich mache weiter und hoffe, dass all die Tiere irgendwann tot und zerlegt sein werden und wir eine Pause machen dürfen.

Meine Tarngeschichte ist, dass ich viele Jahre im Ausland verbracht habe und noch keinen neuen Job finden konnte, weil mir die Referenzen fehlen. Einmal muss ich sie zum Besten geben, als ein freundlicher Kollege ein Gespräch mit mir anfängt.

»Was hast du denn vorher so gemacht?«

»Ich war im Ausland.«

»Im Gefängnis?«

Keine abwegige Annahme. Schlachthöfe können sich ihre Mitarbeiter nicht eben aussuchen. In den Vereinigten Staaten sind es oft Geflüchtete aus Somalia, die sogar unter schlechteren Bedingungen arbeiten als mexikanische Einwanderer. In einigen Teilen Großbritanniens sind 90 Prozent der Schlachthofarbeiter Migranten aus der Europäischen Union. Arbeitsagenturen kümmern sich um die Sozialversicherungsnummern und die Unterbringung. »Unser Büro hat Kontakte nach Polen, Russland, Litauen, Rumänien, Portugal und Spanien, und wir können Ihnen umfassende Unterstützung anbieten«, steht in einer britischen Jobanzeige einer Arbeitsagentur namens 260 Recruitment. In einer anderen steht: »Englischkenntnisse sind von Vorteil«, was bedeutet, sie sind nicht unbedingt erforderlich. Bei Forge Farm Meats arbeiten jedoch vor allem Briten.

Am Ende des Fließbands deutet der Mann, der sich den Fingerknöchel verletzt hat, auf eine Kiste mit wolligen Säcken. Er nimmt einen und zeigt mir, wie man die Testikel des Schafs aus dem Sack drückt. Das kann doch nicht dein Ernst sein, denke ich. Ich mache mich an die Arbeit und entschuldige mich stillschweigend bei den Schafen. Dann fege ich die Wollreste, Fäkalien und undefinierbaren Körperteile, die auf dem Boden liegen, in eine metallene Abfalltonne. Ich rolle die Tonne nach draußen, wo ein Container steht, und der Gestank schlägt mir mitten ins Gesicht wie ein Rüpel auf dem Schulhof. Als ich die Abfalltonne in den Container kippe, habe ich auf einmal Angst, selbst hineinzufallen. In meiner Zeitungsredaktion gilt es schon beinahe als Heldentat, wenn man die benutzten Teetassen in die Küche bringt.

Mittlerweile bin ich zu der Überzeugung gelangt, dass ich mich nicht besonders gut dazu eigne, in einem Schlachtbetrieb zu arbeiten. Doch der Vorarbeiter Darren zeigt Mitgefühl. »Mach dir keine Sorgen. Es ist nicht immer so«, sagt er. »Diese Schafe waren Mist.« Ich ringe mir ein Lächeln ab. Aber ich finde, nach allem, was diese Schafe durchgemacht haben, verdienen sie es nicht, auch noch beleidigt zu werden. Darren ist tätowiert: »*True Love Sophie*« steht auf seinem rechten Oberarm, und auf dem Unterarm ist eine Frau mit nacktem Busen abgebildet. Ich würde ihn gerne fragen, ob es sich dabei um dieselbe Frau handelt.

An meinem zweiten Tag wird mir klar, dass Darren recht hatte: Die Schafe waren Mist. Die heutige Ladung ist von einer besseren Qualität. Das Fett lässt sich leicht von den Muskeln ablösen; der Reißer läuft vorübergehend reibungslos. Die Reihe der Schafe nimmt kein Ende. Die Frühschicht bei Forge Farm scheint ebenfalls ewig zu dauern. Mein Overall ist sofort durchgeschwitzt, deshalb nehme ich es gar nicht mehr wahr, dass er auch von den Körperflüssigkeiten der Schafe durchtränkt ist. Berichten zufolge sollen die Schlachthofarbeiter in den Vereinigten Staaten Windeln tragen, weil sie so selten eine Toilettenpause bekommen. Ich weiß nicht, was ich tun soll, wenn ich mal raus muss; ich bin zu abgelenkt, um darüber nachzudenken. Hunderte Schafe ruckeln an mir vorbei. »Du gewöhnst dich schon noch daran«, sagt ein Mann, der hier seit achtzehn Jahren arbeitet.

Bei Forge Farm Meats gibt es eine Veterinärin; das ist nach britischem Gesetz Vorschrift. Sie ist die einzige Frau, die ich hier entdecken kann. Sie trägt einen Schutzhelm, und ihr ganzes Auftreten wirkt merkwürdig, als wäre sie eine Schülerin bei einem Berufspraktikum. Was für ein Veterinär endet in einem Schlachthof, frage ich mich. Die Männer begegnen ihr mit jovialer Geringschätzung und versuchen sie mit kleinen Gesten zu beschwichtigen. »Vergiss nicht, dir immer die Hände zu waschen«, höre ich etwa vier Stunden, nachdem meine Schicht begonnen hat, zum ersten Mal von einem Mitarbeiter. Die Veterinärin steht gerade in der Nähe.

Ich hatte mich genug umgesehen, um zu verstehen, wie der Tötungsprozess abläuft. Die Schafe werden vom Laster abgeladen, in die Metallbaracke geführt und mit einer Elektrozange betäubt, damit sie keine Schmerzen fühlen. Danach wird ihnen die Kehle durchgeschnitten, und sie werden an die Metallhaken einer motorbetriebenen Förderschiene gehängt. Wie sind die Leute nur darauf gekommen, denke ich. Während die Schafe an der Schiene hängen, strampeln sie mit den Vorderfüßen, manchmal dreißig Sekunden lang, manchmal über eine Minute. Es ist nur ein Spasmus, sie fühlen nichts mehr und blöken auch nicht. In einem Schlachthof ist man dem Mitarbeiter verpflichtet, der als nächstes in der Reihe steht – nicht den Schafen. Die Tiere werden morgen nicht mehr da sein, der Mitarbeiter schon.

Forge Farm Meats wurde bereits unlauteres Geschäftsgebaren vorgeworfen. 2016 wurde die Firma zu einer Strafe von 8000 Pfund verurteilt, weil sie zwei Metzgern in West Sussex Ziegenfleisch verkauft hatte, das, wie sich herausstellte, vom Schaf stammte. 2017 gab eine Tierschutzgruppe namens Animal Aid an, sie besäße Filmaufnahmen, die belegen würden, dass Mitarbeiter Schafe getreten und eines sogar ins Gesicht geschlagen haben. Die Firma stritt jegliches Fehlverhalten ab; die Klage wurde fallengelassen.

In Großbritannien finden sich nicht mehr viele solcher primitiven Schlachthöfe: In den vergangenen fünfzig Jahren ist die Zahl der Schlachtbetriebe, die rotes Fleisch verarbeiten, um fast 90 Prozent gesunken. Wie auch in den Vereinigten Staaten geht der Trend zu Großschlachthöfen, in denen mehr Tiere zu niedrigeren Kosten verarbeitet werden können. Dennoch bereitet diese Entwicklung Organisationen wie dem Sustainable Food Trust, die für mehr Tierwohl eintreten, Sorgen. Weniger, aber größere Schlachthöfe bedeuten, dass die Tiere »nach Abholung«, wie es im beschönigenden Branchenjargon heißt, den Stress längerer Reisen – häufig über hundert Kilometer – auf sich nehmen müssen. Es ist legal, ausgewachsenen Schafen und Kühen einen vierzehn Stunden langen Transport zuzumuten, bei Schweinen und Pferden sind es sogar vierundzwanzig Stunden. Ein Landwirt erzählte mir, jedes seiner Schafe würde bei einem vierstündigen Transport zum Schlachthof aufgrund von Dehydrierung und Stress etwa ein Kilo Gewicht verlieren – etwa fünf Prozent des Körpergewichts. Der Sustainable Food Trust hat die Regierung aufgefordert, kleine Schlachthöfe zu unterstützen, indem sie die Bestimmungen lockern, was allerdings auch das Risiko mit sich bringen kann, dass Regeln missachtet werden.

Die US-amerikanischen Bundesgesetze sind laxer, was den Transport angeht. Das 28-Stunden-Gesetz, das 1906 verabschiedet wurde, besagt, dass die Tiere über diesen Zeitraum transportiert werden dürfen, ohne zum Fressen oder Trinken abgeladen zu werden. Ein menschlicher Fluggast hätte in dieser Zeit vermutlich fünf Mahlzeiten und ein Dutzend Getränke verlangt. Dennoch wird die Umsetzung des Gesetzes kaum kontrolliert.

Doch die USA werden im internationalen Tierhandel noch übertroffen. Australien exportiert über zwei Millionen Schafe und Kühe pro Jahr, vielen davon steht eine über 10000 Kilometer lange Reise in den Mittleren Osten bevor. Auf den Schiffen treten häufig Krankheiten wie Lungenentzündung und Salmonellose auf. Die Tiere sind von ihren eigenen Exkrementen bedeckt, sie brechen sich die Beine, wenn sie sterben, werden ihre Körper über Bord geworfen. Videos aus dem Inneren eines dieser Schiffe zeigen, dass die Tiere aus Wassermangel kollabieren. Den Gesetzgebern zufolge ist es hinnehmbar, wenn bis zu 2 Prozent der Tiere beim Transport sterben. Das können 2000 bis

3000 Tiere pro Schiffsladung sein, die ihr Ziel nicht lebend erreichen. Gelegentlich kentert eines dieser Transportschiffe irgendwo auf der Welt. Bei einem solchen Vorfall, der sich 2019 vor der rumänischen Küste ereignete, ertranken über 14000 Schafe. Dennoch weigerte sich die EU lange Zeit, den Transport von lebenden Tieren zu unterbinden.

Am Nachmittag kündigt einer der Männer bei Forge Farm an, wir würden ein paar »Borstenviecher« bekommen. Etwa sechzig von ihnen befinden sich draußen in einem Pferch. »Mal was anderes«, sagt ein anderer achselzuckend.

Schweine *sind* anders. Es sind sehr soziale Wesen; die Laute, die sie von sich geben, sind nicht nur ein Grunzen, sondern eine Äußerung. Sie brauchen nicht nur Futter und Geborgenheit, sondern auch Anregung und Gesellschaft. Sie kommunizieren nicht nur durch Laute miteinander, sondern auch indem sie sich sanft mit den Schnauzen berühren und beschnüffeln. Sie beschäftigen sich lieber mit neuen Gegenständen als mit denen, die sie schon kennen, was nahelegt, dass sie sich daran erinnern können, was zuvor geschehen ist. Sie sind verspielt, und wenn sie Gelegenheit dazu haben, rollen sie Bälle herum und apportieren Stöcke. Sie rennen herum und balgen sich. Sie können die Menschen, die sie füttern, von Fremden unterscheiden. Experimente haben gezeigt, dass Schweine und Hunde Spiegel nutzen können, um Futter zu lokalisieren. In einigen Experimenten, in denen ein Joystick betätigt werden sollte, um einen Cursor auf einem Bildschirm zu bewegen, haben Schweine besser abgeschnitten als Hunde; in anderen, wie beim Verstehen von bestimmten menschlichen Gesten, sind Hunde besser.

Doch vor allem können Schweine Blut riechen. Ihre Nasen sind weitaus sensibler als die des Menschen. Man kann davon ausgehen, dass sie spüren, was geschieht, wenn sie sich in einem Schlachthof befinden. Wenn sie von ihrer Herde getrennt werden, empfinden sie Stress. Der US-amerikanische Farmer Bob Comis berichtete von einem verbreiteten Phänomen: Wenn eine Gruppe Schweine getötet wird, und das letzte Schwein begreift, dass es allein ist, flippt es aus und verletzt sich selbst. Schweine zeigen sich nicht immer fügsam im Angesicht des Todes. In einem Schlachthof werden sie dafür nicht etwa bemitleidet, sondern geschlagen und getreten.

An diesem Nachmittag sind die Schweine nicht fügsam. Sie quieken schrill, als sie draußen in den überfüllten Pferch getrieben werden. Sie quieken schrill, als sie nach drinnen gezerrt werden. Ihre letzten Augenblicke scheinen am stressigsten für sie zu sein. Wie die Schafe werden auch sie elektrisch betäubt, was so etwas ähnliches wie einen epileptischen Anfall beim Menschen auslöst. Das Tier versteift sich und hört auf zu atmen; sobald es bewusstlos ist, kann es getötet werden. Doch für die elektrische Betäubung braucht man einen Mitarbeiter, der den Job jeden Tag bei jedem Tier korrekt erledigt. In dem Chaos, das am Fließband herrscht, kann das nicht funktionieren. Einige Tiere werden nicht richtig betäubt. In vielen Schlachthöfen werden die Schweine betäubt, indem man sie in Metallkammern treibt, die zu 80 Prozent mit Kohlendioxid gefüllt sind. Das Gas sorgt dafür, dass ihnen der Sauerstoff ausgeht, bis sie hirntot sind. Eine Tierschutzgruppe namens Compassion in World Farming tritt für ein Verbot von Kohlendioxid ein, das ihrer Aussage nach ein Gefühl verursacht, als würde man »verbrennen und anschließend ertrinken«. Es kann bis zu dreißig Sekunden dauern, bis ein Schwein bewusstlos wird. Auf den Videos quieken sie, während sie in die Gaskammern heruntergelassen werden. In vielen Debatten über Tierzucht wirkt es so, als sei das Töten nicht das Problem. Doch es gibt keine schmerzfreie Methode für den Massenmord – der Schlachthofarbeiter kann nicht einfach mit den Fingern schnipsen und ein Leben beenden.

Bei Forge Farm Meats hängen die betäubten Schweine an ihren Hinterbeinen von der Schiene herab. Ich sehe zu, wie mein Nebenmann den tödlichen Schnitt setzt: Das Messer versinkt unterhalb der Kehle, und das Blut spritzt heraus wie aus einem Wasserhahn. Wenn wir nicht eine Gruppe von Arbeitern in Overalls wären, wäre dies ein unverzeihlicher, barbarischer Akt. Unter den gegebenen Umständen fühle ich mich nur etwas taub, etwas weniger menschlich als bei meiner Ankunft. Das Blut fließt auf den Metallboden herab. Es spritzt in solchen Mengen heraus, dass ein Schirm aufgestellt wird, um den Boden zu schützen. Er ähnelt dem Ding, das auf Flughäfen benutzt wird, um die Koffer daran zu hindern, vom Gepäckkarussel zu fallen. Wie die Schafe strampeln auch die Schweine noch, nachdem ihnen die Kehle durchgeschnitten wurde. Zehn Sekunden, zwanzig Sekunden – und länger. Schließlich werden sie von den Haken genommen, in eine Wanne getaucht und anschließend auf einen Transportroller gelegt. Nach dieser Behandlung sind sie fast haarlos und noch pinker als vorher, als bestünden sie aus Gummi.

Der Reißer lässt sich bei Schweinen nicht verwenden. Daher bekomme ich einen Schweißbrenner in die Hand gedrückt, um ihre Haut abzubrennen, damit sich die Borsten besser abkratzen lassen. »Wenn du zu lange draufhältst, werden sie grün«, sagt man mir. Man muss beide Seiten des Schweins abbrennen, und das geht am einfachsten, wenn man es beim Schwanz packt. Eine schlüpfrige Angelegenheit. Ich muss ständig befürchten, einen der Männer neben mir in Brand zu setzen. Beide sehen so aus, als wären sie absolut in der Lage, einen Streit bei der Arbeit ohne die Hilfe eines Schiedsrichters zu klären.

Endlich habe ich das letzte Schwein mit dem Schweißbrenner bearbeitet und die auf dem Boden liegenden Schweinsfüße zusammengekehrt. Ich nehme meine Schürze ab und fange an, mir die Hände zu waschen, wie ich sie mir noch nie gewaschen habe. Ein junger Kerl, der seit einem Jahr im Schlachthof arbeitet und vorhin laut von seinem letzten Fitnesstraining erzählt hat, fragt mich, ob ich länger hierbleiben würde. Ich versuche, das Thema zu wechseln. »Was ist hier der beste Job?«, frage ich ihn. »Hängt davon ab, was du am besten kannst«, lautet die Antwort. »Ich bin gut beim Ausnehmen.«

❖

Paul McCartney sagte einmal: »Wenn Schlachthöfe gläserne Wände hätten, wären wir alle Vegetarier.« Ich vermute mal, dass nur wenige meiner Kollegen bei Forge Farm Meats Vegetarier waren. Es wäre einfach, zu sagen, dass die Arbeit in einem Schlachthof schockierend für mich war. Es wäre nicht ganz wahr. Die manuelle Arbeit ist in gewisser Weise befriedigend, zumindest bis man anfängt, sich zu langweilen. Bei Forge Farm Meats war es nicht besonders sauber oder sicher, und ich will Ihnen nicht etwa nahelegen, dass Sie dort anfangen sollten. Aber es gab Kameradschaft unter den Mitarbeitern. Wenn jemand einem sagte, man solle sich verpissen und seinen Job machen, dann geschah das immerhin in dem Bewusstsein, dass man im selben Team war.

Meine unmittelbare Reaktion auf den Schlachthofbetrieb bestand weniger darin, mir Gedanken über die Ethik oder die Rechtmäßigkeit des Ganzen zu machen. Mich beschäftigte vielmehr die Frage nach der Macht – der Macht, die wir über andere Lebewesen haben. Die Tiere waren vollkommen bewusste und funktionsfähige Lebewesen, und nur zehn Minuten später eine Ansammlung von essbaren Einzelteilen. Wir waren zwei Dutzend Männer, die kaum eine Qualifikation oder Ausbildung vorzuweisen hatten, doch wir hatten die Macht dazu. Wir konnten es tun, ohne dass man uns auf die Finger schaute, und ohne unser Gewissen zu prüfen. Im Schlachthof, wo man in einem Kollektiv arbeitet, verliert man schnell jedes Gefühl für individuelle Verantwortung. Es fällt einem nicht mehr so leicht, Descartes dafür zu verachten, dass er der Ansicht war, Tiere würden sich grundsätzlich vom Menschen unterscheiden, oder einen Kutscher des 19. Jahrhunderts dafür, dass er seine Pferde zu sehr geschunden hat, wenn man sich ansieht, wie bedenkenlos wir heutzutage mit Tieren umgehen. Im Schlachthof ist von Liebe nichts mehr zu spüren.

Ich war nie überzeugt davon, dass es grundsätzlich falsch ist, Tiere zu töten, das schien mir zu kurz gedacht. Das Zellgewebe von Tieren kann beispielsweise dazu dienen, Menschenleben zu retten. Die Blutgefäße von Schweinen werden bereits für Transplantationen genutzt.

In den letzten Jahren haben Länder wie die Vereinigten Staaten, Australien und Neuseeland die Bestimmungen für die Verwendung von tierischen Organen in der Forschung gelockert. Wissenschaftler untersuchen heute die Möglichkeit, Lebern, Nieren und sogar Gehirnzellen von Schweinen zu transplantieren. Ein Forscherteam an der University of Maryland hat Pavianen Schweineherzen eingepflanzt, die damit ein Jahr lang überlebt haben. Daraus ergeben sich sowohl ethische als auch praktische Fragen, doch prinzipiell ist es gerechtfertigt, wenn man wie ich davon überzeugt ist, dass ein Menschenleben mehr wert ist als das eines Schweins.

Dennoch besteht ein entscheidender Unterschied zwischen der gründlichen Abwägung, ein Leben für ein anderes einzutauschen, und der massenhaften, gedankenlosen Tötungen in der modernen Agrarwirtschaft. In Großbritannien werden 11 Millionen Schweine pro Jahr getötet, in Japan 16 Millionen, in Deutschland 57 Millionen, und in den Vereinigten Staaten sage und schreibe 125 Millionen. Dort ist es erlaubt, bis zu 1106 Schweine pro Stunde zu schlachten – eines alle drei Sekunden – und die Trump-Regierung hatte sich bereiterklärt, diese Obergrenze zu kippen, damit die Betriebe Geld sparen können. In den Vereinigten Staaten werden 33 Millionen Kühe im Jahr getötet – vier Mal so viel wie in Großbritannien, Japan und Deutschland zusammengenommen. Was Hühner betrifft, sind die Zahlen noch ungeheuerlicher: Jedes Jahr werden 1 Milliarde Hühner in Großbritannien und 9 Milliarden in den Vereinigten Staaten getötet. Dass Fleisch billig ist, heißt eigentlich: Das Leben ist nicht viel wert.

Überall auf der Welt lässt sich derselbe Trend beobachten: Je wohlhabender ein Land wird, desto mehr Fleisch wird verzehrt. Die Frage ist nur: Wie viel mehr? Im Durchschnitt essen die Briten 80 Kilo im Jahr, die Deutschen fast 90 Kilo. Der Durchschnittsamerikaner konsumiert 124 Kilo jährlich, dreimal so viel wie der weltweite Durchschnitt. Selbst in Japan, wo man traditionellerweise Fisch isst, hat sich der Fleischverbrauch pro Person in den vergangenen vierzig Jahren verdoppelt. Kaiser Mutsuhito wäre vermutlich entzückt. Um diese

Nachfrage zu befriedigen, haben wir ein System etabliert, das es uns ermöglicht, Milliarden von Tieren zu verarbeiten.

Weil wir dieses systematische Töten hinter verschlossenen Türen betreiben, und die Schlachthöfe ganz unten auf der Liste der begehrten Arbeitsplätze stehen, ist Missbrauch unvermeidlich.

Auf YouTube kann man sich Videos anschauen, in denen britische Schafe auf Förderbändern eingeklemmt und Schweine von Metallgattern erschlagen werden. Man kann sehen, wie belgische Kühe mit Stöcken angetrieben werden, auf dem Metallboden ausrutschen und zu entkommen versuchen. Wenn derartige Dinge sich auf einem Planeten ereignen, der sich als tierfreundlich ansieht, dann möchte ich nicht wissen, wie es auf einem Planeten von Tierhassern zugehen würde.

Nachdem ich bei Forge Farm Meats aufgehört hatte, machte mich der Kontrast zwischen der Laxheit, die im Schlachthof herrschte, und der Raffinesse unserer Tafelrituale immer wieder ratlos. Mir wurde klar, dass ich es nur überstanden hatte, in einem Schlachthof zu arbeiten, weil ich ihn wie ein Kriegsgebiet behandelt hatte. Ich hatte mich darauf konzentriert zu überleben. Aber Kriege sind nur gerechtfertigt, wenn sie unbedingt notwendig sind, wenn es um eine höhere Sache geht. Gibt es einen guten Grund für all das Blut und die Schreie, für die psychische Belastung, der die Mitarbeiter ausgesetzt sind? Anstatt andere zu fragen, warum sie Vegetarier sind, sollte man sich nicht eher selbst fragen, welche höhere Sache einen dazu berechtigt, Fleisch zu essen?

Einige Fleischesser sagen, es sei ganz im Sinne der Tiere, dass sie gegessen werden. Denn wenn all die Schweine, Kühe und Hühner nicht als Nahrung dienten, würden sie gar nicht erst gezüchtet werden, und wir würden es ihnen verwehren, überhaupt zu leben. Ist ihr unnatürlicher Tod nur der Preis für ihre Existenz? Wären die Tiere schlechter dran, wenn sie nie existiert hätten? Solche Fragen erinnern mich an etwas, das beinahe ebenso brutal und endlos war wie die Schichten bei Forge Farm Meats – meine Philosophie-Seminare an der Universität. Um eine endlose philosophische Debatte abzukürzen, lautet meine Antwort, dass wir nicht dazu verpflichtet sind, Tiere zu züchten. Tiere, die heute nicht existieren, haben kein Interesse daran, morgen zu existieren. Wenn dem so wäre, hätten wir die Verpflichtung, so viele Tiere wie nur möglich in die Welt zu setzen. Wann würde diese Verpflichtung enden? Müssten wir alle Felder und Weiden mit so vielen Schafen und Kühen wie nur möglich bevölkern? Und vermutlich hätten ungeborene Menschen ein noch stärkeres Interesse daran, zu existieren. Wären wir dann alle dazu verpflichtet, mehr Kinder zu bekommen? Die Behauptung, Tiere zu essen geschehe zu ihrem eigenen Nutzen, ist genauso heuchlerisch wie die Behauptung von Lehrern, die körperliche Züchtigung ihrer Schüler täte ihnen mehr weh als den Kindern.

Wir haben ganz sicher nicht die Pflicht, Tiere in die Welt zu setzen, wenn sie kein gutes Leben erwartet. Kein Zuchtbetrieb kann ihnen ein natürliches Leben bieten; auch wenn ein domestiziertes Tier gar nicht weiß, was das bedeutet. Die Frage ist, ob die natürlichen Instinkte der Tiere berücksichtigt werden. Wildschweine leben in kleinen Gruppen; ältere Keiler sind Einzelgänger. In den Vereinigten Staaten werden drei Viertel der Schweine in Gruppen von mindestens 5000 Schweinen gehalten.

Der Zuwachs an Schweinemastbetrieben besonders in Iowa und Minnesota ist bemerkenswert: 1992 wurden in einem durchschnittlichen Mastbetrieb etwa 945 Tiere »produziert«; 2009 waren es über 8300. In diesen Großbetrieben haben die Tiere weder genügend Platz noch Tageslicht. Ihre Umgebung besteht aus Metall; ihrer natürlichen Lebensweise, die auch aus einem Miteinander besteht, können sie nicht nachgehen. Viele Schweine sind gezwungen, auf Metallgittern zu stehen. Sie können nicht in der Erde wühlen, was der Grund dafür zu sein scheint, dass sie sich oft gegenseitig die Schwänze abbeißen, was schmerzhafte Infektionen nach sich zieht. Um dies zu verhindern, werden den Ferkeln oft die Schwänze amputiert – obwohl dieses Kupieren ohne Betäubung geschieht und dauerhaften Schaden anrichtet. Die EU belegte 2008 das Schwanzkupieren mit einem Verbot und wies die Bauern an, sicherzustellen, dass ihre Schweine genügend Auslauf bekämen. Jahre später ist das Schwanzkupieren noch immer Routine in den Großbetrieben der meisten EU-Staaten, und auch die Unterbringung ist gleich geblieben, aus Kostengründen. Dänemark und Deutschland, beides große Schweineexportländer, halten die Schweine unter schlechteren Bedingungen als Großbritannien und Schweden; mangelhafter Tierschutz kann eine erfolgreiche Exportstrategie sein. In den Vereinigten Staaten ist das Schwanzkupieren legal; die Bauern rechtfertigen es damit, dass man die Schweine nicht anders daran hindern kann, sich gegenseitig zu beißen, obwohl es sich erwiesen hat, dass ein mit Stroh ausgelegter Stall denselben Effekt hat. Die schmerzhafte Prozedur ist nicht etwa effektiver, sie ist nur billiger, weil man für das zusätzliche Leid der Tiere nicht bezahlen muss.

Kastration ist ebenfalls weit verbreitet, weil das Fleisch von einem unkastrierten Schwein einen strengen Geruch hat – den sogenannten Ebergeruch. Manche Bauern vermeiden dies, indem sie die Schweine jung töten. Aber *Prosciutto* wird aus Schweinen hergestellt, die über neun Monate alt und bereits fortpflanzungsfähig sind: Wenn Sie Parmaschinken essen, stammt er wahrscheinlich von einem männlichen Schwein, das ohne Betäubung kastriert wurde und Schmerzmittel verabreicht bekam. Die EU-Länder bewegen sich langsam auf ein Verbot von Kastrationen ohne Betäubungsmittel zu, auch wenn andere gesundheitliche Langzeitfolgen dabei nicht berücksichtigt sind.

Die trächtigen Säue werden permanent in sogenannten Kastenständen gehalten, die kaum größer als sie selbst sind. Die Kastenstände – Käfige wäre treffender – hindern die Säue daran, sich umzudrehen; sie können sich überhaupt nur wenig bewegen. Temple Grandin, eine der bekanntesten Expertinnen für Tierzucht, beschrieb dies so: »Es ist, als würde man das Schwein dazu zwingen, in einem Flugzeugsitz zu leben.« Die Schweine können natürlichen Aktivitäten wie der Futtersuche nicht nachgehen, und sie haben keinen Auslauf. Sie beißen in die Metallgitter, sie verletzen sich selbst auf dem harten Boden. Ihre

Muskeln verkümmern; ihre Knochen verlieren ein Drittel an Dichte. Säue verbringen beinahe ihr ganzes Leben im Kastenstand, abgesehen von einer kurzen Phase um die Geburt herum, wenn sie in den »Abferkelkasten« verlegt werden, in dem genug Platz ist, um die Ferkel zu säugen.

Die EU ist dabei, den Aufenthalt von trächtigen Säuen im Kastenstand per Gesetz auf einige Wochen zu beschränken. In den Vereinigten Staaten sind sie immer noch allgegenwärtig. Einige Betriebe haben zwar versprochen, sie abzuschaffen, aber hinterlistig darauf bestanden, die trächtigen Säue im ersten Monat nach wie vor dort halten zu dürfen. In einem »Kastenstand-freien« Betrieb verbringt eine Sau also immer noch etwa 40 Prozent ihrer Lebenszeit im Kastenstand. Tyson, einer der weltgrößten Fleischfabrikanten, gibt an, dass 80 Prozent seines Schweinefleischs von Säuen stammt, die in Kastenständen gehalten werden. Auch die übrigen 20 Prozent werden in Kastenständen gehalten, nur nicht die gesamte Zeit. Darum heißt es auch, man sollte lieber nicht nachfragen, wie die Wurst gemacht wird.

Fast die Hälfte der gesamten Schweinepopulation der Welt lebt in China. Früher lebten sie vor allem auf kleineren Bauernhöfen, doch heute hat sich die Produktion auf Großbetriebe verlagert, in denen mehrere tausend Schweine in Kastenständen gehalten werden. In Europa hat die Öffentlichkeit gegen zwei- oder dreistöckige Schweinemastbetriebe protestiert, in denen die Schweine noch weiter von der Erde entfernt sind, in der sie so gerne herumwühlen. In China gibt es bereits zwölfstöckige Zuchtbetriebe mit über 1200 Säuen pro Stockwerk, die ihr gesamtes Leben dort verbringen. In einem Medienbericht wurden diese mehrstöckigen Metallbauten erstaunlicherweise als »Ferkelhotels« bezeichnet. Das verleitet mich nicht etwa dazu, Schweinefleisch zu essen, es löst bei mir eher den Wunsch aus, nie wieder in ein Hotel zu gehen.

Massentierhaltungsbetriebe sind nötig, damit wir billiges Fleisch in der Größenordnung produzieren können, in der es von uns verzehrt wird. Die meisten Fleischesser sind gegen Massentierhaltung: Hühner, die nicht mehr laufen können, Schweine in Metallkästen, Kühe, die das ganze Jahr im Stall stehen. Sie behaupten, es gebe bessere Betriebe, wo die Tiere glücklich sind, bis sie getötet werden (oder auf einen stundenlangen Transport geschickt werden). Wenn ich mich mit anderen Leuten über Vegetarismus unterhalte, kommt das Gespräch an dieser Stelle häufig zu einem Ende. »Ich versuche, nur Fleisch zu essen, das von Bauernhöfen kommt, wo die Tiere ein gutes Leben haben.«

Vielleicht ist die Quadratur des Kreises möglich, um die Extreme auszugleichen. Oder es ist ein Märchen, zu gut, um wahr zu sein. Ich wollte es herausfinden. Ich sah mir erneut die Jobangebote im Internet an und fand eine Anzeige, in der ein Mitarbeiter für einen Schweinehof gesucht wurde. Einige Tage später fuhr ich, begleitet von der letzten herbstlichen Sonne, in den Nordosten, vorbei an Cambridge und der Pferderennbahn in Newmarket, direkt in das Herz der britischen Schweineproduktion.

❖

Das Hauptbüro des Schweinehofs befindet sich in einem kleinen Dorf, einem dieser Orte, an denen es weder Läden noch Pubs gibt, sondern nur eine Reihe großer Häuser und Autos. Ich parke auf dem Hof und warte auf den Chef. Andy wirkt wie ein Schulrektor, schlank und adrett, er drückt die Brust heraus und steckt in einem sauberen Overall. »Warum wollen Sie bei uns arbeiten?«, fragt er. Vermutlich gibt es mehrere passende Antworten auf diese Frage, doch ein Buch darüber zu schreiben, ob man Fleisch essen sollte, gehört nicht dazu, entscheide ich schnell.

Andy liebt seinen Job und er liebt seine Schweine, zumindest sagt er das. »Wir lieben die Tiere, und sie zahlen unseren Lohn«, sagt er ganz ernst, während wir in seinem Transporter um die Ställe herumfahren. Er schüttelt den Kopf über die Landwirte, die die Schweinezucht nur zwischen den Anbauphasen betreiben. Schweine wühlen den Boden auf, fressen übriggebliebene Wurzeln auf und verteilen reichhaltigen

Dung. (Kartoffelfarmer finden diese Aktivitäten hilfreich, obgleich das Umgraben des Bodens seine Fruchtbarkeit auf lange Sicht beeinträchtigt.)

Andy hält den Transporter an, und wir steigen über einen Elektrozaun, der die Ställe umgibt. Er ist so niedrig angebracht, dass er sich direkt im Nahsichtfeld der Schweine befindet. Die Schweine kommen neugierig angelaufen. Sie sind hellrosa, breit, und überraschend flink auf den Beinen.

Sofort fällt mir ein, wie meine Mutter mich als Kind gewarnt hat: Wenn ein Schwein zubeißt, lässt es nicht wieder los, bis es auf den Knochen trifft. Als ich das Andy gegenüber erwähne, schaut er ganz verblüfft. Seine Schweine schnüffeln und quieken, sie sind ganz offensichtlich neugierig. Sie wirken weder aggressiv noch unberechenbar. Eine Sau schnüffelt an seinem Oberschenkel und knabbert an der Tasche seines Overalls. »Sie sind zu neunzig Prozent ganz großartig«, sagt er. Und witzelt, seine Angestellten würden ihm mehr Kopfschmerzen verursachen.

Britische Schweinehöfe gelten als tiergerecht, zumindest im Verhältnis dazu, was sich anderswo abspielt. Die meisten Schweine werden draußen gehalten, nicht in Großbetrieben ohne Auslauf wie in den Vereinigten Staaten. Obwohl die Kastration von männlichen Ferkeln nicht verboten ist, wird sie kaum praktiziert.

Andys Schweinehof ist ein Zuchtbetrieb, in dem Ferkel geboren und nach vier Wochen zur Mast weitergeschickt werden. Die trächtigen Säue werden in separaten Verschlägen mit halbrunden Metalldächern gehalten, die an winzige Luftschutzbunker erinnern.

Ich bemerke ein irritierendes knirschendes Geräusch – die Schweine kauen Steine. Merkwürdigerweise hatte jedes von ihnen eine Handvoll großer Kieselsteine im Maul. Forscher sind sich nicht sicher, warum sie das tun. Andy meint, es liege daran, dass die Schweine einmal täglich mit Kraftfutterpellets gefüttert werden, unter natürlichen Bedingungen aber den ganzen Tag auf etwas herumkauen würden. Er findet das Steinekauen auch etwas merkwürdig.

Andy ist sich auch im Klaren darüber, dass die Farm – mit der nackten Erde – nicht gerade idyllisch wirkt. Er plant, einen Rasen für die Schweine anzulegen, das würde bei den Leuten besser ankommen. »Wenn die Hausfrauen dann sehen, wie die Schweine hier herumtollen, sagen sie: ›Ja, ich liebe Schweinefleisch‹«, erzählt er mir ganz ernsthaft. Später, während er mich als Helfer anlernt, wiederholt er sein Mantra: »Ich möchte, dass Sie lieben, was Sie tun.«

Als die Tiere domestiziert wurden, sind ihre Gehirne und ihre Zähne meistens kleiner geworden, ihre Körper hingegen voluminöser. Besonders in den vergangenen Jahrzehnten haben die Bauern Schweine gezüchtet, die groß und fett sind und mehr Nachwuchs haben. Wildschweine pflanzen sich nur ein mal im Jahr fort, mit durchschnittlich fünf Frischlingen. Domestizierte Schweine werfen alle fünf Monate mehr als doppelt so viele Ferkel. Zuchtsäue sind dreimal schwerer und haben dreimal so viele Ferkel wie noch im Mittelalter. Wir Menschen haben uns dafür entschieden, weniger Nachwuchs zu zeugen, während unsere Zuchttiere immer mehr haben. Eine sonderbare Form der Liebe.

In der Viehzucht geht es vor allem um Zahlen. Wenn jede seiner Säue 28 Ferkel pro Jahr wirft, braucht Andy sich keine Sorgen zu machen, wenn nicht, gerät die Bilanz ins Wanken. Eine Schweineschwangerschaft dauert 143 Tage; ein durchschnittlicher Wurf besteht aus 11 Ferkeln; jedes von ihnen bringt 16 Pfund ein. 11 Ferkel ist der Grenzwert, wenn der Wurf aus 13 Ferkeln besteht, sinkt ihre Überlebenschance, bei 15 Ferkeln liegt sie nur noch bei 30 Prozent. Der gesamte Prozess ist durchgeplant. Die Fütterung und die Fortpflanzung der Säue sind durchorganisiert, um eine maximale Produktivität zu erzielen; alle drei Wochen werden sie mit dem Transporter zu einer anderen Ecke des Schweinehofs gefahren. Andy verfällt bei seiner Beschreibung sofort in seinen Fachjargon, und ich kann ihm nicht folgen. »Es ist ein sehr effizientes System, aber dennoch ist es ein System«, fasst er zusammen, und das verstehe ich.

Die Fortpflanzung ist ein Vorgang, bei dem sich das männliche und das weibliche Schwein nicht einmal berühren. Der Samen der Eber wird in Beuteln angeliefert. An meinem ersten Tag sperren wir die Säue – vier an der Zahl – in einen kleinen Pferch. Ich halte einen der Beutel in der Hand, und die Flüssigkeit rinnt langsam durch einen Schlauch, der in das Innere der Sau führt. Die Sau protestiert ein wenig. Um sie in Stimmung zu bringen, hat man einen fortpflanzungswilligen schwarzen Eber auf die andere Seite des Gatters gestellt. Alles wird durch den Menschen reguliert, sogar der Sex – auch wenn man hier nicht davon sprechen kann.

Was soll man von einem solchen Schweinehof halten? Andys Ferkel sollen von der RSPCA ein Gütesiegel erhalten, was bedeutet, dass eine ganze Reihe von Vorgaben zum Tierwohl eingehalten werden müssen. Die 96 Seiten umfassenden Bestimmungen für Schweine legen fest, wie viel Platz ein Schwein am Futtertrog haben soll (1,1 x die Schulterbreite), wie groß der eingestreute Bereich pro Schwein sein soll (einen halben Quadratmeter für ein Schwein mit einem Gewicht von 100 Kilo) und wie viel Stroh eine trächtige Sau zugeteilt bekommt (mindestens zwei Kilo alle 48 Stunden, damit sie sich ein Nest bauen kann). Die Ferkel dürfen erst nach 28 Tagen von der Mutter getrennt werden, oder nach 21 Tagen, wenn sie in eine gründlich gereinigte und desinfizierte Unterkunft kommen. Der Halter muss darauf achten, dass sie möglichst wenig drangsaliert werden. Das ist der Goldstandard, der mit einem hohen Verkaufspreis im Supermarkt belohnt wird.

Die Vorgaben der RSPCA sind so gehalten, dass sie die allgemeine Routine nicht stören. Die Säue werden früh und häufig künstlich befruchtet. Und sobald ihre Produktivität nachlässt – oder wenn sie so unförmig werden, dass sie eine wirtschaftlich nicht mehr tragbare Zahl ihrer Ferkel ersticken –, werden sie in den Schlachthof geschickt. Die Schweine auszusortieren, die unrentabel geworden sind, ist der unbeliebteste Job auf dem Schweinehof. Wildschweine werden bis zu 15 Jahre alt; Hängebauchschweine, die als Haustiere gehalten werden, bis zu 25 Jahre. Auf dem Schweinehof wird eine Sau normalerweise mit sechs Monaten befruchtet, und im Alter von drei Jahren, nach circa sechs Würfen, aussortiert. Die Ferkel werden mit fünf oder sechs Monaten getötet. Wenn wir Menschen in einem vergleichbaren Alter getötet werden würden, wäre es vor unserem fünften Geburtstag. Wir wollen gerne glauben, dass unsere Bauernhoftiere ein gutes Leben haben, doch im Grunde haben sie kaum eines.

Die Säue sind mittlerweile so riesig, dass sie dazu neigen, sich auf ihre Ferkel zu legen und sie versehentlich zu erdrücken. (Darin versteckt sich irgendwo eine Parabel über den Einfluss des Menschen auf die Umwelt.)

Eine meiner Aufgaben besteht darin, in den Schweineboxen nach diesen toten Ferkeln zu suchen. Ich entdecke eines in der Ecke der Box. Als ich die Hand nach ihm ausstrecke, bemerke ich zwei weitere im Stroh, die anscheinend schon Tage zuvor erdrückt wurden. In einer anderen Box liegt ein lebendes Ferkel bewegungslos auf einem bereits verstorbenen, und ich frage mich, ob es unter ihnen so etwas wie Geschwisterliebe gibt. Die Ferkel sind ungefähr so groß wie ein menschliches Baby, mit ähnlicher Hautfarbe und Körpertemperatur. Aber nachdem sie einige Tage tot im Stroh gelegen haben, verschwinden Farbe und Weichheit und die Ferkel werden grau und steif.

Es fühlte sich grausig an, die toten Ferkel aus dem Stroh zu ziehen – ihr Tod wurde nur als finanzieller Verlust registriert und noch nicht einmal von ihren Müttern bemerkt. Ich warf ihre Körper in eine stinkende, von Fliegen umschwirrte Tonne und ging schnell weg. Ich konnte die widerwärtige Aufgabe bewältigen, indem ich mir die Nase zuhielt und die Augen abwandte, doch die Sinnlosigkeit des Ganzen konnte ich nicht verdrängen. Monate später schrieb ich an einige europäische Wildschwein-Experten, um herauszufinden, ob es auch in der Natur vorkommt, dass Bachen ihre Jungen ersticken. Die simple Antwort lautete, dass wir es nicht wissen, weil Wildschweine bislang nicht in demselben Maße erforscht wurden. Aber es scheint unwahrscheinlich, weil die wilden Bachen kleiner sind und weniger Frischlinge werfen. Außerdem leben sie nicht in Ställen. Sie bauen sich

Nester im Wald, die im Gegensatz zu Schweineboxen keine Wände haben, sodass die Frischlinge jederzeit hinausgelangen können.

1964 veröffentlichte eine Quäkerin namens Ruth Harrison ihr Buch *Animal Machines*, in dem sie die frühe industrielle Viehzucht anprangerte. Es wurde nicht viel gelesen, doch fünfzehn Jahre später kamen britische Forscher auf die Idee, dass Nutztiere »fünf Grundfreiheiten« haben sollten – sie sollten frei von Durst, Hunger und Unterernährung; von Unbehagen und Gefährdung; von Schmerzen, Verletzungen und Krankheiten; von Angst und Stress sein und ihr natürliches Verhalten ausleben können. Diese fünf Grundfreiheiten haben unseren Blick auf gute Tierhaltung geprägt. Bevor ich auf einem Schweinehof gearbeitet habe, schien mir diese Checkliste eine recht gute Orientierung zu bieten. Doch auf dem Schweinehof wurde mir klar, wie unzureichend sie war. Das Problematische an der Viehwirtschaft geht weit über die Größe der Boxen oder die Menge des Futters hinaus. Es fängt damit an, Tiere in Massen zu züchten, um Fleisch zu produzieren. Die Evolution durch natürliche Selektion soll ja gerade verhindern, dass Tiere zu Fleischfutter werden. Bei den Wildschweinen hat sie dafür gesorgt, dass die Tiere listig, gewandt und schnell sind. Unsere Zucht hat das genaue Gegenteil bewirkt – wir haben ihre biologischen Anlagen derart manipuliert, dass die Säue so fett werden, dass sie nicht einmal mehr bemerken, wenn sie ihre eigenen Ferkel töten.

Ihre Biologie mag sich verändert haben, doch ihre Instinkte sind weitgehend dieselben geblieben. Wenn sie die Wahl hätten, würden Hausschweine wie Wildschweine abwechselnd auf offenen Feldern und im Wald leben. Die Bachen behalten ihre Frischlinge ein Jahr lang bei sich, man kann davon ausgehen, dass domestizierte Schweine dasselbe täten, wenn wir es zulassen würde. Wir hindern die Tiere daran, ihrer evolutionären Entwicklung zu folgen. Moderne Viehzucht degradiert die Tiere, indem ihnen Wahlmöglichkeiten und unbeschwerte Daseinsfreude vorenthalten werden. Was die Tiere ausmacht – ihre Fähigkeit, Entscheidungen zu treffen, zu spielen und

Beziehungen einzugehen –, ist auf einem Zuchthof fehl am Platz. Sie existieren nur noch, anstatt zu leben.

In einer Landwirtschaftsschule habe ich einmal in einen Abferkelkasten geblickt, und mir ist ganz schlecht geworden. Mir ist klar, dass ich außer mir vor Empörung wäre, wenn ich in einem Massentierhaltungsbetrieb hunderte davon sehen müsste. Selbst in diesem Schweinehof, wo man gute Absichten hat, verspüre ich ein nagendes Unwohlsein. Es fehlt den Schweinen an etwas ganz Grundsätzlichem. Ihre Nahrung, ihre Lebensdauer und ihre Fortpflanzung werden völlig von Menschen kontrolliert. Der Rahmen, in dem sie ihre Fantasie und ihre sozialen Beziehungen ausleben können, ist eng begrenzt. In meinem Sektor befinden sich über 800 Säue; die Chance, sie als Individuen mit unterschiedlichen Eigenschaften und Bedürfnissen kennenzulernen, geht gegen null. Wir essen keine Hunde, weil sie eine Persönlichkeit haben. Aber wäre es nicht besser, ein Tier zu essen, das ein richtiges Leben hatte, eine Chance, seine Persönlichkeit zu entwickeln, als eines, das auf seine Fügsamkeit reduziert wurde? Es besteht keine Aussicht, eine Beziehung zu entwickeln, die die Brutalität des Tötungsprozesses kompensiert. Kühe, Schweine und Schafe haben vielleicht weniger kognitive Fähigkeiten als wir, aber es sind immer noch fühlende Wesen mit Bedürfnissen und Instinkten. Wenn es einer anderen Spezies gelingen würde, uns zu unterwerfen, würden wir es dann fair finden, wenn sie uns auf diese Weise behandelten?

Im *New Yorker* ist ein Cartoon erschienen, auf dem ein Arzt in seinem Sprechzimmer zu einem Schweinchen sagt: »Es sind deine Rippen. Sie sind leider köstlich.« Einmal sind wir schon gegen vier Uhr nachmittags mit der Arbeit fertig, und ich fahre zu meinem Onkel, der in der Nähe wohnt. Er hat Schweinekoteletts auf den Grill gelegt. Spontan beschließe ich, einen Selbsttest zu machen. Ich werde heute mal vergessen, dass ich Vegetarier bin. Das Schweinefleisch hat eine fast brotartige Textur, und ich merke, wie der Saft austritt, wenn ich hineinbeiße. Es schmeckt gut, denke ich. Doch der Geschmack hält sich nur ein paar Sekunden. Und ich frage mich: »Ist das alles?

Ist das der Grund, warum wir all das tun?« Es war das letzte Mal, dass ich Fleisch gegessen habe, und ich habe es nie bereut, dass ich es aufgegeben habe.

❖

Es gibt Menschen auf der Welt, für die es nahezu unmöglich wäre, Vegetarier zu sein. Der Buddhismus predigt Gewaltlosigkeit gegenüber Tieren, doch in Tibet, wo es schwierig ist, Nutzpflanzen anzubauen, ernährt sich die buddhistische Bevölkerung hauptsächlich von Fleisch, das professionelle Schlachten überlässt sie den Muslimen. Ich habe einmal einen mongolischen buddhistischen Mönch gefragt, wie er in einem Land überlebt, in dem es nur wenig Land gibt, das sich zum Ackerbau eignet, und er lächelte und sagte, wenn das Schlachten nicht vor seinen Augen stattfinde, sei es vielleicht keine so schlimme Sünde. Man kann nicht behaupten, buddhistische Mönche wären nicht pragmatisch.

In reichen Ländern jedoch könnten die meisten Menschen heutzutage auf Fleisch verzichten – wenn sie tatsächlich gegen Massentierhaltung wären. Aber sie haben sich dagegen entschieden. Manche Konsumenten (vor allem Frauen, wie die Umfragen zeigen) hinterfragen mittlerweile den Verzehr von rotem Fleisch, andere fordern bessere Tierwohlstandards für Kühe und Schweine. Doch im großen und Ganzen haben wir neue blinde Flecken entwickelt. Wir sind nach wie vor fälschlicherweise überzeugt, dass in einem blutroten Steak mehr Leid steckt als in einer blassen Hühnerbrust oder gar einem Fischfilet. In Europa kommt bei einer überraschend großen Zahl von selbsternannten Vegetariern mindestens ein Mal pro Woche Huhn auf den Tisch.

In den 1920er-Jahren aßen die Amerikaner im Durchschnitt etwa 200 Gramm Hühnerfleisch; heute sind es 45 Kilo. In Deutschland, Großbritannien und den Vereinigten Staaten essen die Menschen heute etwa doppelt so viel Huhn wie im Jahr 1980. Das liegt nicht etwa daran, dass man eine bislang unbekannte Quelle für Hühnerfleisch entdeckt hätte, sondern daran, dass man riesige Hühnerfarmen gebaut hat, in denen die Hühner bis an ihre biologischen Grenzen getrieben werden. Es gibt heute zwei Arten von Hühnern: Masthühner, die Fleisch liefern, und Legehennen, die Eier produzieren. Masthühner sind genetische Freaks, deren Körper schneller wachsen als ihre Beine oder ihr Herz verkraften können. Seit dem zweiten Weltkrieg hat sich ihr Körpergewicht verdoppelt. Sie stürzen oft oder fallen einfach tot um. Die übrigen leben hauptsächlich in Ställen ohne natürliches Licht, in denen es so viele Vögel gibt, dass ihr großes Leid und ihre Deformationen oft unbemerkt bleiben. Die Unterbringung ist beengt und unhygienisch: Der Weg zu sauberem, weißen Hühnerfleisch ist von Fäkalien übersät. Bemerken die Hühner das Leid ihrer Artgenossen? In einer Studie haben Forscher beobachtet, wie die Hennen reagierten, wenn sie und ihre Küken jeweils mit unangenehmen Luftstößen besprüht wurden. Die Herzfrequenz der Hennen erhöhte sich stärker, wenn ihre Küken besprüht wurden. Sie gluckten mütterlich. Ihr Verhalten drückte Mitgefühl aus. Hühner sind keine pickenden Automaten. Sie haben soziale Hierarchien, sehen sehr gut und haben unterschiedliche Alarmrufe für ihre Fressfeinde.

Zurzeit gibt es weltweit etwa 22 Milliarden Masthühner – was die Hühner zur größten Vogelpopulation in der Geschichte macht. Wilde Kammhühner werden mehrere Jahre alt, doch ihre domestizierten Verwandten, die Masthühner, werden bereits getötet, wenn sie fünf Wochen alt sind. Eine Lebenserwartung, die nur wenig über der einer Stubenfliege liegt. Die Vögel werden in überfüllten Käfigen zum Schlachthof transportiert. Der Tötungsprozess ist traumatisch, die Hühner werden häufig mit Metallketten an den Füßen aufgehängt. Die Gesetzgebung in den Vereinigten Staaten lässt es zu, dass sie bis zu einer Minute so hängenbleiben, bevor sie betäubt oder getötet werden. Dort werden jedes Jahr über eine halbe Million Vögel vorschriftswidrig getötet. Weil es sich um Vögel und nicht um Säugetiere handelt, sind Hühner am meisten gefährdet, durch übermüdete und frustrierte Arbeiter misshandelt zu werden. Inspektionen finden sowohl in den Vereinigten Staaten als auch in Europa kaum statt, weil das Budget dafür gekürzt wurde. Peter Singer sagt dazu: »Das Tier, das weltweit am meisten unter uns zu leiden hat, ist zweifellos das Huhn.«

Fleischkonsum beeinträchtigt unser Verhältnis zu Tieren. Wenn die Leute über Tiere sprechen, erwähnen sie häufig ihre Haustiere. Doch unser Einfluss auf die Tierwelt zeigt sich nicht an den Grabsteinen im Garten und den Fotos auf unseren Facebook-Seiten, sondern in den Schlachthöfen und den Massenzuchtbetrieben. Viele Menschen leben im Lauf ihres Lebens mit ein paar Haustieren zusammen. Der Durchschnittsbrite konsumiert etwa 20 Hühner im Jahr. Wenn der Fleischverzehr auf dem heutigen Niveau bleibt, wird ein britisches Baby, das heute geboren wird, im Lauf seines Lebens etwa fünf ganze Kühe, zwanzig ganze Schafe, fünfundzwanzig ganze Schweine und 1785 Hühner verzehren. Die Zahlen der getöteten Tiere enthalten weder die kranken noch die frühzeitig getöteten Tiere, die es nicht bis in den Schlachthof schaffen und stattdessen in der Abfalltonne landen. Oder die Hühner, die stundenlang bewegungsunfähig in ihren Käfigen sitzen, bis ein Arbeiter sie von ihrem Elend erlöst.

Fleisch zu essen beruht auf kognitiver Dissonanz. Ob wir uns dazu entscheiden, einen Hund oder eine Kuh zu verspeisen, ändert nichts daran, dass das jeweilige Tier leidet. Doch wir überzeugen uns selbst davon, dass es einen Unterschied macht. In einem Experiment haben Forscher einer Gruppe von Amerikanern erzählt, in Papua-Neuguinea würden Kängurus leben, einer zweiten Gruppe sagte man, in Papua-Neuguinea würden Kängurus gegessen werden. Anschließend fragte man beide Gruppen, ob die Tiere Schmerz empfinden könnten. Die zweite Gruppe war der Meinung, bei Kängurus sei das Schmerzempfinden weniger ausgeprägt. Der Verzehr ändert unsere Haltung. Gibt man jemandem eine Tüte Beef Jerky und fragt ihn anschließend, ob Kühe Schmerz empfinden, ist es weniger wahrscheinlich, dass derjenige zustimmen wird, als wenn man ihm ein paar Nüsse gibt. Wenn man die Intelligenz von Tapiren – Wildtieren, die eine gewisse Ähnlichkeit mit Schweinen haben – hervorhebt, sagen die Leute, Tapire würden mehr Schutz verdienen. Sagt man das Gleiche über Schweine, sagen sie nichts. Anders ausgedrückt: Wir spielen das Leid der Tiere herunter, weil wir sie essen wollen. Das ist das sogenannte Fleisch-Paradox, das besagt, dass es Menschen, die Tiere lieben, gleichzeitig gelingt, die Massentierhaltung auszublenden. Der Psychologe Hank Rothgerber gab einigen Fleischessern einen kurzen Text über einen Vegetarier und anderen einen über jemanden, der sich glutenfrei ernährt. In der ersten Gruppe wurden die geistigen Fähigkeiten von Tieren geringer eingeschätzt, was nahelegt, dass bereits das Lesen über Vegetarismus bei den Omnivoren eine defensive Reaktion auslöst.

Fleischverzicht ist nichts Neues. Pythagoras, Leonardo da Vinci, Benjamin Franklin, Leo Tolstoi, George Bernard Shaw, Mahatma Gandhi, Mary Shelley, Adolf Hitler, Steve Jobs – sie alle waren – zumindest zeitweilig – Vegetarier. Eine Liste, die Hitler aufführt, ist natürlich nicht optimal, und einige Vegetarier wären froh, wenn die Liste nicht so viele Exzentriker enthielte. Im 19. Jahrhundert, als der Begriff »Vegetarier« aufkam, war er noch ein Synonym für religiöse Abstinenz. Sylvester Graham, ein presbyterianischer Pfarrer, der 1850 die American Vegetarian Society mitbegründete, glaubte nicht nur, dass Fleisch schlecht für den Organismus sei, sondern auch weißes Mehl, Alkohol, Kaffee, Tee, Senf, Essig und Pfeffer. Man kann nur hoffen, dass seine Anhänger nicht allzu viele Geschmacksknospen hatten. Bevor Gandhi zum Studium nach London kam, versprach er seiner Mutter drei Dinge: kein Fleisch zu essen, keinen Alkohol zu trinken und keinen vorehelichen Sex zu haben. In den 1970er-Jahren gab es in Großbritannien eine bekannte Kette vegetarischer Restaurants, die sich selbstironisch »Cranks« (Spinner) nannte. Noch heute wird Vegetarismus als genussfeindlicher Verzicht interpretiert. Ein Vegetarier ist ein Nörgler, ein Außenseiter.

Im Jahr 1982, in dem ich geboren wurde, veröffentlichte der Journalist Bruce Feirstein ein Buch mit dem Titel *Real Men Don't Eat Quiche*. Es machte sich über das zeitgenössische Männerbild lustig und wurde schnell zum Bestseller. Aber Männer haben tatsächlich ihre eigene Meinung über Fleisch. Einer Studie zufolge antworteten Frauen auf die Frage, warum sie Fleisch essen, eher ausweichend, Männer hingegen sprachen sich geradeheraus für die Überlegenheit des Menschen aus. Erstaunliche 83 Prozent der Teilnehmer am Veganuary 2020 waren Frauen. Sollten Sie also das Bedürfnis haben, sich wie ein Macho alter Schule aufzuführen – der Sorte, die mit übertriebenem Selbstvertrauen und einer Ich-lass-mir-nichts-gefallen-Haltung daherkommt –, könnten Sie bei diesen Damen sicherlich punkten, wenn Sie sich in einem Restaurant lautstark darüber beschweren, dass die Auswahl an vegetarischen Gerichten viel zu klein ist.

Außerdem gibt es auch politisch motivierte Unterschiede. Konservative beurteilen Vegetarier seltener positiv und sind auch seltener unter ihnen zu finden. Wenn sie Vegetarier werden, bleiben sie seltener dabei, was daran liege könnte, dass sie keine anderen Vegetarier kennen. Einmal wollte ich den Brexit-Vorkämpfer Nigel Farage für ein Interview zum Mittagessen treffen, und er schlug ein Steakhaus in der Londoner Innenstadt vor. Als ich Ziegenkäse bestellte, fiel er fast vom Stuhl. In den Vereinigten Staaten bestehen auch Unterschiede zwischen den verschiedenen Ethnien: Nicht-weiße Menschen sind eher bereit, ihren Fleischkonsum zu reduzieren als die weiße Bevölkerung.

Ich bin mit Würstchen und Hühnerbrust aufgewachsen. Als Teenager hatte ich einen Job an der Feinkosttheke eines Supermarkts, wo ich mir einmal bei dem Versuch, den Parmaschinken besonders dünn zu schneiden, die Kuppe meines Daumens absäbelte. Ich habe Schlangen, Kaninchen und lebendig gekochten Hummer gegessen, und verspürte keinerlei Gewissensbisse. Meine Frau und ich verlobten uns nach einer Verkostung von Sülze und Wein. Als ich Vegetarier geworden war, fragten meine Freunde mich, was ich am meisten vermissen würde. Speck natürlich? Steak? Tatsächlich verspürte ich vor allem Erleichterung. Ich konnte mein Essen ungehemmt genießen – denn kein Tier hatte dafür leiden müssen. Hier kommt das Vegetarier-Paradox ins Spiel: Der Fleischverzicht bewirkte, dass es mehr Dinge gab, die ich essen wollte, nicht weniger. Vegetarismus ist kein Mangel, sondern Überfluss.

»Werd bloß nicht Veganer«, sagte meine Frau Susie, die ebenfalls Vegetarierin ist. »Das wäre ein Scheidungsgrund.«

Ich hatte den festen Vorsatz, mich an diese Anweisung zu halten, bis ich die Wahrheit über die Milchindustrie erfuhr.

❖

Wenn Sie sich wirklich Sorgen um das Tierwohl machen, sollten Sie unbedingt auf Milchprodukte verzichten, bevor Sie auf Fleisch verzichten. Die Lebensbedingungen von Milchkühen sind häufig noch schlechter als die von Fleischkühen. Davon hat mich letztendlich der schottische Milchbauer David Finlay überzeugt.

Finlay redet pausenlos. Jeder Satz führt unaufhaltsam zum nächsten. Ihn unterbrechen zu wollen, ist zwecklos, es kommt einem sogar gemein vor, angesichts des Eifers, den Finlay an den Tag legt, wenn er von seinem Bauernhof erzählt – und von seinen Kühen. »99 Prozent der Bauern denken, es ist unmöglich, ein Spleen, so abgehoben, dass man gar nicht darüber nachzudenken braucht«, sagt er bei unserem ersten Telefongespräch. »Sogar die Biobauern sagen, ich würde die Latte etwas zu hoch legen.«

Finlay ist ein Milchbauer der etwas anderen Art. Er ist ein hagerer Mann mit einem Streifen grauen Haars um einen großen kahlen Kopf, und er leitet eines der radikalsten Experimente in der Milchproduktion. Das tut er aus Abscheu darüber, wie Milchkühe behandelt werden, sogar auf biologischen Bauernhöfen.

Kuhmilch ist das erste tierische Lebensmittel, das die meisten Europäer und Amerikaner in ihrem Leben konsumieren. Als ich ein Kind war, gab es eine Fernsehwerbung, in der ein Junge von seiner Begegnung mit dem Fußballer Ian Rush erzählt, der damals für Liverpool spielte. »Er hat gesagt, wenn du nicht ganz viel Milch trinkst, wirst du nur gut genug sein, um für Accrington Stanley zu spielen«, sagt der

Junge zu seiner Schwester. »Accrington Stanley? Wer sind die denn?«, fragt die Schwester. »Genau!«, entgegnet der Junge. In einem anderen Werbespot führte ein heiterer Milchmann eine Reihe tanzender Milchflaschen an und fegte nebenbei die Straße, während er sie auslieferte. Damals kam auch die amerikanische »*Got Milk?*«-Werbekampagne in Umlauf, in der ein Mann die Chance auf einen Gewinn von 10000 US-Dollar verspielt – er kann eine triviale Frage über den Gründervater Alexander Hamilton nicht beantworten, weil er gerade in ein Sandwich gebissen und kein Glas Milch parat hat, um es herunterzuspülen.

Gewohnheit und schlagkräftiges Marketing sorgten dafür, dass niemand sich fragte, wie Milch eigentlich produziert wurde. Als ich Fleisch aufgab, dachte ich keine Minute über Milchprodukte nach. Wie viele Vegetarier aß ich sogar mehr davon. Milch war gut, Joghurt ebenfalls, und Käse war mehr als gut – lecker und unverzichtbar. Ehrlich gesagt sah ich überhaupt keinen Zusammenhang zwischen Milchprodukten und dem Tod. Im Restaurant wusste ich schon, was ich bestellen würde, bevor ich einen Blick auf die Speisekarte geworfen hatte: Ziegenkäse.

Doch wenn man darüber nachdenkt, fällt einem als erstes auf, dass das Trinken von Kuhmilch kein angeborenes Verhalten ist. Viele Arten essen das Fleisch anderer Tiere. Der Mensch ist jedoch die einzige Spezies, die die Milch anderer Lebewesen trinkt und verarbeitet. (Gut, es gibt Ausnahmen: In Mexiko haben Forscher Seevögel und Wildkatzen beobachtet, die Milch von See-Elefanten stehlen; diese Vögel und Katzen aßen auch die Plazentas der See-Elefanten. In Französisch-Polynesien wurde ein Großer Tümmler gesichtet, der von einem Melonenkopfwal gesäugt wurde. Und in der Menschheitsgeschichte ist es immer wieder vorgekommen, dass Frauen Ferkel oder Bären gesäugt haben.) In der Tierwelt ist Milch im Allgemeinen kein Nahrungsmittel für ausgewachsene Tiere: Nachdem sie abgestillt wurden, produzieren die meisten Säugetiere weniger von dem Enzym Lactase, das dazu nötig ist, um den Milchzucker zu verdauen.

Evolutionär gesehen ist es erst vor kurzem – das heißt in den letzten paar tausend Jahren – dazu gekommen, dass vor allem die Europäer die Fähigkeit entwickelt haben, auch im Erwachsenenalter Lactase zu produzieren. Selbst heute noch sind zwei Drittel der Menschen, darunter die meisten Ostasiaten, nur eingeschränkt dazu in der Lage, als Erwachsene Milch zu verdauen.

Ein weiterer Punkt, der einleuchtet, wenn man darüber nachdenkt: Kühe produzieren Milch, nachdem sie ein Kalb geboren haben. Um weiterhin Milch zu produzieren, müssen die Kühe regelmäßig befruchtet werden. Bei natürlicher Fortpflanzung kann der Bauer die weitergegebenen Gene nur eingeschränkt kontrollieren. Stattdessen verwendet man künstliche Besamung. Was geschieht mit den Kälbern? Sie werden von ihren Müttern getrennt. Da Kühe Säugetiere sind, genau wie wir, und die Beziehung zwischen Mutter- und Jungtieren sich über hunderte von Jahren entwickelt hat, weil die Jungtiere somit überlebensfähiger sind, ist diese Trennung natürlich schmerzlich. »Die Trennung ist zweifellos eine unangenehme Erfahrung für die Kuh und das Kalb«, sagt Dan Weary, Professor für artgerechte Tierhaltung an der University of British Columbia.

Um ihr Leid abzukürzen, werden Kühe und Kälber in Molkereibetrieben innerhalb von 24 Stunden nach der Geburt getrennt – weil man annimmt, das sich dann noch keine Bindung entwickelt hat. Die Kälber werden demnach noch früher von ihren Müttern getrennt als Ferkel oder Lämmer. In den Vereinigten Staaten und Kanada werden über drei Viertel der Kälber direkt nach der Geburt von den Kühen getrennt, in ihren ersten Tagen, in denen sie natürlicherweise von ihren Müttern lernen und anderen Kühen begegnen sollten. Außerdem gibt es keine Belege dafür, dass eine frühe Trennung weniger schmerzhaft ist. Tatsächlich legen einige Studien nahe, dass die Trennung bleibende Auswirkungen auf das Verhalten der Kälber hat. Österreichische Forscher brachten eine Gruppe von Kühen, die von ihren Müttern aufgezogen worden waren, mit einer anderen Gruppe zusammen, die innerhalb von 24 Stunden von ihren Müttern getrennt und mit einem automatischen Milchspender gefüttert worden waren. Nach den ersten zwölf Wochen wurden alle Kühe gleich behandelt und in einer Herde zusammengeführt. Doch zwei Jahre später zeigte sich, dass die Kühe, die von ihren Müttern aufgezogen worden waren, lebhafter und neugieriger waren.

In den Molkereibetrieben werden einige Kälber sofort getötet, andere werden zur Fleischproduktion verwendet und leben bis zu ihrem zweiten Geburtstag. Wenn Sie als Vegetarier Milch trinken und Käse essen, unterstützen Sie damit die Milchindustrie. Einige Wochen zuvor hatte ich einen Molkereibetrieb in Großbritannien besucht, im Rahmen eines Tags der offenen Tür, bei dem die Konsumenten mehr über die Nahrungsmittel, die sie kaufen, erfahren konnten. Mir lagen die Mutterkühe am meisten am Herzen, die in Ställen untergebracht sind und zwei Mal täglich zu den riesigen, sich drehenden Melkmaschinen geführt werden.

»Haben sie Ihnen die Kälber gezeigt?«, fragt Wilma Finlay, Davids Frau. Nein, das hatten sie nicht. »Es ist kein Problem, die Leute herumzuführen, wenn man ihnen nicht die Kälber zeigt.« Niemand, oder so gut wie niemand, denkt an die Trennung von Mutter und Kalb, wenn er oder sie eine Milchtüte aus dem Regal im Supermarkt nimmt. Wilma und David haben bemerkt, dass die Besucher, die zu ihnen auf den Bauernhof kommen, sich Gedanken darüber machen. »Am häufigsten kommt die Frage, warum die Kühe auf der einen Seite und die Kälber auf der anderen untergebracht sind«, sagt Wilma. »Besonders Frauen reagieren betroffen.«

David hat andere schwerwiegende Gründe, um gegen die herkömmliche Milchwirtschaft zu sein. In seiner Kindheit durchlebte eine Kuh acht bis zehn Laktationen, heutzutage hätte sie Glück, wenn es drei wären. Er fand es furchtbar, wie die permanenten Schwangerschaften die Kühe strapazierten, und dass sie getötet wurden, sobald sie nicht mehr produktiv waren.

Er fand es furchtbar, dass sie an Mastitis litten und lahmten. Genau wie beim Menschen ist die Mastitis eine bakterielle Infektion der Milchdrüsen. Der Kuheuter entzündet sich. Tierärzte sagen, eine schwere Mastitis sei so schmerzhaft wie ein Knochenbruch, dennoch werden Schmerzmittel nur selten eingesetzt. Die Krankheit kann tödlich sein; sie kann dazu führen, dass der Bauer die Kuh schlachten muss, weil der Geschmack der Milch beeinträchtigt ist. Kühe, die in Ställen gehalten werden, sind dafür am anfälligsten. Um mehr Milch zu produzieren, wird schneller gemolken, und dadurch ist das Risiko, Mastitis zu entwickeln, für die Kühe zwölfmal höher. Kühe, die dazu gezüchtet werden, mehr Milch zu produzieren, sind ebenfalls anfälliger. Die Gene, die die Milchproduktion steigern, sind gleichzeitig auch für eine schlechtere Gesundheit verantwortlich. Dennoch setzen wir weiterhin auf immer höhere Produktivität. Im Mittelalter produzierte eine Milchkuh ein bis drei Liter pro Tag (was den Bewohnern von Reggio Emilia genügte, um den Parmesan zu erfinden). Heute produzieren US-amerikanische Milchbauern durchschnittlich 30 Liter pro Tag, ein Zuwachs von 30 Prozent in den letzten zwei Jahrzehnten. Die hocheffizienten Molkereibetriebe, die sich in den Vereinigten Staaten, Großbritannien, Deutschland und Dänemark ausgebreitet haben, erzielen 60 Liter pro Tag.

Molkereibetriebe erwirtschaften Gewinne, indem sie die Kühe permanent im Stall halten, sie mit Kraftfutter versorgen und ihnen das ausgeprägte Sozialleben vorenthalten, dass sie in natürlicher Umgebung entwickeln würden. Kühe sind Herdentiere, und wie wir wissen, gibt es unter ihnen dominante und submissive Tiere. Wenn Kühe in zufällig zusammengestellten Gruppen untergebracht werden, verhalten sie sich aggressiver, zeigen mehr Anzeichen für Stress – und produzieren weniger Milch. Der ständige Stallaufenthalt verschärft die Spannungen.

Besonders leistungsstarke Kühe arbeiten weitaus schwerer als die meisten Menschen; hinsichtlich ihres Energieverbrauchs liegen sie nur etwas hinter einem Tour-de-France-Teilnehmer. Eine Milchkuh ist heute »eine Milchtüte auf wackeligen Beinen«, wie ein Forscher es ausgedrückt hat. Als ich Milchkühen mit geschwollenen Beinen und einem unbeholfenen Gang begegnet bin, habe ich angenommen, es handele sich um eine Laune der Natur, aber das stimmt natürlich nicht. Es sind die Tiere, die wir geschaffen haben, weil Produktivität mehr zählt als Mitgefühl. Manche Kühe erhalten alle vierzehn Tage eine Spritze mit dem Rinder-Wachstumshormon Somatotropin (BST), das das Risiko von Fußkrankheiten erhöht. BST ist in den meisten Ländern der Welt verboten, aber von der US-amerikanischen Behörde für Lebensmittel- und Arzneimittelsicherheit (FDA) immer noch zur Anwendung zugelassen.

In den Vereinigten Staaten leidet die Hälfte aller Milchkühe an Lahmheit, Hufgeschwüren und Fußfäule. Hufgeschwüre – Entzündungen der Lederhaut – entstehen, wenn den Kühe stundenlang in Urin und Dung stehen, oder aber in Sägemehl, das für die Einstreuung der Ställe verwendet wird. Betonfußböden verschlimmern derartige Huferkrankungen noch. Stress und beengte Unterbringung führen zu Lahmheit. Lahme Rinder machen einen Buckel und setzen ihre Schritte nur noch sehr vorsichtig. Schwer erkrankte Tiere versuchen, gar nicht mehr zu gehen. Von Tierwohl kann keine Rede mehr sein, wenn man sie physisch derart an ihre Grenzen bringt.

Die Familie Finlay bewirtschaften ihre 850 Morgen große Farm im Südwesten von Schottland seit 1928. Bis zur Irischen See ist es nur eine knappe Meile. David und Wilma verfolgen einen anderen Ansatz: Erstens lassen sie Kälber und Mutterkühe für fünf Monate zusammen, statt der üblichen 24 Stunden. Ein Kalb benötigt etwa zehn Liter Milch am Tag. Milchkühe produzieren drei Mal so viel, sodass immer noch ein Überschuss bleibt. Zweitens lassen die Finlays ihre Kühe so oft wie möglich draußen auf der Wiese grasen. Das ist noch ungewöhnlicher. Auf den größten britischen Milchfarmen in Schottland, Wales und Nordirland werden die Kühe das ganze Jahr über im Stall gehalten, wo man sie am effizientesten mit Futter versorgen, überwachen und melken kann. Statt 6000 Liter Milch produziert jede der Finlay-Kühe nur etwa 4000 Liter im Jahr. Doch Lahmheit und Mastitis sind zu drei Vierteln zurückgegangen, und der Verbrauch von Antibiotika um 85 Prozent.

Das Experiment der Finlays ist noch nicht abgeschlossen. Sie haben es 2012 schon einmal probiert – lange bevor der Veganismus so viel Zulauf bekam –, mussten aber aufgeben, weil es sich nicht rentierte. »Finanziell war es eine Katastrophe«, sagt David.

Dieses Mal haben die Finlays einen Kredit aufgenommen und die Bank nicht über ihre Pläne unterrichtet. Sie haben ihre Methode überdacht: Heute kalben die Mütter bereits im Alter von 24 Monaten, vorher waren es 32 Monate. Die männlichen Kälber werden schneller gemästet und bereits mit acht Monaten als Kalbfleisch rosé verkauft. Dennoch war das erste Jahr »ziemlich schlimm«, und ihr erfahrener Hirte hat sie im Stich gelassen. Doch im zweiten Jahr besserte sich die Lage. »Wir können absehen, dass es funktionieren wird«, sagt David. »Wir kämpfen uns zurück, aber wir sind noch nicht am Ziel.«

Ein Teil des Problems besteht darin, dass die Milchprodukte nicht aussagekräftig genug gekennzeichnet sind, um die Konsumenten dazu zu bringen, über das Tierwohl nachzudenken. Es gibt Bio-Milch, was in Großbritannien bedeutet, dass die Kühe Zugang zur Weide haben und die Bauern dazu angehalten werden, die Zahl der männlichen Kälber, die sofort nach ihrer Geburt getötet werden, zu reduzieren. Doch ein Bio-Label sagt nichts darüber aus, wann die Kälber von den Müttern getrennt werden, oder über die Verbreitung von Mastitis und Lahmheit. Außerdem sind die Preisaufschläge, die die Bauern verlangen können, zu niedrig. Daher stellen die Finlays verschiedene Käsesorten und Eiscreme her, die sie an spezielle Feinkosthändler verkaufen. Diese Produkte kosten mindestens drei Mal mehr als die üblichen Supermarktwaren.

Einige Tage nach unserem Gespräch schaue ich zu, wie David sein Fleisch einigen Einkäufern präsentiert. Die Veranstaltung findet in einem kleinen, angesagten Restaurant in der Nähe der Old Street statt, dem gentrifizierten Herzen der Londoner Start-up-Szene. Die Einkäufer sitzen auf Bänken an drei langen Holztischen. David ist nicht gerade in seinem Element. Er spricht zu lange und zu ausführlich über seine Kühe. Oder vielleicht auch nicht, denn die Menschen wollen ja eine glaubwürdige Geschichte hören. Zwei Jahre später verkaufen die Finlays drei Viertel ihres Käses in London, 90 Prozent der Käufer sind Frauen, und einige sind Semi-Veganer. Die Finlays kommen langsam aus den roten Zahlen – zumindest war es so, bevor die Restaurants wegen des Coronavirus geschlossen wurden und der Markt für Kalbfleisch rosé einbrach. Doch wie viele Käseliebhaber sind tatsächlich bereit, Höchstpreise für ein Grundnahrungsmittel zu bezahlen?

Und es gibt noch ein weiteres Problem. Alle tierischen Nahrungsmittel sind unwirtschaftlich. Wenn man die Weideflächen und Nutzpflanzen dazurechnet, die für ihre Ernährung angebaut werden, entfallen heute 77 Prozent der weltweiten Anbauflächen auf die Versorgung von Nutztieren. Doch sie liefern nur 18 Prozent der von uns verbrauchten Kalorien und nur 37 Prozent der Proteine. Man braucht zwanzigmal mehr Land, um ein Gramm tierisches Protein zu produzieren, als es aus Hülsenfrüchten wie Kichererbsen und Sojabohnen herzustellen. Die Milchwirtschaft erfordert etwa viermal so viel Land wie der Anbau von Hülsenfrüchten. Das ist zwar nicht so viel wie die Rinderzucht, aber weniger effizient als die Hühner- und Schweinezucht. Außerdem stoßen Milchkühe Methangas aus – durch die Fermentierung in ihren Mägen, und ihr Dung enthält ebenfalls Treibhausgase. Im weltweiten Durchschnitt werden durch die Herstellung von einem Liter Milch Treibhausgase erzeugt, die drei Kilo Kohlendioxid entsprechen. Ein Kilo Käse erzeugt 21 Kilo Kohlendioxidäquivalent, was einer Autofahrt von 160 Kilometern entspricht.

Wenn Sie sich Sorgen über den Klimawandel machen, reicht es also nicht, Vegetarier zu werden. Es würde zwar die Treibhausgasemissionen Ihrer Nahrung um etwa ein Drittel senken, wie Forscher an der Johns Hopkins University festgestellt haben, aber wenn Sie häufig Milchprodukte verzehren, verursachen Sie mehr Emissionen als jemand, der sich hauptsächlich von Gemüse und etwas Fleisch ernährt. Wenn sich die Menschen weltweit dazu entschließen könnten, nur auf Milchprodukte zu verzichten, würden die Treibhausgasemissionen sich um etwa ein Drittel verringern. Das ist beinahe doppelt so viel, wie ein weltweiter Verzicht auf rotes Fleisch bringen würde.

Die Milchfarmen, die am meisten für das Tierwohl tun – indem sie die Kühe auf der Weide grasen lassen – sind auch diejenigen, die die meisten Treibhausgase pro Liter Milch verursachen. Das Weideland könnte stattdessen dazu genutzt werden, um Kohlenstoff zu speichern, beispielsweise indem man Bäume anpflanzt. Es gibt keine ideale Lösung: Will man niedrige Treibhausgasemissionen, muss man die Kühe im Stall halten und sie mit Getreide füttern; wenn man sie im Stall belässt, können sie nicht als soziale Herdentiere leben. Mein Fazit lautet, dass die intensiv betriebene Milchwirtschaft den »Animal Test« keinesfalls bestehen kann.

❖

Also: kein Fleisch und keine Milchprodukte. Was ist mit den Eiern? Die meisten Masthühner haben ein furchtbares Leben. Legehennen haben es besser, oder? Wenn es ein Thema gibt, mit dem westliche Konsumenten sich auskennen, dann sind es Legebatterien. Viele Leute kaufen mittlerweile Eier aus Boden- oder Freilandhaltung, um zu verhindern, dass die Hühner in überfüllten Käfigen leben müssen, die uns zu sehr an Gefängnisse erinnern.

Doch beides ist nicht die Lösung. Die Legehennen sind heutzutage so groß und schwer, dass 86 Prozent sich das Brustbein brechen würden, wenn sie frei herumlaufen könnten. Auch wenn der Bruch verheilt, ist ihre Bewegungsfreiheit eingeschränkt, und sie leiden permanent unter Schmerzen. Hühner sterben früher, wenn sie draußen in Käfigen gehalten werden, wo andere Vögel sie angreifen oder erdrücken können. Letzteres geschieht, wenn die Hühner nervös werden; ein Hühnerhof hat schließlich nichts mehr mit der natürlichen Umgebung zu tun, an die sie angepasst sind. Jede Variante hat ernsthafte Nachteile: Freilaufende Hühner haben häufig Hautschäden; sogenannte »ausgestaltete Käfige« mit Sitzstangen und Legenestern verhindern, dass die Hühner ihren natürlichen Instinkten nachgehen können, wie beispielsweise ein Sandbad nehmen. In der EU werden vielen Legehennen die Schnäbel beschnitten, um sie daran zu hindern, sich gegenseitig die Federn auszureißen.

Es ist alarmierend, was wir durch die Massentierhaltung angerichtet haben. Alle domestizierten Hühner stammen vom Bankivahuhn ab, das ein Ei im Monat legt. Legehennen werden heute gezüchtet, um ein Ei pro Tag zu legen. Wenn sie etwa 17 Monate alt sind, lässt ihre Produktivität nach, und sie werden geschlachtet. Milliarden von Hühnern werden jedes Jahr ausgebrütet, die sie ersetzen können.

Am meisten entsetzte mich jedoch etwas anderes. Jedes Jahr werden mehrere Milliarden Hühner ausgebrütet, die nicht lange leiden müssen. Sie erleben so gut wie gar nichts – weil sie kaum einen Tag alt sind, wenn sie in einen Schredder geworfen oder mit Gas getötet werden. Es sind die männlichen Küken, die in den Brütereien geboren werden, die für die Legehennen vorgesehen sind. Die Hähnchen werden für den Prozess des Eierlegens nicht gebraucht. Man kann sie nicht zur Fleischproduktion verwenden, weil es sich um die falsche Sorte handelt und es zu aufwendig wäre, sie zu mästen. Also bringt man sie um. Dass die Legehennen vielleicht in ökologischer Bodenhaltung leben, ändert nichts daran, was mit den männlichen Küken geschieht. Man entsorgt sie oder verarbeitet sie zu Hundefutter.

Instinktiv weiß man, dass dieses System nicht tragbar ist. Die ethische Frage wäre, ob es richtig ist, Tiere in die Welt zu bringen, nur um sie sofort zu töten. Die nächste Frage wäre, ob die Tiere einen schmerzhaften Tod erleiden. Doch es geht auch darum, wie wir andere Lebewesen betrachten. Können wir ihnen gegenüber so gleichgültig sein? Können wir behaupten, wir achten sie, wenn wir sie einfach wegwerfen?

Ich will wissen, ob es eine Alternative gibt. Also steige ich in den Zug und fahre in die niederländische Universitätsstadt Leiden. Ich nehme die Unterführung, überquere einen Kanal und finde mich bald im größten Wissenschaftszentrum wieder, das ich jemals gesehen habe. Große Bürogebäude stehen in ordentlichen Reihen nebeneinander. Auf meinem Weg durch den Park komme ich an zwei gut beleuchteten Tennisplätzen und einem Plakat für eine neue Stammzellentherapie gegen Krebs vorbei, und dort wartet Wouter Bruins auf mich, ein Jungunternehmer mit Ponyfrisur und einem Kapuzenpulli. Er führt mich durch sterile Flure zu einem kleinen Büro mit ein paar Ikeatischen und einem großen Foto von einem Kornfeld bei Sonnenaufgang an der Wand. Ein Schild verkündet, dass sich hier das Hauptquartier der »Eggsperts« befindet.

2011 war Bruins noch kein Experte für irgendetwas, sondern ein Biologiestudent an der Universität Leiden, der nichts über die Geflügelindustrie wusste, aber den Ehrgeiz verspürte, eine Firma zu gründen. »Also sprach ich ein paar Leute an und fragte sie: ›Was macht ihr eigentlich den ganzen Tag lang? Ich will eine Firma gründen, aber ich suche noch nach einem Problem, für das es eine Lösung braucht. Was könnte das sein?‹«, erinnert er sich. »Es kommt selten vor, dass jemand vorbeikommt und einem solche Fragen stellt.«

Unter den Befragten war auch ein Freund von Bruins Eltern, der einen Hühnerhof besaß. »Er sagte, es widerstrebe ihm, die männlichen Küken zu töten. Viele Leute behaupten, dass es den Hühnerzüchtern egal sei, aber das stimmt nicht. Sie müssen es tun.« Für Bruins war das der Ausgangspunkt: Wie konnte man es vermeiden, die männlichen Küken zu töten?

Eine Methode bestand darin, die Hühner genetisch zu modifizieren, sodass die männlichen Eier sich von den weiblichen unterscheiden – beispielsweise indem man ein Fluoreszenzgen in die DNS einschleust. Somit könnte man die männlichen Küken aussortieren, bevor sie schlüpften. Doch Bruins verwarf diesen Ansatz: »Wenn die Leute fluoreszierende Eier sehen, werden sie sagen: ›Habt ihr eine Qualle und ein Huhn gekreuzt? Das ist ja gruselig.‹« Weitere Möglichkeiten der Genmodifikation wurden in Betracht gezogen – wie beispielsweise Hühner zu züchten, die gar keine männlichen Eier legten. Doch Bruins und sein Partner befürchteten auch hier öffentlichen Ärger. »Wir sagten uns: Keine genetisch modifizierten Organismen.«

Stattdessen fanden sie eine andere Lösung. Es erwies sich, dass die männlichen und die weiblichen Eier unterschiedliche Mengen eines bestimmten Metabolits enthalten, ein Stoffwechselprodukt, das gebraucht wird, um Nahrung in Energie zu verwandeln. Bruins' Team entdeckte eine Methode, um die weiblichen von den männlichen Eiern zu unterscheiden, indem man eine kleine Probe von dem Ei nahm, sie luftdicht versiegelte und anschließend testete.

Der Standardtest ist zu fast 99 Prozent genau. Er wird neun Tage nach dem Legen angewendet, wenn die Embryos noch kein Schmerzempfinden haben. »Nach elfeinhalb Tagen schließt sich der Hirnstamm. Dann kann das Küken etwas fühlen.« Die männlichen Embryos können vorher aussortiert werden.

Auch Forscherteams in Deutschland und Kanada haben sich mit diesem Problem befasst. Bruins' Firma In Ovo hat bislang um die sechs Millionen ausgegeben, um zu dieser Lösung zu kommen. Der Test »muss schnell gehen, die Kosten müssen niedrig sein, die Schlupffähigkeit darf nicht beeinträchtigt werden, und den Angestellten sollte es leicht fallen, damit zu arbeiten. Wenn das alles gewährleistet ist, dann bin ich mir ziemlich sicher, dass die meisten Brütereien ihn verwenden werden.«

»Und dann können Sie Milliarden Küken retten?«, frage ich. »Yup«, sagt Bruins.

Bruins' größte Befürchtung ist, dass nur das obere Ende des Marktes – die Firmen, die Eier aus Bodenhaltung anbieten – seine Technologie verbindlich anwenden werden. Mittlerweile hat er sich anderen Problemen zugewendet. Masthähnchen schlüpfen häufig bis zu drei Tage zu früh. In den Brütereien ist es heiß, und die niederländische Gesetzgebung besagt, dass sie in den ersten 60 Stunden ihres Lebens weder Futter noch Wasser bekommen müssen. Kampagnen von Tierschützern haben immerhin dafür gesorgt, dass dieser Zeitraum auf 36 Stunden gesenkt werden soll. Darüber hinaus hat In Ovo ein Futtersystem für Küken entwickelt, das bereits in verschiedenen Ländern verwendet wird, unter anderem auch in den Vereinigten Staaten. Bruins träumt bereits von einer tierfreundlichen Herstellung von *Foie gras*. »Das wäre doch eine schöne Sache. Es kann doch nicht so schwierig sein, die Leber eines Tieres fetter zu machen, ohne das Tier zu stopfen. Die Vorstellung ist furchtbar – aber wenn die Leute weiterhin *Foie gras* essen, dann sollten wir dafür eine gute Lösung finden, oder? Eventuell könnte man einen Stoff mikroinjizieren, der die Leberaktivität reguliert. Es könnte funktionieren, aber niemand denkt darüber nach. Eine Leber wachsen zu lassen, ist nicht so schwierig.«

Man gewöhnt sich daran, dass die Leute versuchen, die grausamen Aspekte der Viehwirtschaft wegzuerklären. Es ist verwirrend, wenn jemand wie Bruins darauf beharrt, dass man das System verändern kann. Und es ist verblüffend, dass es – nach Jahrzehnten der Massentierhaltung – nur eine Handvoll Unternehmer gebraucht hat, um eine Lösung zu finden. »Mit dem System stimmt etwas nicht. Wir haben sechs, sieben Mitarbeiter«, sagt Bruins. »Demnächst werden es fünfzehn sein. Wir sind eines der führenden Unternehmen in der Hühnerforschung. Das ist doch merkwürdig.«

Das Töten von männlichen Küken wird hoffentlich bald ein Ende haben. Wenn es dazu kommt, dann ist es ein Triumph des Erfindergeistes einiger neugieriger, umtriebiger Menschen wie Bruins, die daran glauben, dass es für alles eine Lösung gibt. Doch selbst wenn die Küken lebend davonkommen, hat die Eierproduktion noch immer ihre unangenehmen Seiten. Alle Hühner sind anfällig für neue Varianten der Vogelgrippe. Wenn sie ausbricht, sind Massenkeulungen notwendig. Käfighennen leben äußerst beengt, doch immerhin wird ihr Kot weggeputzt. Freilaufende Hühner sind dagegen anfälliger für Infektionen und sterben früher.

Es zeigt sich, dass viele Menschen eher dazu bereit sind, sich an der Wahlurne für Tierwohl einzusetzen, als ihre Konsumgewohnheiten danach auszurichten. 2008 machten Eier aus Bodenhaltung weniger als 10 Prozent des kalifornischen Marktes aus. Doch 63 Prozent der

Einwohner stimmten für ein Gesetz, das allen Legehennen freien Auslauf garantieren würde. Das bezeichnet man als *Vote Buy-Gap*: Die Menschen stimmen für eine Forderung, der sie im Supermarkt nicht nachkommen. Sich für Veränderungen einzusetzen, hat zwei Vorteile: Es bringt uns dazu, über die realen Lebensbedingungen der Tiere nachzudenken, und wir können uns gleichzeitig als Teil einer Bewegung fühlen, in dem guten Gefühl, dass wir mit unserer Selbstbeschränkung mehr als nur einen Mitnahmeeffekt auslösen. Man hört oft, dass sich Ernährungsgewohnheiten nicht so leicht ablegen lassen. Doch die Menschen sind dazu bereit, sich zu ändern. Das Problem ist nur, dass wir allzu gerne weiter in Ignoranz leben, wenn wir nicht direkt mit politischen Entscheidungen konfrontiert werden.

❖

Mittlerweile weiß ich, dass es inspirierende Menschen mit ethischen Grundsätzen gibt – wie David und Wilma Finlay und Wouter Bruins –, die sich mit Tierzucht beschäftigen. Doch ich bin nicht davon überzeugt, dass die Industrie sich dadurch verändern wird. Der Missbrauch ist eine Konsequenz davon, Tiere, die keine eigene Stimme haben, mit erschöpften, schlecht bezahlten Menschen zusammenzubringen. Selbst wenn wir das abschaffen könnten, gäbe es immer noch die Verstümmelungen, die wir den Tieren zufügen. Schmerzhafte Prozeduren, die oft dauerhaften Einfluss auf das Verhalten der Tiere und ihren Stresspegel haben, es den Landwirten aber erst ermöglichen, große Herden zu halten und Kosten zu reduzieren. In den meisten europäischen Ländern ist es legal, Kühe mit heißen Brandeisen zu brandmarken oder ihre Ohren zu beschneiden, um sie identifizieren zu können, und Deutschland ist das einzige unter diesen Ländern, in dem Nasenringe für Rinder verboten worden sind.

In den vergangenen Jahren sind die Tierschutzgesetze weltweit verbessert worden. Man muss es begrüßen, dass Kastenstände für Schweine und Legebatterien langsam verschwinden. Doch Veränderungen vollziehen sich nur zögerlich und sind an komplizierte Verfahren gebunden. Und es stellt sich die Frage, ob sie ausreichen werden.

In den vergangenen Jahrzehnten haben Veterinärmediziner zunehmend Forderungen gestellt, die über die fünf Grundfreiheiten hinausgehen, und denken außerdem darüber nach, wie die mentale Befindlichkeit von Tieren verbessert werden kann – ein Ansatz, mit dem sich auch das EU-Forschungsprojekt Welfare Quality beschäftigt. Sicherzustellen, dass Schweine ausreichend mit Nahrung versorgt sind, ist einfach; festzustellen, ob sie glücklich sind, weitaus schwieriger. Ist Glück überhaupt ein angemessenes Konzept? Wenn Wissenschaftler das Glücksempfinden von Menschen untersuchen, können sie die Leute einfach fragen, wie wohl sie sich fühlen oder wie sie ihre Lebensqualität einschätzen, im Verhältnis zu den best- oder schlechtmöglichsten Umständen. Das funktioniert bei einem Schwein (oder einem menschlichen Baby) nicht. Uns bleibt nur der Versuch, anhand von positiven Erfahrungen Rückschlüsse zu ziehen, und dazu physiologische Daten wie Herzfrequenz und Stresshormonspiegel oder Beobachtungen aus der Verhaltensforschung zu verwenden.

Ich wandte mich an die älteste Tierschutzgesellschaft, die Royal Society for the Prevention of Cruelty to Animals (RSPCA). Wie der Name vermuten lässt, wurde sie zu einer Zeit gegründet – 1824 –, als Grausamkeit gegenüber Tieren an der Tagesordnung war. Wenn Sie heute einen misshandelten Hund, eine verletzte Taube oder einen gestrandeten Seehund entdecken, können Sie die RSPCA oder eine ihrer weltweiten Schwersternorganisationen kontaktieren. Wenn Sie ein britischer Landwirt wie Andy sind, für den nur das beste Gütesiegel infrage kommt, dann unterschreiben Sie die Tierwohl-Richtlinien der RSPCA. Ein Viertel der britischen Schweinehöfe setzt die RSPCA-Richtlinien um. Bei den Molkereibetrieben sind es nur ein Prozent, weil die Konsumenten deutlich weniger Druck ausüben.

Wenn es jemanden gibt, der mich davon überzeugen kann, dass Tiere auf einem Bauernhof ein gutes Leben führen, dann ist es Marc Cooper, der Mann, der die Richtlinien ausarbeitet. Hühnerzüchter

»sind es leid, jeden Tag in den Stall zu gehen und zwanzig bis dreißig Vögel zu töten. Sie wollen das nicht tun«, sagt er. Dennoch wird nur ein Prozent des britischen Hühnerfleischs heute nach RSPCA-Richtlinien produziert. Cooper gibt unumwunden zu, dass die Umsetzung der Richtlinien davon abhängt, was die Viehzüchter zu investieren bereit sind. Mangelhafte Kenntnisse sind eine weitere Einschränkung. »Glück, positive Befindlichkeiten, das ist alles ganz neu … viele Landwirte wissen noch nicht genug darüber«, sagt er.

Ich frage Cooper, ob es stimmt, dass die Milchwirtschaft schlimmer ist als die Fleischwirtschaft, was das Tierwohl betrifft. »Wenn man von Mittelwerten ausgeht – wären Sie lieber eine Fleisch- oder eine Milchkuh?« »Auf jeden Fall eine Fleischkuh«, sagt er. »Die durchschnittliche Milchkuh hat kein angenehmes Leben. Sie wird ständig gemolken und oft unter Bedingungen gehalten, die nicht auf dem neuesten Stand sind, was ihre Genetik, ihr Wachstum und so weiter betrifft. Es wird zu wenig in die Ställe investiert.«

Die Kuh muss sich anstrengen, genug Futter zu sich zu nehmen, um die entsprechende Menge Milch zu produzieren. »Sie ist genetisch dazu angelegt, die Milchproduktion über ihr körperliches Wohl zu stellen, deshalb sieht man häufig extrem abgemagerte Kühe.« Anders gesagt: Kühe haben die Eigenschaft, die eigene Gesundheit für ihre Kälber zu opfern; heute opfern sie sie für die Menschen.

Nach unserem Treffen komme ich in der Lobby an einer Vitrine voller Stofftiere und Westen mit dem RSPCA-Logo vorbei, die bei Spendenläufen getragen werden. Als ich im Zug zurück nach London fahre, fühle ich mich mehr denn je als überzeugter Veganer. Das hat nicht nur einen Grund – es kommt so vieles zusammen. Die Arbeit im Schlachthof hat mich davon überzeugt, dass die Tötung von Tieren ein wohlüberlegter Prozess sein sollte, und keine Fließbandtätigkeit. Die Arbeit auf einem »guten« Schweinehof hat mich davon überzeugt, dass selbst gesunde Bauernhoftiere sinnlose, unnatürliche Leben führen. Die Gespräche mit einem ethischen Milchbauern und einem Eier-Experten haben deutlich gemacht, wie schwerfällig die

Nahrungsmittelindustrie ist, wenn es um die Verbesserung des Tierwohls geht. Und der Besuch bei der RSPCA hat mir vor Augen geführt, dass es noch viel zu viele wissenschaftliche Ungewissheiten gibt. In unserer Beziehung zu Tieren sollte es um so viel mehr gehen, denke ich.

Schweine, Kühe und Schafe zählen zu den wenigen Tieren, die sich domestizieren ließen. Sie haben geduldet, dass man sie züchtet, um Unmengen von Fleisch, Milch und Wolle zu produzieren, was in der Wildnis sinnlos gewesen wäre. Doch sie haben sich viele ihrer Instinkte erhalten, darunter auch das Bedürfnis nach sozialer Interaktion. Wir wissen nicht, wie sie tatsächlich auf künstliche Befruchtung reagieren, auf die ständige Trächtigkeit, auf die Trennung von ihren Herden und so weiter. Wenn wir nicht verstehen, was Tiere empfinden, nachdem wir Jahrtausende lang Tiere gehalten und gezüchtet haben, sollten wir den Fehler bei uns suchen. Vielleicht werden wir eines Tages dazu in der Lage sein, Nutztiere zu züchten, die keinen dieser Instinkte mehr besitzen – die glücklich damit sind, unbewegliche, atmende Maschinen zu sein. Aber das sollten wir sicherlich nicht wollen. Für den Menschen muss das Leben einen Sinn haben. Tieren dabei zuzusehen, wie sie ihr Leben als Maschinen akzeptieren, stünde im Widerspruch dazu.

Das Verhältnis zwischen Fleischproduzenten und Veganern ist häufig vergiftet. Aber eines ist mir immer wieder aufgefallen, wenn ich mit Leuten aus der Fleischindustrie gesprochen habe: die instinktive Abneigung gegen das unnötige Töten von Tieren. Als das Coronavirus ausbrach, konnten die US-amerikanischen Bauern ihre Tiere nicht mehr auf den Markt bringen. Sie konnten nicht einfach abwarten, bis die Pandemie vorüber war: Bis dahin wären ihre Schweine zu groß für die Verarbeitung im Schlachthof gewesen, und die Schnitzel hätten nicht mehr in die vorgefertigten Styropor-Verpackungen gepasst. Daher mussten die Schweine gekeult und auf den Komposthaufen geworfen werden. Es war offensichtlich, dass die Bauern litten und zornig waren. Ich hörte immer das Gleiche, wenn Bauern darüber sprachen, dass sie ihre Tiere töten mussten, sei es wegen eines Krankheitsausbruchs oder einer neuen Verordnung: Sie waren empört darüber, dass Leben verschwendet wurden. Millionen Liter Milch wurden in den Ausguss geschüttet, ganze Paletten mit Eierkartons wurden zerquetscht, als die Lieferketten stillstanden. All das kam einem so unnötig vor.

Was wäre, wenn das gesamte System unnötig ist? Wenn wir all die Schlachthöfe und die Viehzuchtbetriebe – mit all dem spritzenden Blut und den undefinierbaren Körperteilen – eigentlich gar nicht bräuchten? Genau so ist es nämlich. Menschen müssen keine Tierprodukte essen. Die American Dietetic Association stellte 2009 fest, dass eine ausgewogene vegetarische und vegane Ernährung »gesund und vollwertig und bei der Vermeidung und Behandlung bestimmter Krankheiten von Vorteil« ist. Die Weltgesundheitsorganisation (WHO) sagt, dass nur 10 bis 15 Prozent der notwendigen Kalorien aus Proteinen bestehen müssen. Im Durchschnitt konsumieren die Menschen 40 Prozent mehr Protein als nötig. In den meisten EU-Ländern verzehren die Menschen mehr als das Doppelte der empfohlenen Proteinmenge. Pflanzliche Proteine können alle essentiellen Aminosäuren liefern. 1898 versicherte das *British Medical Journal* seinen Lesern mit leichtfertiger Ignoranz: »Wir haben nicht die Absicht, den Vegetarismus allzu ernst zu nehmen.« Heute warnt diese Zeitschrift ihre Leser, dass der Verzehr von rotem Fleisch das Risiko für tödliche Krankheiten wie Krebs und Herzversagen erhöht. Bei dieser Party sind Zuspätkommende willkommen.

Ich zögere, allzu viele gesundheitliche Vorteile aufzuzählen, die eine vegetarische Ernährung mit sich bringt. Es ist hier nicht relevant und hängt außerdem davon ab, wovon man sich ernährt. Doch für die Menschheit insgesamt hätte es echte Vorteile, wenn wir die Massentierhaltung aufgeben würden. Unsere Gier nach Fleisch verursacht Krankheiten. Das Coronavirus geht auf einen Markt in Wuhan zurück, auf dem Wildtiere unter furchtbaren Bedingungen gehalten wurden. Ausbrüche von Infektionskrankheiten wie Ebola können verlässlich auf das Jagen und Verzehren wilder Tiere zurückgeführt werden. Auch Waldrodungen tragen dazu bei – durch die Zerstörung von Ökosystemen setzen wir uns der Ansteckung durch Pathogene aus. Manche Menschen verurteilen den Verzehr von wildlebenden Säugetieren als barbarisch und wollen ihn ganz abschaffen. Warum werfen wir nicht zuerst einen Blick auf die Tierfabriken vor unserer Haustür? Überall, wo Tiere auf engem Raum gehalten werden, breiten sich Krankheitserreger schneller aus und mutieren auch schneller. Tiere, die an Stress leiden, sind anfälliger für Krankheiten. Stallhaltung ist ein weiterer erschwerender Faktor.

Krankheiten haben sich schon immer über die Artengrenzen hinaus verbreitet. Die Spanische Grippe von 1918–19, der rund 17 Millionen Menschen weltweit zum Opfer fielen, trat zuerst bei Vögeln auf. Die Pandemie H1N1 von 2009, auch Schweinegrippe genannt, die zuerst in den Vereinigten Staaten auftrat, tötete zwischen 151 700 und 575 400 Menschen auf der ganzen Welt, die meisten von ihnen waren unter 65 Jahre alt, wie die US-amerikanische Seuchenschutzbehörde feststellte. Eine Variante von H1N1 kursiert weiterhin und fordert jedes Jahr ihre Opfer. 2020 verbreitete sich das Coronavirus von Menschen auf Nerze in europäischen Pelzfarmen. In Dänemark, dem weltgrößten Produzenten von Nerzfellen, entdeckte man bei den Tieren eine mutierte Form des Coronavirus, der auch einige Menschen infiziert hatte. Weil die dänische Regierung befürchtete, die Mutante könne spätere Impfungen gefährden, ordnete sie die Keulung von Millionen Nerzen an. Die Tiere wurden in kleinen Käfigen gehalten, weit weg von den Seen und Flüssen, an denen sie natürlicherweise leben würden. All das erschreckt uns, aber wir sollten uns nicht länger wundern. Seit 1940 sind über die Hälfte aller Krankheiten, die von Tieren auf Menschen übergesprungen sind, auf industrielle Landwirtschaft zurückzuführen – einschließlich Bewässerungsregulierung und Massentierhaltung. Was würde geschehen, wenn H5N1, eine Vogelgrippe, an der etwa die Hälfte der Erkrankten gestorben ist, die Fähigkeit entwickeln würde, sich ungehindert von Mensch zu Mensch zu verbreiten? Warum tun wir alles, um es herauszufinden? Bereits vor dem Coronavirus haben Zoonosen uns in den vergangenen Jahrzehnten über 100 Milliarden US-Dollar gekostet. Und da sagen die Leute, vegane Ernährung sei zu teuer.

Wir wollen die Wahrheit nicht erkennen. Mitten in der Corona-Pandemie verkündete die Trump-Administration, Schlachthöfe gehörten zu den systemrelevanten Betrieben. Bald war einer von fünf Schlachthofangestellten mit dem Coronavirus infiziert. Der Ausdruck »Fleischverpackungsindustrie« suggeriert, dass hier Fleisch ordentlich in Behälter verpackt wird. Die Realität sieht anders aus: überfüllte Fabrikhallen und mangelhafte Sicherheitsstandards. Schlachthöfe sind Brutstätten für Krankheiten, nicht nur in den Vereinigten Staaten, sondern auch in Australien, Brasilien und Deutschland, wo Saisonarbeiter aus Osteuropa unter hygienisch unzureichenden Bedingungen arbeiten und zu sieben oder acht Personen in Unterkünften leben müssen, die ihnen von einem Subunternehmer vermietet werden. Ein leitender Angestellter aus Deutschland berichtete der *Financial Times*, die Arbeitsbedingungen seien »moderne Sklaverei«. »Fleisch ist zu billig«, räumte die deutsche Landwirtschaftsministerin Julia Klöckner nachträglich ein.

Unsere Landwirtschaft unterminiert unsere Gesundheit noch auf andere Weise. Die Bauern verwenden zunehmend Antibiotika, auch bei gesunden Tieren. Von allen in den USA verkauften Antibiotika gehen 80 Prozent an die Viehwirtschaft. Menschen verwenden größtenteils dieselben Medikamente. Doch resistente Bakterienstämme, die sich bei Tieren entwickeln, verbreiten sich auch bei Menschen. In den Vereinigten Staaten sterben jedes Jahr 35 000 Menschen an multiresistenten Erregern, so die Aussage der US-Seuchenschutzbehörde. Weil es an föderaler Kontrolle fehlt, sind die tatsächlichen Ausmaße des Problems laut dem US-Rechnungshof »noch unbekannt«. Eine Welt, in der Antibiotika nicht länger wirksam sind, ist ein Albtraum. Die EU hat ein Verbot von Antibiotika zur Wachstumssteigerung bei Nutztieren verhängt, aber die Vereinigten Staaten nicht.

Neulich habe ich meinen Töchtern eine kindgerechte Version von Rudyard Kiplings Kurzgeschichte *Wie der Leopard zu seinen Flecken kam* vorgelesen. Darin wird erzählt, wie die Giraffe und das Zebra sich ein Muster zulegten, um sich im Wald verbergen zu können. Der Leopard wurde neidisch. Da kam ein Mann und half ihm, indem er sein Fell mit schwarzen Handabdrücken bedeckte – die Flecken des Leoparden. »Nun können wir uns auch im Schatten verstecken«, sagt der Mann zum Leoparden.

Was für eine angenehme Vorstellung für Kinder, dass der Mensch den Tieren zu ihrer Schönheit verholfen hat. Die kommerzielle Tierzucht erzählt eine ganz andere Geschichte. Wir haben in die Evolution eingegriffen, mit den denkbar schlimmsten Auswirkungen. Wir haben Tieren, die an ein Leben in der Wildnis angepasst sind, durch Zucht die Gesundheit ruiniert. Kühe und Hühner sind so aufgedunsen, dass sie gegen die Fressfeinde ihrer wilden Vorfahren keine Chance mehr hätten. Anstatt zu fragen, wie der Leopard zu seinen Flecken kam, sollten wir uns besser fragen, wie die Kuh zu ihrer Mastitis und das Schwein zu seinem Übergewicht kam oder die Vögel ihren natürlichen Lebensraum verloren haben. Diese Geschichte würde ich meinen Kindern nicht vorlesen wollen. Kinderbücher vermitteln den Eindruck, dass bestimmte Tiere auf einen Bauernhof gehören. Aber kein Tier ist an die Lebensbedingungen in einem modernen Viehzuchtbetrieb angepasst. Wir haben ein derartig umfassendes, ineffizientes System erschaffen, dass nicht nur die Zuchttiere darunter leiden, sondern auch die Wildtiere, die ihre natürlichen Habitate verlieren. Wir haben nicht nur einmal, sondern zweimal in die Evolution eingegriffen.

Ich bin der Ansicht, dass Tierliebe die Menschen nicht daran hindert, ihnen in vielfacher Weise Leid zuzufügen. Ich könnte einige der sinnlosen Grausamkeiten in den Schlachthöfen und in den Viehzuchtbetrieben akzeptieren, wenn sie nötig wären, um menschliches Leben zu retten, beispielsweise durch Organtransplantationen. Doch darum geht es gar nicht. Wir sind im Grunde nicht darauf angewiesen, Fleisch, Milchprodukte oder Eier verzehren. Was wir gewinnen, steht in keinem Verhältnis zu dem, was wir anrichten. Massentierhaltung einzusetzen, um Kalorien und Proteine zu produzieren, ist, als würde man einen Vorschlaghammer verwenden, um eine Nuss zu knacken. Angesichts des komplexen Soziallebens von Nutztieren zerstören wir mit diesem Vorschlaghammer außerdem noch ein Buntglasfenster.

Alles, was ich an Tieren liebe – ihre Anpassung an die natürliche Welt, die sich so sehr von der des Menschen unterscheidet, ihre Schnelligkeit und Eleganz – wird in modernen Zuchtbetrieben nicht berücksichtigt. Wie kann ich die Papageientaucher bewundern, wenn die Hühner mir gleichgültig sind? Wie können wir uns um unsere Hunde sorgen, aber nicht um unsere Schweine? Wie kommen wir auf die Idee, dass unsere Kinder Milch verdienen, aber die Kälber so gut wie gar nichts bekommen? Wenn wir Kinder sind, nimmt man uns mit auf einen idyllischen kleinen Musterbauernhof. Wir lernen, Tiere zu lieben und die moderne Viehwirtschaft zu akzeptieren. Aber wenn wir Tiere wirklich lieben, können wir die moderne Viehwirtschaft nicht akzeptieren.

Wenn wir in einer veganen Welt lebten, und uns jemand eine alternative Welt vorschlagen würde, in der Milliarden Tiere gezüchtet und getötet und der größte Teil der Wälder abgeholzt werden würde, dann würden die Risikokapitalgeber aus dem Silicon Valley sicherlich dankend abwinken. Aber was Tierprodukte angeht, sind wir einem merkwürdigen Irrtum aufgesessen: Konsumenten denken, wenn Bauern und Supermärkte Fleisch verkaufen, muss es unter angemessenen Bedingungen produziert worden sein; Bauern und Supermärkte denken, wenn Konsumenten Fleisch kaufen wollen, dann muss es produziert werden, selbst wenn die Umstände nicht ideal sind. Es fällt uns schwer, uns ein besseres System vorzustellen, in dem wir uns ernähren und ein Verhältnis zu den Tieren entwickeln können, ohne Milliarden von ihnen zu züchten und zu töten. Viele meiner Freunde hatten den Vorsatz, weniger Fleisch zu verzehren, und sind dann doch zu Burgern und Ziegenkäse zurückgekehrt. Kann ich wirklich behaupten, dass der Verzicht sich lohnt und eine vegane Welt die Mühe wert ist?

2. Eine Welt ohne Fleisch

Vegetarier sind die Feinde alles Guten und Anständigen im menschlichen Geist, ein Affront allem gegenüber, was mir teuer ist, dem puren Genuss von Essen.
Anthony Bourdain

Unsere Welt wäre ein anderer und langweiligerer Ort ohne die Kuh.
Neil MacGregor

»Ist das nicht wunderbar?«

Ich hoffe, er meint nicht das Zimmer, denn es herrscht ein heilloses Durcheinander. Mein Blick streift über Stapel von Papier, die Hülle eines Tennisschlägers, zwei Spielzeugpuppen, sechs Kochjacken. Ich habe immer den Verdacht gehegt, dass es in den elegantesten Restaurants irgendwo einen Ort gibt, an dem ein unglaubliches Chaos herrscht. Im Londoner Gauthier Soho ist es das Büro des Chefs im vierten Stock. »Sorry, aber hier wird gearbeitet.« Der Inhaber zuckt charmant mit den Achseln, während er mir einen Stuhl anbietet.

Alexis Gauthier ist Mitte vierzig und durchlebt gerade eine gutgelaunte Midlife-Krise. Ambitionierte französische Küchenchefs streben nach zwei Dingen: einem eigenen Restaurant und einem Michelin-Stern. Gauthier hatte beides, als er Ende dreißig war. Dann veränderte sich etwas. 2016 beschloss er, auf Tierprodukte zu verzichten. Kein Fleisch, kein Fisch, keine Milchprodukte, keine Eier. »Eines Tages sagte ich mir: ›Das wars.‹ Ich verschwendete keinen Gedanken mehr daran.« Anschließend beschloss er, dass auch sein Restaurant schrittweise vegan werden sollte. »Das wäre nicht möglich gewesen, wenn ich in den 1920ern geboren worden wäre«, sagt er grinsend. Gauthier grinst viel.

Ich habe mich mit Gauthier verabredet, weil ich herausfinden will, ob die vegane Ernährung eine Chance hat, sich allgemein durchzusetzen. Wir essen Fleisch aus den unterschiedlichsten Gründen: weil unsere Eltern es taten, weil wir denken, es sei normal und weil es viele Nährstoffe enthält. Vor allem aber, weil es uns schmeckt und wir nicht auf den Genuss verzichten wollen. Oder haben Sie schon einmal von jemandem gehört, der aus Geschmacksgründen Veganer geworden ist?

Gauthier hält es für seine Pflicht, vegane Gerichte »genauso gut, wenn nicht noch schmackhafter zu machen als Tierprodukte. Wenn ich ihm nicht etwas ganz Köstliches vorsetze, wird der egoistische *Homo sapiens* sagen: ›Na gut, mit den Schuldgefühlen kann ich leben.‹ Das ist das Problem«, sagt er. »Natürlich werden wir niemanden davon überzeugen können, sich vegan zu ernähren, wenn wir ihm einen grünen Salat und weißen Tofu servieren. Unmöglich!«

Gauthier wurde von seinem Onkel beeinflusst, einem Obsthändler aus Avignon; er begeisterte sich schon als Junge für das Kochen und buk Kuchen für seine Schwester. Er lernte das Küchenhandwerk in Frankreich, bereitete unzählige Bratenfonds zu und arbeitete in mit Michelin-Sternen dekorierten Restaurants unter berühmten Küchenchefs, bevor er sich in London niederließ.

Das Gauthier Soho, sein zweites Restaurant, befindet sich in einem georgianischen Stadthaus. Wir sitzen uns auf Bürostühlen gegenüber, die Küche ist weit entfernt. Gauthier trägt ein kariertes Hemd, Jeans und Sportschuhe, kein Soßenfleck, keine Schweißperle ist zu sehen. Er ist schlank und trägt einen kurzgeschnittenen grauen Bart. Sein leichter französischer Akzent ist mehr eine Garnierung als eine Soße.

Drei Stockwerke unter uns beenden die letzten Gäste ihr Mittagessen und verlassen das Restaurant durch die schwarze Tür, über der Gauthiers Name in goldenen Metallbuchstaben steht. »Was hat man davon, ein eigenes Restaurant zu haben, mit deinem Namen über der Tür, wenn man dort nicht das tun kann, was man will?«, sagt er. Nämlich vegan zu kochen.

»Für einen Küchenchef ist es ein Traum. Es ist, als wäre man 1979 im Silicon Valley und würde den Beginn einer Revolution miterleben«, sagt er. »Wir werden die Welt viel drastischer verändern als jeder Politiker, Filmregisseur oder sonst jemand.« Er blickt auf meinen Notizblock. »Oder als Autoren wie Sie.« Ich überlege, ob ich beleidigt sein soll, aber Gauthier hat schon recht.

Es gibt selten nur *einen* Grund, warum jemand sich dazu entschließt, Vegetarier oder Veganer zu werden. Meistens ist es eine Kombination von unterschiedlichen Faktoren, eine Folge verschiedener Experimente. Doch wenn man fragt, warum jemand eine bestimmte Lebensentscheidung getroffen hat – das Studium hinzuschmeißen oder seinem Boss die Reifen aufzuschlitzen –, neigen die meisten Leute dazu, ihren Entscheidungsprozess vereinfacht darzustellen.

Zur langen Version von Gauthiers Geschichte gehört, dass er mehr Gemüse aß, nachdem bei ihm eine Fettleber diagnostiziert wurde (»das klassische Leiden der französischen Köche!«) Dann ärgerte er sich über die Tierschutzaktivisten, die vor seinem Restaurant demonstrierten, weil dort *Foie gras* serviert wurde. Die kurze Version lautet, dass er ein Buch mit dem Titel *Antispéciste* gelesen hat, verfasst von dem französischen Journalisten Aymeric Caron. (Womöglich sind Autoren doch nicht so nutzlos.) Hier erfuhr er zum ersten Mal etwas über die Cambridge Declaration on Consciousness. »Ich bin mir sicher, dass Tiere Gefühle haben«, sagt Gauthier. »Und dass wir Menschen intelligent genug sind, um den anderen Lebewesen auf diesem Planeten keine Schmerzen und kein Leid zufügen zu müssen.«

Ist Gauthier ein Tierfreund? Nicht unbedingt. »Ich finde, wir sollten sie vor allem in Ruhe lassen – bin ich damit ein Tierfreund oder jemand, dem sie gleichgültig sind? Wir haben nicht das Recht zu entscheiden, ob sie leben oder sterben, das ist alles. Ich möchte noch nicht einmal eine Mücke mit Insektenspray umbringen, wenn ich in Südfrankreich bin.« Es wäre unhöflich zu erwähnen, dass im Regal hinter ihm eine Dose Insektenspray steht.

Warum machen sich nicht mehr Küchenchefs Gedanken über die Tiere, die sie zubereiten? »Wenn sie wie ich eine klassische Ausbildung haben, sind ein Stück Fleisch oder ein schöner Hummer nicht etwas, das einmal lebendig war und nun tot ist. Es ist Arbeitsmaterial, das es mir ermöglicht, meine Kreativität auszudrücken.« Selbst heute löst der Anblick von Fleisch keine speziellen Empfindungen in ihm aus. »In der Küche sind Gefühle fehl am Platz. Es stört mich, dass es mir nichts ausmacht, eine tote Taube in meiner Küche liegen zu sehen.«

In der traditionellen französischen Küche ist Veganismus nicht attraktiv – er ist noch nicht einmal akzeptabel. Der Meisterkoch und Reformator Auguste Escoffier sammelte traditionelle französische Rezepte und veröffentlichte sie 1903 als *Le Guide Culinaire*, dem Buch, das zur Bibel der französischen Küche wurde und dem die meisten französischen Chefs bedingungslos die Treue halten. »Man kann nicht behaupten, einen guten Hühnerfonds zu kochen, wenn man Escoffiers Regeln nicht berücksichtigt, okay?«, sagt Gauthier. Bevor er Veganer wurde, sah er sich in der Nachfolge von Escoffier. »Ich reproduzierte nur, was man mir beigebracht hatte, genauso wie vor hundert Jahren.«

Seitdem Gemüse einen prominenten Platz auf der Speisekarte einnimmt, hat das Gauthier Soho seinen Michelin-Stern eingebüßt. Gauthier atmet tief aus, als ich das Thema anspreche, und beschwert sich darüber, dass die Michelin-Inspektoren »voreingenommene Traditionalisten« seien. Nicht nur französische Gourmands, sondern die meisten Franzosen können dem Vegetarismus überhaupt nichts abgewinnen. Der 2018 verstorbene Chef Anthony Bourdain, der kein Blatt vor den Mund nahm und die Restaurantbranche öffentlich kritisierte, ist ein gutes Beispiel. Als er in den 1990ern Chefkoch eines New Yorker Restaurants war, kaufte er täglich Fleisch im Wert von 10000 US-Dollar ein; in seiner TV-Show verspeiste er später alles Mögliche – sogar das noch schlagende Herz einer Kobra. Als Bourdain-Fan und Veganer weiß ich heute, wie die Kobra sich gefühlt haben muss. Veganismus war noch ungenießbarer für Bourdains Gaumen, für ihn waren Veganer die »Hisbollah« der vegetarischen Bewegung. »Egal, was man Ihnen in Ihrem Lieblingsrestaurant darüber erzählt, was sie ins Essen tun und was nicht – Sie essen höchstwahrscheinlich eine Tonne Butter«, schrieb er.

Ich frage Gauthier danach. »Damit bin ich überhaupt nicht einverstanden, weil ich mit Butter aufgezogen wurde«, sagt er. »Daher kann ich Ihnen eines sagen: Ja, Butter schmeckt köstlich. Frische Butter, Butter in Backwaren, zerlassene Butter, braune Butter ist sogar noch besser, braune Butter mit Parmesan – einfach unvergleichlich. Aber auf diesem Planeten gibt es noch so viele andere Geschmäcker, die genauso gut, wenn nicht noch besser als Butter sind!«

»Köstlich« ist wahrscheinlich Gauthiers Lieblingswort, und ich bewundere, wie er es mehrfach in demselben Satz unterbringen kann. »Die Köstlichkeit einer Rinder-Jus – sie ist köstlich, einfach nur köstlich, das schwöre ich Ihnen«, sagt er.

Sein zweitliebstes Wort ist »Kreativität«. Als veganer Küchenchef kann man seine Kreativität für die köstlichsten Geschmäcker einsetzen – das ist Kreativität. Es geht nur darum, kreativ zu sein.« Am Tag meines Besuchs, es ist Herbst, besteht das 75 Pfund teure Menü aus in Safran geröstetem Butternusskürbis an geschmorter Kochbanane sowie Kürbiskern-Crumble mit Cranberrys und gelbem Löwenzahn.

2018 erfand Gauthier eine vegane *Foie gras* – der eindringliche Geschmack kam vom Cognac, die Textur von den gerösteten Walnüssen und das *Umami* von der Sojasoße. Er kann auch einen veganen Ziegenkäse zubereiten und konzentriert sich nun darauf, eine Alternative zum Saint-Nectaire – einem halbfesten französischen Kuhmilchkäse – zu kreieren.

Solche Imitationen sind »nur die ersten Schritte als veganer Küchenchef«, betont er. »Ich will kein Fake-Beef oder Fake-Charcuterie servieren … sondern überzeugende neue Kombinationen von Zutaten … Das ist der neue Planet, den ich gemeint habe.« (Mit einer Einschränkung: »In der französischen Gastronomie darf man keine Erdbeeren als Vorspeise anbieten, das wäre gesetzwidrig und man würde verhaftet werden«, sagt er.)

Das Gauthier Soho ist kein komplett veganes Restaurant, es hat noch einige Gerichte für Gäste im Angebot, die nicht auf Tierprodukte verzichten wollen. Daraus ergibt sich die etwas seltsame Situation, dass Gauthier nicht alles probieren kann, was aus seiner eigenen Küche kommt. »Aber ich kann es immer noch kochen«, betont er. »Risotto zum Beispiel. Das habe ich so viele Jahre lang gemacht, dass ich die Technik beherrsche, aber ich kann es nicht abschmecken.«

Die Übergangsphase ist ein Wagnis, weil die Kunden bezweifeln könnten, dass Gemüse einen entsprechenden Gegenwert für ihr Geld darstellt. »Wenn man Karotten, Sellerie, Trüffel und Tofu auf seinem Teller findet und anschließend eine Rechnung von 70 Pfund vorgelegt bekommt, dann kann man auch als überzeugter Veganer zu dem Schluss kommen, dass das etwas überteuert ist.« Gleichzeitig ist er davon überzeugt, dass es unter den Londoner Spitzenrestaurants keine Konkurrenz gibt. (In Paris gibt es ein Drei-Sterne-Restaurant namens Arpège, das sich auf Gemüsegerichte spezialisiert hat. Allerdings wird dort auch *Volaille Haute Couture* serviert: ein halbes Hähnchen, das mit einer halben Ente zusammengenäht ist. Gauthier betont, dass der dortige Chef, der legendäre Alain Passard, »nicht an die Tiere denkt«.)

2005 gab es in den Vereinigten Staaten mehr Ex-Vegetarier als Vegetarier. Ein Großteil der Vegetarier und Veganer bleibt nicht dabei. Manche haben gesundheitliche Probleme, anderen wird langweilig, oder ihre Lebensumstände verändern sich – und sie essen wieder Fleisch. Ich frage mich, ob das auch Gauthier passieren kann. »Können Sie sich das vorstellen?«, lacht er. »Keine Chance, natürlich nicht. Ich habe nicht die geringste Lust, Fleisch oder Fisch zu essen, überhaupt nicht! Ich glaube, die Zeit, in der wir Tiere gegessen haben, ja, es war eine lange Zeit, aber daran gemessen, wie lange der Mensch schon auf diesem Planeten existiert, ist es nur so kurz« – er schnippt mit den Fingern seiner linken Hand. »Was wir jetzt gerade erleben, ist eine Revolution des Mitgefühls.«

2018 habe ich zum ersten Mal versucht, vegan zu leben. Es kam damals gerade in Mode. Ich hielt nicht mal 24 Stunden durch. Dann sollte ich für eine Zeitschrift einen Artikel darüber schreiben. Am ersten Tag kam ich nach Hause, sah in die Küchenschränke und erkannte, dass ich mir nicht einmal ein simples Abendessen kochen konnte. Weder Pasta mit Käse-Pesto-Soße noch ein paar Eier. Die meisten meiner Kochbücher waren ab jetzt nutzlos. »Jeder sollte wissen, wie man Hühnchen, Schwein, Rind, Wild und Lamm zubereitet«, schreibt Nigella Lawson in *How To Eat*. Ich vermisste den Geschmack von Käse, seine Textur, seine Einfachheit.

»Ist ein saurer Apfel vegan?«, lautete der hilfreiche Kommentar von Susie, den sie an der Kühlschranktür hinterließ, nachdem ich meinen zweiten Versuch gestartet hatte.

Wenn man in den mittleren Jahren Veganer wird, muss man das Kochen ganz neu lernen. Es ist wie beim Motorradfahren – einige Wochen, vielleicht Monate lang schlingert man herum und alle sehen einen befremdet an. Dann funktioniert es plötzlich. Der Geschmack von Fleisch und Käse lässt sich nicht ersetzen – und ich habe noch keinen veganen Käse entdeckt, den man verschenken könnte. Aber man lernt, Gewürze fantasievoller einzusetzen als bei den meisten Fleischrezepten. In den fünf Jahren als Vegetarier habe ich vermutlich mehr Gemüse gehackt als in den dreißig Jahren davor. Auf jeden Fall habe ich mehr Sellerie gegessen. Ich habe alles verschlungen, was man essen darf – Brokkoli, braunen Reis, Curry-Gerichte. Ich habe nie verstanden, warum man sich über Veganer lustig macht, die fleischlose Wurst und Burger essen. Diese Geschmäcker und Texturen sowie ihre Zubereitung haben unser ganzes Leben geprägt; natürlich halten wir daran fest.

»Ich würde die Milch aufgeben, aber ich kann es nicht«, sagte Gandhi, der nicht gerade ein Amateur war, was Selbstkontrolle anging. Doch die Lage hat sich verändert. Ich habe die Palette an neuen milchfreien Produkten ausprobiert, für die frühere Generationen von Veganern vermutlich gestorben wären – wie Joghurt, das größtenteils aus Kokosnuss-Milch besteht. Meine Suche war halbwegs erfolgreich, doch eines Tages wurde mir klar, dass ich nicht mehr so viel Vergnügen am Essen hatte. Ich wollte immer glauben, dass veganes Essen genauso gut sein kann wie Tierprodukte. Gauthier ist der erste, der mich in diesem Glauben bestärkt hat.

Er überzeugte mich davon, ohne mir etwas zu essen vorzusetzen. Vielleicht liegt es daran, dass alles, was für ihn zählt, der Geschmack ist. Vielleicht auch daran, dass er das Wort »köstlich« so häufig benutzt hat. Vor allem aber war es seine Entschlossenheit, seine Glaubwürdigkeit. Ich bin Börsenspekulanten, Trendsettern aus Silicon Valley und hochtrabenden Meinungsmachern begegnet. Gauthier ähnelte keinem von ihnen.

Ich ging die Treppe hinunter, kam an dem mittlerweile leeren Speisesaal vorbei und blieb auf der Straße unter dem großen Gauthier-Schriftzug stehen. Und ich dachte: Es könnte tatsächlich passieren. Noch zu meiner Lebenszeit könnte das Verzehren von Tieren zur Ausnahme werden.

❖

Veganuary – die Kampagne, die darin besteht, einen Monat lang vegan zu leben – ist mittlerweile ein weltweites Phänomen. Am populärsten ist sie in Großbritannien, den Vereinigten Staaten und Deutschland. Danach kommt Argentinien, das Land mit dem höchsten Pro-Kopf-Fleischverbrauch der Welt, in dem man unter einem vegetarischen Gericht einen Salat zum Steak versteht. Südafrika steht ebenfalls weit oben auf der Liste. Doch die enthusiastischen Schlagzeilen über Veganismus, die in den vergangenen Jahren erschienen sind, verschleiern eine unbequeme Wahrheit: Diese Ernährungsform existiert bereits seit Jahrhunderten, und hat sich dennoch nur sehr schleppend verbreitet. Die neueste vegane Welle fing ganz klein an. Zwischen 2015 und 2020 sank die Zahl der Menschen in Deutschland, die täglich Fleisch essen, von jedem dritten auf jeden vierten, doch der Anteil von Veganern und Vegetariern in der Bevölkerung liegt nach wie vor bei jeweils ein bzw. fünf Prozent.

Der am häufigst genannte Grund für eine Teilnahme am Veganuary ist Gesundheit, gefolgt von Tier- und Naturschutz. Offensichtlich reichen Tierschutzanliegen allein nicht aus, um die Fleischesser aufzurütteln; vielmehr gibt es Belege dafür, dass die Leute sie einfach ausblenden. Als Forscher eine Gruppe von Testpersonen in Oklahoma fragte, ob sie wissen wollten, wie Schweine aufgezogen werden, antwortete etwa ein Drittel mit Nein. Auch auf die Frage, ob die Testpersonen lieber einen leeren Bildschirm oder ein Foto von trächtigen Säuen in einem üblichen Zuchtbetrieb ansehen wollten, wählte ein Drittel den leeren Bildschirm. Für die Forscher war dies ein Beleg für »vorsätzliche Ignoranz«.

Die meisten Menschen sind überzeugt, dass sie nur das beste Fleisch essen. Es grenzt an ein Wunder: In den Vereinigten Staaten geben 75 Prozent der Konsumenten an, tiergerechte Produkte zu kaufen – doch nur ein Prozent der Nutztiere wird nicht in Massentierhaltung gehalten. Von den Konsumenten, die sagen, das Tierwohl liege ihnen am Herzen, gibt etwa die Hälfte an, sie würden beim Fleischeinkauf darauf achten. Ich kann mich gut daran erinnern, wie wenig Kontrolle ich früher über das Fleisch hatte, das ich aß, von den Milchprodukten ganz zu schweigen. US-Amerikaner nehmen 30 Prozent ihrer täglichen Kalorien unterwegs ein, 50 Prozent ihres Fleischkonsums findet ebenfalls außer Haus statt. Zählt man die Abendessen bei Freunden und die Fertiggerichte aus dem Supermarkt dazu, ist es nahezu unmöglich, nachzuvollziehen, welche Art von Fleisch man verzehrt. Sie müssten dazu bereit sein, ein vegetarisches Gericht zu bestellen, falls es keinen Nachweis dafür gibt, dass das Fleischgericht tiergerecht hergestellt wurde; es wäre ungemein viel Disziplin nötig, um sich bei jeder Mahlzeit für etwas Veganes zu entscheiden. Es ist zwar naheliegend, dass Lebensmittelfirmen wie Whole Foods und Chipotle Mexican Grill, die keine Tiere aus Kastenstandhaltung verarbeiten, die ersten Plätze auf der Liste des US-amerikanischen Tierschutzbundes einnehmen. Doch wer weiß schon, dass Burger King schlimmer als Taco Bell ist, und Starbucks schlimmer als Dunkin' Donuts, und die Hilton-Gruppe genauso schlimm wie Walmart? Und wer sagt schon: »Lass uns die Suite im Hilton stornieren, ich habe gehört, die Tierwohlstandards sind suboptimal.« Darum ist es meiner Erfahrung nach meist nur ein Lippenbekenntnis, wenn die Leute behaupten, sie würden nur »gutes« Fleisch essen. Schlimmstenfalls ist es vorsätzliche Ignoranz.

Ich bin zwar zuversichtlich, dass Veganismus nicht nur ein vorübergehender Trend ist – viel zu viele junge Leute machen dabei mit. Aber ich mache mir Sorgen, dass es ein Nischenphänomen bleiben könnte. Die gesellschaftliche Wirkung könnte komplett ausgesetzt werden, wenn andere Menschen sich stattdessen für etwas so Merkwürdiges wie die Keto-Diät entscheiden würden, die hauptsächlich aus Milchprodukten und Fleisch besteht. Veganismus könnte auch ein Zeichen für eine zunehmende soziale Fragmentierung sein, anstatt ein wachsendes Interesse für Tierschutzanliegen abzubilden. Sogar in den Vereinigten Staaten und Europa ist der Verbrauch von Tierprodukten in den vergangenen Jahrzehnten gestiegen. Heute ist er zwar stagnierend, doch in Asien und Afrika wächst er rapide. Die weltweite Fleischproduktion ist 2019 zurückgegangen, vor allem, weil die Schweinepest in China ein Fünftel der gesamten Schweinepopulation ausgelöscht hat. Auch 2020 sind die Zahlen etwas gesunken, wegen der Pandemie. Doch das Gesamtbild ist alarmierend. Unsere Nutztiere wiegen bereits 14 Mal mehr als die gesamten Wildtierpopulationen der Welt, Hühner und anderes Geflügel drei Mal mehr als alle Wildvögel zusammengenommen. Ist uns rotes Fleisch wirklich mehr wert als die Wunder der Wildtierwelt? Die UNO prognostiziert, dass der weltweite Fleischbedarf bis 2028 auf 364 Millionen Tonnen wachsen wird. Wenn er weiterhin mit derselben Geschwindigkeit steigt, wären es 2035 bereits 400 Millionen Tonnen. Das ist mehr als das Gewicht aller Menschen auf der Erde; wir würden demnach jedes Jahr mehr als unser Körpergewicht in Tieren essen. Das World Resources Institute sieht voraus, dass der Konsum von Milch und Fleisch in den kommenden drei Jahrzehnten schneller wachsen wird als in den vergangenen 50 Jahren. Die Zahl der Tiere, die unter unhaltbaren Bedingungen leben, wird weiterhin steigen. Was bleibt dann von der sogenannten veganen Revolution?

Unsere nächsten Verwandten – Bonobos und Schimpansen – ernähren sich hauptsächlich vegetarisch, auch wenn sie manchmal Fleisch oder Insekten essen (wie Termiten, die sie mit einem Stock angeln). Wenn die Menschen evolutionär dazu angelegt sind, Fleisch zu essen, dann sicherlich nicht in derartigen Mengen wie heute. In Industrieländern essen die Menschen drei Mal so viel Fleisch wie im 19. Jahrhundert. Kuhmilch zu trinken ist kein natürliches Bedürfnis, und Käse hat einen gewöhnungsbedürftigen Geschmack. Parmesan enthält Buttersäure, wie unverdaute Nahrung, was der Grund dafür ist, dass der gute italienische Käse manchmal etwas nach Erbrochenem schmeckt. Auf Sardinien gibt es einen Schafskäse, in dem Maden leben (heute ist er verboten) – und niemand kann mir weismachen, dass solche Vorlieben nicht kulturell bedingt sind. Die Menschen lernen derartige Geschmäcker zu lieben, selbst wenn sie zugegebenerweise merkwürdig sind. In Frankreich wird vor allem Camembert verzehrt, auch wenn er nach Schweißfüßen riecht.

»Wir alle beginnen unser Leben damit, Milch zu trinken. Danach sind wir für alles zu haben«, sagt die Food-Autorin Bee Wilson. Doch fast alle Kinder werden mit Fleisch gefüttert, bevor sie alt genug sind, um selbst zu entscheiden: »Daher fällen wir keine bewusste, sachkundige Entscheidung, die frei von den Vorurteilen ist, die jede längst etablierte Gewohnheit mit sich bringt und die durch den gesellschaftlichen Druck noch verstärkt wird«, sagt der Tierschützer und Philosoph Peter Singer. In ihrem Buch *Meathooked* geht die Journalistin Marta Zaraska der Frage nach, warum es uns so schwerfällt, uns vegan zu ernähren. Fleisch ist schon lange eine nahezu überall verfügbare Quelle von Proteinen und Vitaminen, es ist Teil unserer Kultur, sein Preis wird von der Regierung subventioniert, und sein Geschmack – nach *Umami* und Fett – ist nur schwer zu ersetzen. Der einfachste Weg, um die industrielle Nutztierhaltung zu verändern, bestünde also darin, eine andere Methode der Fleischproduktion zu finden.

❖

Ich stehe auf einem Bahnhof in den Niederlanden, als der Fleisch-Visionär Peter Verstrate mir in einer Lederjacke entgegenkommt. Der grauhaarige, abgeklärte 59-Jährige hat den Großteil seines Berufslebens in der herkömmlichen Fleischindustrie verbracht. Doch wenn seine Technologie funktioniert, wird es so gut wie keinen Bedarf mehr für Rinder-, Hühner-, Schweine- oder Fischzuchtbetriebe geben.

»Wenn man eine Sache effizienter machen kann, entscheiden sich die Menschen meist dafür. Das zeigt uns die Geschichte«, sagt Verstrate, als wir uns bei Kaffee und Muffins unterhalten. »Ich bin mir sicher, dass es so kommen wird.«

Was er damit meint, ist Fleisch aus Stammzellen – auch bekannt als Laborfleisch, In-vitro-Fleisch oder *Clean Meat*. Ich habe atemberaubende Berichte darüber gehört, dass es damit innerhalb einer Generation gelingen wird, herkömmliches Fleisch zu ersetzen. Tatsächlich könnte diese Technologie unser Verhältnis zu Tieren grundlegend verändern. Die Begeisterung war grenzenlos, als Verstrate und sein Partner Mark Post 2013 auf einer Londoner Bühne den Labor-Hamburger präsentierten. Die astronomischen Kosten für die Herstellung des Hamburgers machten Schlagzeilen: 250000 Euro, die von Google-Mitbegründer Sergey Brin zur Verfügung gestellt wurden. Verstrate räumt ein, dass diese Zahl, in der unter anderem die Ausgaben für die Einrichtung des Labors inbegriffen waren, ein Werbegag war.

Es waren Brin und sein Team, die auf die Idee mit dem Hamburger kamen, weil er in der Ernährung der US-Amerikaner eine zentrale Rolle spielt. Verstrate und Post hatten ursprünglich geplant, eine Wurst zu servieren, während das Schwein, das die Stammzellen gespendet hatte, auf der Bühne umherlaufen würde. »Eine Kuh auf die Bühne zu holen, wäre unpraktischer gewesen, und man hätte sie nur schwerlich im Zug nach London bringen können«, sagt Verstrate. Tatsächlich war der Spender der Stammzellen bereits tot: Um die Bürokratie zu umgehen, hatte Verstates Team Stammzellen aus einem Schlachthof verwendet.

Bei jeder Revolution klaffen Versprechen und Wirklichkeit auseinander. Der Hamburger von 2013 war der Beleg dafür. Er beinhaltete kein Blut, kein Fett, keinen Geschmack. »Er hatte eine fleischige Textur. Aber der Geschmack war völlig neutral«, gibt Verstrate zu, der zu den wenigen gehört, die ihn probiert haben. Er war noch nicht einmal völlig frei von Tierprodukten. Die Zellen waren auf fetalem Kälberserum gezüchtet worden, das von trächtigen Kühen stammte. (Diese Prozedur empört die Tierschützer: Die Kuh wird getötet, ihr Fötus entnommen und am Leben erhalten, und das Blut, das das nährstoffreiche Serum enthält, stammt aus seinem noch schlagenden Herzen.) Außerdem war der Hamburger nicht für eine Massenproduktion geeignet; die Forscher mussten jede Stammzelle von Hand kultivieren. »Es war der wohl am wenigsten nachhaltige Burger in der Geschichte der Menschheit«, sagt Verstrate. »Was eigentlich ganz lustig ist.«

Seit dem Londoner Hamburger-Event sind einige Jahre vergangen, und ich bin überrascht, wie wenige Fortschritte es in der Produktion von Laborfleisch gegeben hat. Mosa Meat, die Firma, die Verstrate und Post 2016 gegründet haben, suchte Investoren, die 13,5 Millionen Euro aufbringen konnten. Sie bekamen kaum die Hälfte zusammen. Brin hätte die gesamte Summe zur Verfügung stellen können: Der Google-Konzern macht alle vier Stunden einen derartigen Profit. Doch Brin hatte deutlich gemacht, dass sein Interesse sich auf den Prototyp beschränkte. Der Revolution sind die Mittel ausgegangen.

Seit 2013 hat niemand mehr einen Mosa-Hamburger probiert. Das Unternehmen hat seither daran gearbeitet, einen Ersatz für Myoglobin zu finden – das Protein, das für die rote Farbe und den speziellen Geschmack von Fleisch verantwortlich ist. Damit soll es gelingen, einen Hamburger 2.0 herzustellen, der die richtigen Fettanteile und die entsprechende Färbung besitzt, aber ohne Kälberserum auskommt.

Mosa hat sich ein ehrgeiziges Ziel gesetzt: Er will die Gewebestruktur von teurem Rindfleisch reproduzieren. Bestenfalls könnte Mosa der Tesla der künstlichen Fleischproduktion werden, mit einem Premium-Produkt, das bevor es auf den Markt gebracht wird, mehr Prestige besitzt als das ursprüngliche Produkt. »Fleisch und Autos haben eines gemeinsam: Die Konsumenten, vermutlich vor allen die Männer, wollen das Original. Tesla hat das verändert. Und wir wollen das gleiche auf dem Fleischmarkt erreichen.«

Darauf warten wir bereits seit mehreren Generationen. 1932 prophezeite Winston Churchill in seinem Essay *Fifty Years Hence*: »Wir werden von dem Aberwitz abkommen, ein ganzes Huhn zu züchten, um die Brust oder den Flügel zu essen, und diese stattdessen in einem geeigneten Medium züchten.« (Churchill war vermutlich von seinem Zeitgenossen Alexis Carrel inspiriert, der 1912 für seine Forschung in der Organtransplantation den Nobelpreis für Medizin erhalten hatte. Churchill sagte auch voraus, dass das »Klima unseren Befehlen gehorchen« würde. Eine nicht ganz unproblematische Vorhersage.)

Die Entstehung von künstlichem Fleisch basiert auf Entwicklungen in Stammzellenforschung und *Tissue Engineering*. Seit den 1990er-Jahren haben Forscher in den Niederlanden daran gearbeitet, Stammzellen zu bestimmen, die von Tieren entnommen werden können. Damals arbeitete Verstrate für einen Fleischhersteller namens Sara Lee. »Ich sollte ehrlich sein – ich hatte damals kein schlechtes Gewissen«, gibt er zu. Eines Tages, es war 2002, tauchte plötzlich ein alter Mann in seinem Büro auf. Es war Willem van Eelen, der heute als Pate des Laborfleischs gilt. Als junger Mann war van Eelen Insasse eines japanischen Kriegsgefangenenlagers in Niederländisch-Ostindien (heute Indonesien). Dort war er Hunger und Gewalt ausgesetzt, und diese furchtbaren Erlebnisse sorgten dafür, dass er sich später für eine Fleischproduktion einsetzte, die auf Massentierhaltung verzichtet. »Zuerst dachte ich, er sei verrückt«, sagt Verstrate. »Aber meine Frau ist Biologin. Sie hat an der Züchtung von Herzmuskelfasern zu medizinischen Zwecken mitgearbeitet. Ich weiß noch, wie ich an diesem Wochenende durch ein Mikroskop blickte und sah, wie die Zellen pulsieren.« Danach war Vestrate überzeugt, dass van Eelen vielleicht doch kein Spinner war.

2006 erschien ein bahnbrechender UNO-Bericht, der die Auswirkungen der Fleischproduktion auf die Umwelt hervorhob und zu dem Ergebnis kam, dass 30 Prozent der weltweiten Anbauflächen dazu genutzt und 18 Prozent der Treibhausgasemissionen dadurch verursacht wurden (spätere Studien korrigierten diesen Wert nach unten). Die Produktion von Rinder-, Schaf- und Ziegenfleisch spielte dabei die größte Rolle. Inzwischen begannen sich auch die Tierschützer für Laborfleisch zu interessieren: 2008 setzte PETA eine Belohnung von einer Million US-Dollar für die Entwicklung von schlachtfreiem Hühnerfleisch zu einem marktfähigen Preis aus. Das Preisgeld war zu gering und der Zeitrahmen – vier Jahre, die auf sechs verlängert wurden – zu eng, und wie einige Forscher vorhergesagt hatten, blieb der Wettbewerb erfolglos. Verstrates und Posts Finanzierung lief aus, und ihr Projekt wäre beinahe gestorben, als Sergey Brin zeitweilig einsprang. Sie haben durchgehalten, doch es gibt noch viele grundlegende Probleme.

Mosa könnte es gelingen, fleischartige Fasern auf einem nicht-tierischen Medium zu züchten. Die eigentliche Frage lautet: Was kostet das? Die Kosten auf 100 Euro pro Burger zu reduzieren, wäre bereits ein großer Schritt, doch schwierig wird es, die Kosten von 100 auf 10, 5 oder 2 Euro zu senken. Das Produkt muss günstig genug sein, um bei McDonalds angeboten zu werden. Das hängt von dem Nährmedium ab, auf dem die Zellen gezüchtet werden. Mosa fehlt immer noch die Technologie, um einfache Proteine und Zucker aufzuspalten, sodass einzelne Zellen sie verwerten können, als Ersatz für die Eingeweide der Kuh. Und anschließend wird es noch Jahre dauern, eine Lieferkette aufzubauen und eine behördliche Genehmigung zu bekommen. Sie werden Mosa Meat frühestens Ende 2022 bestellen können, und auch dann nur in einigen wenigen Restaurants.

Für ein Steak wird die Herausforderung noch größer sein, denn dazu bedarf es unter anderem eines künstlichen Systems aus Blutgefäßen, um die Abfallstoffe aus den Zellen zu transportieren. Dennoch, wenn dieser Prozess funktioniert, dann funktioniert er auch für Schweine- und Hühnerfleisch sowie Fisch. »Alles, was Muskelfasern hat, kann man züchten«, sagt Verstrate. »Wir machen es mit Rindfleisch, weil seine Herstellung bei weitem die größten Auswirkungen auf die Umwelt hat. Für die nächsten Generationen wird es nicht mehr nachvollziehbar sein, was wir in den vergangenen 10000 Jahren den Tieren angetan haben … In Zukunft werden wir Tiere als Lebewesen ansehen, die man weder essen noch verletzen sollte und mit denen man nicht einfach machen kann, was man will.«

Mosas größter Konkurrent ist vermutlich Memphis Meat, ein Unternehmen, das 2016 die erste Stammzellen-Frikadelle der Welt und ein Jahr später das erste Stammzellen-Hühnchen auf den Markt gebracht hat. Bis 2019 hatte Memphis Meat 180 Millionen US-Dollar eingesammelt, von Investoren wie Bill Gates, Richard Branson sowie Tyson Foods und Cargill, zwei der größten Fleischanbieter der Vereinigten Staaten. Das Unternehmen plant den Bau einer Testfabrik, womit es Mosa, die inzwischen 85 Millionen Euro an Investorengeld gesammelt haben, einen deutlichen Schritt voraus wäre.

Man könnte Laborfleisch leicht als unnatürlich oder minderwertig abtun. Studien belegen, dass der Anteil der Konsumenten, die es tatsächlich probieren würden, eine Spanne von 16 bis zu 65 Prozent umfasst. Schon der Name kann einen merklichen Unterschied machen: »Clean Meat« scheint ansprechender zu sein als »Fleisch 2.0«; für mich hört sich »schlachtfrei« immer noch am besten an. 1995 fand eine bracheninterne Studie heraus, dass drei Viertel der Briten nichts dagegen hätten, genetisch veränderte Nahrungsmittel zu essen. Doch zwanzig Jahre später ist das Etikett »Frankenstein-Fleisch« geblieben, und genetisch modifizierte Nutzpflanzen sind in Großbritannien verboten. Wenn man die Konsumenten allerdings fragen würde, ob sie Fleisch von Nutztieren kaufen würden, die vollgepumpt mit Antibiotika sind und in beengten Ställen gehalten werden, dann würden sie wahrscheinlich mit Nein antworten. Verstrate verweist auf die Reaktion von Kindern, denen künstliches Fleisch beschrieben wurde: »›Darf ich dann meinen Freund essen?‹, fragen sie frei heraus. Und ja, das kannst du.«

Doch das alles ist noch nicht ausgereift. Bislang ist Laborfleisch zwar eine faszinierende Idee, aber kein kostengünstiges, attraktives Produkt. Singapur ist das erste Land, in dem es im Dezember 2020 eine Zulassung bekam – für Hühnerfleisch, um daraus Chicken Nuggets herzustellen. Ich hoffe, die kommerzielle Markteinführung gelingt. Doch ich glaube kaum, dass die Aussicht auf schlachtfreies Fleisch unsere heutigen Entscheidungen beeinflusst. Wir können noch heute den Entschluss fassen, auf Fleisch zu verzichten. Und in Kalifornien können wir dabei einen Burger verspeisen.

❖

»Wer von euch mag wilde Tiere?«

Pat Brown ist kein geborener Kinderunterhalter, aber er gibt sich zumindest Mühe. Auf einer Grünfläche in Silicon Valley veranstaltet er einen Event für die Familien seiner Mitarbeiter. Er steht vor einem kleinen Zelt, trägt ein grünes Jackett, Jeans und ein T-Shirt, auf dem zu lesen ist: »Happy Cows Come From Mad Scientists«.

»Ich habe eine Frage an euch Kinder: Wer von euch isst gern Hotdogs und Fischstäbchen und solche Sachen? Wer findet es gut, dass wir das alles aus toten Tieren herstellen? Niemand?«

Etwa ein Dutzend Kinder schauen ihn fragend an. Für Brown sind sie die Zukunft, und die Zukunft ist fleischlos. »Ihr könnt mich nachher verhauen, wenn ich falsch liege. Aber ich verspreche euch, wenn ihr erwachsen seid, wird das Fleisch, das ihr esst, nicht mehr von Tieren stammen. Das verspreche ich euch, und ich kandidiere noch nicht einmal für das Amt des Präsidenten.«

Zunächst die Fakten. Brown ist der Gründer von Impossible Foods, eines von zwei kalifornischen Unternehmen, die den wohl besten Fleischersatz überhaupt herstellen. Die andere Firma heißt Beyond Meat. Hier wird es verwirrend: Beide Unternehmen wurden von Veganern namens Brown gegründet, und beide haben Bill Gates als Investor gewonnen. Impossible Foods bietet Burger und Schweinefleisch an; Beyond Meat verkauft Burger, Würstchen und Gehacktes. Ich befinde mich nicht etwa in einem zukünftigen fleischlosen Paradies, sondern im Hier und Jetzt.

Beyond Meat verwendet Protein aus Erbsen und rote Bete für die blutrote Wirkung. Impossible Foods verwendet Häm – ein Sojaprotein aus gentechnisch veränderter Hefe – das ebenfalls eine blutrote Farbe hat. Da das »Fleisch« noch etwa zwanzig weitere Zutaten hat, von denen einige maschinell hergestellt sind, wird es von Kritikern als hochgradig verarbeitetes Lebensmittel bezeichnet.

Meinen ersten Beyond-Meat-Burger habe ich gegessen, als ich bereits seit vier Jahren Vegetarier war. Er sah aus wie ein Veggie-Burger und wirkte etwas zu regelmäßig geformt. Und als ich davon abbiss, sah ich die Welt für eine Millisekunde auf einmal in Farbe anstatt in Schwarz-Weiß. Er schmeckte so sehr nach Fleisch, dass ich keinen Unterschied ausmachen konnte. Der Impossible Burger war genauso gut. Wenn ich zwischen diesen beiden und einem herkömmlichen Burger wählen müsste und mir Tiere oder die Umwelt egal wären, würde ich eine Münze werfen.

Pat Brown will erreichen, dass wir keine Wahl mehr treffen müssen. Er findet, dass die Viehwirtschaft eine Umweltkatastrophe ist und bis 2035 abgeschafft werden muss – auf der ganzen Welt. Das macht ihn so überzeugend: Er ist einer der Wenigen, die sich eine Welt vorstellen können, in der wir Tiere nicht länger als Nahrung betrachten.

Während die RSPCA und andere Initiativen die Tierwohlstandards verbessern wollen, und Veganuary von persönlichen Wahlmöglichkeiten spricht, redet Brown von ökonomischer Kriegsführung. Vor über zwei Millionen Jahren suchten unsere Vorfahren nach Kadavern, die andere Tiere übrig gelassen hatten. Später wurde der *Homo sapiens* selbst zum Jäger. Vor 11 000 Jahren begann der moderne Mensch mit der Haltung von domestizierten Tieren. Selbst nach den Maßstäben von Silicon Valley scheint es ziemlich gewagt, zwei Millionen Jahre menschlicher Geschichte in zwei Jahrzehnten beenden zu wollen.

Ich dachte an all die Viehzüchter, die ich besucht hatte – die Schaffarmer in Wales, die seit Jahrhunderten auf ihren Hügeln leben; die Rancher in Brasilien, die immer weiter in den Amazonas-Regenwald vordringen; die Hirten in der Mongolei, die ihre Pferde zugleich als Familienmitglieder und als Nahrung betrachten. In Browns Vision würden sich ihre Leben grundlegend verändern. Veganismus wäre nicht länger ein Trend für Hollywoodstars, nüchterne Aktivisten und Leute mit guten Neujahrsvorsätzen, sondern für alle Menschen, überall. Und der Wandel würde sich ganz heimlich einschleichen, denn für Fleischliebhaber gäbe es ein Produkt, das genau wie Fleisch schmeckt.

Ich war ins Silicon Valley gekommen, um zu arbeiten. Als Brown seine Show für die Kinder beendet hatte – zur beiderseitigen Erleichterung –, suchten wir uns einen ruhigen Ort im Zelt und ich fragte ihn, ob seine Vision mehr als ein Werbegag sei.

»Das Problem, das wir zu lösen versuchen, ist eine permanente Katastrophe. Der Klimawandel ist ein Desaster, und der Verlust der Artenvielfalt ein noch drängenderer Notstand«, sagt er etwas roboterhaft. Es gibt andere Wege, um die Treibhausgase und die Entwaldung durch Viehwirtschaft zu reduzieren. Man kann Kuhdung in Energie umwandeln. Man kann die Lebensmittelverschwendung reduzieren: Etwa ein Drittel der weltweit produzierten Nahrungsmittel gelangt gar nicht erst auf unsere Teller. Doch Fleisch vollständig zu ersetzen, wäre ein noch radikalerer Schritt.

Aber kann es bis 2035 gelingen? Meint Brown das ernst? »Ja, eigentlich schon, denn wenn wir den Punkt erreichen, an dem eine ausreichende Profitabilität gewährleistet ist und wir diese Profite dazu verwenden, das Wachstum anzukurbeln, wird sich ein exponentielles Wachstum einstellen. Hinzu kommt die Wettbewerbsdynamik zwischen uns und der herkömmlichen Fleischindustrie. Unser Geschäftsmodell ist besser strukturiert. Selbst wenn es sich um eine hochgradig standardisierte Industrie handelt – vielleicht auch gerade deswegen – können sie ihre Produktionskosten nicht wesentlich senken. Land, Wasser, Dünger, Pestizide, Arbeitskraft – wir brauchen davon deutlich weniger.«

Während wir uns unterhalten, gibt es in den Vereinigten Staaten über 720000 Rindfleischproduzenten und über 60000 Molkereibetriebe, in denen 95 Millionen Kühe leben. Die Zahlen beeindrucken Brown nicht. Sentimentalitäten sind nicht seine Sache. Zweifel sind überflüssig; es geht einfach um Wirtschaftlichkeit.

»Sie sind fragil, okay? Sie sind margenschwach. Die Fleischindustrie hat niedrige Margen im einstelligen Bereich, zumindest in den Vereinigten Staaten. Sie haben einen 2,5 jährigen Planungszyklus, weil es im Durchschnitt so lange dauert, bis eine Kuh geschlachtet wird –, daher müssen sie die Nachfrage 2,5 Jahre im Voraus berechnen. Und wir wachsen ständig, jedes Jahr haben wir uns mehr als verdoppelt, und es ist kein Ende abzusehen. Weil unsere Produkte immer besser werden. Wir entwickeln uns ständig weiter – die Kühe haben vor einer Million Jahre damit aufgehört.«

Solche Vereinfachungen haben Brown – der ein anerkannter Wissenschaftler ist – bei der Fleischindustrie in etwa so unbeliebt gemacht wie ein Ausbruch der Maul- und Klauenseuche. Die Produktivität von Rindern hat sich erhöht, dank Züchtung und intensiver Landwirtschaft. Ein Hektar Weideland produziert heute mehr als zweimal so viel Milch oder Fleisch wie in den 1960er-Jahren. Fleisch, das in Europa oder den Vereinigten Staaten produziert wird, verursacht deutlich weniger Treibhausgase als Fleisch aus Südamerika und Subsahara-Afrika. Dazu sagt Brown nur, die Landwirte hätten die Produktivität »so ziemlich ans Limit gebracht«. Ich habe selbst gesehen, wie eine gesteigerte Produktivität das Tierwohl beeinträchtigt, also fällt es mir nicht schwer, ihm zu glauben. Die Wirtschaftlichkeit ergibt sich teilweise daraus, dass die Tiere im Stall gehalten und mit Getreide gefüttert werden. Außerdem wird an dieser Stelle ein Gesetz der Thermodynamik wirksam. Wenn man die Nahrungskette emporklettert, ist immer weniger Energie verfügbar. Nutztiere brauchen Energie, um zu existieren. Hühner und Schweine können Pflanzen besser in Fleisch umwandeln als Kühe. Doch der Mensch ist noch effektiver in der Umwandlung von Pflanzen. Fleisch gibt zwischen 2 und 14 Mal so viel Treibhausgas pro ein Gramm Protein ab wie pflanzliche Surrogate; mit Tofu, Erbsen und Linsen kann es noch weniger konkurrieren.

Auf pflanzenbasiertes Fleisch entfallen etwa ein Prozent der Einzelhandelsumsätze in den Vereinigten Staaten. Impossible Foods hält weniger als 0,1 Prozent des Marktes für Rinderhack. Browns kurzfristiges Ziel sind 20 Prozent, was er als »absolut machbar« beschreibt. Dann wird die Fleischindustrie implodieren, meint er. Fleisch- und Milchproduzenten erhalten jedes Jahr fast 100 Milliarden Neufinanzierung von Investment-Firmen, Rentenfonds und Banken wie Barclays und JPMorgan Chase. Sobald das pflanzenbasierte Fleisch sich durchsetzt, »werden diese Investoren, Geldgeber, Versicherer und Partner sagen: ›Die Fleischproduzenten sind auf dem absteigenden Ast.‹ Es wird immer schwieriger für sie, Geld aufzutreiben, Geschäftspartner zu finden und so weiter, weil man sie für eine sterbende Branche hält.« Eines wird deutlich: In Browns Vision ist der Wandel ziemlich brutal.

Die weltweite Viehwirtschaft erzielt jährlich Gewinne von 1,2 Billionen US-Dollar, was etwa dem Bruttoinlandsprodukt von Mexiko entspricht. Impossible Foods müsste diese Größenordnung erreichen, noch bevor sie sich mit Milch, Käse und Meeresfrüchten befassen. Pat Brown weiß das, oder? Er nickt. Kann Impossible Foods das leisten? Er schüttelt den Kopf und verweist auf potenzielle Partner, denen er eine Lizenz für seine Technologie anbieten könnte.

Browns Ziel ist es, den Umsatz von Impossible Foods jedes Jahr zu verdoppeln. Das klingt vernünftig, bis einem einfällt, dass es Google seit 2006 nicht mehr gelungen ist, seinen Umsatz innerhalb eines Jahres zu verdoppeln, und Facebook nur zweimal seit 2007. Brown sagt, sein Unternehmen sei nicht auf eine begrenzte Zahl von Nutzpflanzen angewiesen. Er kann Proteine aus Spinat, Römersalat und Alfalfa isolieren. Alfalfa eignet sich sogar besonders gut: Browns Modellierung zeigt, dass sich damit alle Proteine, die der Mensch braucht, auf drei Prozent der weltweiten Anbauflächen produzieren ließen. Aber bei Impossible Foods würden sie nicht verwendet, weil zu wenige Landwirte sie anbauen, fügt er hinzu.

Vielleicht liegt es daran, dass er sich seiner Sache so sicher ist oder dass er seine Botschaft schon so oft verkündet hat, aber Brown ist kein Mensch, für den man sich schnell erwärmt. Man braucht wohl eine spezielle Persönlichkeit, wenn man eine ganze Industrie dem Erdboden gleichmachen will. Vor dem Zelt warten Kinder – oder eher ihre Eltern –, um sich mit Brown fotografieren zu lassen, und der Pflanzenfleisch-Prophet wird weggeschleift. Ich schlendere davon und besorge mir einen Impossible Burger mit veganem Käse, während die Gruppe um Brown skandiert: »Eins … zwei … drei … Häm!«

Ich rufe mir ein Uber, um zum Bahnhof zu fahren. Der Fahrer hat noch nie vom Impossible Burger gehört. Das Jahr 2035 scheint ein unrealistischer Zeitpunkt für das Ende der Viehwirtschaft zu sein. Doch das heißt nicht, dass es das falsche Ziel ist.

❖

2019 wurden fast zehn Prozent der US-amerikanischen Molkereibetriebe geschlossen – im Schnitt neun am Tag. Der größte Milchproduzent des Landes, Dean Foods, meldete Konkurs an, gefolgt von Borden Dairy, ebenfalls eine Branchengröße. Beide Unternehmen machten dafür die zunehmende Beliebtheit von Milchersatzprodukten wie Mandel- und Sojamilch verantwortlich. 1974 spülte Richard

Nixon seine letztes Mahlzeit als Präsident mit einem Glas Milch hinunter. Seitdem ist die Menge an Milch, die der durchschnittliche Amerikaner im Jahr trinkt, um 40 Prozent gesunken, von 110 Liter auf 65 Liter. Die vegane Apokalypse ist da.

Oder doch nicht? Die Nachfrage nach Kuhmilch ist in den Vereinigten Staaten noch immer steigend. Seit 1975 ist der Verbrauch von Molkereiprodukten um ein Fünftel gestiegen. Die rückläufigen Zahlen bei Flüssigmilch werden mehr als ausgeglichen vom zunehmenden Verbrauch von Käse und Joghurt. (Daumenregel: Man braucht etwa einen Liter Milch, um 100 Gramm Käse herzustellen.) Die Veganer wurden dafür verantwortlich gemacht, doch das eigentliche Problem für die Molkereibetriebe war der Zusammenschluss in einige wenige Riesenkonzerne. Wie immer haben die kleineren Betriebe das Nachsehen.

Auf Fleisch und Milchprodukte zu verzichten, wird oft als radikaler Schritt beschrieben. In Wahrheit ist es weniger radikal, als einfach so weiterzumachen wie bisher. Pat Brown hat recht: Tiere zu züchten, um andere Tiere zu füttern, ist unglaublich ineffizient. Die Weltbevölkerung wächst, die Entwicklungsländer werden reicher. Es ist völlig unklar, wie die Versorgung mit Fleisch, Milchprodukten und Eiern in Zukunft gelingen soll. Wenn wir unser System nicht ändern, werden wir 2050 fast 600 Millionen Hektar mehr an Acker- und Weideland brauchen als 2010, sagt das World Resources Institute, ein Thinktank aus Washington, DC. Das hieße, ein Gebiet, größer als die Europäische Union, müsste umfunktioniert werden, und Wälder und andere natürliche Ökosysteme, die heute noch Kohlenstoff speichern, würden wegfallen.

Entweder wir hören auf, so viel Fleisch zu essen, oder wir bereiten uns auf einen wirklich gefährlichen Anstieg von Treibhausgasemissionen vor. Und auf einen großen Verlust von Tierarten. Eine Studie der Netherland Environmental Assessment Agency stellte fest, dass die Nahrungsmittelindustrie für 60 Prozent des Verlusts an Biodiversität – das heißt, der Vielfalt an lebenden Organismen – verantwortlich ist.

Ich will meinen Töchtern nicht sagen müssen, dass wir die Natur zerstört haben, weil sie so schmackhaft war. Wir haben bereits der Evolution ins Handwerk gepfuscht durch die Massentierhaltung; wir werden sie ganz zerstören, wenn wir weiterhin Wälder in Anbauflächen umwandeln und den Planeten weiter erhitzen. Deshalb ist es sinnlos, wenn Tier- und Naturschützer sich gegenseitig bekämpfen, denn für beide sollte Veganismus an erster Stelle stehen.

Wie würde eine Welt ohne Fleisch aussehen? Zunächst einmal würde es keine Rinder-, Hühner-, Schaf-, Schweine- und all die anderen Zuchtbetriebe mehr geben, in denen Milliarden von fühlenden Lebewesen gehalten werden und die einen beträchtlichen Teil der Erdoberfläche einnehmen. Die Millionen Hektar, die heute genutzt werden, um Tierfutter anzubauen – vor allem in den Vereinigten Staaten und Brasilien –, würde man stattdessen dazu verwenden, um Nahrungsmittel für Menschen anzubauen oder sie der Verwilderung überlassen, um Kohlenstoff zu binden. Wenn wir Fleisch und Milchprodukte in unserer Ernährung durch etwas anderes ersetzen, könnten wir die weltweiten Anbauflächen um drei Viertel reduzieren. Vielleicht werden einige zu Erholungsgebieten für Touristen oder zu Naturschutzgebieten, in denen die Bauern und ihre Kinder – von denen viele sowieso kein Interesse an der Landwirtschaft haben – einen Job bekommen können. Daraus könnte eine neue Naturschutzbewegung entstehen, wie ich später noch ausführen werde.

Es gibt eine weitere Möglichkeit, um die Anbauflächen zu reduzieren: vertikale Landwirtschaft. Dabei werden Nutzpflanzen in Reihen übereinander gepflanzt, in Lagerhallen unter LED-Licht. Das Geniale daran ist, dass das ganze Jahr über gepflanzt und geerntet werden kann, in der Nähe der Konsumenten und egal in welchem Klima. Laut Infarm, einem Unternehmen aus Berlin, das über 300 Millionen US-Dollar an Investitionen gesammelt hat, verbraucht vertikale Landwirtschaft 99 Prozent weniger Land, 95 Prozent weniger Wasser und 75 Prozent weniger Düngemittel als herkömmliche Landwirtschaft, auch die Transportkosten sinken um 90 Prozent. Weil es sich um eine kontrollierte Umgebung handelt, braucht man keine Pestizide. Der Ertrag aus der Weizenernte könnte auf einem zehnstöckigen vertikalen Bauernhof bis zu 600 Mal so hoch sein wie der heutige weltweite Durchschnitt. Das Problem ist, dass die Kosten für den Aufbau und die Energieversorgung solcher Anlagen astronomisch sind, im Vergleich dazu, was es kostet, Saatgut auf einem Acker zu verteilen und sich auf die Sonne zu verlassen. Im Moment kämpft das *Indoor-Farming* noch damit, aus dem Anbau von hochwertigen, nährstoffarmen Salaten und Kräutern Gewinne zu erzielen. Für Weizen und andere Nahrungsmittel ist es noch ein langer Weg.

In einer fleischlosen Welt würden Schlachthöfe und Fleischverarbeitungsbetriebe verschwinden, was den meisten Leuten vermutlich nicht auffallen würde, weil sie noch nie einen gesehen haben. Ich könnte mir vorstellen, dass Forge Farm Meats zu einer Pendler-Siedlung umgebaut werden würde: Potenzielle Bewohner wären zunächst vielleicht etwas zögerlich, doch innerhalb weniger Jahre würden sie Besuchern bereitwillig erzählen: »Ihr erratet nie, was hier früher gewesen ist …« Wahrscheinlich gäbe es sogar eine Craft-Bierbar namens »Der Reißer«.

Es würden mehr Gemüse, Bohnen und Früchte angebaut, es gäbe Fabriken für neuartige Nahrungsmittel – wie Laborfleisch oder Erzeugnisse aus fermentiertem Protein wie den Impossible Burger. Solar Foods, ein finnisches Unternehmen, verwendet Wasserstoff, Solarenergie und Bakterien, um Mehl herzustellen. Der Erfolg derartiger Produkte hängt von ihrem Preis und ihrem Geschmack ab, und von der Produktion von sauberem Wasserstoff. Tony Seba, ein Autor aus dem Silicon Valley und einer der wenigen, die die Vision von Impossible Foods ernst nimmt, sagt, dass fermentierte Nahrungsmittel weniger als halb so viel kosten werden wie tierische Produkte – was einer amerikanischen Durchschnittsfamilie eine Kosteneinsparung von 1200 US-Dollar im Jahr einbringen würde. In meinem Supermarkt kostet ein Beyond Burger – für den Rote Bete statt fermentierter Proteine verwendet wird – noch immer fast doppelt so viel wie jeder andere Burger. Ein Handicap ist, dass die Erbsen, die man bei Beyond Meat bevorzugt, teurer sind als Sojabohnen. Doch es gibt auch günstiges veganes Fast Food. Impossible Burger werden in den Vereinigten Staaten sogar bei Burger King angeboten; Beyond Meat Chicken Nuggets gibt es bei Kentucky Fried Chicken. Die britische Backwaren-Kette Greggs verkaufte so viele vegane Wurstbrötchen, dass sie ihren Angestellten einen Bonus von 300 Pfund auszahlten. Veganismus wird gelegentlich als elitärer Modetrend abgetan und dafür kritisiert, dass Fleisch für Menschen mit niedrigem Einkommen unbezahlbar wird. Doch Proteinalternativen kann sich jeder leisten, der das Konzept und den Geschmack akzeptiert.

Nutztiere sind niemals nur Fleischlieferanten gewesen. Einmal saß ich in einem Zelt in der Mongolei und trank etwas, das entfernt an Tee erinnerte, während einer der Hirten mir erklärte, wie sie ihre Tiere nutzten – und dabei auf die Zeltplane deutete, die aus Wolle bestand, und auf die Seile aus Kamelhaut. Mongolische Hirten sind sehr erfinderisch: Ein anderer erzählte mir, wenn er ein Schaf schlachte, würde er den Mageninhalt aus halbverdautem Gras entnehmen, salzen und im Winter an die anderen Schafe verfüttern.

Im Westen benutzen wir tierische Überreste zur Herstellung von Kleidung, Medikamenten und einem halben Dutzend anderer Dinge. Jeder bewusste Konsument weiß, wie problematisch Pelz ist, seit PETAs »Lieber nackt als im Pelz«-Kampagne von 1990, an der Prominente wie Tyra Banks und Dennis Rodman teilnahmen. Andere Tierprodukte fallen weniger auf. Ich wusste zwar, dass in meinen Jacken, Daunendecken und Kissen echte Federn stecken. Dennoch habe ich die weichen weißen und grauen Federn nie mit der Fleischindustrie in Verbindung gebracht.

Das ist merkwürdig, wenn man bedenkt, dass die Verwendung von Federn in der Mode – vor allem für Hüte – der Anlass zur Gründung einer der ersten Naturschutzorganisationen der Welt war. Die britische Royal Society for the Protection of Birds (RSPB) wurde 1889 von besorgten Frauen gegründet. Sie verpflichteten sich dazu, keine

Federn von Vögeln an ihren Hüten zu tragen, die nicht zur Nahrungsgewinnung getötet wurden, ausgenommen waren Straußenfedern. Diese Federn waren gut sichtbar, die, die wir verwenden, sind es nicht.

Heute stammen fast alle Federn, die in Kleidung verarbeitet werden, von Gänsen und Enten, die in Schlachthöfen getötet werden. »Die einen Tag alten Gössel sind wie Kinder«, erzählte ein Mitarbeiter. »Sie sind sofort auf einen geprägt und versuchen einen in die Herde zu integrieren.« Enten und Gänse haben Federn entwickelt, die während der Mauser ausfallen, um damit warme Nester zu bauen. Wie Kuhmilch soll diese Adaption dazu dienen, ihrem Nachwuchs ein angenehmes Leben zu ermöglichen – doch in unseren Händen wird daraus ein Grund, um dieses Leben früh zu beenden. Gänse werden häufig schon mit acht Wochen getötet, sie erreichen nicht einmal das Fortpflanzungsalter. Menschen, die niemals eine Gans essen würden, tragen vergnügt Jacken, die mit Gänsefedern gefüttert sind. Aus der Perspektive der Vögel macht es kaum einen Unterschied, welche Teile von ihnen verarbeitet werden, sie haben schließlich kein Formular als Organspender unterschrieben. Man könnte meinen, wenn die Vögel sowieso getötet werden, um gegessen zu werden, macht es nichts, auch ihre Federn zu verwenden. Der Preis für Federn hilft dabei, die Fleischindustrie finanziell rentabel zu machen.

Es gibt eine noch schlimmere Methode, um an Federn zu gelangen. In einigen Betrieben werden die Gänse und Enten lebendig gerupft – ihnen wachsen neue Federn, und sie können wieder gerupft werden. Tierschützer sagen, lebendig gerupft zu werden, fühle sich so an, als würde jemand Ihren Kopf festhalten und Ihnen die Haare einzeln ausreißen. Für eine Ente bedeutet es schon Stress, von einem Menschen angefasst zu werden. Videos von Entenfarmen zeigen diese scheußliche Prozedur.

Was das Fleisch angeht, können wir zumindest darauf achten, dass es aus lokaler Produktion stammt und daher hoffentlich hohen Standards entspricht. Doch 80 Prozent aller Daunenfedern stammen aus

China, wo die Standards häufig niedrig sind und das Risiko, dass sie nicht eingehalten werden, hoch ist. Chinas wachsender Appetit auf Entenfleisch ist direkt dafür verantwortlich, dass wir warme Daunenjacken kaufen können. Und in der EU ist es nicht besser: Die ethische Outdoor-Marke Patagonia musste feststellen, dass einige der Federn, die sie für ihre Jacken verwenden, aus Ungarn stammten, von Gänsen, die zur Gewinnung von *Foie gras* gestopft wurden. Gänse und Enten sind Wasservögel, in Zuchtbetrieben haben sie oft keinen Zugang zu Wasser, in dem sie schwimmen können, und es fällt ihnen schwer, ständig stehen zu müssen.

Wir wissen wenig darüber, woher diese Tierprodukte kommen – und noch weniger über Leder. Bekleidungsunternehmen haben Schwierigkeiten, ihr Leder zu einem bestimmten Schlachthof oder Viehzuchtbetrieb zurückzuverfolgen. Dieser blinde Fleck wird nur allzu deutlich, wenn man sich die indische Lederindustrie näher anschaut. Der hinduistische Glaube besagt, dass die Menschen nur dann gut leben können, wenn die Kühe glücklich sind; Kühe soll man nicht schlachten, sondern ihnen für ihre Milch danken. »Das zentrale Anliegen des Hinduismus ist der Schutz der Kuh … Der Hinduismus wird solange existieren, wie es Hindus gibt, die Kühe schützen«, sagte Gandhi, der die Kuh auch als »reinste Form des subhumanen Lebens« und »die Mutter von Millionen Indern« bezeichnete. Gandhi war auch der Ansicht, dass die Hindus die Kuh verwerten sollten, wenn sie starb. Es ist allgemein bekannt, dass in Indien durch Kühe verursachte Verkehrsstaus an der Tagesordnung sind. Doch in indischen Viehzuchtbetrieben leben nicht nur eine große Anzahl von Kühen, sondern auch mehr Büffel (die nicht heilig sind) als in der gesamten restlichen Welt, und es ist einer der weltweit größten Lederproduzenten.

In Indien werden jährlich 21 Millionen Rinder – Kühe und Büffel – getötet, sechs Mal mehr als in Deutschland und etwas weniger als die 33 Millionen in den Vereinigten Staaten. Weil in den meisten indischen Bundesstaaten Schlachthöfe für Rinder verboten sind, müssen die Kühe strapaziöse Wege auf sich nehmen, um zu einem legalen Schlachthof zu gelangen – manchmal sogar bis in das benachbarte Bangladesch. In Bangladesch werden mehr Büffel geschlachtet als Kühe in Frankreich. PETA hat dokumentiert, wie tote Tiere vor den Augen der noch lebenden gehäutet werden. In den vergangenen Jahren ist die Regierung von Narendra Modi hart gegen Schlachthöfe vorgegangen. Das könnte man begrüßen, wenn sich dadurch nicht a) die Spannungen zwischen nationalistischen Hindus und den Muslimen, die in den Schlachthöfen arbeiten, verschärft hätten, und b) die Wege zu den Schlachthöfen noch länger geworden wären. Die bittere Lektion aus der indischen Lederindustrie lautet, dass es nicht genug ist, kein Fleisch mehr zu essen, wir müssen auch generell auf Tierprodukte verzichten. Für eine Welt ohne Fleisch brauchen wir zahllose alternative Produkte. Die wachsende Beliebtheit von Fake Fur und Kunstleder deutet darauf hin, dass es machbar ist.

In einer veganen Welt gäbe es Gewinner und Verlierer. Wenn Tierprodukte aus dem Angebot verschwinden, wären es vermutlich immer noch dieselben Großkonzerne – Monsanto, Unilever, Tyson Foods –, die die Nahrungsmittelindustrie dominieren würden. Sie haben die Mittel, um Start-ups wie Memphis Meats oder Impossible Foods aufzukaufen. Das werden sie wahrscheinlich sowieso tun, nur um sicher zu gehen. Fastfood-Ketten wie McDonald's würden ihre Zulieferer wechseln, doch ansonsten bliebe alles beim Alten. 2014 hat die Firma Hellmann's einen Produzenten veganer Mayonnaise verklagt, weil Mayonnaise per Definition Eier enthalten muss. Man einigte sich außergerichtlich, und heute verkauft die Firma Hellmann's ihre eigene vegane Mayo, von der sie (korrekterweise) sagt, dass sie »genauso gut wie das Original« schmecke. Einige traditionelle Fleischbetriebe würden vermutlich Schwierigkeiten bei der Umstellung haben, so wie die großen US-amerikanischen Autohersteller, die nicht genug Gelder in Elektroautos investiert haben. Einige Fleischexporteure wie Argentinien hätten es schwer. Andere Länder, die auf den Import von Nahrungsmitteln angewiesen sind, wie China, würden besser wegkommen. Manche Länder, wie die Mongolei, haben so wenig Anbauflächen, dass ihre Nahrungsmittelversorgung zusammenbrechen würde, wenn sie keine Viehzucht mehr betrieben. In Äthiopien sind Nutztiere eine finanzielle Absicherung. Im gesamten Subsahara-Afrika wäre es weitaus schwieriger, Fermentationsanlagen aufzubauen und zu betreiben, als Pat Browns Franchise-Modell zeigt. Für den Augenblick ist es nur sinnvoll, über die Abschaffung von Massentierhaltung in den reichen westlichen Industrieländern zu sprechen, wo alternative Proteinquellen und Jobmöglichkeiten existieren. Wenn Europa und die Vereinigten Staaten ihren Verbrauch an Tierprodukten einschränken, werden andere Länder folgen.

Und was wird aus den Tieren? Wir bräuchten keine Milliarden von Schafen, Schweinen und Kühen mehr, also würden ihre Populationen schrumpfen. Doch diese Zuchttiere hätte es in der Natur niemals gegeben, und für ein Leben in der Wildnis sind sie nicht geeignet. Unsere Ökosysteme sind auf diese domestizierten Tiere nicht angewiesen. Wenn wir uns von der Massentierhaltung verabschieden, werden wir uns wieder auf die Tiere fokussieren können, die für ein Leben in freier Wildbahn geeignet sind, nicht auf die Mutanten, die wir geschaffen haben, um unseren Appetit zu befriedigen.

Die menschliche Gesellschaft ist durch Wandel geprägt: von Waltran zu Kerosin, von Pferden zu Automobilen, von fossilen zu alternativen Brennstoffen, von gedruckten Zeitungen zu Webseiten und so fort. Einiges davon verlief zügig (innerhalb von 35 Jahren wurden 95 Prozent des Waltrans durch Kerosin ersetzt), anderes zog sich länger hin oder erwies sich als Illusion (Kernenergie hat sich nie so durchgesetzt wie manche erwarteten).

Wenn das Fleisch verschwindet, dann nur langsam – langsamer als wir verantworten können. Die Fleischindustrie ist auf der ganzen Welt verbreitet; die nötigen Investitionen, um die Versorgungsketten zu ersetzen, sind riesig; das Produkt Fleisch ist Teil der menschlichen Kultur; und selbst wenn der gesellschaftliche Nutzen von Laborfleisch groß sein mag, ist der Nutzen für den einzelnen Konsumenten begrenzt. Die Herstellung von Laborfleisch, das denselben Geschmack und Preis wie Fleisch aus Nutztierhaltung hat, wäre zwar ein Riesenerfolg, aber bei weitem kein so großer Schritt wie der vom Pferd zum Automobil. Selbst wenn keine Kuh, kein Schwein oder Huhn, das heute Nahrungsmittel produziert, 2035 noch am Leben sein wird, ist das System – von den Schlachthöfen über die Kühllastwagen bis zu den Metzgereien – auf Dauer ausgelegt. Und wenn mächtige Unternehmen Probleme bekommen, dann bitten sie die Regierung um Hilfe – meistens erfolgreich. Als die US-amerikanischen Butterverkäufe Ende des 19. Jahrhunderts durch die Erfindung der günstigeren Margarine in den Keller gingen, erwirkten die Bundesstaaten mit Molkereibetrieben, darunter auch New York, bei der Regierung, dass Beschränkungen oder zumindest Steuern auf Margarine erhoben wurden. Bis 1967 war es in Wisconsin verboten, gelbe Margarine herzustellen oder zu verkaufen.

Nichtsdestotrotz hat der Druck auf die Hersteller von Tierprodukten zugenommen. Supermärkte berechnen den CO_2-Fußabdruck der Produkte, die sie anbieten. Das sollte dazu führen, dass sie weniger Fleisch und mehr pflanzenbasierte Alternativen in ihr Sortiment aufnehmen. Regierungen sollten Fleisch stärker besteuern, so wie die Tabakindustrie, allein schon aus Umweltschutzgründen. Wenn der Impossible Burger nur einen US-Dollar weniger als ein herkömmlicher Burger kosten würde, würden wir uns dann tatsächlich für Tierleid und Umweltverschmutzung entscheiden? Doch für die Politik ist es schwer, wenn die Bürger nicht mitmachen. Die Tabaksteuern wurden in den Vereinigten Staaten erst in den 1980er- und 90er-Jahren erhöht, als die Zahl der Zigarettenraucher seit ihrem Höchststand im Jahr 1960 um ein Fünftel gesunken war. Und sogar damals rauchten weniger als die Hälfte der erwachsenen Amerikaner, aber über 90 Prozent essen Fleisch. Regierungen sollten auch die Subventionen für Massentierhaltung streichen. Die Landwirte erhalten weltweit 600 Milliarden US-Dollar im Jahr, an die nur wenige Umweltschutzauflagen geknüpft sind. Doch Landwirtschaftssubventionen sind so etabliert, dass es einfacher wäre, eine Milchkuh durch ein Nadelöhr zu zwängen.

Der Tierwohl-Experte Lewis Bollard von Open Philanthrophy, einer Wohlfahrtsorganisation, die dem utilitaristischen Prinzip folgt, sagt, für die Regierungen sei es einfacher, »mehr Geld auszuteilen, als es jemandem wieder wegzunehmen«. Deshalb sollten die Aktivisten lieber für mehr Subventionen für planzenbasierte Nahrungsmittel eintreten, als weniger Subventionen für die Fleischbranche zu fordern. Die EU hat im Rahmen ihres Forschungs- und Innovationsprogramms Horizont 2020 circa 10 Millionen US-Dollar bereitgestellt, um Projekte zu pflanzenbasierter Proteinerzeugung zu fördern. Die wachsenden pflanzenbasierten Alternativen schaffen sich ihre eigenen Unterstützer: Kanada, der weltgrößte Produzent und Exporteur von Trockenerbsen, hat mittlerweile eine Landwirtschaftsindustrie, für die es sich lohnt, Lobbyarbeit für vegane Alternativen zu betreiben.

Bollard vergleicht die Zunahme an pflanzenbasierten Nahrungsmitteln mit dem Energiesektor, auf dem Wind- und Solarenergie durch Subventionen und Innovationen wettbewerbsfähiger geworden sind, während Kohle aufgrund von Umweltschutzauflagen immer teurer geworden ist. »Ja, es braucht Innovationen dazu«, sagte er. »Und es braucht eine ganze Menge von der anderen Seite. Wie kann Fleisch aus Massentierhaltung unattraktiver werden? Wie kann man die Kosten mehr internalisieren?« Ein Beispiel kommt von Cory Brooker, einem US-Senator aus New Jersey. Brooker war der erste Veganer, der 2020 als Präsidentschaftskandidat der Demokraten antrat. Er musste deutlich machen, dass er nicht der Ansicht war, die Regierung dürfe den Leuten vorschreiben, was sie essen. Er konnte noch nicht einmal vorschlagen, dass sich mehr Amerikaner vegan ernähren sollten. Aber er will die Massentierhaltung einschränken. Warum sollte die Regierung nicht die schlimmsten Praktiken verbieten, von denen die Konsumenten kaum etwas erfahren? Tiere sollten genug Auslauf haben und mit anderen Tieren in Kontakt kommen, und die

Schlachthofarbeiter sollten keinen unnötigen Risiken ausgesetzt werden. Dafür treten nicht nur Veganer ein, sondern auch die Besitzer von ethischen Familienbetrieben, die zunehmend von Großkonzernen verdrängt werden. Der *Vote Buy-Gap* – die Bürger Kaliforniens stimmten für Eier aus Bodenhaltung, obwohl sie sie nicht kauften – zeigt, dass die Leute eventuell bereit sind, als Bürger zu handeln, egal wie ihre Kaufgewohnheiten aussehen.

Ab einem bestimmten Punkt wird die Wirtschaftlichkeit von Massentierhaltungsbetrieben einbrechen. 2018 stimmten die kalifornischen Bürger für ein Verbot von Fleisch von Tieren, die im Kastenstand gehalten werden. Das Volksbegehren war so genau formuliert, dass die Definition, die die Industrie für »nicht aus Kastenstandhaltung« lieferte – wobei Säue jedoch immer noch 40 Prozent ihrer Lebenszeit im Kastenstand verbringen –, die Prüfung nicht bestand. Selbst wenn ein Kompromiss gefunden wird, muss sich die Schweinefleischindustrie fragen, ob Kastenstandhaltung in fünf oder zehn Jahren noch akzeptabel sein wird. »Die Schweinefleischindustrie baut neue Anlagen mit Kastenständen. Ich glaube, sie werden damit eine ganze Menge Geld verlieren«, sagt Bollard. Tyson Foods, die etwa 40 Milliarden US-Dollar im Jahr mit Fleisch verdienen, besitzt Stallgebäude und Maschinen, die jahrzehntelang halten sollen. Theoretisch könnten sie nutzlos werden und auf dem Schrottplatz landen, und die Besitzer müssen die Kosten tragen.

Der Impossible Burger wird die Viehwirtschaft nicht überflüssig machen, doch unterschiedliche Strategien könnten dieselbe Wirkung erzielen. »Den Leuten gefällt der Gedanke, dass es die eine Patentlösung gibt«, sagt Bollard. »Pat Brown könnte derjenige sein, der am nächsten dran ist. Aber ich glaube, dass wir ein Dutzend verschiedene Lösungsansätze brauchen.«

Wenn wir als Individuen auf Tierprodukte verzichten, schaffen wir Handlungsraum für die Regierenden. Im Gegenzug sorgen Regulierungen dafür, dass die Öffentlichkeit wahrnimmt, was in der Fleischproduktion vorgeht. So können die Fleischhersteller daran gehindert werden, immer billigere Tierprodukte auf den Markt zu werfen. Veganismus läge nicht so im Trend, wenn es in der Vergangenheit nicht so viele Kampagnen gegen Kastenstandhaltung und Legebatterien gegeben hätte. Wir sollten uns dafür einsetzen, dass in Schulen und öffentlichen Einrichtungen vegane Mahlzeiten angeboten werden. Wenn wir als Konsumenten und Bürger handeln, können wir das Ende des Fleischverzehrs beschleunigen.

❖

Unsere Ernährung bestimmt, wer wir sind. Eine Eigenschaft von Tieren ist, dass sie sich von anderen Organismen ernähren, im Gegensatz zu Pflanzen, die ihre Nahrung selbst erzeugen. Nach Feinberg und Mallatts Theorie entwickelte sich das Bewusstsein, damit die ersten Raubtiere ihre Beute erlegen und die ersten Beutetiere ihnen entkommen konnten. In einer veganen Welt wären die Menschen eine interessante Tierart – weder Räuber noch Beute. Würde das eine Rolle spielen?

Manche Leute meinen, dass eine vegane Gesellschaft friedlicher, aber auch voreingenommener wäre. In meiner Vorstellung sieht eine vegane Welt unserer heutigen Gesellschaft überraschend ähnlich. Wir verändern eine Sorte von Produkten und ersetzen sie durch sehr ähnliche andere Produkte. Was die Gesellschaft betrifft, wäre diese Veränderung weitaus weniger dramatisch als beispielsweise die Erfindung der Waschmaschine, die es ermöglichte, dass mehr Frauen berufstätig werden konnten. Derartige Entwicklungen haben das menschliche Miteinander verändert. Veganer zu werden, ändert nichts daran, wohin Sie gehen, mit wem Sie sprechen oder was Sie sagen dürfen. Was auf Ihrem Teller liegt, sollte keinen Einfluss auf die Unterhaltung haben, die Sie beim Essen führen. Wenn Sie sich wie ein breitbeiniger Angeber aufführen wollen, geht das bei einem veganen Menü ebenso gut wie bei einem T-Bone-Steak. Auch als Veganer können Sie ein Feinschmecker sein; eigentlich ist Veganismus sogar die logische Konsequenz der Idee, dass das, was man isst, mit der eigenen Person harmonisieren sollte. Seine Ernährungsgewohnheiten zu ändern, heißt nicht, seine Persönlichkeit zu ändern. Es bedeutet nur, dass man logisch denkt. Wenn Sie den Klimawandel verhindern wollen, wird Vegetarismus Sie nicht weit bringen. Wenn Ihnen das Tierwohl am Herzen liegt, sollten Milch und Eier das erste sein, auf das Sie verzichten, nicht das letzte.

Wir glauben, dass Fleisch ein Teil unserer Kultur und unserer Tradition ist; doch im Grunde ist es die Nahrung an sich, die unverzichtbar ist – und auch Veganer essen. Veganer zu werden hat die Art, wie ich Weihnachten feiere, weniger verändert als das Aufkommen der TV-Streaming-Dienste. Der Veganismus kann das Leben der Tiere und die Zukunft unseres Planeten verändern, doch sobald Sie sich an einige neue Rezepte gewöhnt haben, ist sein Einfluss auf Ihr tägliches Leben kaum mehr spürbar.

Für mich bedeutete Veganismus nicht Liebe auf den ersten Blick; aber es war die einzig mögliche Option. Heute koche ich vegane Menüs, die gesünder und schätzungsweise zu 90 Prozent leckerer sind als alles, wozu man Milch und Milchprodukte braucht. Ich bin kein Fundamentalist. Als Veganer muss man sich entscheiden, für was man sich einsetzt. Soll man aufs Ganze gehen? Was ist mit Honig? Kleidung? Oder den eigenen Kindern?

Ich zwinge meinen (vegetarischen) Kindern meinen Veganismus nicht auf, obwohl ich versuche, sie an den Geschmack von Soja- und Hafermilch zu gewöhnen, damit sie es leichter haben, wenn sie sich eines Tages dafür entscheiden wollen. In einer Folge der *Simpsons* wird Lisa zur Vegetarierin und muss Homer erklären, dass sie weder Speck, Schinken noch Schweinekotelett essen kann, weil alles vom selben Tier stammt. »Ja, schon klar, Lisa«, lacht Homer. »Ein wundersames Fabeltier.« Meine Tochter Eliza hat ganz anders reagiert: Sie weiß, dass es einige Sachen gibt, die ich nicht esse, und versucht herauszufinden, wo die Grenzen liegen. »Darfst du Pasta essen? Oder Auberginen?«, fragt sie. Für mich zeigt das, wie schwierig es für Kinder ist, das Essen auf ihrem Teller mit den Tieren in ihren Bilderbüchern in Beziehung zu setzen.

Ich selbst versuche, mehr oder weniger aufs Ganze zu gehen. Ich trage vegane Schuhe und habe mir eine vegane Brieftasche zugelegt, obwohl ich nach wie vor eine Schwäche für die nicht-veganen Geburtstagskuchen von Freunden habe. Einer meiner äußerst veganen Freunde – der bekannt dafür ist, dass er die Lebensmittelverpackungen anderer Leute kontrolliert, um sicherzugehen, dass sie ihm ja keine Tierprodukte vorsetzen – setzt immer eine Weile aus, wenn er in den Urlaub fährt. »Fünfzig Wochen im Jahr Veganer zu sein, ist genug«, sagt er. Ich finde das zwar ziemlich merkwürdig, aber ich glaube nicht, dass er ein Heuchler ist. Es geht vor allem darum, das System und unsere Vorstellung davon, was normal ist, zu verändern, und das gelingt besser, wenn Veganismus als ein angenehmer Lebensstil und nicht als eine Anhäufung von Neurosen präsentiert wird. Es kommt weniger darauf an, sich ausnahmslos an alle Regeln zu halten, als zu zeigen, dass Veganismus tatsächlich machbar ist. Wenn Sie ein gutes veganes Menü auf den Tisch bringen, werden die Leute es essen, und – Spoiler-Alarm – meistens schmeckt es ihnen auch.

Ich habe mehrere Jahre gebraucht, um Vegetarier zu werden und noch einige mehr, bevor ich Veganer wurde. Es ist ein Prozess. Doch für mich ist es der wichtigste Schritt überhaupt, wenn wir es ernst meinen mit unserer Tierliebe. Das ganze Gegenteil davon ist die moderne Massentierhaltung. Nichts ist besser dazu geeignet, Natur- und Tierschützer zusammenzubringen. Sich Naturdokumentationen oder Katzenvideos anzuschauen, hilft keinem Tier; auf Fleisch zu verzichten, erspart Nutztieren viel Leid und schafft Platz für Wildtiere.

Der französische Philosoph Jacques Derrida soll einmal gesagt haben: »Ich bin Vegetarier im Geiste.« Das habe ich schon häufig gehört. Ich begegne immer öfter Menschen, die auf Fleisch und Milchprodukte verzichten. Manchen von ihnen reicht das. Sie sagen: »Ich esse kein Fleisch, sondern nur Fisch.« Zählen Fische etwa nicht?

3. Der Ozean verliert immer

Bedenkt die Hinterlist des Meeres …, den allenthalben herrschenden Kannibalismus. Jedes Tier macht auf ein anderes Jagd und führt einen ewigen Krieg seit Beginn der Zeiten.
Herman Melville, *Moby Dick* (1851)

»Sie machen nichts falsch!«, ruft Brian, mein Angellehrer, als mein Haken einige Meter entfernt im See landet.

Er meint meine Technik, ich denke über die ethischen Implikationen nach. Wie man es auch dreht und wendet, ich bin nicht überzeugt davon, dass alles im Lot ist.

Ich halte die grüne Rute auf Höhe meines Ohrs, wie ein Handy, und dann werfe ich sie auf gut Glück aus. Ich trage eine Schutzbrille, nur für den Fall, dass ich es fertigbringen sollte, mich selbst zu treffen. Der Haken landet wieder nur einige Meter entfernt im Wasser. Ein Lexikon könnte ich weiter werfen, und es wäre vermutlich eine größere Gefahr für die Fische.

Den ganzen Tag lang hat es unablässig genieselt, was der Grund dafür ist, dass Schottland einen schlechten Ruf genießt und seine Bewohner viel Sinn für Humor haben. Ausgerechnet diesen Tag habe ich mir ausgesucht, um Angeln zu lernen.

Fische stellen ein besonderes Problem für den »Animal Test« dar. Es fällt leicht, sich über das Leid einer Milchkuh oder einer Legehenne zu empören. Bei einem Dorsch oder einem Thunfisch fällt es schwerer. Sie können nicht schreien; ihre Emotionen bleiben uns verborgen.

Das ist einer der Gründe, warum Fischfang nicht nur eine Industrie ist, es ist auch ein Hobby. In den Vereinigten Staaten gehen fast 36 Millionen Erwachsene zum Angeln – ein Siebtel der Gesamtbevölkerung, oder ein Fünftel der Einwohner von Alabama, Kentucky, Mississippi und Tennessee. Sie verbringen durchschnittlich dreizehn Tage damit und geben dafür 1290 US-Dollar im Jahr aus. Vor zwanzig Jahren war Angeln der beliebteste Freizeitsport in Großbritannien. Jeremy Paxton, damals der bekannteste britische Nachrichtenmoderator, schrieb ein Buch über seine Liebe zum Angeln mit dem Titel *Fish, Fishing and the Meaning of Life* (womit er sein Leben, nicht das der Fische meinte). Er griff darin die Tierschützer an, die das Angeln ablehnten, und bezeichnete sie als »neue Sorte von Puritanern«: »Sie können den Gedanken nicht ertragen, dass andere Leute ihren Spaß haben. Ihre Vorwürfe setzten voraus, dass Fische Schmerz empfinden wie jedes warmblütige Lebewesen.« Angler glauben noch immer, dass Fische kein Bewusstsein haben und keinen Schmerz fühlen können. Obwohl Angeln heutzutage weniger populär ist, ist es noch immer eine der zwanzig beliebtesten Freizeitsportarten in Großbritannien.

»Es ist überhaupt nicht schwierig! Jeder kann es lernen!«, zwitschert Brian fröhlich, der im Gegensatz zu mir vermutlich kein Loch in seinem linken Stiefel hat. Er ist ein freundlicher, untersetzter, rotwangiger Mann, zu dessen früheren Schülern auch Bruce Willis gehörte. Er angelt seit über dreißig Jahren in diesem See, der zwischen einer Eisenbahnlinie und einem Moorgebiet eingeklemmt ist. Irgendwo im Wasser vor uns leben Regenbogenforellen, die mehrere Kilos auf die Waage bringen. Die Forellen wollen fressen und nicht gegessen werden. Brian und ich wollen sie dazu bringen, den goldenen Haken zu verschlucken, um sie dann ans Ufer zu zerren und für einige Sekunden – vielleicht eine Minute lang – unseren Erfolg auszukosten und ein Foto zu schießen.

Beim Fliegenfischen verwendet man keinen Köder, sondern nur einen Haken, der als Fliege getarnt ist. Es geht darum, den Haken so nah an den Fisch zu werfen, dass er zuschnappen muss. Brian bringt mir bei, abzuwarten, bis der Haken sich nicht mehr bewegt, und dann die Schnur gleichmäßig einzuziehen, bis der Haken wieder an die Oberfläche kommt. Anschließend hoffen wir darauf, dass die Schnur sich strafft und ein Fisch dranhängt.

Auswerfen, warten, einziehen, hoffen.

Auswerfen, warten, einziehen, hoffen.

Nach einer halben Stunde im Regen zeigt sich, dass wir kein Glück haben. Wir sind von Wasser umgeben – und die Fische leider auch.

Brian verlegt sich auf eine andere Methode, er reißt ein paar Mal an der Schnur. Die Bewegung soll die Forellen verwirren.

»Wir versuchen, die Fische zum Nachdenken zu bringen!«, sagt er.

Die Fische denken womöglich nicht genug nach, oder zu viel, denn es passiert noch immer nichts. Der Regen rauscht.

Ich frage Brian, ob Regenbogenforellen klüger sind als andere …

In diesem Moment spannt sich die Schnur. Ein Fisch! Ein echter Fisch! Ich erstarre vor Spannung. Brian packt die Rute und hebt sie an. Die Forelle zappelt, dann hält sie still. Der Fisch taucht zwei Meter entfernt über der Wasseroberfläche auf, sein schimmernder Körper zuckt.

»Hol ihn rein!«, ruft Brian.

Ich sehe den Fisch schon vor mir am Ufer liegen. Doch drei Sekunden später ist er verschwunden. Die Schnur bewegt sich nicht mehr. Der Haken ist wieder frei.

»Wir alle verlieren mal einen Fisch«, sagt Brian. »Ich auch.«

Ich halte weiter Ausschau. Von der Nordsee her weht eine kalte Brise, die Temperatur liegt bei etwa Null Grad Celsius. Meine Gedanken schweifen ab. Noch eine Forelle beißt bei mir an, nur um dann auf Nimmerwiedersehen zu verschwinden. Wir geben auf, mit leeren Händen. »Wir hätten mindestens zwei fangen müssen«, sagt Brian. »Normalerweise fängt sogar ein Anfänger ein halbes Dutzend.«

Der Regen – genauer gesagt der Schlamm von den umliegenden Feldern – hat das Wasser trübe gemacht. »Im Mai und Juni ist es immer nett«, sagt Brian. Jetzt ist Februar. Wir stapfen zurück zu dem hölzernen Clubhaus, und mein linker Stiefel hat sich so mit Wasser vollgesogen, dass ich ihn nicht ausziehen kann.

Für mich hatte dieser Angelausflug etwas Metaphorisches. Ich wollte der Terminologie des Alltags auf den Grund gehen – »anbeißen«, »einen Fischzug machen«, »im Trüben fischen« und so weiter. Ein Angler steigt wirklich niemals in denselben Fluss, sagt Brian, denn das Erdreich kann sich verschoben haben, oder ein Baumstamm kann irgendwo angeschwemmt worden sein, sodass sich das Wasser staut.

Für Brian ist Angeln eine Flucht. Während einer kurzen Pause sprechen wir über die Unabhängigkeit Schottlands (er ist dafür) und die Politiker (er lehnt die meisten ab), anschließend räsoniert er über die Kontroversen des modernen Lebens und sagt: »Darum gibt es das Angeln.« Eine Lizenz für einen nahe gelegenen Fluss kostet 45 Pfund im Jahr, was für ihn ein absolutes Schnäppchen ist. »Für 45 Pfund kann man noch nicht mal ordentlich einen trinken gehen!«

Angler haben einen Kodex – welche Fische man fängt, welche Ausrüstung man benutzt. Am See sind sogenannte »Streamer« verboten, weil man den Fisch kaum mehr vom Haken lösen und zurückwerfen kann. Dasselbe gilt für Doppelhaken: Sie vergrößern die Chancen des Anglers zwar, aber es kann auch geschehen, dass sie dem Fisch ins Auge gehen. Die Angler dürfen keine wilden Bachforellen fangen, und sie dürfen nicht nur die größten Fische aus dem See angeln. Die besten Angler sehen sich als Hüter der Natur. Nachdem man zwei Stunden an einem See gestanden hat, fühlt man sich der Natur deutlich näher. Man stimmt sich auf die Gänse, die Schwäne und den Wind ein.

Brian hat früher an Angelwettbewerben teilgenommen, doch heute langweilt ihn der Konkurrenzkampf. »Ständig geht es darum, wer der Beste ist. Das ärgert mich wirklich. Wenn man an einem Fluss angelt, wird der Fluss immer gewinnen. Wir dürfen uns höchstens einen Tag lang an ihm aufhalten, und er erlaubt uns vielleicht, zwei oder drei Fische zu fangen.«

»Der Fluss wird immer gewinnen«, – das ist ein schöner Satz, doch später wird mir klar, wie irreführend er ist. Er lenkt davon ab, die Fische als Tiere zu betrachten. Wir glauben, wir würden uns gegen ein Gewässer behaupten, dabei sind wir die eigentliche Naturgewalt. Wir entnehmen ihm viel zu viele Fische, leiten viel zu viele Abwässer hinein und verursachen viel zu viele Schäden.

Die Flüsse und Meere werden nicht immer gewinnen. Aktuelle Prognosen zeigen vielmehr, dass sie verlieren werden, und damit auch ihre Bewohner.

❖

Stellen wir uns vor, wir würden Schweine langsam töten, ohne sie vorher zu betäuben.

Stellen wir uns vor, wir würden dabei zwangsläufig auch Eichhörnchen, Kaninchen und Wölfe in den Schlachthof schaffen und sie ebenfalls töten.

Stellen wir uns vor, wir würden die Schweine, die wir töten, nicht zählen, und sie stattdessen wiegen wie Getreide.

Stellen wir uns vor, wir würden versuchen, dieses Gewicht zu erhöhen, auch wenn wir dafür noch viel mehr von ihnen töten müssten.

Stellen wir uns vor, wir würden ein Hühnchen im Restaurant bestellen, und der Ober würde uns einen Karkasse servieren, an der noch der Kopf hängt.

Stellen wir uns vor, wir würden Schweine als Haustiere halten, aber sie niemals zum Tierarzt bringen, weil wir es nicht bemerken würden, wenn sie krank sind.

Stellen wir uns vor, wir würden Wildschweine fangen und im Zoo ausstellen.

Genug damit, was ich eigentlich sagen will, ist: Wir behandeln Fische anders. In den Netzen und Haken der Fischerboote verfängt sich der sogenannte »Beifang«, das sind Haie, Delfine und Schildkröten, die nicht zu den avisierten Speisefischen gehören. Die Ernährungs- und Landwirtschaftsorganisation der Vereinten Nationen (FAO), die wichtigste Quelle weltweiter Nahrungsmittelstatistiken, zählt mit, wie viele Nutztiere jedes Jahr getötet werden, kann jedoch über die Zahl der getöteten Fische noch nicht einmal eine Schätzung abgeben. Regierungen und sogar Greenpeace lehnen es ab, die Anzahl der Fische zu limitieren, die aus den Meeren entnommen werden, weil von der Fischerei viele Jobs abhängen, sie diskutieren nur darüber, wie hoch das Bestandsniveau ist. Nicht einmal Fleischgiganten wie Tyson und Cargill brüsten sich damit, so viele Nutztiere zu töten, wie ökologisch vertretbar ist. In Restaurants ist es schon lange nicht mehr akzeptabel, ein Huhn mit Kopf zu servieren, doch ein ganzer Fisch mit Kopf und Augen gilt immer noch als Köstlichkeit. Aquarien werden noch immer mit Wildfischen versorgt, auf eine Weise, die die meisten Zoos mittlerweile als unethisch ansehen. Und wir zerstören einige der größten Fischgründe wie beispielsweise Korallenriffe durch Umweltverschmutzung und den Klimawandel. Weil uns Fische weniger am Herzen liegen, ist es wahrscheinlicher, dass der Schaden, den wir ihnen zufügen, unkontrolliert bleibt.

Fische werden im Allgemeinen nicht als Tiere betrachtet, dasselbe gilt für andere Meeresgeschöpfe wie Krabben und Hummer. Das Problem dabei ist, dass wir die Fische nicht kennen und sie nicht verstehen. Der Greenpeace-Aktivist Will McCallum erzählte mir von einer Umfrage, bei der britische Konsumenten die Größe eines Thunfischs schätzen sollten: »Die meisten dachten, sie seien so groß wie die Dose.« Großbritannien ist überall auf der Welt für seine *Fish and Chips* bekannt, doch die meisten Briten wissen nicht, wie ein Kabeljau aussieht. Ich gebe zu, dass ich den Unterschied zwischen einem Kabeljau und einem Hering nur kenne, weil ich gerade bei Google nachgeschaut habe. Es gibt so viele bekannte Arten von Fischen – über 35 500 – wie alle Säugetiere, Vögel, Amphibien und Reptilien zusammengenommen.

Das sind einige der Gründe, warum viele Menschen, die sich selbst als Vegetarier bezeichnen, keine Probleme damit haben, tote Fische zu essen. Schließlich schreibt die katholische Kirche vor, dass die Gläubigen freitags kein Fleisch essen sollen, aus Respekt vor Jesus Christus, doch Fisch ist erlaubt. Jeder Mensch isst im Durchschnitt 20 Kilo Fisch im Jahr; selbst wenn man die Chinesen abzieht, die ein Drittel des weltweiten Fangfisches verzehren, sind es immer noch 15 Kilo. Ein Großteil des Fangfisches wird zu Fischmehl verarbeitet und an Schweine oder Zuchtfische verfüttert. Wir handeln so, als würde es immer genug Fische im Meer geben.

Ich habe bereits keinen Fisch mehr gegessen, bevor ich Vegetarier wurde. Meine Freunde dachten, es handele sich dabei um einen klassischen Fall von falsch gesetzten Prioritäten, wie ein Heroinabhängiger, der auf Gummibärchen verzichtet. Doch in Wahrheit war ich besorgt über den Rückgang der weltweiten Fischbestände. Zwischen 1974 und 2015 stieg der Anteil der überfischten Arten von 10 auf 33 Prozent. Am stärksten betroffen waren das Mittelmeer und der südöstliche Pazifik. Historische Daten dazu gibt es kaum. Eine (strittige) Schätzung besagt, dass wir bereits 90 Prozent der großen Fische aus den Meeren entnommen haben. Dazu gehören die Spitzenprädatoren, die Mesoprädatoren und die Beutefische. Wir fischen sogar nach Krill – Krebstiere, die nur wenige Zentimeter lang sind.

Wenn die Fischpopulationen unter Druck geraten, wirkt sich das auch auf die Vögel aus, vom Albatros bis zum Papageientaucher. Die umfangreichste weltweite Studie zu Seevögeln besagt, dass sich ihre Bestände zwischen 1950 und 2010 um 70 Prozent reduziert haben. Einer der Hauptgründe dafür ist die Überfischung. Die Pinguine der Antarktis ernähren sich teilweise von Krill. Ihre Populationen werden durch den kommerziellen Krillfang ebenso stark beeinträchtigt wie von klimatischen Veränderungen, selbst wenn der Krillfang mit Auflagen belegt wurde. Eine von drei Arten der maritimen Großfauna – die größten, sichtbarsten Lebewesen in den Ozeanen, wie Haie, Wale, Schildkröten, Pinguine und Oktopusse – sind vom Aussterben bedroht. Selbst wenn eine kleine Anzahl von ihnen überleben sollte, können sie ihre Aufgaben innerhalb des Ozeans, beispielsweise den Transport von Nährstoffen, nicht mehr ausreichend wahrnehmen.

Die Fischerei wird rücksichtslos betrieben: Unsere Ozeane sind voller alter Netze und Schnüre, die kaputtgegangen sind oder sich verhakt haben. Beinahe die Hälfte des Großen Pazifischen Müllstrudels – der dreimal so groß wie Frankreich ist – besteht aus weggeworfenen Fanggeräten. Zehntausende Robben und Wale und vermutlich Millionen von Schildkröten, Vögeln und anderen Tieren verfangen sich jedes Jahr darin. Daran sollten wir denken, wenn wir Fisch bestellen.

Für Europäer und besonders für die Briten ist der Kabeljau aus dem Atlantik lange ein Hauptnahrungsmittel gewesen. Doch unser Appetit war zu groß. In den vergangenen Jahrzehnten haben die Bestände abgenommen, sind beinahe kollabiert und haben sich dann wieder leicht erholt. Jedes Mal, wenn die Forscher Alarm schlagen, gibt die Regierung der Fischindustrie nach und unternimmt nicht genug. Mindestens ein Drittel der Fischbestände der EU werden kontinuierlich überfischt, obwohl die Forscher davor warnen. Wir subventionieren diese Kurzsichtigkeit auch noch: Regierungen weltweit pumpen 35 Milliarden jährlich in die Fischindustrie, ein Großteil davon geht in die Steigerung der Fangquoten. Wir können uns keine neuen Fanggründe suchen: Wenn ein Drittel der Bestände überfischt und die restlichen zwei Drittel bis zur Kapazitätsgrenze (das mathematische Optimum) befischt werden, ist es, ganz einfach gesagt, nicht länger möglich, so viel Fisch wie bisher zu fangen.

1995 prägte der Meeresbiologe Daniel Pauly den Begriff *Shifting Baseline Syndrome.* Jede neue Generation von Fischwirtschafts-Experten übersieht den Rückgang der Fischbestände, weil sie die Zahlen als Referenzpunkt nehmen, die sie zu Beginn ihrer Karriere vorgefunden haben. »Wir verändern die Welt, aber wir erinnern uns nicht daran, wie sie war«, sagt Pauly. Vor zweihundert Jahren lebten im Golf von Maine vielleicht zehn Mal so viele Kabeljaus wie heute. In welchem Fangplan wird das berücksichtigt?

Überfischung ist ein offensichtliches Übel – und wir müssen das ändern, indem wir mehr forschen, Fangquoten festlegen, Boote per Tracking kontrollieren und geschützte Meeresgebiete schaffen (nur 7 Prozent der Meere sind geschützt, im Vergleich zu 15 Prozent des Landes.) Warum handeln wir nicht? Ein Grund dafür ist, dass wir Fisch als unerschöpfliche Ressource ansehen. Sehen wir uns an, wie es dazu gekommen ist: Ein einziger weiblicher Kabeljau kann im Monat eine Million Eier legen. Zwei Drittel der Erde sind von Wasser bedeckt – wie kann unser Appetit da sichtbare Spuren hinterlassen? Mittlerweile wissen wir aber, dass die Fischbestände ausgeschöpft werden können. Vermutlich kommt erschwerend hinzu, dass uns die Fische nur wenig kümmern. Überfischung wird in Computermodellen sichtbar, nicht im echten Leben. Ich war auch nicht besser: Selbst als ich aufgehört habe, Fische zu essen, habe ich sie nicht wirklich als Tiere betrachtet.

In der Schule haben wir *Moby Dick* gelesen, den Klassiker, der deutlich macht, wie sehr sich das Meer vom Land unterscheidet. Der Erzähler Ismael beschreibt die See nicht nur als den »Feind« des Menschen, sondern auch als »Feind seiner eigenen Kinder«. Er vergleicht den »allenthalben im Meer herrschenden Kannibalismus« mit der »grünen, sanften und friedlichen Erde« und hegt die Vermutung, dass das Meer die dunkle Seite unserer Natur repräsentiert. Die Vorstellung, dass die Nahrungskette unter Wasser grausamer waltet als an Land, ist abwegig. Doch damals waren Harpunenkanonen mit Explosionsladung noch nicht erfunden, und die Boote wurden nicht selten von Walen gerammt, was Ismaels Haltung nachvollziehbarer macht.

Heute ist *Moby Dick* eine grausige Lektüre, weil wir mehr Mitgefühl für Wale entwickelt haben. Greenpeace begann 1975 mit seinen Kampagnen gegen den Walfang, und bereits sieben Jahre später wurde er weltweit verboten. Auch wenn Japan und einige weitere Länder sich nicht daran halten, haben sich einige Walarten erholt: Die Population der Buckelwale, die bereits unter 500 Exemplaren lag, konnte innerhalb eines Jahrzehnts wieder auf den Stand vor der Walfang-Ära kommen. Nachdem der Film *Blackfish – Der Killerwal* gezeigt hatte, mit welchen erschreckenden Methoden SeaWorld wilde Orcas einfängt und dressiert, versprach das Management, sie nicht länger in den Tiershows einzusetzen. Jedes Mal, wenn ein Wal strandet, spielen die Nachrichtensender verrückt. Wir beschäftigen uns lieber mit gestrandeten Walen als mit gestrandeten Geflüchteten.

Die »Rettet die Wale«-Kampagne entstand, weil wir die Wale als Tiere anerkannt haben. Und ja, es gab nüchterne Statistiken über das bevorstehende Aussterben der Blau- und Buckelwale, so wie es sie heute zur Überfischung gibt. »Alle zwanzig Minuten wird ein Wal getötet«, hieß es in einer Anti-Walfang-Petition in den 1970er Jahren. Paul Spong, ein Psychologe aus Neuseeland, der zu einem führenden Greenpeace-Aktivisten wurde, hat in einem Aquarium in Vancouver mit Orcas gearbeitet. Er spielte ihnen Rolling-Stones-Songs vor und behauptete, sie seien fähig, Schmerz und Freude zu empfinden sowie komplexe soziale Beziehungen zu unterhalten. Wir haben uns nicht immer um die Wale gekümmert, die Säugetiere wie wir sind, aber wir haben dazugelernt. Sollten wir das nicht auch bei den Fischen tun? Wir mögen Fische wegen ihrer bunten Farben, ihrer Schnelligkeit und ihres Schwarmverhaltens. Um sie ebenso zu lieben wie Wale, müssten wir davon überzeugt sein, dass sie fühlende Wesen sind. Der erste Teil des »Animal Test« besteht also darin, herauszufinden, ob sie überhaupt etwas fühlen können.

❖

Lynne Sneddon erinnert sich an ihre ersten Fische. Es waren Goldfische mit den Namen »Bow« und »Arrow«, und sie waren glückliche Gefährten, bis ihre Katze sie eines Tages aus dem Glas angelte und auf den Schlafzimmerfußboden warf. »Das kleine Miststück«, sagt sie über Gizmo, die Katze. »Ich bin ausgeflippt!«

Sneddon, heute Biologin an der Universität von Gothenburg, hat sich der Aufgabe gewidmet, unsere vorgefasste Meinung über Fische zu korrigieren und gegen den Speziesismus anzugehen, der uns daran hindert, ihre zahlreichen Fähigkeiten zu erkennen. Wir treffen uns in einem Aquarium in der Nähe von Liverpool, wo sie einen Teil ihrer Forschung durchgeführt hat.

»Das Problem mit Fischen besteht darin«, sagt sie, als wir bei den Experimentierbecken stehen, »dass wir sie essen, züchten, fangen, als Hobby ansehen, 15 Pfund Eintritt zahlen, um sie uns hier im Aquarium anzuschauen, und Forschung mit ihnen betreiben. All das geht den Leuten im Kopf herum.« Welches Bild man sich macht, hängt von den ersten Kindheitserfahrungen ab. »Für mich waren Fische wunderhübsche Haustiere, und ich schaute mir gerne Dokumentationen über Meeresbiologen an«, sagt Sneddon.

Es gibt keine Patentlösung, um herauszufinden, was im Kopf eines Fisches vorgeht. Wissenschaftler definieren die Schmerzen eines Tieres als aversive Reaktion auf akute oder drohende Gewebeschädigungen. Die Herausforderung besteht darin, diese Reaktion von Nozizeption zu unterscheiden – einer Reaktion auf einen negativen Stimulus, die einen beispielsweise dazu bringt, die Hand von einem heißen Ofen wegzuziehen. Sneddon sagt, dass Schmerz im Wesentlichen dazu führt, dass ein Tier sein Verhalten umgehend ändert – um den Schmerz zu reduzieren und Schaden abzuwenden. Diese Verhaltensänderung würde nicht auftreten, wenn Schmerzmittel verabreicht würden.

Sneddons erster Schritt bestand darin, zu zeigen, dass Fische physisch dazu in der Lage sind, negative Stimuli wahrzunehmen. Bei Säugetieren scheinen Schmerzen durch den Neocortex gesteuert zu werden, den Teil des Gehirns, der mit komplexen Emotionen in Verbindung gebracht wird und sich oben auf dem Kopf des Menschen befindet. Fische haben keinen Neocortex, auch Vögel nicht, selbst Krähen und Papageien nicht, die sich als extrem lernfähig erwiesen haben. Was Säugetiere und Vögel allerdings haben, sind Nozizeptoren – Neuronen, die Lebewesen vor potenziell schädlichen Stimuli warnen. Mithilfe eines Mikroskops konnte Sneddon nachweisen, dass auch Fische Nozizeptoren besitzen. Indem sie die elektrische Aktivität in den Nervenzellen gemessen hat, konnte Sneddon zeigen, dass eine Regenbogenforelle (dieselbe Art, die Brian und ich in Schottland fangen wollten) schädliche Stimuli zentral verarbeitet. Dabei handelte es sich nicht um einfache Reflexe.

Es gibt weitere Indikatoren dafür, dass Fische Schmerz empfinden können. Sneddons Team hat Forellen schädlichen Stimuli ausgesetzt und sie danach in das Becken zurückgesetzt. Ihre Atmung ging schneller, und es dauerte drei Stunden, bis sie wieder Futter zu sich nahmen. Derartige Effekte blieben aus, wenn Schmerzmittel verabreicht wurden. Andere Forscher haben herausgefunden, dass Goldfische die Stelle im Becken meiden, in der sie Elektroschocks ausgesetzt waren. Menschen gehen in die Apotheke und geben Geld für Schmerzmittel aus; bei starken Schmerzen nehmen wir auch mögliche Nebenwirkungen in Kauf.

Sneddon und ihr Team setzten Zebrafische – eine kleine Fischart, die in der medizinischen Forschung eingesetzt wird – in ein Becken, wo sie sich zwischen einem undekorierten und einem mit Kies und Pflanzen dekorierten Bereich entscheiden konnten. Die Zebrafische zogen den dekorierten Bereich vor. Doch nachdem man einige Fische mit Säure injiziert und Schmerzmittel im Wasser des undekorierten Bereichs aufgelöst hatte, bevorzugten sie diesen Bereich. Das Prinzip von Ockhams Rasiermesser besagt, dass die einfachste Erklärung meistens die richtige ist. Die einfachste Erklärung für das Verhalten der Zebrafische ist, dass sie Schmerz empfinden können, genau wie wir. Wenn etwas watschelt wie eine Ente und quakt wie eine Ente, dann ist es wahrscheinlich eine Ente. Außerdem ist das Empfinden von Schmerz ein evolutionärer Vorteil, weil es den Fischen ermöglicht, ihren Fressfeinden und anderen Bedrohungen zu entgehen.

Bei bestimmten Spezies lassen sich Anzeichen von Bewusstsein erkennen. Mönchsfische – kleine Fische, die in Felsriffen leben – werden von Trompetenfischen gejagt – länglichen Fischen, die mit den Seepferdchen verwandt sind. Forscher haben herausgefunden, dass Mönchsfische ihre Fressfeinde anhand der Größe unterscheiden können: Sie ignorieren die kleineren Trompetenfische, die sie nicht fressen können, und behalten dafür die größeren im Auge. Außerdem reagieren kleinere Mönchsfische stärker auf die Trompetenfische, was nahelegt, dass sie eine Vorstellung von ihrer eigenen Größe haben.

2018 wurde zum ersten Mal festgestellt, dass Putzerfische, die bekannt dafür sind, dass sie andere Fische von Parasiten reinigen, sich selbst in einem Spiegel erkennen konnten, wie auch Orang-Utans, große Tümmler und andere Tiere. Man hat die Fische mit einem Tropfen roter Farbe markiert und sie in ein Becken mit einem Spiegel gesetzt. Als sie ihr Spiegelbild erblickten, benahmen sich einige der Fische seltsam und versuchten, die Farbe am Boden des Beckens abzustreifen. Primatenforscher Frans de Waal verglich den Grad der Selbsterkennung, den die Putzerfische zeigten, mit dem von Makaken.

Wissenschaftliche Forschung aus den vergangenen zwanzig Jahren hat gezeigt, dass Fische zu komplexem Denken und sozialer Interaktion fähig sind. Fische kooperieren: Am Great Barrier Reef arbeiten Seekatzen in Paaren zusammen, eine hält nach Fressfeinden Ausschau, während die andere kopfüber zwischen den Korallen nach Futter sucht. Dabei wechseln sie sich ab. Sie kommunizieren wahrscheinlich, indem sie mit ihren Flossen zucken. Für uns sind Fische ausdruckslos und leise. Doch verschiedene Fischarten machen Geräusche, um sich zu verständigen: Sie knirschen mit den Zähnen oder reiben ihre Flossen und Köpfe aneinander. Wenn Fische in Schwärmen schwimmen, halten sie Abstand voneinander, dabei spielen Sicht, Geräusche und die Wahrnehmung von Bewegungsimpulsen im Wasser eine Rolle. Dazu braucht es wahrscheinlich komplexes Denken, ebenso wie für die Entscheidung, sich näher an der Küste zu halten, wo die Risiken, aber auch die Futterquellen zahlreicher sind.

»Jedes Verhalten, das bei Säugetieren auftritt, können Sie auch bei bestimmten Fischen finden«, sagt Sneddon. »Wenn ich Ihnen sage, ein Elefant hat sich so und so verhalten, dann würden Sie es glauben. Sobald es um einen Fisch geht, wirkt es fragwürdig.«

Manche Forscher sind davon überzeugt, dass Fische grundsätzlich anders sind. Todd Feinberg und John Mallatt, die zur Evolution des tierischen Bewusstseins forschen, sagen, dass Fische zwar ein Bewusstsein haben, wie alle Wirbeltiere, aber keinen Schmerz empfinden. Der Neurologe James D. Rose, zweifelt an, dass die Nozizeptoren bei Fischen auf diese Weise arbeiten und kritisiert auch, wie die Verhaltensforscher ihre Experimente durchgeführt haben. Er und seine Mitarbeiter sind der Ansicht, dass es für die Fische keinen evolutionären Vorteil dargestellt hätte, Schmerzempfinden zu entwickeln – sie können sich nicht vor Fressfeinden verstecken, weil sie kontinuierlich auf Nahrungssuche gehen müssen.

Die meisten neueren Arbeiten zum Thema sind sich aber darüber einig, dass Fische Schmerz empfinden. Wenn man bedenkt, wie sich unsere Kenntnisse über die Wahrnehmung von Tieren erweitert haben, scheint es naheliegend, dass wir noch weitere Entdeckungen machen werden. Wenn Fische Schmerz empfinden, dann wird es plötzlich schwierig, sie nicht als Tiere anzusehen. Menschen und Fische haben gemeinsame Vorfahren, und unsere Körper weisen noch immer Spuren dieser Evolution auf. Wie der Paläontologe Neil Shubin in seinem Buch *Der Fisch in uns. Eine Reise durch die 3,5 Milliarden Jahre alte Geschichte unseres Körpers* schrieb, haben Fische zwei Augen, einen Schädel und ein Rückgrat; sie haben vier Gliedmaßen, auch wenn es Flossen statt Arme und Beine sind; sie haben einen bilateral-symmetrischen Körperbau, genau wie wir. Wenn sie Stress ausgesetzt sind, produzieren Fische und Menschen dasselbe Hormon: Cortisol – während Mäuse und Ratten Corticosteron ausschütten. Die Tatsache, dass Fische in der medizinischen Forschung eingesetzt werden, verdeutlicht, wie viel wir gemeinsam haben. All diese Argumente halfen mir dabei, die Kluft zwischen mir und den Fischen zu überwinden. Sie waren keine schwimmenden Nutzpflanzen. Ihr Leben hatte einen Wert.

Wenn Fische Schmerz empfinden, müssen Tierfreunde nicht nur über ihre Bestände nachdenken, sondern auch darüber, wie sie ihre

Umwelt wahrnehmen. Beim Angeln mit Brian hatten wir uns vorgenommen, die Fische – wenn wir welche gefangen hätten – wieder ins Wasser zurückzuwerfen. Wir hätten sie also nicht getötet, aber aus ihrer natürlichen Umgebung geholt, sie Stress ausgesetzt und ihre Überlebenschancen verringert, selbst wenn sie wieder im Wasser gelandet wären – nur um ein Foto zu machen und ein Erfolgserlebnis zu haben. Es gibt andere Wege, um Frieden an einem See zu finden. Auch das sogenannte *Catch-and-Release*-Angeln fällt beim »Animal Test« durch. Allerdings ist es nicht das größte Problem. Zwischen 800 Milliarden und 2,3 Billiarden Wildfische werden jedes Jahr getötet, sagt die Forscherin Alison Mood. Und sie werden nicht von mir oder Brian gefangen.

❖

Nach Galicien kommt man nicht wegen des Wetters. Auch wenn Sie etwas anderes gehört haben: In dieser Provinz im Nordwesten von Spanien regnet es am meisten. Galicien hat sich auf zwei Dinge spezialisiert: Pilger und Fische. Hier befindet sich Santiago de Compostela, die größte Pilgerstätte Europas. Und auch die Stadt Vigo mit dem größten europäischen Fischereihafen. Über 300000 Pilger und 600000 Tonnen Fisch treffen jedes Jahr hier ein. Der Unterschied ist nur, dass die Katholiken mehr oder weniger freiwillig kommen.

Ich bin wegen der Fische hier. Ich wollte mir anschauen, wie der größte EU-Markt für Frischfisch funktioniert. Um sechs Uhr morgens komme ich auf dem Markt an – er besteht aus mehreren riesigen Hallen, groß wie Fußballfelder, die direkt am Kai liegen. Bereits seit fast zwei Stunden herrscht hier reger Betrieb. In den Hallen ist eigentlich eine Temperatur von 4 Grad Celsius vorgeschrieben, um den Fisch frisch zu halten, doch die Hafenbehörden haben sich auf 12 Grad geeinigt, damit die Arbeiter sich nicht erkälten. Kisten voller Fische stehen auf dem Betonboden, Wannen mit Sardinen und Seeteufeln, daneben bereits ausgenommene Rochen. Orange Oktopusse sind in eine Kiste gestopft worden, ihre zusammengedrängten Körper liegen in kleinen Pfützen aus schwarzer Tinte – fast so, als wären sie ein großes Rechteck aus Gelee.

Ich frage einen Arbeiter, wie man einen Oktopus tötet. »So«, sagt er, hebt einen am Kopf hoch und stülpt sein Inneres nach außen, sodass die schwarzen Gedärme herausspritzen. Ich komme zu dem Schluss, dass dies kaum der Moment ist, um zu erwähnen, dass Oktopusse lustige Spielgefährten sind. Stattdessen frage ich, ob die anderen in der Kiste daneben bereits tot sind. Keiner weiß es genau, aber es wird vermutlich so sein. Die Europäischen Seespinnen dagegen sind quicklebendig, groß, dunkelorange und elegant. Sie bewegen sich kaum, bis einer der Arbeiter sie am Bein packt.

Etwas weiter den Gang hinunter sind Blauhaie und Kurzflossen-Makos aufgestapelt. Makos sind die schnellsten Haie überhaupt – sie können bis zu 20 Stundenkilometer schnell schwimmen, was ein Vielfaches des Olympiarekords ist. Sie werden über vier Meter lang, tauchen über 800 Meter tief und springen meterweit aus dem Wasser, um ihre Beute zu erwischen. Doch was hier zählt, ist ihr Gewicht – 30 Kilo, 40 Kilo, 50 Kilo.

Die Schaustücke sind ein Dutzend Schwertfische. Der größte wiegt 157 Kilo. »Das ist noch gar nichts«, sagt mein Führer, ein Angestellter der Hafenbehörde namens Jesús. »Sie können über 200 Kilo schwer werden.« Dieser Schwertfisch ist so groß, dass sein Schwert abgeschnitten werden musste, damit er in die Reihe passt. Ein beschriftetes Etikett besagt, dass er im nordöstlichen Atlantik gefangen wurde.

Die Phrase »wie ein Fisch auf dem Trockenen« ist nicht ganz zutreffend. Besonders der Schwertfisch wirkt auch an Land majestätisch: seine Größe, seine Kurven, seine glänzende Haut. Hier können wir ihn bewundern – in seinem natürlichen Habitat wäre uns das kaum möglich. Wir sehen nur selten, was sich im Meer befindet, bis wir es töten.

Ich frage einen der Händler, wonach man die Qualität eines Fischs beurteilt. »Jahrelange Erfahrung«, seufzt er. In einer Mischung aus

Mitleid und Langeweile stellt er sich als Paco vor und hält mir einen kurzen Vortrag. Wesentlich ist, wann der Fisch aus dem Wasser gezogen wurde. Ein Boot kann eine Woche auf See gewesen sein: Der Fisch, der am ersten Tag gefangen wurde, wäre dann nur halb so viel wert wie der von Tag zwei.

Er pikt einem Schwertfisch ins Auge, um seinen Glanz zu testen, und zieht die Kiemen auseinander, damit ich sehen kann, ob das Fleisch auf der Innenseite schwarz ist. Er reibt das Eis von seiner Seite, damit ich die Haut begutachten kann. Ich denke gerade, ich hätte den Dreh raus, als Paco anfängt, sich begeistert über die verschiedenen Bauchformen der Schwertfische auszulassen. Na gut, denke ich, was sollte ich auch mit einem 157 Kilo schweren Schwertfisch anfangen?

Paco beschwert sich über die chinesischen Fischer, deren Netze die Jungfische nicht entkommen lassen. Er beschwert sich über Plastikmüll und Klimawandel. Er selbst ist erst ein Mal auf See gewesen. »Das Meer ist wirklich hart«, sagt er. »Du musst ein Mann mit *cojones* sein. Auf dem Ozean ist jedes Boot nur eine Nussschale.«

Jetzt beginnt die Auktion – es wird rückwärts gezählt.

»9 Euro ... 8,95 ... 8,90 ... 8,85.«

Männer mit Megafonen sagen die Preise mit der emotionalen Beteiligung von Parkwächtern an – wir sind hier schließlich nicht bei Sotheby's. Doch mein Lieblingsauktionator macht gelegentlich eine Pause und schaut von seinem Notizblock auf, enttäuscht wie ein Mann, der sich bei dem Versuch, aus einem Autowrack zu klettern, den Zeh angestoßen hat. Keiner der Händler scheint es zu bemerken, aber ich weiß seine Bemühungen zu schätzen.

Bei diesen Auktionen fallen die Preise, bis ein Händler Interesse signalisiert. Dann inspiziert der Händler die Fische genau – er dreht sie in den Kiste um, um zu sehen, ob sie beschädigt sind. Der Vorteil des Zurückzählens besteht darin, dass der Countdown direkt weitergehen kann, wenn der Händler entscheidet, dass der Fisch den gebotenen Preis nicht wert ist. Das geschieht mehrmals – die Männer stecken die Hände in ihre Taschen zurück. Der enttäuschte Auktionator sieht noch enttäuschter aus, als hätte er nicht nur sein Auto geschrottet und sich den Zeh angestoßen, sondern auch noch vergessen, sein Abendessen rechtzeitig aus dem Kühlfach zu nehmen.

Vigo ist eine Drehscheibe für den Fischhandel. Einige Fische kommen über Portugal herein, andere von weiter her, aus Irland, von Händlern, die hier auf einen besseren Preis hoffen. Doch der Frischfisch ist nur die Spitze des Eisbergs. In den 1960er-Jahren erkannte eine Gruppe galicischer Fischer, dass die Zukunft des Fischfangs nicht an der überfüllten Küste lag, sondern tausende Kilometer entfernt im Südatlantik. So entstanden die Fabrikschiffe, die Kühltruhen und Verpackungssysteme direkt an Bord hatten. Das Kühlsystem hatten sie von der Fleischindustrie übernommen. Dadurch konnte der Fisch sofort portioniert und frischgehalten werden, und das Boot konnte wochenlang auf See bleiben. Fast jeder in Vigo kennt jemanden, der auf dem ersten Fabrikschiff gearbeitet hat.

Die Firma Pescanova handelte Deals aus, um in den Gewässern von Argentinien, Namibia, Mosambik und Angola fischen zu können. Sie wurde zum größten Fischerei-Unternehmen der Welt, bis die Finanzkrise kam und sich herausstellte, dass ihre Steuererklärungen genauso anrüchig waren wie ihr Kerngeschäft. Pescanova musste einige dringende Eingriffe in die Unternehmensstruktur vornehmen, zählt aber immer noch zu den Giganten der Branche: Es gehört zu den insgesamt zwölf Unternehmen, auf die über ein Zehntel des weltweiten Fischfangs entfallen. Die moderne Fischerei ist ein bemerkenswertes Unterfangen. Heutzutage kommen einige Meeresfrüchte schon so im Hafen an, wie sie später im Supermarkt ausliegen – gefroren und in Pappschachteln verpackt. Manche werden bereits auf dem Meer auf Frachtschiffe verladen, damit das Fischerboot monatelang weiter auf Beutezug gehen kann.

Ich verlasse den Markt und wandere die Küste entlang, wo riesige Kühlschiffe liegen, die kürzlich von den Falklandinseln zurückgekehrt sind, mit 1500 Tonnen Tintenfisch an Bord. Die Schiffe sind geradezu fantastisch in ihren Ausmaßen. Der Hafen hat natürlich seine

Legenden. Der Hafenmeister, ein umgänglicher ehemaliger Politiker namens Enrique López Veiga, erzählt mir: »Seeleute sind haltlose Menschen, die sich nach Disziplin sehnen.«

In Vigo wird mir klar, wie wenig die Fischerei mit Fischen zu tun hat. Viehzüchter kennen ihre Tiere und versuchen im Allgemeinen, Rücksicht auf sie zu nehmen, zumindest innerhalb der Grenzen, die Ökonomie und Tradition ihnen auferlegen. Bei der Fischerei geht es darum, Tiere aus dem Wasser zu ziehen, anstatt sie zu züchten. Dabei muss weniger innerer Widerstand überwunden werden. Vigo hat mir auch gezeigt, warum es uns so schwer fällt, die Fischindustrie infrage zu stellen. Es liegt nicht nur daran, dass wir keine Empathie für die Fische haben. Sondern dass die Fischerei, mehr noch als die Viehzucht, den strebenden und tatkräftigen Menschen in uns anspricht. Wir waren länger Fischer als Bauern. Frischer Fisch, der vielleicht nur einige Stunden zuvor gefangen wurde, verbindet uns mit einem Ort. Gefrorener Fisch, der um die halbe Welt transportiert wurde, steht für unseren Kampf mit der unbändigen See. Hier stehen wir Landlebewesen, denen es gelungen ist, die Meere, die zwei Drittel der Erde bedecken, zu bezwingen. Wir können vielleicht nicht übers Wasser gehen, aber wir können uns auf seine Kosten ernähren.

In Vigo kann man die Fischerei nicht kritisieren – oder sich darüber aufregen –, ohne die Stadt selbst infrage zu stellen. Es ist eine tolle Stadt, der Kaffee kostet nur ein Drittel so viel wie in London, dazu bekommt man ein Stück Kuchen umsonst, und die Weihnachtsbeleuchtung erweckt den Neid der gesamten restlichen Welt, wenn man dem Bürgermeister glaubt. (Dazu gehört ein vier Stockwerke hoher silberner Tannenbaum.) Wenn wir nicht angefangen hätten zu fischen – wenn unsere Vorfahren einen Blick auf das Meer geworfen und entschieden hätten, nicht dorthin zurückzukehren –, würde Vigo nicht existieren, zumindest nicht so, wie es heute ist. Genauso wenig wie tausende andere Küstenstädte, Siedlungen und Dörfer wie Amsterdam, Aberdeen und Aalborg, die einst dem Meer abgerungen wurden.

Die Viehzucht infrage zu stellen – diese redliche, bodenständige Tätigkeit – ist schon schwierig genug. Die Fischerei infrage zu stellen, bedeutet gleichzeitig, über die Hingabe und Opferbereitschaft der Seeleute hinwegzusehen, die über die Jahrhunderte auf dem Meer ihr Leben aufs Spiel gesetzt haben, um uns mit Nahrung zu versorgen. Die Fischerei ist nicht mehr so gefährlich wie früher, doch von Schottland bis Alaska wird sie noch immer zu den riskantesten Berufen gezählt. In den Vereinigten Staaten ist die Sterblichkeitsrate professioneller Fischer 29 Mal höher als in anderen Berufen. Etwa die Hälfte der Seeleute stirbt bei Schiffsbrüchen, viele weitere, weil sie ohne Schwimmweste über Bord gehen. Häufig besteht die Besatzung aus Arbeitern, die unzureichend ausgebildet sind und schlecht behandelt werden. Der *New York Times*-Reporter Ian Urbina unterhielt sich mit einem Kambodschaner namens Lang Long, der als Zwangsarbeiter nach Thailand verkauft wurde und drei Jahre auf hoher See verbringen musste. Als er versuchte zu fliehen, wurde er mit einem Metallkragen an Deck festgekettet. Lang Longs Geschichte ist nicht ungewöhnlich: In der Fischindustrie sind Ausbeutung und Sklaverei an der Tagesordnung.

An Land entwickelten wir im Laufe der Evolution mehr Empathie für Tiere, sobald wir sie nicht länger als Bedrohung für Leib und Leben ansehen mussten. Der Ozean stellt noch immer eine existenzielle Gefahr für Seeleute dar – darum fällt es ihnen und uns allen schwerer, Empathie für Fische aufzubringen.

Ich versuchte, diesen kulturellen Ballast loszuwerden und zu überdenken, was ich am Hafen gesehen hatte. Haie können auf vielerlei Art gefangen werden, doch über 90 Prozent (nach Gewicht) der Kurzflossen-Makos im Atlantik werden mit Langleinen gefangen. Diese erstrecken sich über 40 oder 50 Kilometer weit ins Meer und sind in Abständen von drei Metern mit Metallhaken besetzt. Sie werden ein bis drei Tage draußen gelassen, manchmal mit ein paar lebenden Fischen, die als Köder aufgespießt sind. Wenn die Langleine eingeholt wird, zappeln die langen Körper der Haie, bis sie aus dem

Wasser gezogen und mit einer Metallschlinge gepackt werden. Die Haie werden an Bord gehievt und mit dem Messer erstochen. Das erscheint mir weitaus schrecklicher als der Schlachthof. Selbst wenn man die Makos zurück ins Wasser wirft, stirbt ein Drittel von ihnen. Haie und Rochen sind Plattenkiemer, eine Unterart, die sich vor über 400 Millionen Jahren aus den sogenannten Knochenfischen wie Forelle und Thunfisch entwickelt hat. Wir wissen kaum etwas über ihr Schmerzempfinden. Doch sie werden einem langen Todeskampf ausgesetzt. Die Langleinen einzuholen, dauert Stunden. Das war vermutlich auch das Schicksal der Makos, die ich gesehen habe. Wir jagen nicht nur die Geparden der Meere, wir tun es auch noch auf barbarische Weise.

Das einzige, was noch schlimmer ist, als Makos mit der Langleine zu fangen, ist, sie gar nicht zu fangen, denn das bedeutet, dass es nicht mehr viele von ihnen gibt. Zwischen 2015 und 2018 ist das Gesamtgewicht der im Nordatlantik gefischten Kurzflossen-Makos um ein Viertel gesunken. 2018 wurde die Spezies als gefährdet eingestuft. Haie sind die am meisten gefährdeten Lebewesen in der marinen Großfauna: Ein Viertel von ihnen ist vom Aussterben bedroht. Sowohl der große Weiße Hai als auch der Walhai werden beide noch in diesem Jahrhundert verschwunden sein. Manche Leute lieben Haie, doch der Vormarsch der Menschheit hat ihnen sehr geschadet. In Fernsehreportagen wird es häufig so dargestellt, dass vor allem die in Asien beliebte Haifischflossensuppe dafür verantwortlich sei, tatsächlich wird der Hai auch andernorts vor allem wegen seines Fleischs gejagt.

Der Durchschnittsmensch assoziiert mit Haien noch immer Gefahr. Wenn ich mir mit Eliza und Cleo Trickfilme anschaue, kann ich die Nachwirkungen von *Der Weiße Hai* deutlich erkennen. In diesem Film fallen dem Hai sechs Menschen zum Opfer. In der US-amerikanischen Geschichte haben Haie, soweit wir wissen, niemals mehr als fünf Menschen im Jahr getötet. Wenn meine Töchter älter sind, werden sie vielleicht lernen, dass Haie im Durchschnitt vier Menschen im

Jahr töten, während die Menschen vermutlich 100 Millionen Haie im Jahr erlegen. Als die »Rettet die Wale«-Kampagne in den 1970er-Jahren ins Leben gerufen wurde, dachte man noch, Killerwale wären eine Gefahr für den Menschen. Naturschützer nannten die Tiere fortan Orcas, in Anlehnung an ihren wissenschaftlichen Namen (*Orcinus orca*).

Unsere Angst vor Haien macht es uns schwerer, Empathie für sie zu empfinden, doch das ist nicht der Grund, warum sie auf so grausame Art und in solchem Ausmaß gejagt werden. Es existiert kein Film über einen Killer-Thunfisch, und die Thunfischbestände sind ebenfalls extrem überfischt worden. Auch Blauflossenthune werden häufig mit Langleinen gefischt; ihre Populationen sind stark gefährdet. Im fischverrückten Japan wird der erste Blauthun des Jahres auf einer Auktion verkauft, die gleichzeitig eine Werbekampagne für reiche Restaurantbesitzer ist. 2019 wurde für einen 278-Kilo-Fisch ein Rekordpreis von 3,1 Millionen US-Dollar erzielt, ein Vielfaches von dem, was ein Trophäenjäger für einen Löwen oder Elefanten bezahlt. Stellen Sie sich einmal vor, eine derartige Werbekampagne würde für ein Schwein oder eine Kuh veranstaltet werden – das Einzige, was mir dazu einfällt, ist die jährliche Thanksgiving-Feier im Weißen Haus, bei der ein Truthahn begnadigt wird.

In der Fischindustrie wird nicht auf tierschutzgerechte Tötung geachtet. Wenn die Trawler ihre Netze durch das Wasser ziehen, werden viele Fische zerquetscht. Ihr Tod kann Stunden dauern. Wenn das Netz wieder an die Wasseroberfläche gebracht wird, kann der Dekompressionseffekt die Blasen der Fische platzen lassen, sodass ihre Eingeweide aus Mund und Anus austreten. (Der Blobfisch, der manchmal als das hässlichste Tier der Welt bezeichnet wird, sieht nur deshalb aus wie ein Gelatineklumpen, weil er seine Form verliert, wenn er über 2000 Fuß aus den Tiefen des Ozeans gezogen wird. Ein derartiges Schicksal möchte man seinem Haustier gerne ersparen.) Die Fische, die lebend an Bord gelangen, werden ausgenommen oder man lässt sie einfach ersticken. Diese Methode ist sehr langwierig, sie kann Stunden dauern. »Die Art und Weise, wie wir Fische töten, erscheint mir völlig irrsinnig. Sie erinnert daran, wie man im Mittelalter Säugetiere tötete«, sagt Lewis Bollard von Open Philantrophy.

Drei Viertel der Europäer glauben inzwischen, dass Fische Schmerz empfinden, doch diese Überzeugung hat in der Fischindustrie noch keinen Wandel bewirkt. Es gibt keine Auflagen dafür, wie Wildfische getötet werden sollten. Wenn es sie gäbe – wie beispielsweise die obligatorische Verwendung kleinerer Schleppnetze, die die Zeit abkürzen würden, in der die Fische bis zur Erschöpfung gejagt werden –, könnte die Fischindustrie nicht solche großen Mengen an billigem Fisch produzieren. Nur ein geringer Teil der weltweit eingesetzten Fischerboote ist mit elektrischen Betäubungsgeräten ausgestattet, wie sie bei Schlachtvieh üblicherweise angewendet werden.

Japanische Fischer haben sich Gedanken darüber gemacht, wie man Fische tierschutzgerecht töten kann. Die *Ikejime*-Methode besteht darin, einen Spieß durch das Gehirn des Fisches zu stoßen, einen Schnitt vom Kiemenboden bis zum Schwanz zu ziehen, die Schwanzflosse anschließend zum Körper hin zu falten und eine Metallnadel durch das Rückgrat zu bohren, um sicherzugehen, dass der Fisch nichts mehr spüren kann. Danach wird er zum Ausbluten in ein Eisbad gelegt.

Ikejime kann grässlich wirken: In einem YouTube-Video habe ich gesehen, wie ein Thunfisch mit einem Metallhaken aus dem Wasser gezogen wurde, aufs Deck klatschte und wild hin und her zuckte, während ihm der Spieß in den Kopf gestoßen wurde. »Das gefällt ihm nicht«, sagte der Fischer dazu. Beim *Ikejime* kommt es darauf an, dass der Fischer weiß, wo sich das Gehirn des Fischs befindet.

Befürworter dieser Methode behaupten, das Fischfleisch würde besser schmecken, weil der Fisch nur kurz zuckt und daher in seinem Inneren nicht so viel Milchsäure ausgeschüttet wird. Hinzu kommt, dass der Fisch länger frisch bleibt, wenn er ausgeblutet ist. Die *Ikejime*-Methode wird für Fische verwendet, die zu hochwertigem Sushi verarbeitet werden sollen. Mir fiel auf, wie blutig und zerschlagen die

Fische hinterher aussahen, mit ihren ausgefransten oder ganz abgetrennten Schwanzflossen. Eins müssen wir uns klarmachen: Die meisten Fische, die auf unseren Tellern landen, sind nicht tierschutzgerecht getötet worden. Sie mussten leiden. Die prächtigen, ganzen Fische, die wir im Restaurant serviert bekommen, sind wahrscheinlich dem Erstickungstod ausgesetzt gewesen. Was ich in Vigo gesehen habe, war nicht etwa das romantische, mythische Kräftemessen zwischen Mensch und Meerungeheuer. Sondern ein industrialisierter Tötungsprozess, von dem ich kein Teil sein will. Doch womöglich waren die Alternativen zum Fischfang sogar noch schlimmer.

❖

Ich hatte schon von gezüchtetem Lachs, Forelle und Tilapia gehört, jener afrikanischen Spezies, die sich hauptsächlich vegetarisch ernährt und besonders effizient darin ist, Futter in Fischfleisch umzuwandeln. Aber ich hatte keinerlei Vorstellung davon, wie es auf einer Fischfarm aussieht. Im Gegensatz zu Bauernhöfen, auf denen Nutztiere gehalten werden, kamen Fischfarmen in den Bilderbüchern meiner Kindheit nicht vor – und auch nicht in denen meiner Töchter. Vermutlich liegt es daran, dass sie keine idyllische Vergangenheit haben wie die Bauernhöfe. Kein anspruchsvoller westlicher Konsument denkt gerne daran, dass der Fisch, den er verzehrt, in einem Betonbecken oder einem Käfig im Meer massenproduziert wird.

Offiziellen Zahlen zufolge stammt die Hälfte der heutigen Fischproduktion bereits aus Aquakulturen. Tatsächlich ist es vermutlich noch etwas weniger, denn die Erträge aus der illegalen Fischerei kommen in offiziellen Statistiken nicht vor. Dennoch beläuft sich die Anzahl der Zuchtfische auf 51 bis 167 Milliarden, und die Anzahl der Dekapoden – wie Garnelen, Krabben und Krebse – auf 255 bis 605 Milliarden. Falls auch sie leiden müssen, dann auf andere Weise als die Hühner, die die größte Gruppe der Nutztiere darstellen.

Wir haben Fischfarmen eingerichtet, weil die Ozeane uns nicht mehr ausreichend mit Meerestieren versorgen können. Nach Einschätzung der FAO haben sich die Fangzahlen seit den 1980er-Jahren auf einem Niveau von 78 bis 86 Millionen Tonnen eingependelt. Die aktuelle Tendenz könnte schlechter ausfallen. Einer Studie zufolge, die der Meeresbiologe Daniel Pauly geleitet hat, haben wir zwischen 1950 und 2010 fünfzig Prozent mehr Fisch gefangen als die offiziellen Statistiken zeigen. Nach 1996 ist die Fangmenge dreimal so schnell gefallen, wie die FAO angegeben hat – was bedeutet, dass die Fischbestände in einem schlechteren Zustand sind als bislang angenommen.

Für die Fischindustrie sind Fischfarmen die Zukunft. Für bewusste Konsumenten sind sie weniger nützlich. Das kann niemanden überraschen. Wenn man einmal gesehen hat, welche Missstände in der Viehwirtschaft herrschen und welche mentalen Fähigkeiten Fische besitzen, ist es nur ein kurzer Weg zu der Erkenntnis, dass Fischfarmen problematisch sind. Über 500 Arten von Meerestieren werden weltweit in Farmen gezüchtet. Bedingungen zu schaffen, die möglichst gut an ihre psychologischen und sozialen Bedürfnisse angepasst sind, gehört nicht zu den Prioritäten der Zuchtindustrie. Lachse vollbringen eine der erstaunlichsten Leistungen in der Natur, wenn sie flussaufwärts zurück in ihre Laichgründe wandern. Eine Aufgabe, für die es sowohl ein gutes Gedächtnis als auch Ausdauer braucht. Und wir stecken sie stattdessen in Käfige.

Lachse werden in Fischwassertanks aufgezogen und anschließend in Netzgehegen im offenen Meer untergebracht, die von oben wie riesige Stahlkreise aussehen. Sie verbringen insgesamt etwa drei Jahre in dieser öden Umgebung, in der sie kaum eine Anregung haben. Die meisten Fischfarmen haben dasselbe Problem: Wie kann man die Fische physisch gesund halten? Damit die Lachse schnell wachsen, werden sie selektiv gezüchtet, mit Futterkonzentrat gefüttert, und sie sind ständig Licht ausgesetzt. Dadurch wird ihr Fleisch grau, weshalb man ihnen ein Pigment verabreichen muss, damit sie die rosa Farbe zurückbekommen, die die Konsumenten erwarten. Aus unklaren Gründen verlieren die Lachse auf den Fischfarmen ihr Gehör: Eine norwegische Studie hat festgestellt, dass 100 Prozent der ausgewachsenen Fische teilweise taub waren.

Zuchtlachse in Schottland und Norwegen weisen oft Läsionen auf. Das liegt an den Läusen – Parasiten, die weniger als zwei Zentimeter lang sind. Sie setzen sich an dem Lachs fest und ernähren sich von seinem Schleim und Hautgewebe. Sie treten zwar auch unter natürlichen Bedingungen auf, doch in den überfüllten Fischfarmen verbreiten sie sich besonders schnell. Schon wenige von ihnen verursachen Komplikationen und gelegentlich auch bleibende Schäden. Man hat schon hunderte von ihnen auf einem einzelnen Fisch gefunden. Die Haut der Zuchtfische ist häufig so beschädigt, dass das rote Fleisch zum Vorschein kommt. Wildlachse, die auf Wanderschaft gehen, können immun gegen die Läuse und ihre Larven werden. In Norwegen haben einige Fischfarmen Putzerfische gegen die Läuse eingesetzt; Millionen von ihnen wurden anschließend zusammen mit den Lachsen getötet. Insgesamt sterben auf schottischen Lachsfarmen etwa ein Viertel der Fische – über 10 Millionen im Jahr – vorzeitig an diversen Krankheiten. Ihre Körper, die häufig deformiert sind, stapeln sich in Müllbehältern an der Küste, die noch größer sind als die Kübel, in die ich die toten Ferkel werfen musste. Gelegentlich werden die Netzgehege durch Stürme beschädigt, dann können Zehntausende Lachse entkommen: Die schottische Regierung sagt, die Angler könnten die Zuchtfische daran erkennen, dass ihre Flossen, Kiemendeckel und Mäuler deformiert sind.

Selbst wenn es den Fischfarmen gelingen würde, für mehr Tierwohl zu sorgen, stünden sie immer noch vor dem selben Problem wie die Viehwirtschaft: Beide sind ineffizient. Die Fische müssen mit Wildfischen oder mit Getreide gefüttert werden. Laut der Initiative Feedback benötigen schottische Lachsfarmen 2,5 Tonnen Wildfisch, um eine Tonne Lachs zu produzieren. Wenn wir diesen Wildfisch direkt verzehren könnten, würden wir dieselbe Menge an Omega-3-Fetten zu uns nehmen, und über die Hälfte der Wildfische im Meer blieben erhalten.

Würden bewusste Konsumenten ahnen, wie Fischfarmen funktionieren, würden sie sicherlich weniger Fisch essen. Doch in Vigo habe ich erfahren, dass die Entwicklung eher in die entgegengesetzte Richtung verläuft. Anstatt die Zucht von Meerestieren aufzugeben, versuchen wir, noch mehr Tiere zu züchten.

Was wir an Säugetieren schätzen, ist ihre Ähnlichkeit mit uns. Selbst bei Fischen ist es möglich, unser gemeinsames evolutionäres Erbe zu erkennen. Bei Oktopussen sollten wir ihre Andersartigkeit anerkennen. Über diese Lebewesen, deren Evolution sich vor über 500 Millionen Jahren von unserer Entwicklung abgekoppelt hat, kann man nur staunen. Oktopusse sind so anders als wir, dass wir sie nicht einmal richtig abbilden können. Ich bin dem Trickfilmzeichner Jason Deamer begegnet, der Art Director bei dem Pixa-Film *Findet Dory* war. »Erst wenn man 400 Mal einen Oktopus zeichnen muss, fällt einem auf, wie lästig das aus grafischer Sicht ist«, erklärte Deamer mir. »Sobald man vier Arme fertig gezeichnet hat, geht einem der Platz aus. Sehen Sie sich mal die weniger realistischen Zeichnungen an, dann werden Sie bemerken, dass meistens einige Tentakel fehlen.« In *Findet Dory* wird der Oktopus Hank zum »Septopus«; die Szene, in der er einen Arm verliert, musste extra hinzugefügt werden. Von allen Tieren in den Bilderbüchern meiner Töchter wirkt keines so unrealistisch wie die roten Ballons mit Armen, die Oktopusse darstellen sollen.

Bis vor kurzem war nur wenig bekannt, dass die Anzahl ihrer Arme nur ein Aspekt ihrer faszinierenden Andersartigkeit ist. Diese Arme beinhalten die meisten der 500 Millionen Neuronen des Oktopusses; bei manchen Arten sind sie nachwachsend. Oktopusse können wie Sepien ihre Hautfarbe verändern, um sich zu tarnen und ihre Stimmung auszudrücken – ein Merkmal, das unsere einzigartige Fähigkeit, zu erröten, glatt in den Schatten stellt. Dazu brauchen sie nur 30 Millisekunden.

Oktopusse sind keine Fische, wie Kalmare und Sepien sind sie Cephalopoden, ein Molluskenstamm, zu dem auch Schnecken gehören. Wenn sie in den Fangkorb eines Fischers geraten, sind Oktopusse schlau genug, um alle Krebse, die sich darin befinden, aufzufressen, bevor sie sich verdrücken. Wenn sich ein Hai nähert, tarnen sie sich mit Muscheln, um nicht erbeutet zu werden. Sie können lernen, Puzzles zusammenzusetzen und sich an die Lösung erinnern. In Aquarien sind es häufig die Oktopusse, mit denen sich die Wärter anfreunden, denn sie können Menschen voneinander unterscheiden.

Oktopusse zeigen, dass es eine andere Art von Intelligenz als unsere gibt. Sie sind Einzelgänger – und können zu Kannibalen werden, wenn sie mit anderen Oktopussen gehalten werden –, aber genießen es, von Menschen gestreichelt zu werden. Sie sind intelligent, aber leben meistens nur ein Jahr. Wir müssen noch viel darüber lernen, wie das Gehirn eines Oktopus arbeitet, und wie sie ihre Umwelt wahrnehmen. Bis dahin können wir zusehen, mit welcher Präzision sie jagen, oft gemeinsam mit Fischen. Sie sind verspielt und neugierig, interessieren sich für unbekannte Objekte und beobachten gerne Menschen. Oktopusse haben eine Vorstellung davon, was andere Lebewesen sehen können: Der Biologe David Scheel berichtet, dass sie sich hinter einem Gegenstand verstecken, sodass nur noch ihre Augen sichtbar sind.

In den vergangenen zehn Jahren haben wir viel Neues über die Fähigkeiten der Oktopusse erfahren können. 2012 hat die Cambridge Declaration on Consciousness den Oktopus als einziges wirbelloses Tier bezeichnet, das die biologischen Voraussetzungen für ein Bewusstsein mitbringt. 2016 ist einem Oktopus namens Inky ein spektakulärer Ausbruch aus dem National Aquarium in Neuseeland gelungen, indem er ein langes Abflussrohr ausfindig machte, das direkt in den Ozean führte. Netflix und BBC zeigten Dokumentationen über Oktopusse, und Bücher wie Peter Godfrey-Smiths *Der Krake, das Meer und die tiefen Ursprünge des Bewusstseins* wurden zu Bestsellern.

Dieses neu erwachte Interesse hat den Oktopussen jedoch nur wenig genützt. Wir könnten uns so viele Fragen über sie stellen. Doch die Frage, die die Leute am meisten umtreibt, scheint zu lauten: Wie verzehrt man sie am besten? Im Internet kursieren grässliche Videos, in denen Oktopusse lebendig verspeist werden – oder ihnen die Arme einzeln abgetrennt werden. Diese Videos stammen größtenteils aus Asien, aber in den Vereinigten Staaten werden Oktopusse nicht besser behandelt. Sik Gaek, ein koreanisches Restaurant in Queens, New York, das 2010 eröffnet wurde, importiert Oktopusse aus Südkorea und steckt sie in ein Becken im Schaufenster, bevor sie lebend serviert werden – oder mit eben abgetrennten Armen. Die zappelnden Oktopusarme sind eine Attraktion für die Gäste. Nicht einmal mit einer Ratte würden wir so herzlos umgehen, und ein Oktopus besitzt sechsmal mehr Nervenzellen.

Seit den 1980er-Jahren haben sich die Fangzahlen von Oktopussen verdreifacht, auf vier Millionen Tonnen im Jahr. Selbst in Ländern, in denen traditionell keine Oktopusse gegessen werden, ist der Verbrauch gestiegen, was daran liegt, dass die Konsumenten empfindlicher auf Fleisch von Zuchttieren reagieren. Laut einer offiziellen Studie zu Oktopus-Zuchtfarmen in Australien hat sich die Nachfrage um ein Vielfaches erhöht, »parallel zu einem Rückgang im Verzehr von rotem und weißem Fleisch«.

Für die Galicier ist der Oktopus eine kulinarische Köstlichkeit. Doch selbst in Luxusrestaurants wird er nur noch selten angeboten, weil er so teuer geworden ist. 2018 stieg der Großhandelspreis auf 18 Euro pro Kilo, was daran lag, dass sie kaum mehr zu finden waren. Anfang 2020 fielen die Fangzahlen um 90 Prozent. Was wäre, wenn es eine stabile Versorgung mit Oktopussen gäbe? Kann man Oktopusse züchten wie Lachse?

Das versucht Ángel González, ein charismatischer Biologe Anfang Fünfzig. Als ich ihn an einem Freitagnachmittag in seinem Labor treffe, das in einem Betongebäude untergebracht ist, kämpft er gerade mit einem bekannten Problem: Wie lassen sich Oktopus-Eier in Aquakulturen züchten?

Ein weiblicher Oktopus kann etwa 200000 Eier produzieren. In der Natur treiben junge Oktopusse mit der Meeresströmung hunderte Meter ins Meer hinaus, und unterwegs verändern sich ihre Nahrungsgewohnheiten. »Wir wissen, was wilde Oktopusse fressen. Was wir herausfinden wollen, ist, was in ihren Mägen geschieht«, sagt González.

González, der mit Armadora Pereira, einem der großen Fischereiunternehmen in Vigo, zusammenarbeitet, kann nicht genau sagen, wann Zuchtoktopusse auf unseren Tellern landen werden. »Es kann zwei, drei oder fünf Jahre dauern.« Ein weiteres Team arbeitet mit Pescanova zusammen und hofft, dass es schon 2023 Zuchtoktopusse in den Fischhandlungen zu kaufen geben wird. Wann auch immer, es wird jedenfalls ein Desaster sein.

Oktopusse sind völlig ungeeignet, um in Zuchtfarmen zu leben. Sie sind gern allein. Sie erkunden gern Neues; ihre ständigen Ausbrüche legen nahe, dass sie sich in Gefangenschaft nicht wohlfühlen. Godfrey-Smith erzählt in seinem Buch die Geschichte des Oktopus Charles, der sich weigerte, einen Hebel zu betätigen, um Futter zu erhalten, und stattdessen »viel Zeit damit verbrachte, mit den Augen über der Wasseroberfläche herumzuschwimmen und jedem, der sich seinem Becken näherte, mit einem Wasserstrahl zu bespritzen«. Was die Tötung angeht, so gibt es Beweise dafür, dass Oktopusse Schmerzen empfinden. In einem Experiment gab man ihnen Futter, wenn sie einen weißen Ball angriffen. Als man ihnen einen roten Ball gab, attackierten sie diesen ebenfalls – doch einige erhielten dabei einen elektrischen Schlag. Sofort hörten sie auf, den roten Ball zu attackieren. Auch Sepien zeigen Schmerzempfinden.

González weiß, dass Oktopusse neugierige und erstaunliche Wesen sind: Er zeigt mir ein Foto auf seinem iPhone, wo er einen seiner Oktopusse eines Morgens vorgefunden hat – auf dem Türrahmen. Trotzdem betreibt er sein Projekt weiter. Während ich mich mit ihm unterhielt, hatte ich das ungute Gefühl, dass es die Oktopusfarmen tatsächlich bald geben wird. Ich schaue aus dem Fenster auf eine große, fensterlose Lagerhalle. Würde eine Oktopusfarm so aussehen?

»Hoffentlich«, sagt González.

Ich frage, ob er sich Gedanken darüber mache, was den Oktopussen dort widerfahren wird. Er erklärt, dass sie nur ein kurzes Leben hätten. »Es sind Tiere. Da werde ich nicht sentimental! Wir sind Forscher, das Wohl der Tiere liegt uns am Herzen. Letztendlich versuchen wir doch nur, etwas Nützliches für die Gesellschaft zu tun.«

Die Forschung, die González betreibt, stößt bei mir auf grundsätzlichen Widerspruch. Nicht nur, dass Oktopusse nicht gezüchtet werden sollten, für mein Empfinden sollten sie gar nicht erst gegessen werden. Bei der Ernährung geht es nicht nur um Geschmack und Nährstoffe; wäre es so, dann könnten wir auch unsere verstorbenen Haustiere und Verwandten aufessen. Ab einem bestimmten Punkt müssen wir unsere Bewunderung für unsere Mitgeschöpfe voranstellen. Für mich heißt das: Wenn ich den Oktopussen meine Zuneigung beweisen will, muss ich sie in Frieden lassen. Jeder einzelne Bissen von ihnen bringt den Tag näher, an dem es Oktopusfarmen tatsächlich geben wird. Wenn wir nicht einen Schritt zurücktreten und die Eigenheiten des Oktopus über seinen Geschmack stellen, können wir uns selbst kaum als Tierfreunde bezeichnen.

❖

Ich wollte noch einen letzten Halt in Galicien machen und fuhr von Vigo in den benachbarten Hafen Bueu. Direkt vor mir erblickte ich eine mechanische Schaufel von der Größe eines Baggers, mit der schwarz-goldene Muscheln von den Fischerbooten auf einen Lastwagen verladen wurden. Ein paar Seemöwen kreischten. Aufgrund eines seltenen evolutionären Defizits können Möwen keine Muscheln knacken, aber sie essen welche, wenn sie bereits geöffnet sind. Ein Krebs trippelt vorbei.

Ich treffe den Muschelfischer Matías auf seinem Boot.

»Das hier ist Landwirtschaft«, sagt er und hält eine Miesmuschel hoch. »Genauso wie Getreide.«

Wie Austern, Venus-, Jakobs- und Herzmuscheln gehören auch

Miesmuscheln zum Molluskenstamm der Bivalven. Manche Leute sagen, sie äßen nichts, was ein Gesicht hat – ein durchaus vertretbarer Ausgangspunkt, wenn man wie Darwin eine Verbindung zwischen Mimik und Emotionen sieht. Muscheln scheinen keine Gesichter zu haben. Von Nahem besehen, ist ihr auffälligstes Merkmal ein Dutzend Fäden – manchmal auch Bärte genannt –, die zwischen ihren Schalen hervortreten und mit denen sie sich an Felsen festsetzen können.

Miesmuscheln sind eine seltsame Mischung aus Kultivierung und Wildnis. Sie werden nicht mit Netzen gefischt oder ausgebaggert wie wilde Jakobsmuscheln – eine Methode, die den Meeresboden zerstört. Hier wachsen sie in einer Flussmündung, an langen Seilen, die von riesigen Holzplattformen herabhängen. Sie sind Filtrierer und ernähren sich von Plankton und anderen organischen Schwebeteilchen. Darüber hinaus reinigen sie das Wasser von Stickstoff, der aus Abwässern und Düngemitteln stammt.

Galicien produziert über 90 Prozent der spanischen Miesmuscheln; es ist ein Familiengeschäft, bei dem jede Familie eine oder zwei Plattformen betreibt. Wenige hundert Meter vor dem Hafen liegen Matías Plattformen, die mit Fassbojen markiert und mit einer Leine an mehreren Tonnen Zement verankert ist.

Während das Fischen traditionell mit Gefahr und Tapferkeit assoziiert wird, ist die Muschelzucht denkbar einfach. Matías zeigt mir die Muschelbrut – winziger als der Nagel eines kleinen Fingers. Er erzählt, wie er in einem kleinen Boot um die Felsen herumfährt, um sie zu suchen, und sie anschließend an die Seile seiner Plattform anheftet. Er lässt die Seile ins Wasser hinab und wartet, dass die Muscheln wachsen. Ansonsten muss er nicht viel tun. Im Sommer schlendert Matías ohne T-Shirt im Sonnenschein auf seiner Plattform herum, seine Freunde nennen ihn den »Tarzan der Flöße«. Wenn die Muscheln wachsen, bilden sich neue auf der Außenseite der Schalen. Einige davon sind gut, doch sobald sie sich zu sehr vermehren, besteht das Risiko, dass sie zu schwer für die Leine werden. Matías hat einen Trick von seinem Vater gelernt: Man muss einen Seestern dazusetzen, der einige der Babymuscheln auffrisst. Jeden Sommer bestreicht er die Plattformen mit einer Art Teer gegen die Algen, damit sie nicht zu rutschig werden.

Matías hat an diesem Morgen etwa 5000 Kilo Miesmuscheln aus dem Wasser geholt und sie für etwa einen Euro pro Kilo verkauft. Er nimmt seinen Rucksack, und wir gehen zum Mittagessen in seine Wohnung. Er dämpft die Muscheln in einer Bratpfanne mit etwas Wasser und Zitrone, und schon bald öffnen sie sich – ihr pinkes Fleisch wird orange. Ich esse meinen Teller leer und bin mir unsicher, ob ich deshalb Gewissensbisse haben sollte oder nicht.

Ich weiß, das Krustentiere vermutlich ein Schmerzempfinden haben. In einem Experiment versetzte man Einsiedlerkrebsen einen elektrischen Schlag und gab ihnen anschließend ein neues Gehäuse, in das sie umziehen konnten. Die Krebse zogen viel eher in das neue Gehäuse um, wenn sie zuvor einen elektrischen Schlag erhalten hatten, und sie inspizierten ihre neue Behausung deutlich kürzer. Diese Verhaltensänderung konnte selbst dann beobachtet werden, wenn das neue Gehäuse erst einen Tag nach dem elektrischen Schlag angeboten wurde. Es gibt Indizien dafür, dass Hummer noch bis zu eine Minute lang überleben, wenn man sie in kochendes Wasser wirft. Der endgültige Beweis steht noch aus, aber man sollte im Zweifel zu ihren Gunsten entscheiden. 2019 wurde in der Schweiz ein Verbot erlassen, Hummer und andere Krustentiere lebendig zu kochen, und die Köche wurden dazu angehalten, sie auf eine weniger schmerzhafte Weise mit einem Messer zu töten oder sie vorher einzufrieren, um sie zu betäuben. Das Gesetz besagt außerdem, dass sie in ihrem natürlichen Element Wasser transportiert werden müssen, und nicht auf Eisblöcken.

Haben Muscheln ein Bewusstsein? Können sie Schmerz empfinden? Ist es genauso grausam, sie lebendig zu dämpfen, wie Hummer und Krebse zu kochen? Ist es herzlos, sie auf Lastern zu transportieren? Muscheln sind Mollusken, wie Oktopusse. Doch die Mollusken sind ein weitverzweigter Stamm, zu dem etwa 50000 bisher bekannte

Meerestierarten gehören (jedes Jahr werden fast 500 neue Arten identifiziert). Oktopusse und andere Kopffüßer haben große Gehirne entwickelt, doch Muscheln und andere Bivalven nicht. Bivalven besitzen kein zentrales Nervensystem und haben deshalb, nach Feinberg und Mallatts Theorie, keine Möglichkeit, sensorische Informationen zu bündeln, also auch kein Bewusstsein oder Schmerzempfinden.

Es gibt noch einen weiteren Grund anzunehmen, dass Muscheln kein Schmerzempfinden haben: Viele Bivalven können sich nicht frei bewegen. Für den emeritierten Biologieprofessor Robert Elwood von der Queen's University Belfast, dessen Forschung entscheidend für das neue Schweizer Gesetz war, ist das ein Beleg dafür, dass der evolutionäre Nutzen des Schmerzempfindens begrenzt ist – denn Muscheln und Austern können nicht weglaufen und sich verstecken. Ein Nervensystem zu unterhalten, um Schmerzimpulse weiterzuleiten, wäre für diese Tiere reine Energieverschwendung. »Ich kann mir nichts vorstellen, was diesen Aufwand rechtfertigen würde«, sagt Elwood.

Muscheln können zwar ihre Schalen schließen, doch dafür reicht auch ein einfacher Reflex. Bivalven und Rankenfüßer, die statt Schalen Platten haben, »scheinen einen evolutionären Weg eingeschlagen zu haben, der ihnen andere Schutzmöglichkeiten gibt. Beide Tiere schließen sich einfach, wenn sie gestört werden und öffnen sich später wieder, um Futter aufzunehmen«, erklärt Elwood. »Bivalven und Rankenfüßer sind weniger auf ein Schmerzempfinden angewiesen als Kalmare und Hummer.« Oktopusse, die keinen physischen Schutz gegen Fressfeinde haben, entwickelten Intelligenz, um zu überleben. Bei Bivalven ist es anders.

Elwoods Vorbehalt ist, dass es zu Bivalven und Rankenfüßern nicht viel Forschung gibt und die heute angestellten Spekulationen sich als irrig erweisen könnten. PETA verweist darauf, dass Muscheln langsam ihren Standort wechseln können, indem sie sich mit ihren Bärten an einer anderen Stelle festmachen. »Wir wissen noch nicht, ob Austern Schmerzen empfinden, doch wenn es so ist, dann stehen sie für eine sehr große Gruppe von leidenden Tieren«, fügt PETA hinzu.

Ich halte es für sehr unwahrscheinlich, dass Bivalven Schmerz empfinden. Ihre Zucht ist nachhaltig und, soweit wir es einschätzen können, nicht grausam. Miesmuscheln, Venusmuscheln und Zuchtaustern – die nicht vom Meeresboden gebaggert werden –, sind vermutlich die einzigen Meerestiere, die ein Veganer guten Gewissens verspeisen kann.

(Bei Garnelen, die Krustentiere und keine Fische oder Mollusken sind, gibt es allerdings Anzeichen dafür, dass sie ähnlich wie Fische Schmerz empfinden. Wenn man Säure auf ihre Fühler gibt, zucken sie sofort mit den Schwänzen und putzen sich danach ausgiebig die Fühler. Doch wenn man die Fühler vorher mit einem Betäubungsmittel bestreicht, putzen sie sich weniger.)

Die gute Nachricht ist, dass die Austernbänke in New York von Brooklyn bis zur Bronx wiederhergestellt werden. Sie bieten zusätzlich Schutz vor Sturmschäden. Die erste große küstennahe Muschelfarm in Großbritannien befindet sich in Lyme Bay, Devon. Die Frage ist nur, ob es auch genug Abnehmer für sie geben wird. »Miesmuscheln wachsen praktisch überall«, sagt der Mitbegründer John Holmyard. Seiner Schätzung zufolge essen die Briten nur 10000 Tonnen Muscheln im Jahr – die Franzosen essen 15 Mal mehr, und die Spanier 25 Mal mehr.

Diese Meeresfrüchte können auch Veganer essen, in dem guten Gefühl, niemandem Schmerzen zuzufügen. Es fühlt sich an wie ein unverhoffter Glücksfall, als würde man auf einer Hochzeitsliste noch den einen Gegenstand entdecken, der nicht absolut scheußlich ist oder 500 Pfund kostet.

Doch es gibt noch ein anderes Ende des Spektrums – wo es absolut gerechtfertigt sein kann, auch starke Schmerzen in Kauf zu nehmen.

❖

Von Anlagen, in denen Tierversuche durchgeführt werden, erwartet man, dass sie trist und unauffällig aussehen und mitten im Nirgendwo liegen – wie Mülldeponien oder Amazon-Lagerhallen. Vermutlich trifft das gelegentlich auch zu, aber manche sind in hellen, ganz gewöhnlichen Bürogebäuden direkt vor unserer Nase untergebracht.

In einem Untergeschoss des Guy's Hospital, in der Nähe der London Bridge, warten tausende Mäuse auf ihren Einsatz. Die meisten sind weiß mit roten Augen und Nasen, und wenn der Deckel von ihrer Kiste genommen wird, krallen sie sich an die obere Kante und versuchen, einen Blick auf die Umgebung zu erhaschen. Sie wagen es nicht, herauszuklettern. Man kann sich vorstellen, dass sie genauso gut niedliche Haustiere sein könnten.

In den fensterlosen Räumen herrscht ein durchdringender Modergeruch. 7500 Kisten sind in Stapeln von je sechzig Stück aufgeschichtet. »Viele Leute sagen, jeder Raum sähe gleich aus«, sagt Stephen Woodley, der die Anlage leitet. »Das ist beabsichtigt, wir brauchen eine möglichst reizarme Umgebung.«

Tierversuche sind vermutlich das heikelste Thema, was unsere Beziehung zu anderen Spezies angeht – noch polarisierender als Fleischkonsum oder die Jagd nach Trophäen. Einen Besuch in einem Labor zu organisieren, ist schon eine Herausforderung, denn die Forscher wissen, dass eine einfache Pressemeldung ausreicht, um eine Flut von empörten Briefen und Internetpostings heraufzubeschwören. Manche Tierfreunde sind entsetzt, wenn sie erfahren, dass Hunden Krankheitskeime injiziert werden, um Medikamente für Menschen zu entwickeln. Als ich in Oxford studierte, kam ich fast jeden Tag an Tierschützern vorbei, die gegen ein neues Versuchslabor protestierten. Ihre Plakate, auf denen versehrte, unterversorgte Schimpansen in Käfigen abgebildet waren, bleiben im Gedächtnis.

Als Student hätte ich beinahe selbst an einem medizinischen Test teilgenommen. Ich hatte auf eine Anzeige in einer Zeitschrift geantwortet, in der einem 2000 Pfund für die Teilnahme angeboten wurden. Als mir klar wurde, dass ich gar nicht wusste, was ich da unterschrieben hatte, machte ich einen Rückzieher. Im Gegensatz zu mir haben Tiere keine Wahl, und sie bekommen auch keine Entlohnung.

Sie können keine Einverständniserklärung unterschreiben oder sich in letzter Minute umentscheiden. Wir können uns drücken, die Tiere können es nicht. Selbst wenn sie das Experiment gesund überstehen, werden sie meistens anschließend getötet. »Ich habe mit Primaten gearbeitet, und wenn die Studien fertig sind, möchte man weinen. Ich hatte immer den Eindruck, sie wüssten, was auf sie zukommt«, sagt Woodley, während er mich herumführt.

In britischen Laboren wird nur wenig an Hunden geforscht, aber Woodley befürchtet, dass die Forschung einfach in anderen Ländern mit laxeren Bestimmungen durchgeführt wird. »Ich finde das falsch«, fügt er hinzu. Er selbst sei jemand, der in Tierhandlungen geht und sich beschwert, wenn die Tiere krank aussehen. Diese Haltung sei verbreitet unter Forschern, die mit Labortieren arbeiten, sagt er. »Man trifft kaum welche, die ihnen gegenüber gleichgültig sind.«

In einem fensterlosen Labor wie diesem sind die Lebensbedingungen zumindest für einige der Versuchstiere deutlich schlechter als in der Nutztierzucht. Die Rechtfertigung besteht darin, dass der Nutzen für den Menschen potenziell weitaus größer ist. Sie leiden und sterben nicht für unseren Essensgenuss, sondern für unser Überleben. Sie können nicht durch gefühllose Wesen ersetzt werden, zumindest laut den Befürwortern von Tierversuchen.

Woodley und ich legen Plastikschürzen, Haarnetze und Schuhüberzieher an und desinfizieren uns die Hände, bevor wir die Versuchsanlage betreten. In der Anlage wird an potenziellen Gentherapien für Krankheiten wie Krebs geforscht. Auf dem Flur laufe ich James Arnold in die Arme, einem der Forscher, der betont, dass Krebstumore so komplex sind, dass man sie nicht auf Chips oder in Petrischalen simulieren kann. »Tierversuche zu ersetzen, wird sehr schwierig und vermutlich nicht in absehbarer Zeit möglich sein.«

Ich empfand keinen Widerwillen beim Anblick der Mäuse. Doch mir wurde schlecht, als wir einen kleinen Raum betraten, in dem Behälter voller Frösche standen. Jeder Behälter hatte die Größe von zwei Schuhschachteln, und darin befanden sich acht Xenopus oder tropische Krallenfrösche. Außer dem Wasser, den Fröschen und ihren Eiern war der Behälter leer. Keine Pflanzen, nichts, was an ihre natürliche Umgebung in den Teichen und Flüssen von Subsahara-Afrika erinnert hätte.

In den 1930er-Jahren entdeckten Wissenschaftler, dass ein Xenopus, dem man einen Tropfen Urin einer Schwangeren injizierte, am nächsten Tag einen Eisprung hatte. So entstand der erste massentaugliche Schwangerschaftstest, der bis in die 1960er-Jahre verwendet wurde. Die Frösche, die freigelassen wurden und in den Tierhandel gelangt sind, sind heute eine invasive Spezies, die sich in den USA, Japan, Chile, Großbritannien, Italien und anderen Ländern ausgebreitet hat. Außerdem könnten sie dafür verantwortlich sein, dass sich eine für Amphibien tödliche Pilzerkrankung weltweit ausgebreitet hat. In den Laboren werden sie weiterhin verwendet, weil sie Massen von Eiern produzieren, die die Forscher genetisch manipulieren können.

Xenopus haben seltsame, aufgequollene Körper (»Sie sind schwer zu fassen, wie ein Stück Seife, das sich bewegt«, erklärt Woodley), und sie liegen mit ausgestreckten Gliedmaßen übereinander im Wasser. An den Etiketten ist ablesbar, dass viele von ihnen schon mindestens zwei Jahre in dieser öden Umgebung leben.

Woodley erzählt, dass in einigen Laboren künstliche Seerosenblätter verwendet werden. Echte Blätter verursachen anscheinend »Probleme mit den Wasserfiltern« und würden sowieso nicht gedeihen, weil es hier kein natürliches Licht gibt. »Wir werden ihnen ein paar Tonröhren zum Verstecken geben. In einer idealen Welt würden sie in einem etwa so großen Aquarium leben«, fügt er hinzu und zeigt die Größe mit den Händen an. Offensichtlich befanden wir uns nicht in dieser idealen Welt.

Während ich mir die Frösche in ihren Behältern ansah, fragte ich mich, wie sie ihre Umwelt wahrnehmen und ob sie Leid empfinden. Anthropomorphisieren half hier nichts. Man hat allerdings herausgefunden, dass eine abwechslungsreichere Umgebung den Drang der Frösche verringert, sich gegenseitig zu fressen. Es scheinen mentale

Prozesse stattzufinden, die wir nicht greifen können. Das Problem ist, dass wir bereit sind, uns über Primaten und Mäuse Gedanken zu machen, aber nicht über Frösche.

Zum Schluss gingen wir zu den Fischen. Bei medizinischer Forschung denken die meisten Leute nicht an Fische. Doch Zebrafische vermehren sich schnell, sind billiger als Mäuse und besitzen über 80 Prozent der Gene, die mit Erkrankungen bei Menschen in Verbindung gebracht werden. Diese tropischen Elritzen haben dunkelblaue und silberne horizontale Streifen und ansonsten etwa so viel Ähnlichkeit mit einem Zebra wie ein Seepferdchen mit einem Pferd. In den vergangenen zehn Jahren sind sie zu einem festen Bestandteil der medizinischen Forschung geworden. In Großbritannien kommen auf jeden wissenschaftlichen Versuch an einem Primaten 160 Versuche an Fischen. Nach den Mäusen sind Zebrafische die am zweithäufigsten verwendeten Tiere in der medizinischen Forschung. Zebrafisch-Embryos unter fünf Tagen nicht mitgerechnet, denn sie unterliegen keinen rechtlichen Bestimmungen, weil sie vermutlich nicht schmerzempfindlich sind.

Diese Anlage ist die größte und modernste unabhängige Fisch-Forschungsanlage in Europa. Ein Roboter zuckelt an den Becken vorbei, scannt die Barcodes ein, um die Anzahl und das Alter der Fische festzuhalten, und verteilt Futter. In jedem Becken schwimmen sechs bis zwölf Zebrafische in ein paar Litern Wasser. Wie die Behälter der Frösche sind sie leer – bis auf einige kleine grüne Plastikblätter.

Abgesehen davon besteht die einzige Bereicherung ihres Umfelds aus fließendem Wasser und Lebendfutter. Der Labormanager Bruno zeigt mir auf seinem Handy ein Video, auf dem ein Becken mit einer Röhre zu sehen ist; die Zebrafische lehnen es ab, durch die Röhre zu schwimmen. »Das interessiert sie nicht!«, sagt er, außerdem könnten abwechslungsreicher ausgestattete Becken es den Technikern erschweren, Gesundheitstests durchzuführen.

In einem gängigen Experiment werden Zebrafische mit genetischen Mutationen gezüchtet, um das Wachstum von Krebszellen oder

Muskeldeformationen zu untersuchen. Dadurch können die Forscher herausfinden, welche Gene eine Erkrankung befördern oder verhindern, und potenzielle Therapien und Medikamente testen. Die meisten Experimente verursachen angeblich nur »mildes« Leid, aber 40000 Experimente werden als mittelschwer oder schwer eingestuft. Für einen Zebrafisch kann das alles Mögliche bedeuten: von Problemen beim Schwimmen, als Resultat einer induzierten Leukämie (sobald Probleme auftreten, wird der Fisch getötet), bis zum Stress lauter Beschallung, die einen Tinnitus hervorrufen soll. Schweres Leid kann auftreten, wenn giftige Substanzen oder Drogen getestet werden; in einigen Fällen verhindert das Gesetz, dass der Fisch tierschutzgerecht getötet wird, wenn das Experiment mit dem »Eintritt des Todes« enden soll.

Weil Forschungslabore vor der Öffentlichkeit verborgen werden, gibt es Fälle von Missbrauch. 2019 haben Aktivisten Filmmaterial aus einem namhaften Labor in Hamburg gesichert, das Makaken zeigt, die in metallenen Halsklammern stecken. In ihren Käfigen gab es nichts, worauf sie sich ausruhen können, nur Metallstäbe. Mehrere Tiere wirkten verstört, sie liefen im Kreis in ihren Käfigen herum. Einer von ihnen, der ebenfalls eine Halsklammer trug, drehte sich ständig im Kreis. In den Käfigen der Beagles waren Blutlachen auf dem Boden. Das Labor wurde kurz darauf geschlossen. Doch während Sie dies lesen, kommt es vermutlich noch immer vor, dass Tiere derartige Bedingungen ertragen müssen, weil die Forschungspraxis oft unzulänglich ist und es an Kontrollen mangelt.

In einigen westlichen Ländern ist es kein Gesetzesverstoß, Versuchstiere zu misshandeln. Anfang 2020 haben Forscher aus Harvard und São Paulo mit einer Studie Schlagzeilen gemacht, die nachwies, dass Stress tatsächlich graue Haare verursacht. Darauf, wie sie zu diesem Ergebnis gekommen waren, wurde nicht weiter eingegangen. Sie hatten Mäuse einem hohen Stresspegel ausgesetzt. Einige Mäuse wurden in Plexiglasröhren gesteckt, kaum länger als ihre Körper, und dort verbrachten sie zwanzig Tage lang täglich vier Stunden. Andere wurden damit malträtiert, dass ihr Käfig in Schräglage gebracht, ihre Streu durchnässt und das Licht an- und ausgeknipst wurde. Einer dritten Gruppe wurden Medikamente verabreicht, die Schmerzen verursachen, und zusätzlich bekamen sie Schmerzmittel.

Mäusen starke Schmerzen zuzufügen, nur um ein Mittel gegen graue Haare zu finden, ist natürlich nicht vertretbar. Derartige Experimente müssen von ethischen Aufsichtskommissionen genehmigt werden. Doch zwei Drittel der Leute, die in diesen Kommissionen sitzen, sind selbst in der Tierforschung tätig, weshalb es wenig überrascht, dass sie dazu tendieren, ihre Zustimmung zu erteilen. Offizielle Studien belegen, dass die Aufsichtskommissionen in den Vereinigten Staaten Studien zulassen, die nicht den US-Bundesnormen entsprechen. Diese Bundesnormen sind wenig stringent: Beispielsweise gibt es keine Einschränkungen für den Einsatz von Kopffüßern in der Forschung. Ein Labor an der Chicago University züchtet tausende Kalmare, Sepien und Oktopusse, die als der »letzte Schrei« in der Forschung gelten. In einem kürzlich an der Johns Hopkins University durchgeführten Experiment wurde ungeselligen Oktopussen Ecstasy verabreicht, um die Auswirkungen auf ihr Verhalten zu untersuchen (die benebelten Oktopusse berührten einander öfter, wie benebelte Menschen auch). Die Einzigartigkeit der Oktopusse macht sie zu faszinierenden Forschungsobjekten, besonders was die Sinneswahrnehmung und die Regeneration von Gliedmaßen angeht. Gleichzeitig sorgt ihre Einzigartigkeit dafür, dass die Forscher nicht wissen, wie man sie behandeln muss – noch nicht einmal, ob Anästhetika den Schmerz lindern, dem die Tiere ausgesetzt werden.

Andernorts herrschen höhere Standards. Kopffüßer genießen in Kanada (seit 1991) und in der EU (seit 2013) denselben Schutz wie Wirbeltiere. Das Experiment zu den grauen Haaren wäre in Großbritannien wohl kaum zugelassen worden, wo jedes Experiment von einer Ethikkommission und anschließend vom Innenministerium genehmigt werden muss, das den potenziellen Nutzen gegen den möglichen Schaden abwägt. Großbritannien ist stolz auf seine strikten

Gesetze. Schimpansen und Gorillas dürfen in der Forschung nicht verwendet werden; Kosmetika dürfen nicht an Tieren getestet werden. Alle Tiere, mit Ausnahme von Fischlarven und Fruchtfliegen, werden in den jährlichen Statistiken aufgeführt, die von der Regierung veröffentlicht werden.

Das Überraschende ist, dass viele Menschen sich noch weitreichendere Gesetze wünschen. 2001 fanden 65 Prozent der US-Bürger Medikamententests an Tieren moralisch akzeptabel, und 26 Prozent waren nicht dieser Ansicht. 2016 waren 51 Prozent dafür und 44 Prozent dagegen. Tierversuche sind moralisch ebenso unverträglich geworden wie das Tragen von Pelzen. Bei den Gegnern überwiegen die Frauen, bei den Befürwortern die Männer. In Großbritannien akzeptieren zwei Drittel der Bürger Tierversuche in der medizinischen Forschung nur dann, wenn es keine Alternative gibt. Da junge Menschen eher gegen Tierversuche sind, werden die Gegner wahrscheinlich bald in der Mehrheit sein. Im Moment kann der einzelne Konsument wenig tun, wenn er diese Meinung teilt. Sich zu weigern, verschriebene Medikamente einzunehmen, wäre albern. Man könnte allerdings auf kosmetische Botox-Anwendungen verzichten – die noch immer an Mäuse getestet werden und Lähmungen bei ihnen verursachen. Da Botox per Injektion verabreicht wird, greift das Verbot von Kosmetiktests an Tieren hier nicht.

Interessanterweise will die RSPCA, die nichts gegen Massentierhaltung oder Fischfarmen einzuwenden hat, alle Tierversuche stufenweise abschaffen. Penny Hawkins, die Leiterin der Abteilung für Tierversuche in der Forschung, begann ihre Arbeit in den 1990er-Jahren, als die meisten Mäuse in kahlen Käfigen lebten und nur selten Schmerzmittel bekamen. Das hat sich verbessert, doch Hawkins zufolge finden zu viele Experimente statt, die nicht repliziert werden können – was vermutlich an den beschränkten Laborbedingungen liegt. »Das ist Forschung ohne qualitativen Wert«, sagt sie. »Eine Verschwendung von Tierleben.« Ihrer Meinung nach wird zu wenig in Alternativen investiert, die die Tierforschung ersetzen könnten. Dazu würde gehören, die Gesundheitspolitik zu verbessern, um Krebserkrankungen zu minimieren, anstatt sich allzu sehr auf Pharmazeutika zu verlassen.

Während Woodley betont, wie stark sich Labortiere genetisch von anderen Tieren unterscheiden, streicht Hawkins heraus, dass die Tiere genau dieselben evolutionären Bedürfnisse wie ihre wildlebenden Verwandten hätten. »Wenn Sie jemanden besuchten, dessen Haustier so gehalten würde, was würden Sie dann denken?« Kies – oder sogar eine Abbildung von Kies – würde den Fischen schon helfen, sagt Hawkins.

Mein Laborbesuch hat mir verdeutlicht, wie wenig Beachtung wir den Arten zukommen lassen, die sich am stärksten von uns unterscheiden. Tierversuche sind besonders für Fische riskant, deren Wahrnehmung noch wenig erforscht ist und die bei den meisten Menschen kaum Mitgefühl wachrufen. Forscher sind durchaus gewillt, in ihren Laboren weitgehend auf Affen zu verzichten; Zebrafischen gegenüber werden sie kaum dasselbe empfinden.

Tiere – als Gruppe, wenn nicht sogar als Individuen – können von Tierversuchen profitieren: Es gibt Stammzellenbehandlungen für Pferde und Chemotherapien für Haustiere. Bei Erkrankungen, für die es keine speziellen Tiermedikamente gibt, verwenden manche Veterinäre einfach Medikamente für Menschen. Doch für Fische sieht es schlecht aus: Sie werden, wenn überhaupt, nur selten zum Tierarzt gebracht.

Um mehr Rücksicht auf das Leben von Tieren zu nehmen, müssten wir vieles anders machen. Wenn wir Tiere in der Forschung einsetzen, weil sie biologische Ähnlichkeiten zum Menschen aufweisen, dann müssen wir auch akzeptieren, dass sie ein ähnliches Gefühlsleben haben – dass sie Anregungen brauchen und Unbehagen empfinden können. Angesichts des Nutzens, den wir aus ihnen ziehen, wäre es nur fair, auch diesen Aspekt zu berücksichtigen.

Die britischen Wissenschaftler Bill Russell und Rex Burch machten 1959 einige Vorschläge, wie man das Leben von Tieren in der

Forschung verbessern könnte: indem man möglichst auf Versuchstiere verzichtet, die Anzahl der Tiere mit Bewusstsein reduziert und differenziertere Forschungsmethoden anwendet, um ihr Leid zu mindern. Diese drei Prinzipien haben sich seither etabliert. Doch das ist nicht genug. Ein umfassenderer Ansatz, der bereits in den EU-Richtlinien enthalten ist, fragt danach, ob die Forschung tatsächlich nötig ist, und betont nachdrücklich, dass die Tiere im Labor ein gutes Leben haben sollen. Kein Tier solle über einen längeren Zeitraum schwer leiden müssen. Wissenschaftler sind zögerlich in der Umsetzung neuer Methoden, wenn sie nicht dazu angehalten werden.

Ich habe lebendige Fische in Naturdokumentationen und tote Fische auf Märkten gesehen. Doch in diesem Londoner Labor habe ich mich den Fischen am nächsten gefühlt – und verstanden, was uns mit ihnen verbindet. Um Tierversuche zu akzeptieren, die für die Gesundheit der Menschen unabdingbar sind, muss man seine Tierliebe nicht aufgeben, sondern vielmehr erkennen, wie viel wir den Tieren verdanken. Wir sollten Platz für die Anerkennung der Tiere schaffen, die zu unserer Forschung beigetragen haben. Wenn auf den Medikamentenpackungen die Tiere aufgeführt wären, an denen das Medikament getestet worden ist, würden wir ganz sicher mehr Verantwortung empfinden.

❖

In Nordkalifornien lebt ein indigener Stamm namens Winnemem Wintu. In den 1940er-Jahren wurde die Shasta-Talsperre fertiggestellt – damals der größte Betondamm der Welt –, und 90 Prozent ihres Stammesgebiets wurden geflutet. Mehrere zehntausende Chinook-Lachse kamen jedes Jahr den McCloud River hinauf (den der Stamm als Winnemem Waywacket bezeichnete); nachdem die Talsperre gebaut worden war, kamen keine mehr.

Bei den Winnemem Wintu gibt es eine Prophezeiung: Wenn es keine Lachse mehr gibt, wird es auch keine Winnemem Wintu mehr geben. Bedenkt man, dass der Stamm aktuell nur noch 126 Mitglieder hat, sieht es nicht besonders gut aus. Der Schöpfungsmythos der Winnemem Wintu erzählt davon, wie die Lachse ihre Stimmen den Menschen gaben, die seither die Pflicht haben, für die Lachse zu sprechen. Die Winnemem Wintu glauben, dass sie dieser Pflicht nicht nachgekommen sind, weil sie nicht verhindern konnten, dass die Shasta-Talsperre gebaut wurde. 2010 bestiegen einige Abgesandte der Winnemem Wintu ein Flugzeug nach Neuseeland, wo man vor hundert Jahren erfolgreich einige Chinook-Lachse angesiedelt hat. Dort entschuldigten sie sich bei den Lachsen und baten sie, nach Nordkalifornien zurückzukehren. Doch damit war es nicht getan; die Winnemem Wintu sammelten außerdem über 100000 US-Dollar per Crowdfunding, um ihre Lachse wieder nach Hause zu holen, und die kalifornische Behörde für Landgewinnung (US-Bureau of Reclamation) hat einige hunderttausend US-Dollar dazugegeben, um eine Wasserstraße um die Talsperre herum zu bauen, die den Lachsen die Rückkehr ermöglichen würde. Doch gleichzeitig plant die USBR, die Shasta-Talsperre zu erhöhen und auch das verbliebene Stammesgebiet der Winnemem Wintu zu fluten.

Für die Pazifischen Lachse sind die Aussichten in Kalifornien denkbar schlecht, selbst an Orten, an denen es keine Talsperren gibt. Zu den Ursachen gehören Dürre, Überfischung und der landwirtschaftliche Anbau (von Mandeln bis zu Marihuana), der Flusswasser zur Bewässerung benötigt. Außerdem wird das Wasser in den Flüssen Kaliforniens immer wärmer. Die Bemühungen, die die Winnemem Wintu unternommen haben, um ihre Beziehung zu den Lachsen zu erhalten, scheinen zum Scheitern verurteilt. Doch ihr Wunsch, Verantwortung für Tiere zu übernehmen, die sich außerhalb ihrer Kontrolle befinden, ist ein Lehrstück.

Die einzigen Meeres- oder Flussbewohner, für die wir jemals Verantwortung übernommen haben, sind die Wale. Den Walfang zu stoppen war möglich, weil nur noch wenige Menschen auf Walfleisch und -tran angewiesen waren, und weil die Fangzahlen so gefallen waren, dass es keine Industrie mehr gab. In den 1970er-Jahren waren nur noch zwei Länder, die Sowjetunion und Japan, für 90 Prozent der getöteten Wale verantwortlich. Heute würde sich jede Nachfrage sofort erübrigen: Walfleisch enthält so viel Quecksilber, dass es als giftig eingestuft wird.

Walfang erscheint uns heute anachronistisch. Galicien war einst das Zentrum der spanischen Walfangindustrie, noch 1980 wurden dort zwei Walfangboote von Aktivisten versenkt. Im Museum findet man Fotografien von Männern, die sich am Strand um einen toten Wal herum aufgestellt haben, und von Frauen mit pinken Handschuhen und roten Schürzen, die riesige Fleischstücke aus dem Kadaver hacken. Die Auswirkungen unserer Vergangenheit als Walfänger lassen sich an den Ozeanen deutlich ablesen. Die Jagd auf große Wale vor Alaska führte dazu, dass die Orcas neue Nahrungsquellen finden mussten – sie entschieden sich für Seeotter. So wurde ein Dominoeffekt ausgelöst, weil die Otter nicht länger die Population der Seeigel regulierten, die sich wiederum von Tangwäldern ernähren. (Ein Seeotter kann bis zu 1000 Seeigel am Tag fressen.) Wir können nur darüber spekulieren, wie sich die Überfischung auswirken wird.

Das Problem ist, dass es deutlich schwieriger sein wird, die Fischerei abzuschaffen als den Walfang. Für schätzungsweise drei Milliarden Menschen stellt Fisch die Hauptquelle für Proteine dar. Menschen in ärmeren Ländern, besonders in Afrika und Asien, haben keine andere Wahl. Doch schon bald wird der Klimawandel dafür sorgen, dass ihnen noch weniger Fische zur Verfügung stehen. Laut des Weltklimarats haben steigende Temperaturen bereits die Zahl der Fische reduziert, die auf nachhaltige Weise aus den Meeren entnommen werden können. Voraussichtlich werden die Fischbestände in Lateinamerika, Afrika, Indien schrumpfen – ebenso wie im Südpazifik, der eines der am meisten befischten Gebiete der Welt ist. Für diejenigen von uns, die in der Europäischen Union und in den Vereinigten Staaten leben, ist dies ein Test. Wegen der drohenden Überfischung können wir nicht mehr so viele Wildfische aus unseren eigenen Gewässern entnehmen. Wir können auch nicht mehr so viel Fisch aus den Tropen importieren, wegen des Klimawandels und des lokalen Bedarfs.

Eine Welt ohne Fischfang hätte ihren Preis: Man bräuchte mehr Anbauflächen, um Nahrung für Menschen zu produzieren, und hätte weniger Platz für die Tierwelt. Die verschiedenen Spezies derart gegeneinander abzuwiegen, ist schwierig. In der Praxis entscheiden wir, dass es besser ist, tausende Fische zu töten, als einen Wal, selbst wenn der eine Wal die gleiche Menge an Fleisch liefern würde. Das hat etwas Willkürliches. Wir könnten auch versuchen, einen Mittelweg einzuschlagen: Möglichst viele Fische im Meer zu belassen, während wir möglichst viele Anbauflächen in Brachen umwandeln. Der Ozean ist nicht länger das Reich des Schreckens, das er zu Herman Melvilles Zeiten war; er ist aber auch keine unerschöpfliche Ressource für Fische.

Wir brauchen eine Fischindustrie, in der die Fische wie Tiere behandelt, tierschutzgerecht getötet und nicht in kahlen Gehegen gehalten werden. Fischfarmen sind genauso abscheulich wie Massentierhaltung. Ethischer Wildfischfang wäre eine Möglichkeit, um Fische verantwortungsvoll zu töten. Die Kosten für den Fisch würden sich zwar voraussichtlich erhöhen, doch wir könnten auch billigeres Fleisch kaufen, wenn wir keine Auflagen für die Schlachtung von Nutztieren hätten. Im Moment geht es in der Fischindustrie, die fast allen Fisch produziert, den wir konsumieren, ebenso grausam wie unwirtschaftlich zu. Die einzigen Meeresfrüchte, die regelmäßig den »Animal Test« bestehen, sind Austern, Mies- und Venusmuscheln aus Zuchthaltung.

Trotz des großen Schadens, die sie anrichtet, hat die Fischerei noch immer eher ein romantisches als ein brutales Image. Eines Tages wird sie in einem Fortgeschrittenenkurs für Public Relations als Anschauungsmaterial dienen. Bei einer anderen Methode, Tiere zu töten, ist es ganz das Gegenteil: Die Jagd hat einen äußerst schlechten Ruf, doch es könnte sich zeigen, dass die Realität weniger brutal ist, als wir meinen.

4. Ferien für Psychopathen

Ein Mann, der nicht gerne Vögel oder andere Tiere beobachtet, jagt, fotografiert oder auf andere Weise überlistet, ist nicht ganz normal. Er ist überzivilisiert, und ich habe keine Ahnung, wie man mit ihm umgehen soll.
Aldo Leopold

An einem kalten Montagnachmittag im November bin ich zum ersten Mal auf Rotwildjagd gegangen. Ich hatte mich mit dem Besitzer eines Landguts verabredet, meine Wanderschuhe geschnürt und mich dabei gefragt, ob ich tatsächlich dazu fähig wäre, ein Tier mit einer Kugel zu durchlöchern.

Ich hätte nicht gedacht, dass ich jemals in eine derartige Situation geraten würde. Soweit ich mich erinnere, habe ich noch nie ein Säugetier oder einen Vogel getötet, und wollte es auch nie. Ich habe weder als Kind ein Meerschweinchen in der Toilette hinuntergespült noch als Teenager einen Fuchs überfahren. Jedes Mal, wenn ich sah, wie meine Katze Crumble mit einer Maus spielte, habe ich – wie jeder zimperliche Liberale – eine humanitäre Intervention im Stil der UNO eingeleitet. Einmal habe ich auf ein paar Tontauben geschossen, und selbst das schien mir eine Verschwendung von Töpferware zu sein. Ist Jagen fair gegenüber den Tieren? Natürlich nicht.

Vermutlich begann alles mit *Bambi*. Der Disney-Film war die einzige Erfahrung mit der Jagd, die ich als Kind machte. Er handelt von einem Hirschkalb, das frei im Wald herumtollt, bis eine Schusswaffe ins Spiel kommt. Man sieht nicht direkt, wie Bambis Mutter erschossen wird, aber man sieht, wie das Böckchen erkennt, dass der Mittelpunkt seiner Welt verschwunden ist. »Deine Mutter kann nun nicht mehr bei dir sein«, sagt der Vater zu Bambi – etwas Grausameres kann man sich kaum vorstellen. Es war aber auch sehr menschlich: Disneys Animationszeichner ließen sich von Baby-Bildern inspirieren. Ich habe mir den Film mit Eliza angesehen, als sie drei Jahre alt war, aber Susie bestand darauf, dass wir die Szene überspringen und vorspulen. Das war vermutlich das Beste für uns alle.

Als *Bambi* 1942 herauskam, gab es einen Aufschrei der Empörung unter den US-amerikanischen Jägern, und der Film erwies sich als Verlustgeschäft. Das Ironische daran ist, dass Walt Disney eigentlich ein drastischeres Ende vorgesehen hatte: Der Jäger sollte bei einem Waldbrand ums Leben kommen. Man kann sich vorstellen, warum dieses brutale Schicksal es nicht in den Final Cut eines Kinderfilms schaffte. Dennoch inspirierte *Bambi* etliche Tierschützer und wurde Teil des kulturellen Mainstreams. »Vermutlich habe ich deshalb immer gedacht, Jagen sei uncool«, erinnert sich Paul McCartney. 2018 verurteilte ein Richter in Missouri einen Wilderer dazu, sich während seiner einjährigen Haftstrafe mindestens einmal im Monat *Bambi* anzuschauen, um die Schwere seines Verbrechens zu begreifen.

Die Erinnerung an *Bambi* muss mich unterbewusst bis in meine Zwanziger und Dreißiger begleitet haben. Ich jubelte, als die Fuchsjagd in Großbritannien 2004 verboten wurde. Warum sollte jemand einen Zylinder aufsetzen und einen Fuchs quälen, und das auch noch am Wochenende? Als der Löwe Cecil 2015 von einem US-amerikanischen Zahnarzt erschossen wurde, brach im Internet ein wütender Shitstorm los. »Wie kann so etwas Spaß machen?«, empörte sich der Comedian Jimmy Kimmel in einem seiner meistgeteilten Clips. »Fällt es euch so schwer, eine Erektion zu kriegen, dass ihr Lebewesen töten müsst, die stärker als ihr sind?« Es war keine Frage, auf welcher Seite man stand. Danach tauchten in meinem Twitter-Feed immer mal wieder erboste Kommentare über eiskalte Trophäenjäger auf, die mit einem erlegten Hirsch, einer Giraffe oder einem Elefanten posierten.

Das Jagen war bereits ein moralischer Streitpunkt, bevor es Facebook gab. Doch für die sozialen Medien gibt es kein Thema, das sich nicht noch stärker vereinfachen ließe. Im Internet war das Urteil schnell gefällt. Selbst Befürworter der Jagd scheinen ihren Glauben verloren zu haben. Zwischen 1996 und 2016 sank die Zahl der erwachsenen US-Bürger, die auf Jagd gehen, um 2,5 Millionen – auf weniger als 5 Prozent der Bevölkerung. An der Ost- und Westküste sind es sogar weniger als 3 Prozent. Die meisten Amerikaner gehen lieber Vögel beobachten als auf die Jagd. In Österreich, einem Land mit einer langen Jagdtradition, besitzt weniger als einer von 60 Menschen eine Jagdlizenz; in Deutschland ist es einer von 240. Ein Großteil der Briten sprach sich schon 1958 für ein Verbot von Hirsch- und Fuchsjagd aus, bereits damals lebte nur einer von fünf Briten auf dem Land. 2019 gaben 85 Prozent der Briten an, sie würden ein Verbot der Trophäenjagd begrüßen, weitaus mehr als diejenigen, die sich für ein Alkoholverbot aussprechen.

Die Jagd ist zu einem Symbol für die uneingeschränkte Macht geworden, die der Mensch über andere Lebewesen hat. Gleichzeitig stellt sich die Frage, ob wir tatsächlich dazu bereit sind, uns einzuschränken. In unserer Gesellschaft, in der Schlachthöfe, Fischfarmen und medizinische Testlabore vor dem Blick der Öffentlichkeit verborgen sind, bleib die Jagd überraschenderweise sichtbar, weil Jäger im Gegensatz zu Schlachthofmitarbeitern blutrünstige Fotos von sich selbst auf Instagram posten. Die Vorstellung, dass das Töten von Tieren nur zum Vergnügen unmoralisch ist, reicht Jahrhunderte zurück und war schon bei den Puritanern verbreitet. Heutzutage gibt es nur wenig, was eine derartig emotionale Reaktion auslöst wie das Video eines tödlich getroffenen Elefanten, der in die Knie geht, oder eines Leoparden, der leblos auf dem Boden liegt. Die Campaign to Ban Trophy Hunting findet, Tiere aus Spaß zu töten sei »grausam, überflüssig und in einer zivilisierten Gesellschaft fehl am Platz«. Der Comedian Ricky Gervais drückt es noch unverblümter aus: »Jäger sind Psychopathen.« Damit will er vermutlich sagen, dass Jagdausflüge Ferien für Psychopathen sind.

Doch nachdem ich in einem Schlachthof und in Landwirtschaftsbetrieben gearbeitet habe, fühle ich mich etwas unwohl unter den Jagdgegnern. Sowohl Vieh- als auch Fischzucht haben mich daran erinnert, dass der Tod unvermeidlich ist. Was mich am meisten empört hat, war das sinnlose Leben, das die Tiere führten, und die willkürlichen, inhumanen Methoden, mit denen ihr Tod herbeigeführt wurde. War ich grundsätzlich gegen das Töten von Tieren? Nein – ich war dagegen, dass Menschen gedankenlos Unmengen von Tieren töten, vor allem dann, wenn diese vorher kein gutes Leben hatten. Im Gegensatz zu Nutz- oder Zootieren leben jagdbare Tierarten in der Wildnis (mit einigen Ausnahmen). Sie können so leben, wie die Natur es für sie vorgesehen hat.

Dazu kommt, dass das Jagen theoretisch eine Rechtfertigung hat. Überall auf der Erde sind die Ökosysteme aus dem Gleichgewicht geraten. In den Vereinigten Staaten gibt es zu viele Wildpferde, in Italien über zwei Millionen Schwarzwild, und so weiter. Das ist größtenteils unsere eigene Schuld: Wir haben Raubtiere getötet, die Verbreitung invasiver Spezies nicht verhindert und natürliche Habitate überbaut. Wenn wir die überzähligen Tiere nicht töten, retten wir zwar individuelle Tiere, zerstören aber gleichzeitig das Ökosystem. Wir haben Raubtiere ausgelöscht – wir müssen sie ersetzen. Wir haben bereits so stark eingegriffen, dass es kein Zurück mehr gibt. Die Jagd konfrontiert uns mit den komplexen Zusammenhängen in der Natur und der Frage, wie wir mit ihnen umgehen wollen.

Als ich in Kolumbien unterwegs war, bremste der Bus, in dem ich mich gerade befand, ganz plötzlich ab. Das war nie ein gutes Zeichen. Meistens bedeutete es, dass der Fahrer etwas Dringendes erledigen musste. Ich blickte mich um und fragte mich, welches Unglück uns wohl diesmal befallen hatte. Die anderen Passagiere drückten ihre

Nasen gegen das hintere Fenster. Wir befanden uns in einem Sumpfgebiet, das reich an Wildtieren war – vielleicht hatte jemand einen Kolibri entdeckt. »Göttlich!«, rief einer der Passagiere aus. »So wunderschön«, sagte ein anderer. Da bemerkte ich, dass sie Fotos von einem Hirsch machten – einem einzelnen Weißwedelhirsch.

Ich fand das merkwürdig. In Großbritannien gibt es viel Rotwild, weil unsere Ahnen neue Arten einführten, um sie zu jagen, und Raubtiere wie Luchse, Wölfe und Bären ausrotteten. Niemand weiß genau, wie viele es sind, doch es müssten deutlich über eine Million sein. Rotwild lebt gerne an Waldrändern. Im modernen England gibt es viele passende Habitate, weil Landwirtschaftsbetriebe mit Baum- und Heckenbestand bevorzugt subventioniert werden. Das erlaubt es dem Rotwild, sich frei zu bewegen und zu äsen. Ich finde Rotwild wunderschön, aber es frisst so viel, dass für andere Tiere nichts übrigbleibt.

Dasselbe ist in den Vereinigten Staaten geschehen. Die Weißwedelhirsche waren schon beinahe ausgestorben, doch heute gibt es schätzungsweise 30 Millionen von ihnen, weil sie kaum Fressfeinde haben. Wenn diese Statistik Sie nicht überzeugt, dann versuchen Sie es hiermit: In den USA gibt es beinahe 2 Millionen Verkehrsunfälle im Jahr, die durch Wildtiere verursacht werden – drei Viertel davon durch Hirsche. In Kolumbien sieht man nur selten einen Hirsch. In den USA dagegen kollidiert man häufig mit ihnen, das passiert einem von 150 Autofahrern im Jahr. Die Schäden belaufen sich auf über eine Milliarde US-Dollar, etwa 150 Menschen kommen dabei ums Leben. In Schottland gibt es täglich etwa 30 Verkehrsunfälle mit Rotwild.

Rotwild hat starke Auswirkungen auf andere Spezies. In Gebieten, in denen es äst, gibt es ungefähr 40 Prozent weniger Insekten und nur halb so viele Spinnennetze wie anderswo. Das liegt auf der Hand, denn das äsende Rotwild frisst die Büsche und Baumsetzlinge ab, an denen die Spinnen ihre Netze festmachen. Außerdem gibt es weniger Orte, an denen Singvögel nisten können. Wenn die Nahrung knapp wird, reduziert das Rotwild die Bestände von Streifen- und Eichhörnchen, denen sie ihr Futter streitig machen. Nach Waldbränden kann das Rotwild die Aufforstung verhindern: In einem Experiment wurde deutlich, dass die Vielfalt des Baumbestands nach einem kontrollierten Waldbrand abnahm, weil das Rotwild die Baumsetzlinge abfraß.

Ich war ein tierlieber Veganer, aber ich wollte die Realität nicht aus dem Blick verlieren. Mir kam es nicht sinnvoll vor, dass die Hirsche so viele andere Arten verdrängten. Womöglich musste jemand einige von ihnen töten. Machte es einen Unterschied für Bambi, ob derjenige, der die Flinte anlegt, dabei Vergnügen empfand? Machte es einen Unterschied, wenn derjenige, der den Abzug betätigte – ich war?

❖

Cornbury Park liegt etwa eine Autostunde westlich von London und wirbt damit, dass man hier überzähliges Rotwild jagen kann. Als ich ankomme, führt mich ein Mann namens Tom in ein kleines Büro. An der Wand hängt ein Dutzend Geweihe neben einem Poster, auf dem zu lesen ist: VEGETARIER: ein altes indianisches Wort für SCHLECHTER JÄGER. Kein idealer Start.

Zufällig ist heute Tag des Waffenstillstands. Ich sehe zwar keinen direkten Zusammenhang zwischen der Erinnerung an die Opfer des Ersten Weltkriegs und dem Versuch, ein unschuldiges Tier zu töten. Dennoch könnte das Timing besser sein.

Tom hat einen Dreitagebart und einige Erfahrung mit reichen Stadtbewohnern, die gerne mal ein Rotwild erlegen würden, aber keinerlei praktische Erfahrung mitbringen. »Schauen Sie einfach, wie Sie sich fühlen, wenn Sie ein lebendes Tier vor sich haben«, sagt er. »Vielleicht sagen Sie, Sie können es nicht tun. Oder Sie sind so aufgeregt, dass Sie den Flintenlauf nicht gerade halten können.« Memo an mich selbst: Sei nicht so nervös, dass du den Abzug nicht betätigen kannst, aber auch nicht so ungeduldig, dass du wie ein Serienmörder-Azubi wirkst. Eine Gratwanderung.

»Letztendlich ist es ein lebendiges Tier. Manche Leute können schießen, andere nicht«, sagt Tom. »Fühlen Sie sich nicht gedrängt.«

Etwas Druck empfinde ich schon, als ein regulärer Jäger namens Peter hereinschaut, der unterwegs zu seiner eigenen Pirschjagd ist. Peter trägt eine flache Tweedkappe, ein Tweedjackett und Tweedhosen – ein Outfit, das ich höchstens als Faschingskostüm gewählt hätte. Er verströmt kumpelhaftes Draufgängertum.

»Da draußen habe ich einen Bock gesehen, auf dem dein Name steht, Henry«, sagt er und schiebt sein Handy zu mir rüber, sodass ich einen Blick auf ein verwackeltes Foto werfen kann. »Du kannst ihn vermutlich direkt vom Auto aus schießen«, sagt er mit einem Augenzwinkern. Ich beschließe, keinen von Peters Ratschlägen zu berücksichtigen.

Tom und ich fahren in einem Cart zu einem kleinen Steinbruch, der als Schießplatz dient. Er hängt ein Stück Papier mit einer Schießscheibe auf und stellt direkt gegenüber ein Gewehr auf. Ich drücke meine Wange gegen den hölzernen Schaft und spähe durch das Visier. Ein echtes Gewehr, denke ich. »Nehmen Sie sich Zeit«, sagt Tom. »Und dann drücken Sie den Abzug.«

Man kann gar nicht genug betonen, wie lapidar es sich anfühlt, den Abzug zu drücken. »Nicht besonders aufregend«, sagt Tom. Das stimmt. Es ist weniger anstrengend, als eine Karotte zu schneiden, aber das Geräusch klingt, als würde die Decke einstürzen. Ein Gewehr abzufeuern kostet nur etwas mehr Kraft, als eine Frage bei Google einzutippen. Ein Tier eigenhändig zu töten ist dasselbe, wie eigenhändig eine Frage einzutippen – die Technik erledigt die eigentliche Arbeit.

Inzwischen ist auch Peter eingetroffen und wundert sich, dass seine Kugeln alle fehlgehen. Und er beschwert sich darüber, dass die Leute auf Facebook Jäger als »Schweine« bezeichnen.

Wir sind bereit, auf einige lebende Ziele zu schießen. Tom führt mich einen Pfad entlang in den Wald. Drei Hirschkühe schauen auf und laufen sofort davon. Falls sie vorhatten, zurückzukommen, ändern sie vermutlich ihre Meinung, als ich versehentlich auf einen Zweig trete und anschließend einen Hustenanfall bekomme. Sich anschleichen ist damit gescheitert.

Stattdessen fahren wir zu einem Hochsitz – einem kleinen Holzverschlag auf Stelzen, von dem aus man eine schmale Lichtung überblicken kann. Einige Hirsche äsen in der Nähe. Tom sagt, das sei ein gutes Zeichen.

Zwei Muntjaks, die aussehen wie große Nagetiere, tauchen zwanzig Meter entfernt im Farndickicht auf. Die Muntjaks, ostasiatische Zwerghirsche, wurden im 19. Jahrhundert in Großbritannien eingeführt; sie sind so klein, dass sie kaum gejagt wurden, bis sie sich vor einigen Jahrzehnten unkontrolliert zu vermehren begannen. Die beiden vor mir spielen miteinander Fangen. Tom bringt das Gewehr in Position. Das größere Tier ist die Mutter – und wir dürfen nicht auf sie schießen, weil ihr Jungtier dann verhungern würde. Das kleinere ist eine zulässige Jagdbeute. Wir schießen nicht auf Bambis Mutter, sondern auf das Junge selbst. Ich atme tief ein.

Eine Regel bei der Rotwildjagd lautet, dass man nicht schießt, um zu treffen – man schießt, um zu töten. Das ist ein deutlicher Unterschied zur Vogeljagd, wo die Vögel häufig einen Streifschuss erhalten, sodass sie von Hunden erwischt werden oder gerade noch wegfliegen können, um woanders zugrunde zu gehen. Kein Jäger, der etwas auf sich hält, ist glücklich, wenn ein verletztes Tier in den Wald läuft, um dort einen langsamen Tod zu erleiden. Das Ziel ist ein zehn Zentimeter großer Kreis knapp hinter dem Schulterblatt des Tieres. Also müssen wir warten, bis es seine Breitseite zeigt, bevor wir einen direkten Schuss abgeben können. Wenn der Muntjak sich jetzt herumdreht, und mein Schuss präzise sitzt, würde er oder sie nur einen kurzen Schmerz empfinden. Doch das Tier bleibt im Farndickicht, und durch das Visier kann ich nur einen braunen Schatten ausmachen. Ein Rascheln, und es ist weg.

Danach geschieht nichts. Kein Wild taucht auf. Tom und ich sitzen schweigend nebeneinander auf dem Hochsitz, alles was uns verbindet, ist der Dunst altertümlicher Männlichkeit. Vielleicht hat es sich so angefühlt, wenn Väter und Söhne in den 1950er-Jahren gemeinsam Zeit verbracht haben. Eine halbe Stunde verstreicht, dann noch eine, und wir sind unserem Ziel, irgendetwas zu töten, nicht nähergekommen. Wäre dies ein Schlachthof, dann müssten wir Konkurs anmelden. Die Kälte ist so betäubend, dass ich mich frage, ob ich eingeschlafen bin und mich selbst erschossen habe.

Schließlich taucht eine Hirschkuh in einiger Entfernung auf. Ich nehme sie ins Visier, ihre Brust ist direkt in der Mitte des Fadenkreuzes. In diesem Moment fühle ich viel weniger, als ich gedacht hätte. Doch die Hirschkuh ist zu weit entfernt, um einen sicheren Schuss abzugeben. Sie zieht sich in den Wald zurück, und ich verspüre einen Stich, so enttäuscht bin ich. »Wenn sie fünfundvierzig Meter näher gewesen wäre, hätten wir es versucht«, sagt Tom.

Die Kälte ist beißend, und der Himmel verdunkelt sich. Endlich, nach zwei Stunden auf dem Hochsitz, hat Tom genug. »Wir sollten es gut sein lassen, bevor es ganz finster ist.« Tom macht die Kälte, den Regen und den scharfen Wind, der die Rehe vom Äsen abhält, für unseren Misserfolg verantwortlich. Ich nicke nur.

Er fährt mich zurück zu seinem Büro, wo ich ihm ein Bündel Scheine überreiche. Mein Nachmittag auf der Pirsch plus Schießtraining hat 180 Pfund gekostet, recht viel für das Privileg, bibbernd in einem Holzverschlag zu sitzen.

Nachdem ich mich von Tom verabschiedet habe, gelingt es mir nicht, ein Taxi zum Bahnhof zu bekommen. Also trabe ich einen Feldweg entlang, der nur vom Mondlicht erhellt wird. Im Gebüsch neben mir regt sich plötzlich ein Hirsch, sehr viel näher als die, die ich durch das Visier meines Gewehrs gesehen habe.

Im Pub unterhalte ich mich mit einem Dorfbewohner, der mir eröffnet, dass er die Jagd verabscheut – ebenso wie die piekfeinen Snobs, die ihr nachgehen. »Das sind schreckliche Leute, manche zumindest«, sagt er. Das trifft den Nagel so ziemlich auf den Kopf: In Großbritannien ist die Jagd eine Klassenfrage. Genauer gesagt geht es dabei um Besitzverhältnisse – um die Herrschaft über das Land und die Menschen, die darauf leben. Von den Königen des Mittelalters, die den einfachen Leuten verboten, in den Wäldern Rotwild zu jagen, verläuft eine direkte Linie zu den Männern, die noch heute auf riesigen Ländereien jagen. Mir war klar geworden, dass ich es nicht besonders schwierig fand, ein Gewehr in die Hand zu nehmen und eventuell ein Tier zu töten. Was mich daran hinderte, ein Jäger zu werden, war vor allem das Gefühl, dass ich nicht wirklich nach Cornbury Park gehörte, dass die Männer dort nicht meine Freunde waren. Als ich die Tiere ins Visier nahm, begriff ich, was das Jagen ohne Instagram-Filter bedeutete. Es konnte auch einem Zweck dienen – der Wildtierbewirtschaftung.

❖

Warum denken wir, die Jagd sei unmoralisch? Kein Tierfreund sollte das Leid und den Verlust von Leben begrüßen. Oder das Verschwinden ganzer Tierpopulationen. Wir wissen mit ziemlicher Sicherheit, dass die Jagd eine entscheidende Rolle bei der Auslöschung großer Säugetiere spielte, wie den Riesenfaultieren, die so groß wie Elefanten waren. Diese Kreaturen, die bis zum Ende der letzten Eiszeit lebten, waren so gewaltig, so fantastisch, dass ich mir kaum vorstellen kann, wie der Mensch neben ihnen existieren konnte.

Seit das Ungleichgewicht zwischen Jägern und Tieren zugenommen hat, gibt es weniger Argumente, um die Jagd zu verteidigen. Im 19. Jahrhundert wurde die Waffentechnik ständig verbessert, und die Tierpopulationen gingen stark zurück. In Nordamerika löschten Jäger ganze Spezies aus. Millionen von Bisons wurden auf wenige Hunderte reduziert. Wandertauben waren einst die am meisten verbreiteten Vögel auf dem Kontinent, es gab Milliarden von ihnen, die laut Henry David Thoreau dazu fähig waren, ganze Eicheln zu verschlucken. Unkontrolliertes Jagen sorgte dafür, dass sie innerhalb von kaum hundert Jahren ausgestorben waren, die letzte Wandertaube starb 1914 im Zoo von Cincinnati.

Inzwischen zogen britische Kolonialisten in Afrika herum und feuerten auf alles, was ihnen vor die Flinte kam. Roualeyn Gordon-Cumming – ein Eton-Absolvent, der in den 1840er-Jahren durch Südafrika reiste –, brüstete sich auf eine Weise mit seinen Jagderfolgen, die man nur als sadistisch bezeichnen kann. Über das Töten eines Nashorns sagte er: »Ich verpasste ihm eine Kugel zwischen die Rippen, um ihm Manieren beizubringen.« Solche Abenteurer wurden als Helden gefeiert. Sie fanden, dass sie nur Darwins Theorie vom Überleben des Stärkeren anwenden würden. In Wahrheit gab es für ihre Art zu jagen keinerlei Rechtfertigung, sie taten es nur zu ihrer eigenen Unterhaltung. Ein Jäger namens Frederick Selous war zumindest so ehrlich, beschämt zuzugeben, dass riesige Elefanten einfacher zu erlegen seien als die Wildtiere in Großbritannien.

Doch die Jagd war nicht immer eine derartige Verschwendung von Tierleben. Es gab eine Zeit, in der die Menschen ständig Gefahr liefen, von allen möglichen Tieren getötet zu werden, und noch lernen mussten, wie man Getreide anbaut, um sich davon zu ernähren. Die Frage, ob es moralisch richtig war, ein Tier zu töten, stellte sich damals vermutlich nicht. Als die menschlichen Gesellschaften komplexer wurden, entwickelten die Jäger und Sammler eigene Verhaltensregeln und Glaubensvorstellungen. Bei den Yupik in Alaska galt der Mensch nicht als überlegen, sondern den Tieren gleichgestellt. Der Tod der Tiere wurde als Teil einer respektvollen, verantwortungsvollen Beziehung verstanden, die gelegentlich auch Reinkarnation umfasste. In der Mythologie der Yupik hieß es, ein Tier würde zeigen, wenn es zum Sterben bereit sei, und sein Geist sammele sich in seiner Blase, bevor er in eine neue Lebensform überging. Im Winter feierte man deshalb das Blasenfest.

Manche dieser Glaubensvorstellungen und Riten, wie das Blasenfest, existieren noch heute. Die Chipewyans in Kanada sind überzeugt, dass kein Tier ohne seine eigene Zustimmung getötet werden dürfe; dadurch verringert sich die Schuld, die der Mensch auf sich lädt, aber es entsteht auch eine Verpflichtung, die Tiere auf die richtige Weise zu töten, damit sie nicht in Zukunft ihre Zustimmung verweigern. Die richtige Tötungsweise bedeutete nicht immer, dass die Tiere nicht leiden mussten: Die !Kung in der Kalahariwüste erlegten ihre Beutetiere mit vergifteten Pfeilen; für ein Gnu oder eine Giraffe konnte das bedeuten, erst nach einem oder mehreren Tagen zu sterben.

Die Jäger- und Sammlergesellschaften schreiben den Tieren Intelligenz, Intentionen und Stimmungen zu. Sie töten auch Tiere, die für westliche Ökotouristen als tabu gelten – in Amazonien jagen die Yanomami Affen, Tukane und Papageien; in der Kalahari jagen die !Kung Giraffen und Strauße. Damit stellen sie die Kategorisierung der Tiere infrage, die wir im Westen vornehmen. Wir denken, manche Tiere seien zu intelligent, um getötet zu werden; die Jäger und Sammler halten alle Tiere für intelligent, und alle dürfen getötet werden. Überall auf der Welt, von der Arktis bis zum Amazonas, gibt es indigene Völker, für die die Jagd nach wie vor überlebenswichtig ist, weil Landwirtschaft nur bedingt möglich ist. Doch selbst dort ist die Jagd teilweise in Verruf gekommen, weil sie mit den Bedürfnissen der Tiere kollidiert. Die Inuit werden von Tier- und Naturschützern beschuldigt, Wale und Robben auf brutale Weise zu töten, obwohl Greenpeace mittlerweile den Walfang der Inuit unterstützt. Die !Kung jagen heute weniger als früher: Sie müssen sich an die Naturschutzbestimmungen halten und einige Tiere für die Trophäenjäger reservieren. Die Łutsël K'é Dene First Nation in Kanada haben früher überall Karibus vorgefunden; heute jagen sie keine mehr, weil die Zahl der Karibus sich durch den Klimawandel und andere menschliche Aktivitäten so stark verringert hat.

Im 19. Jahrhundert wurden westliche Jäger mit den Verheerungen konfrontiert, die sie mit ihren Gewehren verursacht hatten. Frederick Selous wurde in den 1870er- Jahren zum Naturschützer, nachdem er eingesehen hatte, dass er eine Mitschuld daran trug, dass die Elefanten im südlichen Afrika vom Aussterben bedroht waren. Aus westlicher Sicht sind zwei Aspekte wesentlich für das ethische Jagen: den Tieren Respekt zu zollen, indem man ihnen möglichst wenig Leid zufügt, und Wertschätzung für die Umwelt zu zeigen, indem man das ökologische Gleichgewicht erhält. Unter den ersten, die sich dafür einsetzten, waren Aldo Leopold und Selous' Freund, Theodore Roosevelt.

Leopold, der große amerikanische Naturschützer, ging auf die Jagd nach Wölfen, Kojoten, Hirschen und Vögeln. Für ihn war das Jagen etwas typisch Amerikanisches – eine Reminiszenz daran, wie das Land besiedelt worden war. Sportsmänner hatten kein Publikum, keine Anführer, »keinen Richter außer dem Allmächtigen«. Sie waren ebenso wie Vogelfreunde motiviert von der »berückenden Schönheit« der amerikanischen Landschaft. Er betonte, wie wichtig Mäßigung für einen Jäger war – es konnte ebenso ehrenhaft sein, ein Tier nicht zu schießen, wie es zu schießen – und er selbst zog oft einen selbstgemachten Pfeilbogen einer zuverlässigen Flinte vor.

Für Leopold war die Jagd nicht etwas, das eine Rechtfertigung brauchte. Sie war eine der »biologischen Grundlagen der menschlichen Natur«. Außerdem schuf sie eine Bindung der Menschen zu ihrem Land. »Jedes Gebiet ist ein Jagdgebiet, ob es nun zwischen dir und dem Bordstein liegt, oder in den unendlichen Wäldern, die sich durch Oregon ziehen«, sagte er. So viele Menschen wie möglich sollten auf die Jagd gehen: Leopold beschwerte sich darüber, dass das Jagen sich in Europa auf die Oberschicht beschränkte, wenn es doch vielmehr das »Recht des armen Mannes« sein sollte. Heute sind neun von zehn amerikanischen Jägern Männer, und 97 Prozent von ihnen sind weiß. Doch im Gegensatz zu Großbritannien gehören die Jäger ganz unterschiedlichen Schichten an – es sind genauso viele College-Absolventen darunter wie Menschen ohne Abschluss, manche verdienen 30000 US-Dollar im Jahr, andere über 150000 US-Dollar.

Die Vorstellung, dass ein großer Naturschützer auch ein leidenschaftlicher Jäger sein kann, lässt sich im 21. Jahrhundert nur noch schwer vermitteln. Stellen Sie sich nur vor, wie David Attenborough zwischen seinen BBC-Reportagen seine Flinte abstaubt, oder wie Jane Goodall mit einer toten Giraffe auf Facebook posiert. Auch vor hundert Jahren war das Thema nicht unumstritten. John Muir, der andere führende Naturschützer der Epoche, schrieb 1903: »Mr. Roosevelt, wann überwinden Sie endlich diese kindische Lust am Töten?« Teddy Roosevelt war bekannt dafür, ständig auf irgend etwas zu schießen. Mark Twain, der zwar Republikaner war, aber dennoch Roosevelt für den schlechtesten Präsidenten in der Geschichte Amerikas hielt, beschrieb in einer Satire, wie Teddy mutig einen Bären verfolgt, der sich schließlich als Kuh entpuppt. Doch Roosevelt und seiner Vorliebe für die Jagd ist es zu verdanken, dass 93 Millionen Hektar Land in Naturschutzgebiete umgewandelt wurden. Heute liefern Jagd- und Angellizenzen – plus Steuern auf Waffen, Munition, Ausrüstung zum Bogenschießen, Angelgeräte und Bootsbenzin – fast 60 Prozent des Budgets der staatlichen Naturschutzbehörden, die 188 Millionen Hektar Land verwalten.

Roosevelt war auch das Vorbild für den Stoffteddy, nachdem ein Cartoon erschienen war, in dem er einen jungen Bären, den er auf einem Jagdausflug in Mississippi mit dem Lasso gefangen hatte, die Freiheit schenkte. Der Cartoon illustrierte den Jägerkodex der Mäßigung, obwohl der reale Bär von einem Mann aus Roosevelts Entourage kurzerhand mit dem Messer erstochen worden war. Dennoch kann kein Zweifel daran bestehen, dass Roosevelt, wie Leopold, ein großer Naturfreund war. Er verabscheute Grausamkeit gegenüber Tieren, hatte eine Vorliebe für Naturkunde und begrub seine Haustiere auf einem eigens dafür eingerichteten Friedhof.

Verantwortungsvolle Jäger wollen sich selbst davon überzeugen, dass jedes Tier eine Chance hat, zu entkommen. Sie sehen es als unethisch an, Rotwild zu stellen, indem man es mit einem Scheinwerfer anstrahlt, sodass die Tiere auf der Stelle erstarren, was in den meisten Staaten der USA illegal ist. Heutige Jäger – die GPS, Nachtsichtgeräte und Gewehre zur Verfügung haben, die auf 500 Meter ins Ziel treffen – fragen sich manchmal, ob sie nicht zu sehr im Vorteil sind. Das ist nicht nur eine Gewissensfrage, sondern betrifft ebenso die Wildtierbewirtschaftung und die Weidgerechtigkeit. Beim ethischen Jagen geht es nicht nur darum, was man tötet, sondern auch darum, wie man es tut.

Die Blaupause für ethisches Jagen sieht also folgendermaßen aus: Jagen ist ein Mittel, um das Land und die Wildtierpopulationen zu schützen. Es ist weder blutrünstig noch einfach. Es bedeutet, die Natur wertzuschätzen. Die Tiere werden möglichst schmerzfrei getötet. Um *Bambi* wirklich zu verstehen, müsste man wissen, ob seine Mutter einen weidgerechten Tod starb, ob der Rotwildbestand bedroht war und ob das Waldgebiet Gefahr lief, gerodet und in Anbauflächen umgewandelt zu werden, wenn es nicht mehr als Jagdrevier galt. Vermutlich würde Netflix sich nicht gerade um die Filmrechte reißen.

Ich wollte herausfinden, ob Leopold und Roosevelts Erbe noch immer lebendig war. Deshalb schickte ich eine E-Mail an eine Firma namens Diana Hunting Tours, die sich selbst als »der größte Veranstalter von weltweiten Jagdreisen« bezeichnet. Kritiker finden das verwerflich. Die Firma bietet Jagdreisen auf sechs Kontinenten an: von der Bisamjagd in Grönland (Kostenpunkt: 4695 US-Dollar für drei Tage) bis zur Großwildjagd in Simbabwe (14495 US-Dollar für fünf Tage). Sie versichert, dass es dabei »ethisch« und »nachhaltig« zugehe; einige Jagdreisen werden explizit mit dem Slogan »Den Tieren zuliebe« beworben. Ein paar Tage später hatte ich einen Trip nach Polen gebucht.

❖

Die Ferien für Psychopathen beginnen am Berliner Hauptbahnhof. Jens Høgh, ein drahtiger Mann mit einem drahtigen Bart und Khakihosen wartet unter einem großen McDonald's-Schild auf mich.

Schon bald dämmert mir, dass Jens der passionierteste Jäger ist, den ich jemals getroffen habe. Auf der sechsstündigen Fahrt von Berlin zu unserer Hütte in Polen spricht er pausenlos von der Jagd. Zumindest nehme ich das an, denn ich verschlafe einen Teil der Reise.

Im vergangenen Jahr hat er nur knapp eine Lungenembolie überlebt: »Der Arzt sagte, er könne gar nicht verstehen, dass ich noch am Leben bin« – und diese Erfahrung hat ihn dazu gebracht, sich von nun an der Aufgabe zu widmen, den Menschen ein besseres Verständnis von der Jagd zu vermitteln. Er erzählt, wie er bei sich zuhause in Schweden Schwarzwild gejagt hat, von einem schwierigen Elefanten in Simbabwe und von der Giraffenjagd in Namibia. Eine Giraffe, sagt er, sei nur »eine Menge Fleisch, das eine komische Form hat.«

Aus Jens' Sicht waren die Jäger auf die negativen Reaktionen, die der Abschuss von Cecil, dem Löwen, hervorrief, nicht vorbereitet. Sie hatten nicht vorhergesehen, wie eine Generation, die mit niedlichen Tiervideos aufgewachsen war, auf die Bilder von Jägern mit toten Tieren reagieren würde. »Die Jäger bildeten eine geschlossenen Gemeinschaft. Man kommunizierte überhaupt nicht mit Nicht-Jägern … Noch vor zwei Jahren fotografierten sich alle Jäger mit ihren Trophäen. Niemand machte sich darüber Gedanken. Die einzigen, die diese Bilder zu sehen bekamen, waren ebenfalls Jäger. Heute sind 99 Prozent der Leute, die sie zu sehen bekommen, keine Jäger. Die Jäger begreifen langsam, dass sie ihre Fotos nicht mehr in den sozialen Medien posten sollten.«

Also nahm Jens den Kampf mit den Jagdgegnern auf. Er hat sich als Auktionator für Großwild versucht und einen offenen Brief an prominente Jagdgegner geschrieben – wie Trevor Noah, Ricky Gervais und Kevin Pietersen –, und gefragt, ob sie ein südafrikanisches Nashorn retten wollten (Eröffnungsgebot: 680000 US-Dollar). Er bekam nicht eine Antwort, sagt Jens, und scheint ehrlich überrascht zu sein.

Jens ließ sich nicht beirren und schrieb eine größere Gruppe von Tierfreunden an – darunter Lewis Hamilton, Ed Sheeran und Boris Johnsons Lebensgefährtin Carrie Symonds –, um ihnen mitzuteilen, dass sie zehn namibische Giraffen retten könnten, wenn sie die Jäger überbieten würden. Wie nicht anders zu erwarten, bekam er wieder keine Antwort. Für Jens war das der Beweis für seine These: »Niemand will eine alte Giraffe haben. Warum auch? Was soll man damit anfangen?« Er fuhr wie geplant nach Namibia und schoss mit seiner Gruppe die zehn Giraffen ab.

»Ich will niemanden dazu bringen, die Jagd zu lieben. Aber ich finde, dass die Leute sie akzeptieren oder eine Alternative finden sollten. Es gab schon immer Menschen, die gegen die Jagd waren, also hätten sie sich mittlerweile eine andere Methode ausdenken können.«

Das Jagen wurde Jens nicht gerade in die Wiege gelegt. Er wuchs in Dänemark auf, wo sein Vater, ein Ingenieur, in einem Anfall von Nostalgie ein kleines Stück Land erwarb, seinem Sohn jedoch verbot, dort auf die Jagd zu gehen. Jens beschäftigte sich zunächst damit, Tiere zu fotografieren, bis er sich eines Tages mit einem alten Landarbeiter unterhielt, der für seinen Vater arbeitete. Seine Neugier war geweckt, er wartete, bis sein Vater das Grundstück verließ, nahm sich seine Flinte und brachte sich selbst bei, wie man Wild schießt. Er war elf Jahre alt; vier Jahre später war er ein registrierter Jäger.

»Sobald ich meine Lizenz hatte, wilderte ich auf der Farm meines Vaters. Mein Vater diskutiert gern, also hatten wir einige hitzige Auseinandersetzungen«, erinnert sich Jens. Während seine Begeisterung zunahm, verhärtete sich die Position seines Vaters. Høgh Senior ging sogar so weit, vollständig auf Fleisch zu verzichten, um seinen Standpunkt zu untermauern. Doch es half alles nichts. Seinen Sohn hatte das Jagdfieber gepackt.

Jens, der heute 48 ist, hat nach eigener Schätzung 2000 Tage auf der Jagd verbracht – also etwa fünfeinhalb Jahre. »Es ist mehr ein Lebensstil als nur ein Sport«, sagt er. Die Jagd als Sport zu betrachten, sei »typisch für Briten und Amerikaner«.

Wir sind nach Polen gereist, um uns einer Gruppe von schwedischen Jägern anzuschließen, die eine ansehnliche Summe bezahlt haben, um drei Tage lang Jagd auf Schwarz- und Rotwild zu machen. Eine Treibjagd ist geplant: Die Jäger nehmen ihre Posten ein, während die Treiber mit ihren Hunden das Wild aufscheuchen und den Jägern vor die Flinten treiben.

Eine Überpopulation von Schwarzwild beeinträchtigt das Ökosystem, außerdem birgt sie Gesundheitsrisiken für Nutztiere und Menschen. Die afrikanische Schweinepest droht sich auszubreiten, daher hat die polnische Regierung – der das fast 10000 Hektar große Areal gehört, auf dem wir uns befinden – beschlossen, die Wildschweine zum Abschuss freizugeben. Es hat sich erwiesen, dass die Sportjagd nicht sonderlich hilfreich bei der Dezimierung von Populationen ist: Die Wildschweine lernen rasch, wie man den Jägern ausweicht und über die nahegelegenen Felder entkommt. Weil die Jäger einen schnellen Abschuss machen wollen, haben die Landbesitzer dafür zu sorgen, dass genug Wildschweine vorhanden sind. Doch in diesem Fall besteht tatsächlich ein Grund, die Wildschweine zu töten.

»Sie sind überall«, sagt Hubert – ein großer Mann mit einem Klemmbrett und der Organisator der Jagd. Hubert macht kein Hehl aus seiner Abneigung gegen die »Ökoterroristen«, die Regierung und jeden anderen, der sich anmaßt, mehr über das Forstmanagement zu wissen als er.

Außerdem ärgert sich Hubert über das Abschussverbot für Wölfe, deren Zahl in Polen zunimmt. »Sie kommen eher davon, wenn Sie versehentlich einen Treiber erschießen als einen Wolf!« Er berichtet von einem Treiber, der vor drei Wochen von einer Kugel getroffen wurde, die vermutlich von einem Felsen abgeprallt ist. Trotzdem würde ich vermutlich eine bessere Überlebenschance als die Wildschweine haben.

An unserem ersten Standplatz werde ich einem Mann namens Erland zugeteilt, der seinen tarnfarbenen Rucksack abnimmt und als erstes seine Position zwischen den überfrorenen Blättern absteckt. Wir stehen schweigend da und warten auf das Eintreffen der Tiere.

Eine Bache, die deutlich größer ist als ich erwartet habe, taucht in fünfzig Metern Entfernung auf. Sie zögert, bleibt hinter einem Baum stehen und trabt davon. Sechs, sieben Frischlinge folgen ihr, nicht zu weit entfernt für einen Schuss von Erland. Der Mann, der sich hundert Meter weiter hinten positioniert hat, versucht sein Glück. Auf den lauten Gewehrschuss war ich nicht vorbereitet. Er dröhnt dumpf in meinen Ohren. Wie muss sich da erst der Treffer einer Kugel anfühlen!

Zwei weitere Schüsse kommen aus der entgegengesetzten Richtung, dann die Nachricht über Funk, dass ein Keiler erlegt worden ist. Wir wandern hinüber und sehen uns den Kadaver an – ein großes graues Tier mit dem blutigen Maul eines Boxers und einem Einschussloch zwischen den Augen. Der Schuss hat das Tier getroffen, aber es ist trotzdem weitergerannt, bis Peter einen weiteren Schuss auf seine Brust abfeuerte. »Es dauert dreißig Sekunden, bis sie merken, dass sie tot sind«, erklärt Jens. Er zeigt mir, wie man den Tod des Tiers feststellt, indem man ihm ins Auge pikt.

Der Körper dampft noch. Der Keiler ist der Länge nach aufgeschnitten und ausgeweidet worden. Ein blutiges Tier ist kein schöner Anblick. Doch der wilde Keiler ist weniger grausig als die Körper, die ich im Schlachthof und in der Schweinezucht gesehen habe. Er sieht aus wie ein echtes Tier – ein wohlproportionierter, haariger Keiler, der seinen Vettern, die zu kleinen Fleischzeppelinen domestiziert worden sind, in keiner Weise ähnelt.

Wir kommen zum nächsten Standplatz, und alles wiederholt sich. Wir stellen uns in einer Reihe auf, in jeweils fünfzig Metern Abstand, und warten darauf, dass die Tiere sich zeigen.

Der Himmel ist blau, das überfrorene Laub knirscht unter den Füßen. Um uns herum stehen Buchen und Eichen. Wir befinden uns nicht wirklich in der Wildnis – in der Ferne kann man Motorsägen und Verkehrsgeräusche hören, der Wald ist von Trampelpfaden durchzogen. Aber es bleibt einem viel Zeit, um über die großen Fragen nachzudenken. Zu denen in meinem Fall auch die Frage gehört, warum ich nicht ein zweites Paar Socken angezogen habe.

»Treibjagden sind sehr populär geworden. Sie sind abwechslungsreich und spannend«, sagt Erland, während wir bei einem Baumstumpf warten. Zugegeben, es ist nicht so aufregend wie ein Fußball-Match oder ein interessantes Gespräch. Doch ich verspüre eine stille, existenzielle Verbindung mit der Natur um mich herum. Diese Welt habe ich jeden Tag ausgesperrt, als ich in der Zeit vor der Corona-Pandemie zur Arbeit ins Büro ging. Diese Welt ist es, von der die menschliche Existenz abhängt. Meine Sinneswahrnehmung – Hören, Riechen und Sehen – ist gesteigert, ich bin viel aufmerksamer als bei einer Wanderung. Während ich dort im Wald stehe und auf die Tiere warte, überkommt mich plötzlich die Erkenntnis, dass jedes Leben einen Anfang und ein Ende hat, und jedes Handeln Konsequenzen nach sich zieht. Die Jagd hat einen Sinn, wenn sie auf die richtige Weise betrieben wird.

Die größte Ähnlichkeit zwischen der Jagd und dem Krieg ist vermutlich das Herumstehen und Warten. Wir hören ein Rascheln, und eine Gruppe Rothirsche taucht zwischen den Bäumen auf. Eins, zwei … insgesamt zehn, mit großen Geweihen – alle in dieser Saison nicht mehr zum Abschuss freigegeben. Sie springen eilig durch die Büsche auf ein nahe gelegenes Feld, dort angekommen, verlangsamen sie ihren Lauf und wirken sichtlich erleichtert.

Wir klapperten noch einige weitere Standplätze ab. Jedes Mal, wenn einer der Jäger einen Keiler schoss, hob Hubert einen Zweig auf, brach ihn entzwei, steckte ein Ende dem Keiler ins Maul und gab das andere dem Jäger. Diese mitteleuropäische Tradition wird »der letzte Bissen« genannt. Natürlich hat der Zweig keinerlei Bedeutung für das Wildschwein, doch er zeigt eine Form von Respekt, die man in der Viehzucht vergebens sucht.

Innerhalb von drei Stunden haben die elf Jäger nur drei Keiler geschossen. Dagegen wirkt Online-Dating richtig effektiv. Wir haben jedenfalls nicht viel zur Dezimierung des Schwarzwilds oder gegen die Verbreitung der Schweinepest beigetragen. Zu meiner Überraschung scheinen die Männer gar nicht verärgert zu sein – auch diejenigen nicht, die nichts geschossen haben. Es gehört dazu, dass man nicht im Voraus weiß, ob man Glück haben wird.

Die Kadaver werden in einem kleinen grünen Metallanhänger zurückgebracht. Das Bein eines Keilers wird dazu verwendet, den Bauch des nächsten offenzuhalten, damit die Körper abkühlen können. Zurück im Basislager werden die Wildschweine abgeladen und auf ein Bett aus Kiefernzweigen gelegt. Einer der Männer posiert neben seiner Beute, ein anderer benutzt seinen Stiefel, um die wertvollen Hauer des Keilers freizulegen. Diese Männer sind weder Psychopathen noch Tierschützer. Die Stimmung ist fröhlich, aber nicht ausgelassen – wie bei einem Cricketmatch oder einer Hochzeitsfeier auf dem Land.

Zurück in der Hütte trifft die Gruppe eifrige Vorbereitungen für die abschließende Feier. Einer der Männer hat ein Plastikschild an seine Schlafzimmertür gehängt: »Achtung, betrunkene Männer!« Ein anderer zieht eine Literflasche Wodka mit Zitrone hervor und stimmt in den Gesang von *Wham*-Songs ein. Ein dritter bemerkt, jeder Kerl, der verstehe, wie Frauen ticken, sollte einen Nobelpreis bekommen; wenn er seiner Frau seine Stimmungslage mitteilen wolle, würde er den passenden Song dazu suchen und ihn ihr auf seinem iPhone vorspielen. Ein vierter erklärt, 90 Prozent der besten Scharfschützen im Kriegseinsatz seien Jäger, weil sie »die Linie bereits überschritten« hätten – eine Aussage, von der sich ein fünfter schnell distanziert.

Die Jäger wussten mehr über den Wald als ich, und trugen mehr zu seiner Erhaltung bei. Drei Tage Jagen kosteten jeden von ihnen über 2000 Pfund; jeder erlegte Keiler noch etwa 800 Pfund zusätzlich, je nach Gewicht. Tony, ein Liverpool-Fan, der einen der Keiler erlegt hat, sagt, ihm sei vor allem der Moment im Gedächtnis geblieben, als die Rothirsche über das Feld davongerannt waren. Mehrere Männer beschweren sich lautstark über die britischen Vogeljäger, die keine physischen Anstrengungen auf sich nehmen. »Das ist Abschießen, nicht Jagen. Das ist ein großer Unterschied«, sagt einer von ihnen.

Auch diese Jagd verläuft nicht ganz schmerzfrei. Am nächsten Tag kippen die Männer kurz vor dem Frühstück um sechs Uhr morgens bereits ein paar Jägermeister. Als der Morgennebel sich lichtet, haben wir unsere Position oberhalb einer Bodensenke eingenommen. Doch es bleibt kaum Zeit, um die Schönheit des Waldes zu genießen. Einer der Jäger – ein etwas unsicherer Schütze – hat einen Keiler getroffen, ihn aber nicht getötet. Das Tier liegt neben dem Waldpfad und krümmt sich vor Schmerz, ein Hund hat sich in seinen Hinterlauf verbissen. Hubert geht hinüber und schneidet dem Keiler die Kehle durch. Der Körper zuckt weiter, die Hinterläufe in einem mittlerweile unmöglichen Impuls, in einen Galopp zu verfallen, der Kopf gesenkt, wie um zu fressen.

Für mich hat der verstörendste Moment der Jagd nichts mit Blut zu tun. Als ich mit den Treibern gehe, die die Tiere in das Blickfeld der Jäger scheuchen, fühle ich mich verantwortlich für das, was hier geschieht: Wildtiere werden in den Tod getrieben. Man kann argumentieren, dass die Jagd im Interesse der Tierpopulation ist, aber man ist verantwortlich dafür, welches individuelle Tier zufällig überlebt und welches nicht. Wir schlagen uns durch die Büsche und stoßen dabei wiederholt laute Schreie aus. Dann vernimmt man das Scharren von Füßen, das Rascheln von Laub, und das Herannahen des Todes. Es fühlt sich nicht unbedingt falsch an, aber doch bedrückend.

Warum gehen Menschen auf die Jagd? Gegner vermuten, die Jäger hätten ein psychologisches Problem. Forscher haben versucht, die Trophäenfotos der Jäger, auf denen sie grinsend neben der erlegten Beute stehen, daraufhin zu analysieren, wie echt dieses Grinsen ist. Sie haben sich die evolutionären Gründe für die Lust am Jagen angesehen. Die Resultate waren wenig erhellend. Ist Jagen eine Aktivität, die den sozialen Rang erhöht oder die eigene Attraktivität steigert, wie es auch bei der Haustierhaltung vorkommt? Beim Stamm der Meriam in Australien haben erfolgreiche Jäger mehr Kinder und Frauen als andere Männer. Gibt es einen Zusammenhang zwischen dem Jagen und soziopathischen Tendenzen, wie beispielsweise dem Bedürfnis, Tieren Schmerz zuzufügen? Falls dem so sein sollte, haben wir keine Belege dafür.

Ich kann nur sagen, dass die schwedischen Jäger mir nicht wie verhaltensgestörte Psychopathen vorkamen. Sie waren keinesfalls besessen von Grausamkeit oder Blutdurst. Sie rechtfertigen ihr Tun damit, dass sie sich gerne draußen in der Natur aufhalten und dass das Töten ökologisch notwendig ist.

Und es ist eine Frage der Männlichkeit. Studien zum Jagdverhalten der Schimpansen zeigen, dass die Männchen 70 bis 98 Prozent der Beute erlegen. Bei den menschlichen Jägern ist es ähnlich, auch wenn es dabei selten um brachiale Gewalt geht. (Selbst bei den Jägern und Sammlern besteht der schwierigste Teil der Jagd oft im Aufspüren der Tiere.) In der Kalahariwüste darf ein !Kung-Mann nicht eher heiraten, bis er ein großes männliches und ein weibliches Tier auf rituelle Weise getötet hat. Frauen gelten als Unglücksbringer: Ein Pfeil, der von einer Frau berührt wird, trifft kein Tier mehr, genauso wenig wie ein Mann, der in der Nacht vor der Jagd Sex mit einer Frau hatte. Natürlich tragen die Frauen bei den !Kung viel zur Nahrungsbeschaffung bei, aber das betrifft vor allem Gemüse, nicht Fleisch. Die Anthropologin Lorna Marshall hat in den 1970er-Jahren beobachtet, wie die Frauen einen Siegestanz aufführten, wenn die Männer einen erlegten Strauß nach Hause brachten. »Ich wage zu behaupten, dass die Frauen nicht auf diese Weise begrüßt werden, wenn sie mit Gemüse zurückkommen«, sagte sie dazu. Etliche Jahrzehnte später klingt das noch immer plausibel. Dennoch war die Jagd nicht immer eine Männerdomäne. Die Funde in über 7000 Jahre alten Begräbnisstätten in Nord-und Südamerika belegen, dass zwei Fünftel der Frauen mit Jagdwaffen bestattet wurden. Wenn die Jagd in der heutigen westlichen Kultur ethisch und gemeinschaftlich sein soll, dann muss sie auch weniger machohaft werden.

Ich verließ Polen in dem Gefühl, dass das Jagen nichts für mich war. Ich kann mir andere Vorwände dafür ausdenken, um mich zu betrinken. Doch ich hatte mich der Natur näher gefühlt als in vielen Monaten zuvor. Ich hatte ihr gelauscht und sie beobachtet, so wie es Leopold ein Jahrhundert früher getan hatte.

Ich habe Respekt für das Jagen entwickelt. Es gibt Sportarten wie

Rugby und American Football, von denen ich nicht wollen würde, dass meine Kinder sie ausüben, weil sie grundsätzlich gefährlich sind. Und es gibt Sportarten wie das Boxen, die meiner Meinung nach einfach verboten werden könnten. Und dann gibt es Sportarten wie den Stierkampf, die so blutrünstig sind, dass ich mir nicht vorstellen kann, wie irgendjemand Gefallen daran findet. Das Jagen – zumindest, was ich davon erlebt hatte – ist da schon besser. Wenn es notwendig und weidgerecht ist und eine Verbindung mit der Natur schafft.

Auf der Rückfahrt nach Berlin erzählt Jens mir, wie das Jagen ihm dabei geholfen hat, sich von seiner Embolie zu erholen. »Ich habe keine Angst vor dem Tod. Ich habe keine Angst vor gar nichts«, sagt er.

Für die Jäger war es nicht brutal, den Keiler zu töten. Es war noch nicht einmal erschreckend. »In der modernen Gesellschaft wird von einem erwartet, den Tod als etwas Böses und Hässliches zu sehen«, sagt Jens.

Die *Bambi*-Mentalität schürt die Hoffnung, dass der Tod vermeidbar sei. Die Jäger wussten es besser.

❖

Wenn Tiere die Fähigkeit haben, Schmerz zu empfinden, Entscheidungen zu treffen und soziale Beziehungen aufzubauen, dann hat ihr Tod eine Bedeutung. Die Welt verliert ein lebendiges Wesen, die anderen Wildschweine einen Kameraden. Ich versuchte, mich in die Lage des Keilers zu versetzen und mir vorzustellen, was er an diesem Morgen empfunden haben könnte. Wenn die Jäger eine Bache töten, dann töten sie auch ihre Frischlinge, damit sie nicht verhungern. Doch etwas wird bleiben, jemand wird ihre Abwesenheit spüren.

Es gibt Menschen, die glauben, ein Tier zu töten sei grundsätzlich falsch. Das gilt vor allem bei den Jains, einer Religionsgemeinschaft, die dem Hinduismus nahesteht und für die jedes Tier eine spirituelle Qualität besitzt. Fromme Jains sind nicht nur Vegetarier oder Veganer – sie essen weder Kartoffeln, Knoblauch noch anderes Wurzelgemüse, weil diese Pflanzen damit am Nachwachsen gehindert würden. Sie bewahren ihre Lebensmittel in luftdichten Verpackungen auf, damit keine Fliegen angezogen werden, nach denen sie vielleicht schlagen könnten, und sie fahren nicht mit dem Auto, um keine Insekten zu zerquetschen. Außerhalb Indiens begegnet man nur sehr selten einem Jain-Mönch oder einer Jain-Nonne, weil sie keine motorisierten Verkehrsmittel besteigen. Doch einige Angehörige hatten eine Sondererlaubnis bekommen, um an der London School of Oriental and African Studies zu studieren, und ich machte mich auf den Weg, um eine von ihnen zu besuchen. Die Nonne wohnte in einem Gebäude im Norden von London, das früher als regionale Niederlassung der Football Association diente. Es war April, aber die Zentralheizung war voll aufgedreht, die Weihnachtskarten standen noch auf dem Kaminsims, und es herrschte eine surreale Atmosphäre.

Pratibha begrüßte mich in einer weißen Robe. »Ich war eine Katze, ich war ein Hund. Es gibt keine Lebensform im Universum, als die wir nicht wiedergeboren werden können«, erklärte sie mir. »Im Lauf der Zeit haben wir schon sehr viele Lebensformen durchlaufen.«

Pratibha erzählte mir, dass einer der Jains dabei war, sich zu Tode zu fasten. Er hatte beschlossen, dass seine Zeit gekommen war, nahm keine Nahrung mehr zu sich und hielt sich von anderen Menschen fern. »Es könnte zwei Tage dauern, oder vier, oder vierzehn«, sagte Pratibha. »Er nimmt nicht einmal mehr Augenkontakt auf.« Ich bemühte mich, mein Entsetzen zu verbergen. Dann wechselten wir das Thema und sprachen über Massentierhaltung und ihre Hoffnung auf spirituelle Befreiung.

Seit ich Pratibha begegnet bin, staune ich über die Hingabe der Jains. Außerdem ist mir klar geworden, warum nur ein Prozent der Inder dieser Religion angehören. Gewaltlosigkeit (*ahimsa*) in ihrer reinsten Form macht eine Teilhabe an der modernen Gesellschaft fast unmöglich. Selbst die frommsten Jains zertreten gelegentlich ein Insekt, und sie akzeptieren, dass sie nicht viel dagegen tun können.

Der Jainismus scheint mir eher ein Streben nach Güte zu sein als eine praktizierbare Alternative. Er bietet keine Antwort auf die ökologische Realität in einer von Menschen beherrschten Welt. In den Niederlanden, wo die Jagd auf Gänse verboten wurde, kämpfen die Behörden mit überproportional ansteigenden Zahlen der Vögel, die das Getreide von den Feldern wegfressen und eine Gefahr für den Flugverkehr darstellen. Infolgedessen müssen sie nun eine halbe Million Gänse töten – mit Gas; das Jagdverbot bleibt in Kraft. Manchmal kann man nur vermeiden, ein Tier zu töten, wenn man keinem einzigen Tier mehr begegnet, und das wäre genau die Welt, die wir nicht wollen.

Gandhi, der ebenfalls vom Jainismus beeinflusst war, unterschied zwischen wahrem *ahimsa* und blindem Glauben: Echte Gewaltlosigkeit konnte daher auch bedeuten, Tiere zu töten, damit sie nicht verhungerten. Vielleicht haben wir eher die Möglichkeit, echte Gewaltlosigkeit zu erreichen, wenn wir darüber nachdenken, wie abhängig Ökosysteme von Populationskontrolle sind.

Jagen ist mit Schmerz verbunden. Ich weiß noch, wie der Keiler sich auf dem Boden gekrümmt hat, bevor ihm die Kehle durchgeschnitten wurde. Ich konnte mir vorstellen, dass es noch schlimmer gewesen wäre, wenn er gar nicht existiert hätte, weil sein Wald zerstört worden war, oder wenn er von einem Wolf in Stücke gerissen worden wäre. Dennoch trägt ein Jäger Verantwortung. Der Safari Club International wirbt mittlerweile mit Alternativen wie Handfeuerwaffen und Armbrüsten. Die Jäger stellen ihre Begeisterung für Neuheiten über den Respekt vor den Tieren.

Das Töten löst Dominoeffekte aus. Bei den Elefanten haben ältere Tiere eine wichtige soziale Funktion innerhalb der Gruppe. Nachdem alte Bullen im Addo Elephant National Park getötet worden waren, stellten die Forscher eine Zunahme der Mortalität unter den männlichen Tieren fest, hinzu kamen abgebrochene Stoßzähne und Stichwunden. Einer der Bullen versuchte, sich mit einem Nashorn zu paaren. Das Töten der alten Bullen hatte die jüngere Generation um ihre Vorbilder gebracht.

Selbst Beutetiere können unter der Jagd leiden. Schließlich entspricht es nicht der natürlichen Ordnung, dass sie *von uns* gejagt werden. Rot- und Rehwild zeigen mehr Anzeichen von Stress, wenn sie in Gebieten leben, in denen sie häufig Begegnungen mit Menschen haben, als wenn sie von ihren natürlichen Fressfeinden gejagt werden. Hatten die Tiere in Polen Angst vor uns? Mir kam es so vor. Ein Keiler blieb zögernd stehen, ein jüngerer lief im Zickzack vor den Hunden davon. Das Rotwild, das die Jäger während der Schonzeit nicht schießen durften, wirkte erleichtert, von uns wegzukommen.

Tiere scheinen ein feines Gespür für Jäger zu haben. Eine Frau erzählte mir, das Rotwild auf ihrem schottischen Anwesen würde zu den Futterraufen zurückkehren, sobald die Jagdsaison Ende Oktober vorüber sei. »Sie sind zehn bis zwölf Jahre alt, und sie wissen genau, wann die Saison vorbei ist.« Ich habe eine Geschichte über einen schwedischen Jäger gehört, der eine Motorsäge mit in den Wald nahm, weil er glaubte, die Elche hätten gelernt, dass sie die Holzfäller nicht zu fürchten brauchten. In Kenia können Elefanten die Massai, die sie mit Speeren angreifen, an der Farbe ihrer Kleidung von anderen Einheimischen unterscheiden.

Auch wenn das Jagen dazu beiträgt, das ökologische Gleichgewicht zu erhalten, verändert es die Tiere. Als Darwin auf die Galapagos-Inseln kam, bemerkte er, ein Gewehr sei »eigentlich entbehrlich, denn ich stiess einen Falken mit dem Flintenlauf von einem Baume herunter«. Indem wir auf Tiere Jagd machen, selektieren wir diejenigen unter ihnen, die uns vertrauen: Wir lehren ganze Spezies, uns zu fürchten. Weil Jäger die größten Tiere erlegen, können sie dazu beitragen, dass die Körpergröße der Tiere innerhalb einer Population abnimmt. In Kanada ist es verboten, eine Bärin mit Jungen zu erlegen. Infolgedessen bleiben die Bärinnen nun ein Jahr länger bei ihren Jungen, weil sie sich damit selbst schützen.

Ein kontrafaktisches Gedankenspiel war besonders ernüchternd für mich: Wenn eine Superspezies einen Blick auf unseren Planeten werfen und beschließen würde, die Lebensformen zu dezimieren, deren Populationszahlen außer Kontrolle geraten sind, wären wir dann nicht die ersten, die ins Fadenkreuz genommen würden? Würden wir es hinnehmen, wenn einer unserer Nachbarn auf dem Weg zum Einkaufen von ihnen herausgepickt werden würde, nur um das ökologische Gleichgewicht zu erhalten? Bis die intelligenten Monsterroboter aus der Google-Zentrale ausbrechen, sind wir die einzigen, die Waffen besitzen. Wir sind die einzige Spezies, die über Ökosysteme im Ganzen nachdenken kann, und wir haben die Verpflichtung, die Wildtierpopulationen zu schützen.

Tiere zu lieben kann nicht heißen, sich eine Fantasiewelt auszumalen – ohne Leid oder Tod. Es geht darum, unsere Bedürfnisse mit dem Tierwohl und der Artenerhaltung in Einklang zu bringen. Wir müssen nicht jagen, um uns zu ernähren. Wenn wir Wert auf Rot- und Schwarzwild legen, können wir zulassen, dass diese Tiere sich vermehren. Wenn wir aber die Waldfauna insgesamt wertschätzen, dann müssen wir ihre Anzahl beschränken. Wenn andere Leute gewillt sind, tausende Euro dafür zu bezahlen, dass Wildtierpopulationen reguliert werden, dann habe ich keine grundsätzlichen Einwände. Es gibt allerdings ein noch besseres Argument für das Jagen: Es schützt die Lebensräume, in denen Tiere gedeihen können.

❖

Der Löwe Cecil ging elendig zugrunde. Wäre er mit einem Gewehr in die Brust getroffen worden, wäre er vermutlich sofort gestorben. Aber sein Mörder Walter Palmer benutzte eine Armbrust, eine deutlich unpräzisere Waffe. Ein guter Jäger kann ein Tier mit einem Großkalibergewehr aus 300 Metern Entfernung erlegen; Palmer traute sich zu, mit einer Armbrust aus bis zu 100 Metern Entfernung einen Treffer zu landen. Aus ungeklärten Gründen verfehlte er sein Ziel. Der Todeskampf des Löwen dauerte mehrere Stunden.

Doch die Empörung über Cecils Tod – die viralen Postings, die Petitionen, die Demonstrationen vor Walter Palmers Zahnarztpraxis in Minnesota – hatte etwas Willkürliches. Cecil, der im Hwange Nationalpark in Simbabwe lebte, war nicht der erste Löwe, der in diesem Gebiet getötet wurde: 65 Löwen wurden dort zwischen 1999 und 2015 erlegt. Forscher hatten Cecil mit einem GPS-Halsband ausgestattet. Als ein Elefant, der ebenfalls einen Sender trug, in Botswana von Jägern erschossen wurde, wurde die Nachricht unterdrückt.

Der Aufschrei über Cecil wurde außerdem von einigen Missverständnissen befeuert. Dazu gehört vor allem die Annahme, dass Cecils Tod die Löwenpopulation gefährdete. Dafür gibt es eine einfache Erklärung. Löwen, wie die meisten großen Säugetiere, sind stark gefährdet. Sie haben 90 Prozent ihrer natürlichen Habitate verloren – an Ackerland und menschliche Siedlungen. Zwischen der Premiere von Disneys *König der Löwen* im Jahr 1994 und dem Remake von 2019 hat sich die Gesamtzahl der wildlebenden Löwen etwa halbiert. (Der Soundtrack bleibt trotzdem großartig.) Doch in Simbabwe, wo die Jagd stattfand und Cecil erschossen wurde, ist die Löwenpopulation stabil. Sie wächst sogar. In Südafrika nehmen private Jagdreservate 200000 Quadratkilometer ein – etwa ein Sechstel des Landes. Den Löwen in Kenia geht es viel schlechter, obwohl die Jagd auf sie 1977 verboten wurde.

Als Jimmy Kimmel sich in seiner Sendung über den Tod von Cecil empörte, zeigte er die Website von WildCRU – das Forschungszentrum an der Oxford University, das den Löwen mit dem GPS-Halsband ausgestattet hatte – und rief seine Zuschauer zu Spenden auf. Über eine Million US-Dollar liefen ein, die Website brach zusammen. WildCRU erforscht die Löwenpopulation in Hwange seit über zwanzig Jahren. Kimmels Publikum wäre vermutlich überrascht, dass WildCRU nicht gegen das Jagen ist: 2019 hat sich die WildCRU-Mitarbeiterin Amy Dickman zusammen mit einer Gruppe von 128 weiteren Wissenschaftlern öffentlich gegen ein Verbot der Trophäenjagd ausgesprochen. Ein Verbot würde große Tierhabitate gefährden, und außerdem die Einheimischen um eine Verdienstmöglichkeit bringen, die ihnen eine Alternative zur Jagd auf Wildtiere bietet.

Weniger als 200 wildlebende Löwen werden jährlich von Trophäenjägern erlegt, was Import- und Exportzahlen belegen. Die größte Gefahr für viele große Säugetierarten sind nicht etwa ausländische Jäger; es sind die Einheimischen, die keinen ökonomischen Vorteil darin sehen, die Tiere zu schützen. Die Einheimischen müssen die Nachbarschaft der großen Säugetiere erdulden, die ihre Ernten gefährden, ihre Nutztiere töten und sogar ihre Kinder angreifen. David Macdonald, der Leiter von WildCRU, betont, ein Verbot der Trophäenjagd würde nicht bedeuten, dass keine Löwen zu Schaden kämen – in vielen Fällen würden sie zwar nicht mehr von Jägern, aber von den einheimischen Bauern getötet. Dickman, die Vegetarierin ist, weist darauf hin, dass diese Tötungen nicht in unseren Social-Media-Feeds auftauchen würden. Beide sind der Ansicht, dass die Trophäenjagd unter bestimmten Bedingungen den Naturschutz befördert.

Wesentlich ist, dass die Jäger Geld ins Land bringen. Die Besitzer müssen genug verdienen, um auf ihrem Land weiterhin natürliche Habitate unterhalten zu können. Auch die benachbarten Gemeinden müssen einen Nutzen daraus ziehen können. Die Jagd bringt den Ländern in Subsahara-Afrika jährlich über 200 Millionen US-Dollar ein; Palmer bezahlte angeblich 50000 US-Dollar für die Erlaubnis, einen Löwen zu erlegen. Ein Teil dieses Geldes geht an die Regierungen, ein Teil an die Jagdveranstalter. Jagdgesellschaften und das Geld, das sie mitbringen, erreichen mehr abgelegene Gegenden als die Safari-Touristen. Das Machotum mag seine Nachteile haben, doch es scheint die Jäger dazu zu bringen, holprige Pisten und lästige Tsetse-Fliegen in Kauf zu nehmen.

In Namibia könnten sich die meisten kommunalen Schutzgebiete ohne die Einkünfte aus der Elefantenjagd nicht finanzieren. In den vergangenen 25 Jahren hat sich die Elefantenpopulation verdreifacht. Touristen und Jäger schrecken Wilderer ab, indem sie Wildhüter und lokale Gemeinden mitfinanzieren und auch in abgelegenen Gebieten präsent sind. Viele Länder haben keine Kapazitäten, um Jagden zu veranstalten und illegale Wilderei einzudämmen. In Tansania ist die Löwenpopulation so gesunken, dass in den Jagdreservaten nur noch wenige Löwen übrig sind, die zum Abschuss freigegeben werden können. Wenn zu viele Tiere getötet werden, ist die Jagd nicht mehr tragbar.

Aber wie viele Tiere sind zu viele? Es lässt sich nur schwer feststellen, wie groß die Löwenpopulation ist und welche Quote angemessen zu sein scheint. Einige Experten haben eine Daumenregel vorgeschlagen – pro Jahr ein Löwe auf 2000 Quadratkilometern. Anders gesagt: Man bräuchte ein Jagdreservat etwa 2,5 Mal so groß wie New York City, um einen Löwen im Jahr schießen zu können. Weil die Jäger bereit sind, sehr viel für den Abschuss eines Löwen zu bezahlen, wäre das immer noch genug Anreiz, um das Land nicht in Anbauflächen umzuwandeln. Und die Löwen würden erhalten bleiben, ebenso wie all die anderen Arten, die auf diesem Land leben.

Jagdreservate nehmen in Subsahara-Afrika mehr Land ein als Nationalparks – 1,4 Millionen Quadratkilometer, etwa die doppelte Größe von Texas. Sie machen die Tiere und die unberührte Natur zu etwas Wertvollem für die Menschen, die sonst kaum einen Grund hätten, sie zu schützen.

Kurz vor meinem Jagdausflug nach Polen war ich beruflich in die Mongolei gereist, wo das teuerste legal zu schießende Tier das Altai-Argali ist, ein Riesen-Wildschaf mit großen gebogenen Hörnern. In der Mongolei leben proportional weniger Menschen als in jedem anderen Land der Welt – 5 pro Quadratkilometer, in Großbritannien sind es etwa 90 pro Quadratkilometer. Da bleibt viel Platz für andere Spezies, sollte man denken. Doch der Großteil des Landes besteht aus Weideland für Nutztiere, und die Mongolen, die die Jagd lieben, haben ihre Wildtierbestände beinahe ausgerottet. In den chaotischen Jahren nach dem Zusammenbruch der Sowjetunion waren Häute und Pelze die einzige verbliebene Einnahmequelle. Früher graste Rotwild am Stadtrand von Ulan Bator – heute nicht mehr. Ein Mann erzählte mir, dass damals sogar Wölfe in den Straßen herumliefen. Auch die Argalis wurden nach dem Ende des Kommunismus stark dezimiert.

In den letzten Jahren hat die Mongolei versucht, die Argalis zu schützen, indem sie eine kleine Zahl von Jagdlizenzen vergab, weniger als 100 im Jahr. Jäger bezahlen bis zu 150000 US-Dollar für dieses Privileg. Ich fragte mich, ob da eine Null zu viel war. Ja, das Argali ist das größte Schaf der Erde, aber es ist immer noch ein Schaf. Wer würde so viel Geld bezahlen, um ein Schaf zu töten?

Ein mongolischer Jagdveranstalter namens Tugso klärte mich auf. »Donald Trump Junior«, sagte er. »Ich darf Ihnen nicht verraten, ob er unser Kunde ist oder nicht. Aber hier habe ich einen Scan von seinem Reisepass.«

Tugso drehte sein iPhone um, und zeigte mir ein Bild von etwas, das wie der Reisepass von Donald Trump Junior aussah. »Einige von euren Royals waren auch schon bei uns.« Tugso erwähnte noch, dass der sechstreichste Russe – sein Name wurde nicht genannt – ein zufriedener Kunde seiner Firma ist. Er fügte weise hinzu: »Nicht alle reichen Leute sind gute Leute.«

Die Jagd auf das Argali ist so teuer, dass einige wenige Tötungen einen großen Unterschied machen können. Auf YouTube kann man sich Videos von Amerikanern ansehen, die sich den Tieren zu Fuß – und zu Pferd – nähern, um ihnen einen einzigen Schuss zwischen die Rippen zu feuern. Einer der Jäger erinnert sich: »Aus der Nähe besehen war es noch unglaublicher, dass wilde Schafe so groß werden können ... um die 400 Pfund, und das war nur eine vorsichtige Schätzung.«

Nichts sorgt für so viel Empörung in den sozialen Medien wie das Foto eines großen erlegten Tieres. Ansonsten gilt: Je größer, desto prestigeträchtiger. Wenn man darüber nachdenkt, ist es eigentlich lächerlich – je größer das Tier ist, desto einfacher ist es zu treffen. Und wenn man ein Schaf aus 200 Metern Entfernung schießt, stellt die Größe keinerlei Gefahr dar.

Doch Tugso erklärte mir, dass die großen Schafsböcke – die mit den riesigen Hörnern – die beste Beute seien. Die alten Argalis würden oft den Winter nicht überstehen. »Wir wählen den ältesten Bock aus, der das nächste Jahr nicht mehr erleben wird«, sagte er. »Anstatt ihn einfach verenden zu lassen, schießen wir ihn ab und streichen das Geld dafür ein.« Er zeigt mir ein Bild von einem riesigen gehörnten Argali auf seinem iPhone. »Dieser hat sehr schöne gedrehte Hörner. Ausgezeichnet.«

Was empfinden die Leute, wenn sie ein Argali töten, fragte ich Tugso. »Manche Leute träumen schon ihr ganzes Leben davon. Was meinen Sie, was sie fühlen? Eine Frau war gar keine Jägerin, aber ihr Mann war gestorben und seine Trophäenliste war noch nicht vollständig. Also brachte sie sich selbst das Schießen bei. Nachdem sie ein Gobi-Argali erlegt hatte, streute sie die Asche ihres Mannes in den Wind und sagte: ›Ich habe deinen Traum verwirklicht.‹«

Die Argali-Jagd ist eine Erfolgsgeschichte in Sachen Naturschutz. 2003 gab es im Naturschutzgebiet Gulzat nur noch 161 Argalis. Als 2010 die Jagd eingeführt wurde, waren es 724. Vier Jahre später ist ihre Zahl auf über 1500 gestiegen.

Tugso war zufrieden: »Wir sind bereits für die nächsten vier Jahre ausgebucht.«

Einige Monate, nachdem wir uns begegnet waren, enthüllte die Website ProPublica, dass Donald Trump Junior tatsächlich ein Argali in der Mongolei geschossen und seine Jagdlizenz erst rückwirkend erhalten hatte. Die Story entsprach ganz dem Muster, wie die Trumps ihren politischen Einfluss nutzen, um Vorteile zu erlangen: Donald Junior hatte sich vorgedrängelt, um eine Jagdlizenz zu erhalten. Außerdem kostete sein Trip in die Mongolei die US-Steuerzahler 77000 US-Dollar. Wenige Monate später kam heraus, dass Walter Palmer, der Zahnarzt, der Cecil getötet hatte, auch dafür bezahlt hatte, ein Argali zu erlegen.

Aber ich wurde den Eindruck nicht los, dass die Kritiker den positiven Nebeneffekt übersehen hatten. Indem sie derartig viel Geld gezahlt hatten, um Schafe zu töten, waren Donald Trump Junior und Walter Palmer versehentlich zu Naturschützern geworden.

❖

An dieser Stelle würde ich gern zu dem Schluss kommen, dass das Jagen sinnvoll ist, und wir es gutheißen können. Wenn es doch nur so einfach wäre.

In den Vereinigten Staaten sind Weißschwanzhirsche sehr verbreitet – was in vielerlei Hinsicht Nachteile mit sich bringt. Und verantwortlich dafür sind die Jäger, so paradox das klingen mag. Seit den 1940er-Jahren sind die Wildhüter besorgt über die explosionsartige Vermehrung der Hirsche. Wälder wurden gerodet, was den Hirschen mehr Platz verschaffte, während ihre natürlichen Fressfeinde – Wölfe und Pumas – so stark bejagt wurden, dass sie so gut wie ausgestorben sind. Aldo Leopold hat sich gegen Ende seines Lebens mit diesem Problem befasst. Ihm wurde klar, dass die Jäger, zu denen er selbst gehörte, das Gleichgewicht empfindlich gestört hatten, indem sie die Wölfe in großen Teilen der Vereinigten Staaten ausgerottet hatten. »Mittlerweile denke ich, dass eine Bergregion genauso viel Angst vor den Hirschen haben muss wie die Hirsche vor dem Wolf«, schrieb er.

Seither haben die Jäger wenig Interesse gezeigt, die Hirschpopulationen zu dezimieren. Je mehr es von ihnen gibt, desto einfacher ist es, sie zu schießen – die Schäden für die Umwelt spielen dabei keine Rolle. Um die Hirschpopulationen zu regulieren, muss man auch Hirschkühe töten und zulassen, dass mehr junge Böcke über zwei Jahre alt werden, damit einige von ihnen zu Leittieren heranwachsen und die Herde strukturieren können. Doch die Jäger wollen Böcke schießen – besonders solche mit großen Geweihen – und keine Hirschkühe. Und weil die Jäger die staatlichen Wildtierkommissionen finanziell unterstützen, beeinflussen sie deren Entscheidungen maßgeblich. In den 1950er-Jahren versuchte der Biologe Roger Latham, der für die Wildtierkommission von Pennsylvania tätig war, die Jäger dazu zu bringen, mehr Hirschkühe zu erlegen. Latham hatte eingezäunte Areale geschaffen, um zu zeigen, wie viele andere Lebensformen dort gedeihen konnten, wenn die Hirsche ferngehalten wurden. Er wurde entlassen. Anfang der 2000er-Jahre unternahm ein anderer Biologe namens Gary Alt, der ebenfalls für die Wildtierkommission von Pennsylvania arbeitete, einen weiteren Versuch. »Offensichtlich ist den Jägern daran gelegen, mehr Hirsche zur Verfügung zu haben, als das Habitat unterhalten kann«, beschwerte er sich. Alt beschwor die Jäger, »nicht nur die Hirsche, sondern auch das Habitat zu berücksichtigen.« Der Widerstand war so heftig, dass er eine kugelsichere Weste anzog, wenn er sich mit den Jägern traf; schließlich ging er vorzeitig in Pension. Obwohl die Hirschpopulationen überall in den Vereinigten Staaten außer Kontrolle sind, weigern sich die Jäger, eine vernünftige Wildtierbewirtschaftung zuzulassen; eine hohe Anzahl von Hirschen ist ihnen wichtiger als das ökologische Gleichgewicht.

Für die Jäger ist eine große Hirschpopulation ein so befriedigender Anblick, dass ihnen das Ökosystem, das auch aus weniger bemerkenswerten Insekten, Amphibien, Vögeln und Pflanzen besteht, gleichgültig ist. Manche Sportsfreunde kaufen Getreide, um die Hirsche im Winter zu füttern, ein weiterer Punkt, der dagegen spricht, dass die Jagd zur Aufrechterhaltung eines ökologischen Gleichgewichts beiträgt. Amerikanische Jäger werden zunehmend älter: Zwischen 1996 und 2016 hat sich nicht nur die Gesamtzahl der Jäger verringert, auch der Anteil der über 65-Jährigen ist von einer Million auf 1,6 Millionen gestiegen. Sie wollen einen einfachen Abschuss haben.

»Jäger sind Gewohnheitsmenschen«, sagt der Ökologieprofessor Donald Waller von der Wisconsin University. »Es sind meistens alte weiße Männer mit Gewehren. Sie wollen sich nicht mehr allzu weit von ihren Pick-up-Trucks entfernen.«

In Alaska ist das noch offensichtlicher. Das legale Ziel der Wildtierbewirtschaftung ist »die Pflege und dauerhafte Erhaltung des Wildtierbestands, um eine hohe Abschussquote sicherstellen zu können.« Anders ausgedrückt: Wir pfeifen auf die restliche Natur – wir wollen Hirsche schießen. Die Jäger haben Lobbyarbeit betrieben, um weiterhin Braunbären, Schwarzbären und Wölfe töten zu können, damit mehr Elche und Karibus für sie zum Abschuss bereitstehen. Seit den 1980er-Jahren ist die Wildtierschutzbehörde von Alaska ihren Wünschen entgegengekommen. Wölfe wurden mit Fallen, mit Gas und von Flugzeugen aus getötet – alles Praktiken, die mit ethischer Jagd nichts zu tun haben. Jäger dürfen Braunbären mit Donuts anlocken, Wölfe, Kojoten und ihre Jungen während der sommerlichen Schonzeit erlegen und mit Scheinwerfern in die Höhlen der Schwarzbären eindringen, um Mütter und Jungtiere zu töten. Alaska ist der einzige Ort auf der Welt, an dem die Menschen versuchen, die Braunbärpopulationen in weiten Teilen des Landes zu dezimieren: Bis zu 900 Bären werden jedes Jahr getötet. Die Verwaltung der Nationalparks hat mehrfach darum gebeten, von der Raubtierkontrolle ausgenommen zu werden, weil die Maximierung der Hirschbestände »unvereinbar« mit ihrer gesetzlich festgelegten Pflicht sei, die Natur zu schützen; die Wildtierschutzbehörde hat sie ignoriert. 2015 hat die Obama-Administration interveniert, um einige bundeseigene Gebiete zu schützen. Doch sechs Jahre später hat die Trump-Administration diese Restriktionen wieder aufgehoben. Das Jagen ist gerechtfertigt, wenn es dazu beiträgt, die Natur zu erhalten; in Alaska ist es darauf ausgelegt, die Natur zu zerstören – und die Hirsche zu bevorzugen.

In Wisconsin hatte man einen Weg gefunden, um die Hirschpopulation zu dezimieren. 1996 hat die Naturschutzbehörde das Programm *Earn a Buck* entwickelt, bei der die Jäger zuerst ein geweihloses Tier schießen müssen, bevor sie einen Hirsch mit Geweih erlegen dürfen. Durch diese vernünftige Herangehensweise konnten die Zahlen gesenkt werden. Doch den Jägern gefiel es nicht, einen Bock laufen lassen zu müssen, nur weil sie noch keine Hirschkuh erlegt hatten. 2011 hat die Justizbehörde des Staates Wisconsin, die von den verärgerten Jägern unter Druck gesetzt wurde – mit der Unterstützung des Gouverneurs Scott Walker – *Earn a Buck* für illegal befunden. Die Naturschutzbehörde versuchte 2020, das Programm wieder einzuführen, doch die Jäger stimmten in einem Referendum dagegen.

Waller, der selbst auf Hirschjagd ging, als er sah, dass die Population stetig anstieg, kann seine Frustration kaum verbergen. Diese Frustration rührt teilweise aus seiner Überzeugung, dass die Überlebenschancen anderer Arten mehr wert sind als das Leben eines einzelnen

Hirsches. Es ist eine Frage der Abwägung. Aber es kommt mir richtig vor, zu versuchen, das Gleichgewicht wieder herzustellen. In Teilen von Wisconsin leben zurzeit fast hundert Hirsche pro Quadratkilometer. Waller zufolge sollten es zehn bis zwanzig sein, je nachdem, wie die Umgebung beschaffen ist.

Die beste Methode, um die steigenden Zahlen unter Kontrolle zu bekommen, sei es, wie die Wölfe zu jagen, sagt Waller. »Wenn wir die Raubtiere in weiten Teilen des Landes eliminieren, dann müssen wir deren Aufgaben übernehmen.« Das bedeutet, nicht nur die Tiere zu töten, die die größten Geweihe haben – und die besten Trophäen abgeben. Er fügt hinzu, dass in den Gebieten, die von indigenen Stämmen wie den Ojibway bewirtschaftet werden, die Anzahl der Hirsche niedriger ist, weil man dort Wölfen gegenüber toleranter ist und alle Arten von Hirschen jagt. »Wir sollten die Hirschkühe abschießen, nicht die Böcke«, sagt Waller. »Wir sollte die Jagdsaison verlängern und die Jäger dazu auffordern, mehr als nur einen Hirsch zu schießen.« Doch die Jäger sind damit nicht einverstanden.

Als Alternative könnte man mehr Wölfe – oder Bären oder Pumas – in den Gebieten mit zu vielen Hirschen ansiedeln. Dann würden die Zahlen sinken, allerdings könnte es etwas dauern. Und das Leid der Hirsche würde dadurch nicht geringer. Der schrecklichste Moment in *Bambi*, den ich nicht schnell genug vorspulen konnte, ist nicht die Szene, in der der Jäger Bambis Mutter erschießt, sondern jene, in der die Wölfe damit drohen, Bambis Freundin in Stücke zu reißen. Die Ansiedlung von Raubtieren wie Wölfen ist zu einem Ärgernis für die Landwirte geworden, weil sie Nutztiere fressen, um sich zu ernähren. Auch in urbanen Gegenden sind Wölfe nicht willkommen. Einige Tiere, die heute noch gejagt werden, wie beispielsweise Elefanten, haben keine Fressfeinde.

Eine weitere Option wäre es, die Hirschkühe zu sterilisieren – ein zwanzigminütiger Eingriff, bei dem die Eileiter entfernt werden –, besonders an den urbanen Peripherien, wo Schusswaffen nicht eingesetzt werden dürfen. Tierschützer ziehen die Sterilisation der Tötung vor, weil das Tier am Leben bleibt. Doch es ist fraglich, ob die Sterilisation, ein invasiver Eingriff, der Stress verursacht und potenzielle Langzeitwirkungen hat, tatsächlich ethischer ist. Außerdem ist die Prozedur teuer und zeitaufwendig. Wenn die Vereinigten Staaten ihre Weißhirschpopulationen langfristig dezimieren und ihre Wälder zum Nutzen aller Spezies schützen wollen, müssen sie eine ganze Reihe von Maßnahmen ergreifen: nachhaltiges Jagen, Sterilisation und staatliche Abschussquoten gehören dazu. Anthony DeNicola, der seine Doktorarbeit über die Populationskontrolle bei Weißhirschen geschrieben hat und heute für die örtlichen Behörden tätig ist, sagt, er würde regelmäßig 150 Hirsche in einer Nacht erlegen. »Für einen Jäger ist es ein guter Tag, wenn er einen Bock schießt. Für mich ist es ein schlechter Tag, wenn ich nicht jeden Hirsch erledige, den ich zu Gesicht bekomme.« DeNicola ist dafür zuständig, Verkehrsunfälle mit Wildtieren und die Zeckenenzephalitis zu reduzieren. Den Wald gesund erhalten zu wollen, »ist oft nur ein Lippenbekenntnis«, sagt er. »Die Leute haben keine Ahnung. Sie denken, solange er grün ist, ist alles in Ordnung.«

Nicht nur in den Vereinigten Staaten sind Jäger zu einem Problem geworden. In Schottland beklagen die Behörden bereits seit 1959, dass die Jagddomänen nicht genug Rotwild töten. 1963 beschwerte sich die Rotwild-Kommission, die auch für das Forstwesen zuständig ist, dass nur wenige Landbesitzer ihrem Aufruf gefolgt sind, und »Wälder mit Rotwildbestand darunter leiden müssen, dass dem Sport zu viel und der sinnvollen Bewirtschaftung zu wenig Aufmerksamkeit gewidmet wird.« Doch gut zahlende Jäger – viele davon aus Deutschland und den USA – wollten Hirschböcke und keine Hirschkühe schießen, und die Preise für Wildbret waren zu niedrig. 1986 gab es in Schottland zweimal so viele Hirschkühe wie Böcke, und die Population ist seither stetig gewachsen. Es ist eigentlich unglaublich: Naturschützer haben Jahrzehnte lang gefordert, mehr Rotwild abzuschießen, während die Jägerverbände herumgetrödelt haben. In Dänemark sind die meisten Gänsejäger zufrieden, wenn sie bei einem Jagdausflug ein bis zwei Gänse erlegen, insgesamt töten sie aber nicht genug Gänse, um die Population zu regulieren.

Inzwischen werden in mehreren Staaten der USA Hirsche extra für die Jagd gezüchtet, obwohl das ganze Land von ihnen überrannt wird. Diese Zuchthirsche wurden positiv auf die chronische Schwundkrankheit (CWD) getestet, eine lebensbedrohliche Erkrankung, die mit der spongiformen Rinderenzephalopathie (BSE) verwandt ist und zu dramatischen Gewichtsverlusten bei Hirschen führt. Jedes Mal, wenn man meint, die US-amerikanische Wildtierbewirtschaftung könne sich nicht noch unsinniger verhalten, kommt wieder etwas Neues. In Texas sind bereits über eine Million Zebras, Oryxantilopen und andere nicht einheimische Paarhufer extra für die Jagd gezüchtet worden. Die Jäger, die die Überpopulation von Hirschen befördert haben, machen es nur noch schlimmer.

Das Problem sieht folgendermaßen aus: Menschen jagen so, wie es ihnen gefällt, nicht so, wie es gut für die Umwelt wäre. Wenn sich eine Praxis erst eingebürgert hat, werden ökologische Erfordernisse meistens ignoriert. In Großbritannien war die Fuchsjagd zunächst eine Form der Schädlingskontrolle, doch der Sport wurde so beliebt, dass es bald nicht mehr genug wildlebende Füchse gab. Die Jäger mussten immer mehr Füchse züchten und aussetzen. Gelegentlich wurde die Jagd abgebrochen, damit man die Füchse an einem anderen Tag erlegen konnte – was das Leid der Tiere nur noch steigerte. (Ironischerweise sind Füchse in Großbritannien – anders als Wölfe, Luchse und Bären – nur deshalb nicht ausgestorben, weil die Menschen so gerne Jagd auf sie machten.)

Ähnlich geht es bei der Fasanenjagd zu. Die Vögel werden in überfüllten Käfigen aufgezogen, bevor man sie aussetzt, damit reiche Leute auf sie schießen können. Mindestens 47 Millionen Zuchtfasane und Rebhühner werden in Großbritannien jedes Jahr ausgesetzt: Ihre Biomasse ist etwa 25 Mal größer, und sie wiegen mehr als alle einheimischen Wildvögel zusammengenommen. (Und die meisten Leute denken, es gebe zu viele Möwen.)

Auf diese Weise können die Jagddomänen ihren reichen Kunden garantieren, dass sie hunderte Vögel an einem Nachmittag schießen werden, selbst wenn sie keine guten Jäger sind. Es ist, als würde man Lastwagenladungen von Treibhaus-Erdbeeren auf ein Feld kippen und anschließend eine Obstlese veranstalten. Moorhühner sind Wildvögel, aber für die Moorhuhnjagd muss kohlenstoffreiches Moorland abgebrannt werden, damit dort die Pflanzen wachsen können, die sie für ihre Nester brauchen. Offensichtlich wird damit das ökologische Gleichgewicht in Schieflage gebracht. Und das Ganze wird noch abwegiger, wenn man weiß, dass die Ringeltauben einen derartigen Schaden an der Getreideernte verursachen, dass die Landwirte Spezialisten dafür bezahlen, tausende von ihnen abzuschießen. Diese Tauben sind lebhaft und gut geeignet für die Sportjagd. Doch die englischen Jäger bevorzugen nun mal die traditionelle Fasanen- und Moorhuhnjagd.

In den Mittelmeerländern schießen die Jäger auf Singvögel, deren Populationen bereits schwinden; sie locken die Vögel an, indem sie aufgezeichnete Vogelgesänge abspielen. Das ist keine Populationskontrolle, sondern systematische Ausrottung. Es gibt keine Rechtfertigung für die Zerstörung von natürlichen Habitaten und für das Leid, das den Tieren zugefügt wird – vor allem deshalb nicht, weil Fasanenfleisch nicht besonders beliebt ist. In Frankreich ist es mittlerweile verboten, Singvögel mit Leimruten zu fangen, eine Methode, bei der die Vögel festkleben und einen qualvollen Tod erleiden.

In Südafrika werden Löwen in Gefangenschaft gezüchtet, damit die ausländischen Jäger genügend Exemplare vorfinden. Diese »Jagd aus der Konserve« ist eine billigere Alternative zur Wildtierjagd – und das Gegenstück zur Massentierhaltung. Südafrika hat erst kürzlich 33 Arten von Wildtieren, darunter Giraffen, Geparden und Löwen, als Nutztiere klassifiziert, sodass die Züchter nun versuchen können, »genetisch optimierte« Tiere zu züchten, die attraktiver für die Jäger sind. Dadurch wird nicht nur die Kultur des Jagens missachtet, es besteht auch die ernstzunehmende Gefahr, dass diese Tiere sich mit den wilden Populationen fortpflanzen. Bisher scheinen die meisten ausländischen Jäger die südafrikanische Methode abzulehnen – und das zu Recht.

Ab wann das Jagen notwendig ist, lässt sich nur schwer erfassen. Wie viele Elefanten sind zu viele? Simbabwe hat bereits in den 1990er-Jahren verkündet, seine Kapazitäten seien ausgelastet – seither hat die Zahl der Elefanten sich verdoppelt. Botswana hat die Elefantenjagd 2014 verboten, doch 2019 entschied man, dass die Population verkleinert werden musste, nachdem einige Menschen von Elefanten getötet worden waren. Wo man die Grenze zieht, ist Ermessenssache. Im Fall von Botswana spielte es vermutlich auch eine Rolle, dass das Jagdverbot nicht zu einem Ansturm friedlicher Touristen geführt hatte.

In Spanien ist es per Gesetz erlaubt, einige hundert Wölfe im Jahr zu schießen. Dort leben die meisten europäischen Wölfe, und die Landwirte verabscheuen sie, weil sie ihre Nutztiere reißen. Doch Spanien wird vielleicht schon bald keine Wölfe mehr jagen müssen. In einer Provinz ist ihre Anzahl zwar gestiegen, doch die Zahl der erlegten Nutztiere ist gesunken (wahrscheinlich weil die Wölfe sich stattdessen von Wildtieren ernähren). Dennoch wurden die Abschussquoten erhöht. Der Erlös ist nicht gerade üppig – eine Lizenz, um einen Wolf zu erlegen, kostet zurzeit 3500 Euro.

Theoretisch fällt es mir nicht schwer, das Jagen zu rechtfertigen. In der Praxis fehlt es an aussagekräftigen Studien. Entweder gibt es nicht genug Forschung, oder sie wird nur in bestimmten Teilgebieten durchgeführt, oder es mangelt uns an kontrafaktischem Denken – das heißt, wir wissen nicht, was in einem Biotop geschehen würde, wenn das Jagen verboten werden würde. Eine endgültige Antwort entzieht sich wie ein wendiger Keiler unserem Blick.

In diesem unübersichtlichen Szenario stelle ich mich auf die Seite derjenigen, die zur Vorsicht mahnen. Die das sinnlose Jagen kritisieren, regulieren und hoffentlich eines Tages abschaffen werden – die Fasanen- und Moorhuhnjagd, die Jagd aus der Konserve. Die es auf öffentlichem Land verbieten und die privaten Landbesitzer dazu bringen wollen, es nicht länger zuzulassen. Die die wenig nachhaltigen Praktiken mancher Jäger in die Schranken weisen, in dem sie beispielsweise Wege finden, wie Nicht-Jäger einen größeren Anteil der öffentlichen Gelder finanzieren könnten und damit mehr Mitspracherecht bekämen. Übrig bliebe eine ökologische Form des Jagens, die dazu beiträgt, Wildtierpopulationen zu regulieren und Gelder für den Naturschutz bereitzustellen. Wenn wir diese Form des Jagens verbieten, würden wir uns vielleicht besser fühlen, aber weder die Tötung von Tieren verhindern noch die Artenvielfalt vergrößern.

❖

Ist es wirklich vertretbar, Vergnügen am Töten von Tieren zu haben? Für mich bleibt es befremdlich. Im Grunde geht es darum, dass Männer männliche Tiere töten. Dahinter steckt die merkwürdige Vorstellung von einem Wettstreit zwischen Mensch und Natur. Ich bin begeisterten Jägern auf Instagram gefolgt und habe mich durch ihre Trophäenfotos gescrollt. Ich fand sie ebenso schematisch und banal wie die Postings der Jagdgegner. Doch um ehrlich zu sein, finde ich die Jäger auch nicht viel merkwürdiger als die Vogelbeobachter, die ganze Kontinente durchqueren, um ihre Liste mit hunderten von Vogelarten abzuhaken.

Es gibt unterschiedliche Gründe, um auf die Jagd zu gehen: zur Existenzsicherung, aus Vergnügen, wegen der Trophäen oder um Populationen zu regulieren. Diese Art von Differenzierung hilft uns aber nicht weiter. Selbst die Schimpansen jagen nicht nur, um sich zu ernähren – die Jagd spielt auch eine soziale Rolle. Sie kann ein Vergnügen sein und eine Funktion haben: für die selbstversorgenden Jäger-und-Sammler-Gesellschaften sind Jagden Gemeinschaftsaktivitäten, die häufig von ausgelassener Heiterkeit und männlicher Kameradschaft begleitet sind. Jagen zur Selbstversorgung ist also nicht ganz dasselbe wie Jagen, um das eigene Überleben zu sichern. Anthropologen haben herausgefunden, dass die Cuiva-Nomaden, die im

Grenzgebiet von Venezuela und Kolumbien lebten, weniger als zwanzig Stunden in der Woche arbeiten, 15 bis 16 Stunden täglich in ihren Hängematten verbringen, und dennoch jeden Tag so viel Fleisch zur Verfügung hatten, wie man für fünf Big Macs brauchen würde. Ihre Jagd scheint außerdem nicht besonders risikoreich gewesen zu sein.

Man kann jagen, um sich zu versorgen oder um Trophäen zu sammeln. Die Yanomami bewahren ihre Trophäen in der Küche auf – von Affenköpfen bis zu Gürteltierskeletten. Diese Trophäen stehen für Erfolg und halten das Unglück fern. Die erlegten Tiere dürfen auch gegessen werden, und beinahe jedes Säugetier – darunter auch der Muntjak – kann als Trophäe an die Wand gehängt werden. Wenn westliche Jäger von »prächtigen Exemplaren« sprechen, meinen sie damit fast immer alte Männchen. Meinen die Kritiker wirklich, es sei schlimmer, ältere Männchen als jüngere Weibchen zu töten? Auch die Massai-Männer in Ostafrika gehen auf Trophäenjagd. Ihr Initiationsritus besteht darin, einen Löwen zu erlegen, um ihre Männlichkeit unter Beweis zu stellen.

Kurz gesagt, der Begriff Trophäenjagd ist nicht besonders hilfreich. Was die Kritiker eigentlich damit meinen, betrifft nicht so sehr die Trophäen an sich, sondern das gedankenlose Töten von Tieren, die dadurch vom Aussterben bedroht werden, wie es Roualeyn Gordon-Cumming einst in Afrika betrieb. Gegner bezeichnen das Jagen als »Tötungsindustrie«. Doch heute geht es beim Jagen hauptsächlich um Lizenzen und nachhaltige Wildtierbewirtschaftung, zumindest in der Theorie. Es ist richtig, dass wir uns über Tötungen wie die von Cecil, dem Löwen, empören, die illegal sind. Doch im Großen und Ganzen ist der Hass auf Jäger nicht mehr zeitgemäß. Es geht um den Kontext. Heute kommen etwa zehn US-amerikanische Zahnärzte auf jeden wildlebenden Löwen. Wenn also jeder dieser Zahnärzte beschließt, einen Löwen zu schießen, haben wir ein Problem. Doch wenn jeder dieser Zahnärzte beschließt, einen Hirsch zu schießen, könnte das eventuell eine Lösung sein. Und wenn jeder dieser Zahnärzte zehn

Hirsche schießt, dann hätten andere Arten eine bessere Überlebenschance.

Die Trophäenjagd hat Prominente, Politiker und die Öffentlichkeit dazu mobilisiert, sich für die Tiere einzusetzen. Doch die Empörung steht in keinem Verhältnis zu dem tatsächlichen Schaden. Wenn man sinnloses Töten verhindern will, sollte man sich besser auf die Massentierhaltung konzentrieren. Fleischverzehr ist auch Töten aus Vergnügen – dem Geschmacksvergnügen. Massentierhaltung ist die eigentliche Tötungsindustrie. 85 Prozent der Briten sind gegen die Trophäenjagd, aber weniger als 5 Prozent sind Vegetarier. Unsere Prioritäten sind falsch gesetzt. (In der Umfrage wurde der Nutzen für den Naturschutz nicht erwähnt.) Massentierhaltung hat dieselben negativen Effekte wie die Jagd – individuelles Leid der Tiere, Beförderung ihres Aussterbens – und keinen der positiven Effekte, wie das Naturerlebnis, die Wiederherstellung des ökologischen Gleichgewichts, die Finanzierung der Erhaltung von natürlichen Räumen. Ich würde eher Wildschwein oder Wildbret essen als Zuchtfleisch oder -fisch, wenn es mir schmecken und ich dem Jäger vertrauen würde. Eine Treibjagd ist immer noch besser als ein Schlachthof.

Wenn wir uns der Natur entfremden, laufen wir Gefahr, sie als eine Reihe von individuellen Triumphen und Tragödien anzusehen, wie im Fall von Bambis Mutter oder dem Löwen Cecil. Doch die eigentliche Tragödie besteht darin, dass unser Handeln dafür gesorgt hat, dass ganze Arten im Schwinden begriffen oder vom Aussterben bedroht sind. Ich konnte nicht erwarten, dass meine Töchter in einer Welt mit dem Löwen Cecil aufwachsen – Cecil war dreizehn und wildlebende Löwen werden selten mehr als fünfzehn Jahre alt. Aber ich hatte gehofft, dass sie in einer Welt aufwachsen können, in der es viele wilde Löwen gibt. Das Traurige ist nicht, dass Cecil gestorben ist, sondern dass sein Tod nicht dazu beigetragen hat, uns klarzumachen, um was es eigentlich geht: eine Welt zu schaffen, in der es auch genügend Platz für Wildtierpopulationen gibt. Jagen bedeutet zu akzeptieren, dass es notwendig und vielleicht auch ein Vergnügen sein kann, ein Tier zu töten. Doch wenn wir richtig damit umgehen, kann es uns dabei helfen, andere Lebewesen und unseren eigenen Platz in der Natur besser zu verstehen.

Eine Jagd aus nächster Nähe zu erleben, hat mich dazu gebracht, die Dominanz des Menschen zu akzeptieren. Dabei fühlte ich mich unwohl: Sobald ich begann, ein Tier als »überschüssig« anzusehen, fielen mir allerhand Gründe ein, warum man auch andere Tiere töten könnte, die ich zuvor für unantastbar gehalten hatte. Igel, für deren Überleben sich viele britische Tierschutzorganisationen einsetzen, wurden in Schottland getötet, um die Nester der Seevögel zu schützen. Das ist die Realität: Mit Tieren zu leben bedeutet auch, sie zu töten. Wir müssen darüber nachdenken, wie wir ihnen so wenig Leid wie möglich zufügen.

Ich bin Menschen begegnet, die einen ganzen Tag auf der Pirsch verbrachten und zufrieden nach Hause kamen, ohne etwas erlegt zu haben, Menschen, denen das ökologische Gleichgewicht am Herzen lag. Jäger und Sammler kennen sich mit Tieren aus, weil sie ihre Laute, ihre Fährten und ihr Verhalten beobachten. Die Yamomami können anhand von Urinspuren beurteilen, welches Tier sie hinterlassen hat, und wie lange es her ist. Derartiges Wissen ist Jägern mit Gewehren zwar häufig nicht mehr zugänglich, doch sie kennen sich mit Tieren besser aus als die meisten von uns. Auch sie sind gezwungen, sich in die Lage der Tiere zu versetzen.

Der »Animal Test« hat mich dazu gebracht, kein industriell produziertes Fleisch mehr zu essen und keine Kleidung aus Tierprodukten zu tragen. Mir ist klar geworden, dass wir keine Fischzucht betreiben und weniger Fische aus den Meeren entnehmen sollten. Aber es kann Situationen geben, in denen es gerechtfertigt ist, ein Tier zu töten – und dazu kann auch die Jagd gehören. Dies kann nur der Anfang unserer Bemühungen sein, wieder mit der Natur in Verbindung zu treten. Der zweite Teil des »Animal Test« brachte mich an Orte, an denen wir Tiere am Leben erhalten wollen.

TEIL II

TIERE LIEBEN

5. Die Arche der Geschichte

Der Zoo kann nur enttäuschen.
John Berger

»Ich habe eine Bigotterie geerbt! Keine Bürokratie, eine Bigotterie!«

Damian Aspinall hat das Selbstvertrauen, das damit einhergeht, sehr reich, sehr groß und ziemlich gutaussehend zu sein. Mit Bigotterie meint er zwei Zoos im Südosten von Großbritannien: Howletts und Port Lympne wurden von seinem Vater, dem exzentrischen Spieler John Aspinall, in den 1970er-Jahren gegründet. Als Aspinall Senior 2000 starb, entschied Aspinall Junior, dass diese Form der Tierhaltung eine Geldverschwendung und moralisch nicht vertretbar ist.

»Ich konnte die Tierparks nur übernehmen, wenn ich einen Weg fand, so viele Tiere wie möglich wieder auszuwildern«, erzählt er mir.

So weit, so freudianisch. Die Aspinalls sind nicht die erste Familie, in der der Sohn sich fröhlich daran macht, das Erbe des Vaters zu demontieren. Anders ist nur die Radikalität seiner Vision. Er ist mittlerweile der wohl lauteste Zoogegner weltweit geworden. Wie Donald Trump, der einen Kreuzzug gegen Steuerbetrüger anführt. Damian Aspinall will Zoos abschaffen, auch wenn er selbst zwei davon betreibt.

Wir treffen uns in seinen prächtigen Büroräumen in der Nähe des Londoner Sloane Square. Er nimmt unter einem gerahmten Druck von Damien Hirst Platz; mir gegenüber hängt eine handgeschriebene Geburtstagskarte von Pelé.

»Wenn Sie mit Ihren Kindern in den Zoo gehen, bringen Sie Ihnen unbewusst bei, dass man einen Tiger in einem kleinen Käfig halten kann. Sie schauen sich die armen Elefanten, die Löwen an, und das ist auch in Ordnung, weil sie für euch Kinder da sind, denn diese Tiere haben weniger Rechte als ihr. Wir können sie versklaven, nur damit ihr euren Spaß habt. Wird es nicht Zeit, dass wir uns als Spezies klar darüber werden, dass wir nicht länger so weitermachen können? Wir vergiften die Köpfe unserer Kinder.«

Ich muss betroffen ausgesehen haben, denn Aspinall beeilt sich, mich zu beruhigen. »Ich mache den Leuten keinen Vorwurf – es ist nicht ihre Schuld!«, sagt er. »Sie sind so erzogen worden.«

Die Aspinall-Philosophie – die sowohl der Vater als Zoo-Liebhaber als auch der Sohn als Zoo-Gegner teilen – besagt, dass alle Tiere, oder zumindest alle Säugetiere, ebenso viel wert sind wie die Menschen. Und dass die Menschen auch mit den wildesten Bestien in Einklang leben können. Wie Mogli hat sich die Familie mit Tigern und Affen umgeben, das ganze Haus war voller Wildtiere. John Aspinall, ein unangenehmer Mann, der Hitlers Euthanasieprogramm befürwortete, sagte einmal, er würde seine Kinder lieber einem Gorilla als einem Sozialpädagogen überlassen. Damian hat seine ersten beiden Kinder tatsächlich mit Gorillas zusammengebracht, doch als das dritte geboren wurde, hat er beschlossen, darauf zu verzichten, um keine Intervention des Jugendamts zu riskieren.

Die Folgen waren gelegentlich tragisch. In Howletts und Port Lympne wurden zwischen 1975 und 2000 fünf Tierpfleger von Tigern und Elefanten getötet. Zootiere, die Menschen verletzen, werden nicht immer eingeschläfert, deshalb konnte ein Schimpanse, der bereits 1989 einem zweijährigen Jungen den Arm abgerissen hatte, 1994 einem Zoologiestudenten den Daumen und den Zeigefinger abbeißen. Es gab weitere Zwischenfälle. Damians erste Frau Louise musste einmal mit 15 Stichen genäht werden, nachdem sie von einem Tigerbaby gebissen wurde – was allerdings nicht der Grund für ihre Scheidung war. Seiner zweiten Frau Victoria wurde von einem Wolf eine klaffende Wunde über dem Auge beigebracht; das Ehepaar ist immer noch zusammen.

Kurz gesagt, Aspinalls Jugend war verrückt, aber sie brachte ihn zu dem Schluss, dass Tiere in ihrem natürlichen Habitat besser aufgehoben sind als im Zoo. »Im Zoo erzählen sie einem, sie würden Naturschutz betreiben, für die Vermehrung der Tiere sorgen und sie vor dem Aussterben bewahren«, sagt er. »Aber wohin soll das führen? Wo sind die Daten dazu? Es gibt etwa zehn Säugetierarten, die von Zoos vor dem Aussterben bewahrt wurden. Zehn Arten!« Seine eigenen Recherchen besagen, dass von den etwa 850 Säugetierarten, die in europäischen Zoos gehalten werden, nur 45 tatsächlich gefährdet seien, und nur drei davon überlebensfähige Populationen hätten. Tiere in Zoos sind häufig Hybride – eine Spezies vermehrt sich zufällig oder aus Bequemlichkeit mit einer ähnlichen Art (beispielsweise weil die Wissenschaftler den Unterschied zwischen ihnen noch nicht erkannt haben). Bei anderen zeigt sich ein genetischer Flaschenhals-Effekt, weil ihre Population von zu wenigen Individuen abstammt. Hybride treten auch in der Wildnis auf, doch die Naturschutzbestimmungen besagen, dass sie nicht ausgewildert werden dürfen, wenn sie in Gefangenschaft geboren wurden.

»Nehmen wir den bengalischen Tiger – 100 Prozent der asiatischen Tiger in Gefangenschaft sind Hybride. Sie haben keinerlei konservatorischen Wert. Das sagen die Zoos Ihnen nicht! … Wenn Sie 10 Millionen Pfund ausgeben wollen, um ein Tigergehege zu bauen, sollte das Geld dann besser an einen Zoo oder direkt nach Indien oder Sumatra gehen? Die Unaufrichtigkeit stört mich am meisten.«

In Aspinalls Vision sollten die Zoos sorgsam abwägen, ob eine Spezies in Gefangenschaft gehalten werden soll. Die Arten, die in der Wildnis erhalten werden können, sollte man dort belassen. Diejenigen, die bereits in Gefangenschaft leben, und die nicht unmittelbar vom Aussterben bedroht sind, sollte man wieder auswildern.

»Ein Gremium sollte entscheiden, wie mit seltenen Tieren umgegangen wird. Können wir sie in der Wildnis schützen? Wenn es dazu keine Möglichkeit gibt – was aber Unsinn ist –, gut, dann müssen wir einige von ihnen eventuell in Zoos unterbringen. Doch ein solches Gremium gibt es nicht.«

Afrikanische Elefanten kommen für Aspinall jedenfalls nicht dafür infrage. Eine ganze Generation von Westlern ist in der Erwartung aufgewachsen, im Zoo Elefanten zu sehen, und weiß von den Übeltaten der Elfenbein-Wilderer. Afrikanische Elefanten gelten nach den Richtlinien der Weltnaturschutzunion (IUCN) als vom Aussterben gefährdet. Ihre Zahl ist von 650000 (2007) auf 540000 (2016) gefallen, wofür teilweise die Wilderei verantwortlich ist. Der WWF hat bereits gewarnt, dass die Spezies 2040 in freier Wildbahn nicht mehr anzutreffen sein wird. Unterstützung erhält er dabei von Prominenten wie Prinz William.

Doch Aspinall ist nicht der Meinung, die Zoos seien die Antwort. »Es gibt noch etwa eine halbe Million Elefanten. In einigen Gebieten werden sie von Wilderern gejagt. Doch 20000 von ihnen leben in Reservaten in Südafrika, wo sie vollkommen sicher sind. Damit sind sie vor dem Aussterben gerettet. Was könnte also dafür sprechen, einen Elefanten in Gefangenschaft zu halten? Gar nichts!« (Ganz abgesehen von Botswana und Simbabwe, wo die Elefantenpopulationen gewachsen sind, wie wir im letzten Kapitel gesehen haben.)

Selbst das Ostafrikanische Spitzmaulnashorn – das als stark gefährdet gilt –, würde den Zoo-Test nicht bestehen. Diese Subspezies wird wegen ihres Horns gejagt, ist im Sudan, Südsudan und Äthiopien bereits ausgestorben, und seine Bestände haben sich seit 1973 um 90 Prozent verringert. 2002 gab es weniger ausgewachsene Spitzmaulnashörner als US-Kongressabgeordnete: 512. Aber seither ist ihre Zahl etwas gestiegen. »Anstatt Millionen Pfund dafür zu verschwenden, Nashorn-Reservate zu bauen und weitere Millionen für die Gehälter der Wildhüter auszugeben, sollten wir vier Reservate einrichten – und zwar in Tansania und Kenia«, sagt Aspinall. »Besseres Klima, besseres Futter.«

Die Auflösung seiner Zoos erwies sich als schwieriger, als Aspinall gehofft hatte. Einige der Tiere sind gestorben oder umgezogen. (»Als mein Vater noch lebte, hatten wir dreißig Tiger. Heute sind es nur noch vier.«) Andere haben sich schneller vermehrt, als sie ausgewildert werden konnten. Daher hat Aspinall noch immer etwa 1 400 Tiere aus 80 unterschiedlichen Arten. Dazu zählt die weltgrößte Kollektion von Westlichen Flachlandgorillas und eine ansehnliche Gruppe von Ostafrikanischen Spitzmaulnashörnern. Seine Zoos ähneln bestimmten Geschäften, die ewig mit einem Räumungsverkauf wegen Geschäftsaufgabe werben.

»Wir verkleinern uns ständig«, sagt er. »Momentan arbeiten wir daran, ungefähr zehn Arten wieder auszuwildern. Wir sind ein kleines Unternehmen. Wir können uns nicht mit fünfzig Arten auf einmal befassen. Es ist unglaublich schwierig, einen Platz für sie zu finden.« Als er Howletts und Port Lympne übernahm, machten beide Zoos vier Millionen Pfund Verlust im Jahr. In letzter Zeit lief es etwas besser, doch im vergangenen Jahr war es immer noch fast eine Million.

Ein Programm zu initiieren, um gefährdete Silbergibbons zurück nach Indonesien zu bringen, dauerte zehn Jahre. Aspinall macht dafür auch die fehlende Unterstützung vonseiten der Zoo-Industrie verantwortlich. Für gefährdete Tierarten gibt es einen Zuchtbuchführer, der übergreifend alle Zoos betreut. »Neun von zehn dieser Zuchtbuchführer sind gegen die Rückführung von Tieren«, beschwert er sich. »Wenn sie ihr Einverständnis verweigern, kann man das Tier nicht auswildern.«

Als ich mit einem Zoodirektor über Aspinalls Aktivitäten sprach, verdrehte er die Augen und sagte, das Ganze würde sehr viel kosten und nur wenig bringen. »Es ist nicht schwer, mich als durchgeknallten Exzentriker abzutun. Meinem Vater ist das auch oft passiert«, seufzt Aspinall.

Inzwischen setzt er seine Hoffnung darauf, dass alle Zoos innerhalb der nächsten dreißig Jahre abgewickelt werden – das wären fünfzig Jahre seit seiner Übernahme von Howletts und Port Lympne. »Warum muss die Abwicklung zwanzig oder dreißig Jahre dauern? Weil man die Tiere nicht einschläfern darf.«

Vor der Corona-Pandemie, und auch seither, haben die Zoos in den Vereinigten Staaten höhere Besucherzahlen erzielt als die Spiele aller großen Sportverbände – American Football, Basketball, Eishockey und Baseball – zusammengenommen. 2008 haben nach der letzten Schätzung der World Association of Zoos and Aquariums (WAZA) weltweit etwa 700 Millionen Menschen einen Zoo besucht. Die aktuelle Zahl ist vermutlich höher, denn nicht alle Zoos sind WAZA-Mitglieder, und allein in China wurden seither Dutzende von neuen Zoos eröffnet. Wenn man Zoos und Aquarien als Orte definiert, die Tiere beherbergen und dem Publikum offenstehen, gibt es weltweit über 2300, von denen nur 400 bei der WAZA akkreditiert sind, die bestimmte Standards vorgibt. Wenn man Tierparks und Restaurants mit Tiergehegen dazuzählt, sind es laut der Initiative Born Free um die 10000.

Aspinalls Vision von der Abwicklung der Zoos ist nicht ganz so ehrgeizig wie das von Impossible Foods angestrebte Ziel, die Nutztierwirtschaft bis 2035 abzuschaffen, geht aber in die gleiche Richtung. Aspinall, der heute in den Sechzigern ist, erwartet nicht, dass er das noch miterleben wird.

Als wir uns treffen, ist er gerade dabei, die Überführung von zwei in England geborenen Geparden nach Südafrika abzuschließen. Er hat tausende Kilometer zurückgelegt, um ein Reservat für sie zu finden, und über ein Jahr mit der südafrikanischen Regierung verhandelt. »Wir sind ihre Pflegeeltern, aber sie sind nicht domestiziert oder etwa stubenrein. Wenn Geparden erwachsen werden, verlassen sie ihre Eltern eben.«

Seine Nähe zu den Tieren sieht er als Vorteil. »Wenn Sie so wollen, dann bin ich der Bruder und meine Frau ist die Mutter. Wenn die Gorillas, die wir ausgewildert haben, krank werden, dann kommen sie den Fluss hinunter, und wir können ihnen Medizin verabreichen, weil sie uns kennen. Wir gehen mit den Geparden spazieren, wir zeigen ihnen die Gegend und wo die Antilopen sind … selbst wenn sie nicht so gut jagen können und wir noch etwas zufüttern müssen, macht das nichts. Ist es nicht besser, dass sie in Freiheit leben und eine Gefährtin finden können, anstatt in einem Zoo festzusitzen?«

Verschiedene Studien belegen, dass in Gefangenschaft geborene und wieder ausgewilderte Tiere geringere Überlebenschancen haben als wild geborene Tiere, die in andere Gebiete umgesiedelt werden. Einige von Aspinalls Unternehmungen sind nicht ganz nach Plan verlaufen. Fünf von zehn Westlichen Flachlandgorillas, die 2014 nach Gabun zurückgeführt worden waren, wurden tot aufgefunden, vermutlich starben sie an Stress, ausgelöst durch das Zusammenleben mit den wildlebenden Männchen. Ein Ostafrikanisches Spitzmaulnashorn namens Zambezi starb 2019 auf dem Flug nach Tansania; andere Nashörner konnten jedoch erfolgreich umgesiedelt werden. Aspinall verbrachte Jahre damit, ein Paar von Silbergibbons auszuwildern, damit sie sich fortpflanzen konnten, doch das Weibchen lief mit einem wilden Gibbon davon und ließ das Männchen allein zurück. »Ich habe gelernt, dass immer genau das passiert, woran man nicht gedacht hat.«

Was geschieht, wenn die Rückführung der Geparden nicht funktioniert?

»Ich werde mein Ziel niemals aufgeben. Egal, was andere davon halten – meine Aufgabe ist es, so viele Wildtiere wie möglich auszuwildern. Immer, wenn ich ein Tier sehe, das nicht in einem Käfig stecken müsste, weiß ich, dass hier noch viel Arbeit auf mich wartet.«

❖

Meine Eltern haben mich zwar nicht von Gorillas betreuen lassen wie Aspinalls Vater, aber ich war dennoch ein Kind des Zoos: Während meiner Londoner Kindheit ging ich ständig dorthin und wurde sogar Mitglied des Zoovereins. Wenn ich nicht im Zoo war, sah ich mir die Fotos an, die ich dort geschossen hatte.

Ich erinnere mich an die Elefanten, und wie die Köpfe der Giraffen über dem Zaun auftauchten. Am liebsten erinnere ich mich an den Riesenpanda Chia-Chia und einen anderen namens Ming Ming, der kurz nach meinem neunten Geburtstag in meinem Zoo ankam. Ich stellte nichts davon infrage; ich war einfach nur selig.

Ich hielt mich für einen ziemlich ernsthaften Zoobesucher, bis ich meine Frau Susie kennenlernte, die dem Zoo ein Gückwunschschreiben schickte, als sich Chia-Chia erfolgreich in Mexiko fortgepflanzt hatte, und den Antwortbrief noch immer besitzt. Das ist wahre Hingabe.

Irgendwann in meinen Zwanzigern ließ meine Liebe zu Zoos nach, und ich wusste nicht recht, warum. Sie sahen aus wie immer, aber ihre emotionale Bedeutung hatte sich verändert. Susie und ich unternahmen eine Pilgerreise, um zwei Pandas im Zoo von Edinburgh zu besuchen. Und obwohl der Zoo eigentlich ganz schön war, schien etwas Wesentliches zu fehlen. Ich kam mir vor wie bei einer polizeilichen Gegenüberstellung: Ähnelt dieses Tier dem Bild, das Sie im *National Geographic* gesehen haben?

Also vermied ich es, mit meinen Töchtern in den Zoo zu gehen. Das war nicht einfach. *Dear Zoo* ist ein Bilderbuch über ein Kind, das an einen Zoo schreibt und darum bittet, Tiere geschickt zu bekommen (was auch geschieht); es hat sich weltweit über acht Millionen Mal verkauft. Zoos stellen sich gerne als die Guten dar. Die Zoological Society of London, die den Londoner Zoo betreibt, behauptet: »Unsere Vision ist eine Welt, in der Wildtiere gedeihen können.« San Diego – laut TripAdvisor der beliebteste Zoo der Welt – beschreibt sich selbst nicht etwa als Zoo, sondern als »eine Naturschutzorganisation, die sich weltweit für die Erhaltung von Tierarten einsetzt«. Der Pariser Zoo bezeichnet sich als »ein modernes Naturschutzgebiet«.

Wir wollen den Zoos glauben. Unschöne Vorfälle vergessen wir schnell. Viele Menschen waren traurig, als Knut, ein junger Eisbär und der Star des Berliner Zoos, mit nur vier Jahren zusammenbrach und starb; später stellte sich heraus, dass er an einer seltenen Autoimmunerkrankung litt. Viele Menschen waren empört, als 2014 im Kopenhagener Zoo ein Giraffenbulle getötet und anschließend vor den Augen der Besucher zerteilt und an die Löwen verfüttert wurde, doch man sagte sich, so etwas passiere nur in Dänemark. Viele Leute waren fasziniert von der Netflix-Dokuserie *Tiger King*, in der die grausame, düstere Realität der Tigerhaltung gezeigt wurde, doch diese Sendung handelte ja nur von den Privatzoos in den USA, nicht von den seriösen Einrichtungen, die von wohlhabenden Stadtbewohnern besucht werden. Wenn man sich für Tiere interessierte, ging man immer noch zuerst in den Zoo.

Für mich war es äußerst unbequem, dass ich zum Zoo-Gegner geworden war. Mit seinen Kindern in den Zoo zu gehen, ist schließlich das Normalste überhaupt – ein begehbares Bilderbuch: 32 Millionen Menschen besuchen jährlich die Zoos in Großbritannien und Irland, was fast der Hälfte der Bevölkerung entspricht. Aber im Gegensatz zu ihnen musste ich mir etwas anderes ausdenken, was ich mit meinen Töchtern an einem sonnigen Samstagnachmittag unternehmen konnte. Durfte ich sie tatsächlich guten Gewissens vom Zoo fernhalten?

Zunächst fragte ich mich: Gibt es eine weitere Spezies, die andere Lebewesen in Gefangenschaft hält? Das einzige Beispiel, das ich finden konnte, waren die Hirtenameisen, die sich von Meltau ernähren, der von Blattläusen produziert wird. Um die Blattläuse am Wegfliegen zu hindern, beißen die Hirtenameisen ihnen die Flügel ab. Außerdem sondern die Ameisen ein Sekret ab, dass die Blattläuse betäubt. Im Gegenzug beschützen die Ameisen die Blattläuse vor Fressfeinden. Abgesehen davon scheinen die Menschen die einzige Spezies zu sein, die andere Arten in Gefangenschaft hält.

Zoos würden uns vermutlich als etwas Unnatürliches erscheinen, wenn es nicht Noahs Arche gäbe. Diese Geschichte, die in Kirchen und Schulen erzählt wird, handelt davon, wie Menschen Tiere retten, indem sie sie gefangen nehmen. Die große Flut findet sich auch im Gilgamesch-Epos, doch in der christlichen Version erfährt Noah, dass Gott die Welt überfluten und alle lebenden Kreaturen auslöschen wird. Es kann kaum überraschen, dass diese Metapher in der Welt der Naturschützer weit verbreitet ist. Es gibt ARKive, eine Initiative, die Fotos von allen gefährdeten Arten sammelt, und die Amphibian Ark, die sich um gefährdete Amphibien kümmert. Dann ist da noch Noah's Ark in Somerset, West-England, und in Georgia, USA. Der Londoner Zoo, der am nördlichen Seite des Regent's Park liegt, bekam schon früh den Spitznamen *The Ark in the Park.*

Wenn man einen Zoo besucht, erfährt man nicht viel von seiner Geschichte. Vielleicht liegt es daran, dass jeder weiß, dass die Entstehungsgeschichte der Zoos nicht besonders erfreulich ist. Tatsächlich ist sie sogar ziemlich schlimm. In allen Jahrhunderten findet man Beispiele dafür, wie Menschen gefangene Tiere misshandelten. Die Geschichte, die mich am meisten entsetzte, geschah vor dreihundert Jahren.

August der Starke liebte den Überfluss. Als Herrscher über Sachsen und Polen sammelte er Kunst und Paläste. Als er 1733 starb – natürlich an Alkoholvergiftung –, hinterließ er über 300 illegitime Kinder. Außerdem sammelte er auch Tiere und finanzierte eine Expedition nach Nordafrika, die ihm weitere Exemplare liefern sollte.

In den Zeiten, bevor es überall Abbildungen von exotischen Tieren oder gar Naturdokumentationen im Fernsehen gab, müssen solche Menagerien wundersame Orte gewesen sein. Für die Besucher waren sie Schnittstellen zwischen Wildnis und Zivilisation. Es war noch nicht lange her, dass die Menschen Nilpferde für Fabelwesen gehalten hatten. Nun konnte man zum ersten Mal seit der Römerzeit Nashörner bestaunen, die in Europa zur Schau gestellt wurden: Eines erreichte Lissabon im Jahr 1515, ein anderes kam 1684 nach London. Was hätte man bei seinem Anblick empfunden, wenn man ein Mensch dieser Epoche gewesen wäre? Wie hätte es sich angefühlt, dieses Nashorn zu sein?

August der Starke wollte die Tiere nicht nur betrachten. Er verfolgte einen Ansatz, den Museumskuratoren heute wahrscheinlich

»Interaktive Ausstellung« nennen würden. 1719, als sein Sohn die Tochter von Joseph I. heiratete, bot August seinen Gästen ein sogenanntes Kampf-Jagen, bei dem Löwen, Tiger, Auerochsen, Bären, Keiler und ein Pavian aufeinander losgelassen wurden, derweil die Gäste Konfitüren und Erfrischungen serviert bekamen. Alle waren begeistert – bis auf die Tiere. Einer der Löwen legte sich hin und machte ein Schläfchen, berichtete die zeitgenössische Zeitschrift *Mercure de France*.

Schließlich hatte August der Starke genug und schoss alle übrig gebliebenen Tiere ab, bis auf einen Löwen, der erwürgt wurde und ein nicht näher bezeichnetes Tier, das verblutete. Denken Sie daran, wenn Sie das nächste Mal bei einer Hochzeit sind und der Brautvater sich etwas zu anmaßend benimmt. »So endete diese Festivität, nach der wir uns in das Italienische Theater begaben«, lautete der knappe Kommentar im *Mercure de France*. Bei einer anderen Feier, die August veranstaltete, wurden über tausend Tiere – hauptsächlich Füchse und Hasen – hoch in die Luft geworfen (woran sie vermutlich verstarben).

Die grausame, aber nicht ungewöhnliche Geschichte von August dem Starken zeigt, wie wenig es unsere Vorfahren kümmerte, ob die gefangenen Tiere lebten oder starben. Sie in Gefangenschaft zu halten, brachte keinerlei Verantwortung mit sich. Für die Besitzer von Menagerien waren die Tiere nur ein unterhaltsamer Zeitvertreib, sie konnten bestaunt oder getötet werden. Wir hatten die wilden Tiere besiegt; dem Sieger gehört die Beute.

Zoos waren eine Variante der Menagerien. Als sie sich im 19. Jahrhundert verbreiteten, ging es nicht darum, Tiere zu schützen. Wer hätte schon 1840 beim Anblick der wildlebenden Löwen in der afrikanischen Savanne gedacht: »Beeilen wir uns, sie werden bald verschwunden sein, wenn wir sie nicht irgendwo mitten in London einsperren.« Die Zoos waren vielmehr eine Folgeerscheinung der Aufklärung und ihrer Leidenschaft für das Sammeln, Kategorisieren und Kolonisieren der Welt.

Der Pariser Zoo wird in den meisten Berichten als erster moderner

Zoo erwähnt. Den französischen Revolutionären missfiel die Prunksucht von Ludwig XVI., deshalb wurden die Tiere aus seiner Menagerie im Museum für Naturkunde untergebracht. Dort wurden sie so schlecht versorgt, dass die meisten innerhalb eines Jahres starben. Ein unglücklicher Start für die Zoo-Ära. Dennoch wurde 1828 der Londoner Zoo eröffnet, Berlin folgte kurz darauf, und der Zoo im New Yorker Central Park wurde 1864 eröffnet.

Obwohl die Zoos sich von den älteren Menagerien unterschieden, hatten sie mit denselben Problemen zu kämpfen. Das erste war die Schwierigkeit, die exotischen Tiere zu beschaffen, die die Besucher sehen wollten. Dazu musste man sich in die Wildnis begeben und viele ihrer Verwandten töten, bevor man die Jungtiere mitnehmen konnte.

Carl Hagenbeck, einer der berühmtesten Wildtierhändler, verkaufte tausende Löwen, Bären, Elefanten und viele andere Tiere. Die Zahl der getöteten Tiere war weit höher. Von diesem Blutvergießen erfuhren die Zoobesucher nichts. William Hornaday, der Direktor des Zoos in der New Yorker Bronx, ermahnte Hagenbeck, bloß nicht zu erwähnen, dass das Einfangen von vier jungen asiatischen Panzernashörnern vierzig ausgewachsene Tiere das Leben gekostet hatte. Er hielt dieses Gemetzel für gerechtfertigt, weil die Nashörner in New York mehr Nutzen brächten, als wenn sie »wild in den Dschungeln von Nepal herumrannten, wo sie nur selten von einigen unverständigen Eingeborenen gesehen« würden.

Einmal machte die deutsche Kolonialarmee sich auf, um einen Elefanten für den Berliner Zoo zu fangen. Die Männer entdeckten eine Herde, zäunten sie ein, sodass die Tiere nicht entkommen konnten, und erschossen alle ausgewachsenen Tiere. Übrig blieben sieben Kälber, von denen drei überlebten und eines es bis nach Berlin schaffte. »Im Vergleich zu den mächtigen wilden Tieren kamen wir uns so klein und unbedeutend vor«, lautete der befremdliche Kommentar des beteiligten Hauptmanns Hans Dominik. Wenn wir uns über die sinnlosen Jagden des 19. Jahrhunderts empören, sollten wir auch die Zoos nicht vergessen.

Die überlebenden Tiere waren vermutlich noch schlechter dran. Ein Seeelefant, der von Hagenbeck verschifft wurde, verbrachte vierzig Tage ohne ein Bad oder Futter. Wenn die Tiere den Zoo erreichten, wurden sie in überfüllte Käfige oder kahle Gehege gesperrt. Die Gehege waren so gestaltet, dass die Besucher um die Tiere herumgehen und sie von allen Seiten betrachten konnten, was für Fluchttiere eine beängstigende Erfahrung ist. (Dennoch wurde diese Einrichtungen beibehalten, beispielsweise im Toronto Zoo, der 1974 eröffnet wurde).

Anfangs benötigten die Zoos große Mengen an Tieren, weil diese häufig eingingen. Im Londoner Zoo überlebten die Großkatzen durchschnittlich zwei Jahre. Der erste Gorilla starb 1887, nachdem er mit Käsebroten, Würstchen und Bier gefüttert worden war. Die Zoos waren nicht allzu betroffen über solche vorzeitigen Todesfälle, nicht zuletzt deshalb, weil die Naturkundler ihnen die toten Tiere gerne abnahmen, um sie für ihre Forschung zu verwenden. Das waren nicht nur Anfangsschwierigkeiten: Nach dem Zweiten Weltkrieg starben im Pariser Zoo die meisten Affen immer noch innerhalb von zwei Jahren nach ihrer Gefangennahme.

Wozu sollte das gut sein? Historisch gesehen »lässt sich die Massenbewegung von Tieren nur in Zeiten imperialer Herrschaft beobachten«, sagt die Archäologieprofessorin Naomi Sykes von der Exeter University. Menagerien hatten den Wohlhabenden dazu gedient, ihre Neugier zu befriedigen und ihr Prestige zu mehren. Zoos verbreiteten sich in der Epoche der europäischen Weltreiche; sie dienten dazu, die Trophäen des Imperialismus zur Schau zu stellen. Alfred Russel Wallace ist heute als Naturforscher und Frederick Selous als Großwildjäger bekannt, doch zusätzlich versorgten beide das Naturhistorische Museum in London mit Musterexemplaren. Tiertransporte waren ein Ausdruck von Macht.

Der Kolonialismus basierte auf dem Gefühl moralischer Überlegenheit, und die Zoos passten gut in dieses Weltbild. Wie die Kolonialisten konnten auch die Zoologen sich auf ein nobles, wissenschaftliches Anliegen berufen. Der Londoner Zoo, der von der Zoological Society of London gegründet wurde, war vermutlich der erste wissenschaftliche Zoo weltweit. Anfangs bekamen nur die wohlhabenden Bürger Zutritt, doch mit der Zeit demokratisierte er sich, nicht zuletzt, weil die Besitzer auf die Eintrittsgelder angewiesen waren.

Die Geldnot ließ die Zoos einen anderen fragwürdigen Weg einschlagen. Der Londoner Zoo belieferte sowohl Tierzüchter als auch Wissenschaftler. Statt die Wildtiere zu erhalten, wurden domestizierte Tiere gezüchtet. Der Zoo bot seinen Mitgliedern Tiere für ihre Sammlungen oder zur Jagd an, und versuchte sich an diversen Kreuzungen, beispielsweise von Eseln und Zebus (ostasiatischen Buckelrindern). Gegen ein Deckgeld, das an die Zoological Society ging, konnten Züchter ihre eigenen Tiere mit einem Zebu oder Zebra paaren. Der Himalaya-Glanzfasan ist ein buntschillernder Hühnervogel, auf den auch Queen Victoria gerne schoss. Man bemühte sich, ihn zu domestizieren. Über tausend von ihnen wurden eingefangen, die meisten starben unterwegs, und nur wenige pflanzten sich fort. Heute findet man ihn überall in der Himalaya-Region, er hat auch ohne den Londoner Zoo überlebt.

Im ausgehenden 19. Jahrhundert hatten sich die Hoffnungen, die die Zoos in die Domestizierung gesetzt hatten, zerschlagen. Übrig blieb der Drang, mit den Tieren Unfug zu treiben. Bis weit in das 20. Jahrhundert wurden Seehunde als Meerjungfrauen verkleidet und Esel mit Zebrastreifen bemalt. Schimpansen wurden zu Teepartys mitgebracht. (Daraufhin traten sie in menschlicher Kleidung in Tee-Werbungen auf. Die Schimpansen-Werbespots von PG Tips liefen von 1956 bis 2002 im britischen Fernsehen und waren damit die langlebigste britische Werbekampagne überhaupt. Der letzte mitwirkende Schimpanse war durch seine Darbietung und das ständige Zusammensein mit Menschen so traumatisiert, dass es ihm schwerfiel, sich wieder im Zoo einzugewöhnen.)

Die Zoos sahen sich als etwas anderes als die Zirkusse, doch sie arbeiteten häufig zusammen. 1882 verkaufte der Londoner Zoo den

Elefantenbullen Jumbo an den Schausteller und Zirkusdirektor P. T. Barnum, der ihn nach USA verschiffte. Barnum, der zu Anfang seiner Karriere einen schwarzen Mann ausgestellt hatte, bevor er sich für die Abschaffung der Sklaverei einsetzte, besaß die moralische Flexibilität, die ein Zirkusbetreiber braucht. Er wusste, dass ein Elefant in einem amerikanischen Zirkus mehr wert war als in einem britischen Zoo. Jumbo war ein kommerzieller Erfolg, bis er drei Jahre später in Ontario von einem Zug angefahren wurde und starb, als er gerade zum nächsten Veranstaltungsort transportiert werden sollte. Dennoch war der Londoner Zoo sofort bereit, dem Zirkus die Elefantin Alice als Ersatz anzubieten. Barnum stellte Alice und ihren toten Kameraden gemeinsam aus, bis sie 1886 bei einem Brand umkam.

Tiere waren ersetzbar. 1943 töteten die Wärter im Ueno-Zoo in Tokio 27 Tiere. Das Blutbad war eine Kriegstaktik der Regierung, die ihren Bürgern Opferbereitschaft beibringen wollte. Drei Elefanten weigerten sich, das vergiftete Futter zu fressen, deshalb ließ man sie verhungern. Anschließend wurde eine Trauerfeier zu Ehren der tierischen »Märtyrer« abgehalten; andere Zoos im Japanischen Kaiserreich folgten diesem Beispiel.

Ignoranz war weiter verbreitet als Bösartigkeit. Der Londoner Zoo veranstaltete Tee-Partys mit Jungtieren, die dazu von ihren Eltern getrennt wurden. Kinder konnten auf Riesenschildkröten reiten. Die Besucher durften die Tiere füttern – was erst in den 1960er-Jahren abgeschafft wurde, als ein afrikanischer Elefant starb, weil er beim Griff nach einem Brötchen vornüber gefallen war. Der erste wissenschaftliche Direktor des Zoos, ein Zoologe namens Edward Hindle, behauptete noch 1950, Zootiere bräuchten keine großen Gehege, weil ihre Territorien auch in der Wildnis von Rivalen und Fressfeinden eingeschränkt seien. »In der Regel ist Platzmangel kein Problem, das bei der geeigneten Unterbringung von Tieren berücksichtigt werden muss«, sagte er. Hindle war auch der Meinung, Elefanten und Geier seien »problemlos in Menagerien zu halten und erreichen im Allgemeinen ein hohes Alter.«

Der vermutlich einflussreichste Zoodirektor war Heini Hediger, der die Zoos von Basel und Zürich in den 1940er- und 1950er-Jahren leitete. Hediger war ein Modernisierer, zumindest in einigen Dingen. Er schrieb Bücher, in denen er die Zoos dazu aufrief, die kahlen Gehege der Tiere zu bepflanzen (auch wenn viele Zoos ihn ignorierten). Er beklagte, dass Elefanten nicht genug Platz zum Baden bekämen, was zu trockener Haut und Haarausfall führe. Doch auch Hediger fand, man müsse »die Elefanten daran gewöhnen, nachts angekettet zu sein« – damit sie lernten, sich unterzuordnen. Auch das hat sich als gänzlich falsch erwiesen.

Die Zoos hatten andere Prioritäten als die Tiere. Zunächst mussten Besucher angelockt werden. Nachdem die ersten Giraffen 1836 im Londoner Zoo eintrafen, kamen am Tag darauf über 500 Schulkinder, um sie zu sehen. Aber es wurde immer schwieriger, eine Neuheit zu präsentieren. Als der Lyriker E. E. Cummings sich 1925 beklagte, dass Zoos »armselige, allzu ruhige, farblose Orte« seien, wollte er eigentlich zum Ausdruck bringen, dass ihnen die »ungeheuerliche Intensität« der Zirkusse fehle.

Die Zoobetreiber glaubten anscheinend, dass jedes Tier – egal, von welcher Größe es war, oder in was für einem natürlichen und sozialen Umfeld es sich entwickelt hatte – in Gefangenschaft gehalten werden könne. »Es braucht nur einige Männer, die genügend Unternehmergeist und ausreichende finanzielle Mittel besitzen, um die Haltung von Walen in Europa möglich zu machen«, sagte Hediger. Wale! Die gesamte Tierwelt konnte und sollte beherrscht werden. In seiner ersten Fernsehserie *Zoo Quest* reiste David Attenborough um die Welt und sammelte dabei unzählige Tiere ein – darunter Lemuren aus Madagaskar, Papageien aus Neu-Guinea und Gürteltiere aus Paraguay –, die anschließend im Londoner Zoo untersucht wurden. »Die meisten Zoos gingen davon aus, dass Wildtiere in Hülle und Fülle vorhanden seien«, sagte Attenborough später. Die Existenz von Zoos wurde vor allem dadurch gerechtfertigt, dass sie unsere Neugier befriedigten.

Wenn die besten Zoos derart falsch lagen, wundert es nicht, dass es in der Praxis oft schockierend zuging. 1973 schenkte der US-amerikanische Sammler Peter Batten dem Gladys Porter Zoo in Texas 24 Säugetiere. Nur sechs Wochen später musste er entdecken, dass fünf davon gestorben waren und sechs aufgrund von mangelhafter Pflege verletzt oder verstümmelt worden waren. Daraufhin unternahm er eine Rundreise durch 200 US-amerikanische Zoos und kam zu der empörten Schlussfolgerung, dass »die Versorgung der Tiere unzulänglich und in einigen Fällen überhaupt nicht gewährleistet« war.

Würde man einem Kind diese Geschichte erzählen, bevor man es in den Zoo mitnimmt, würde es vermutlich nicht mitkommen wollen.

❖

Ich hatte angenommen, dass Tiere im Zoo zumindest eine lange Lebenserwartung hätten. Doch ich lag falsch, zumindest was die Elefanten betrifft. Ein Beitrag in der Zeitschrift *Science* zeichnete die Geschichte von 4500 Elefanten nach, die zwischen 1960 und 2005 in den USA lebten, und verglich sie mit Elefanten in anderen Ländern. Die Resultate waren aufschlussreich.

In Zoohaltung haben afrikanische Elefanten eine Lebenserwartung von 16,9 Jahren. In einem Nationalpark in Kenia beträgt sie durchschnittlich 65 Jahre, oder etwa 36 Jahre, wenn die durch den Menschen verursachten Todesfälle mitgerechnet werden.

Asiatische Elefanten in Zoohaltung werden im Durchschnitt 18,9 Jahre alt. In der Holzindustrie von Myanmar, wo Elefanten eingesetzt werden, liegt das Durchschnittsalter bei fast 42 Jahren. Wenn Elefanten, die mit Holzfällern arbeiten, länger leben als die Elefanten im Zoo, dann scheint etwas nicht zu stimmen.

Die Forscher kamen zu dem Schluss, dass »die Unterbringung in Zoos die Lebensfähigkeit der Elefanten stark beeinträchtigt«. Die Studie ist 2008 erschienen. Wenn die Lebenserwartung der Elefanten seither gestiegen wäre, hätte die Association of Zoos & Aquariums

(AZA) neue Zahlen veröffentlichen können. Das hat sie nicht getan. Ich habe mehrfach bei der AZA nachgefragt, doch sie haben mir keine Erklärung gegeben. Stattdessen haben sie mich auf verschiedene neuere Studien verwiesen, in der das Wohlbefinden von Tieren aus verschiedenen Zoos verglichen wurde – also nicht mit wildlebenden Elefanten. (Eine dieser Studien kam zu dem Ergebnis, dass drei Viertel der Elefanten in US-Zoos übergewichtig waren.)

Eine andere Studie untersuchte, womit sich Elefanten in Zoos beschäftigen. Mit dem Ergebnis, dass sie nach der Fütterung ein Verhalten zeigen, das in der Wildnis nicht auftritt und anscheinend keinem Zweck dient. 85 Prozent der Elefanten wiegten sich tagsüber hin und her; zwei Drittel davon auch nachts. Eine mögliche Erklärung dafür ist, dass die Elefanten im Zoo nicht auf Nahrungssuche gehen müssen, wie sie es in der Wildnis tun. Biologen bezeichnen dies als »stereotypes Verhalten«, eine merkwürdige Bezeichnung für ein Verhalten, dass überhaupt nicht typisch ist. Abnormales Verhalten ist besonders unter Elefanten mit Fußerkrankungen verbreitet, die durch den harten Boden im Zoo verursacht werden. Hinzu kommt, dass die Zoos die Tiere über Nacht anketten, angeblich, um aggressives Verhalten zu unterbinden. Doch die Nacht ist eine wichtige Zeit im Sozialleben der Elefanten: Sie schlafen nur zwei bis vier Stunden lang, und liegen dabei häufig neben- und übereinander. Im Zoo werden viele Elefanten allein in einem Stall eingeschlossen. Sie sollen sich an unseren Zeitplan gewöhnen.

Und wie sieht es mit der Fortpflanzung aus? Ich stoße ständig auf Zeitungsfotos von neugeborenen Elefanten, die sich schüchtern am Bein ihrer Mutter reiben. Tatsächlich pflanzen sich Elefanten im Zoo nur selten fort. Einige weibliche Tiere ovulieren in Gefangenschaft nicht, und die Libido und Spermaproduktion der Bullen ist ebenfalls eingeschränkt. Die einzigen Möglichkeiten, die genetische Vielfalt zu erhalten, sind der Import von weiteren Elefanten oder die bereits vorhandenen Elefanten in andere Zoos zu verschicken.

2010 prognostizierte Janine Brown, die als Expertin für die Fortpflanzung von Elefanten im Washingtoner National Zoo arbeitet, dass alle Elefanten in nordamerikanischen Zoos innerhalb »weniger Jahrzehnte« aufgrund von Unfruchtbarkeit aussterben würden. Im Berliner Leibniz-Institut für Zoo- und Wildtierforschung (IZW) erprobt der Veterinär Thomas Hildebrandt mit seinem Team eine neue Methode der künstlichen Besamung. Dieser Eingriff ist für hochentwickelte Tiere wie Elefanten sehr gravierend. Außerdem wurde das Problem damit nicht gelöst. Einige Zoos in den Vereinigten Staaten beziehen weiterhin wilde Elefanten aus Afrika. 2016 importierten der Dallas Zoo, der Henry Doorly Zoo in Omaha und der Sedgwick County Zoo in Kansas insgesamt 18 Elefanten aus Swasiland, die sonst eingeschläfert worden wären. Die Zoos haben diesen Elefanten das Leben gerettet, doch sie setzten sie einer langen, anstrengenden Reise aus, und es ist ihnen bislang nicht gelungen, selbsterhaltende Populationen zu etablieren. Laut der Species360 Datenbank leben heute nur noch etwa 150 afrikanische Elefanten und 95 asiatische Elefanten in nordamerikanischen Zoos. Der Aufwand, der betrieben wird, um die genetische Vielfalt zu sichern, wird immer teurer und immer weniger vertretbar: 2018 verschickte der Melbourne Zoo einen Elefanten namens Ongard an den Miami Zoo, der Transport per Flugzeug kostete 500000 Dollar.

Woran liegt es, dass Elefanten in Zoos kürzer leben, sich seltener fortpflanzen und unnatürliche Verhaltensformen entwickeln? Die Umgebung, die auf Kinder so entspannt und natürlich wirkt, birgt verschiedene Risiken. Die Elefanten, die zwischen den Zoos transferiert werden, müssen lange Reisen auf sich nehmen und verlieren dabei oft den Kontakt zu ihren Müttern. Wildlebende Elefanten haben komplexe Familienstrukturen – sie leben in matriarchalischen Herden mit Müttern, Töchtern und Jungen (auch wenn es zwischen den einzelnen Arten Unterschiede gibt, was nicht verwundert, wenn man weiß, dass die asiatischen Elefanten näher mit dem ausgestorbenen Wollmammut verwandt sind als mit ihren afrikanischen Vettern). Ohne diese Bindungen verlieren sie ihre Fortpflanzungsfähigkeit. Wie die Menschen finden auch ausgewachsene Elefanten es einfacher, ihre Jungen aufzuziehen, wenn die Großeltern dabei helfen. Sowohl bei den Elefanten, die in der Holzindustrie von Myanmar arbeiten, als auch bei denen, die in afrikanischen Naturparks leben, ist die Kindersterblichkeit geringer, wenn die Großmutter bei dem Kalb lebt. In Myanmar werden mehr Kälber geboren, wenn eine Großmutter zur Herde gehört. In Zoos werden die Tiere hin und her geschoben, um Zuchtplänen, finanziellen oder räumlichen Vorgaben zu entsprechen. Es liegt eine gewisse Ironie darin, dass Zoos für Familien gebaut wurden, nur nicht für die Familien der Tiere, die hier wohnen.

Die meisten europäischen und nordamerikanischen Zoos halten, wenn überhaupt, nur einen Elefantenbullen. Daher hat der Bulle keine Gelegenheit, von anderen männlichen Tieren zu lernen. Das liegt zum Teil daran, dass die Bullen aggressiv und von Natur aus Einzelgänger sind. Tatsächlich werden die Bullen noch aggressiver, wenn sie allein gehalten werden. In der Wildnis leben die ausgewachsenen Bullen häufig in einer Gruppe mit anderen männlichen Tieren in der Nähe einer größeren Herde. Forscher entdeckten, dass sie sich die Hälfte der Zeit höchstens 30 Meter von anderen Elefanten entfernten. Ihre sozialen Beziehungen bleiben über Jahre stabil. Junge Bullen sind noch mehr auf Gesellschaft angewiesen. Männliche Elefanten können bis zu fünfzehn Jahre alt werden, bevor sie sich von der Familie abnabeln und einer rein männlichen Gruppe anschließen. Anstelle dieser natürlichen Entwicklung und selbstbestimmten Auswahl der Lebensgemeinschaft werden Zooelefanten in zufälligen Gruppen gehalten – und in andere Zoos transferiert, wenn der Platz knapp wird. Dass die Tiere »aggressiv« oder »problematisch« erscheinen, liegt vermutlich auch daran, dass sie sich ihre Gesellschaft nicht aussuchen und sich nicht von anderen fernhalten können. Jeder, der sich schon einmal eine Wohnung mit einem Mitbewohner geteilt hat, wird das leicht nachempfinden können. In Damian Aspinalls Howletts Park werden die Tiere zumindest als Herde gehalten, auch wenn gelegentlich neue Bullen dazustoßen. Dort sollen mehr Elefanten zur Welt gekommen sein als in jedem anderen Zoo weltweit und als in allen anderen britischen Zoos zusammengenommen. Aber es ist nicht einfach, die komplexen Beziehungen der Elefanten zu berücksichtigen, die wir noch nicht vollständig verstanden haben.

Die Realität zeigt, dass es an Platz mangelt. Der AZA zufolge benötigt ein ausgewachsener Elefant mindestens 500 Quadratmeter Außengelände. In der Wildnis durchwandern asiatische Elefanten Gebiete von mehreren hundert Quadratkilometern. Das entspricht etwa der Differenz zwischen einer Toilettenkabine und mehreren Fußballfeldern. In den natürlichen Habitaten von Elefanten ist es außerdem wärmer als in vielen Zoos, in denen sie in den USA und in Europa leben. Zooelefanten, die in nördlichen Breitengraden mit kälterem Wetter gehalten werden, weisen eine höhere Konzentration von Stresshormonen auf als diejenigen, die in ähnlich warmen Temperaturen wie in ihren Herkunftsländern leben.

Kurz gesagt ist es schwierig für Zoos, sich innerhalb ihrer eigenen beschränkten Möglichkeiten auf die sozialen und psychologischen Bedürfnisse der Elefanten einzustellen. Es ist kaum machbar, ein weitläufiges Elefantengehege zu bauen, das in bequemer Nähe zu einer Londoner U-Bahn-Station liegt. Wir lassen die Tiere nicht absichtlich leiden wie August der Starke; wir tun es aus einer Mischung aus Egoismus und Ignoranz, weil wir unsere Fähigkeit überschätzen, wilden Tieren ein angemessenes Zuhause bieten zu können. Wenn das Tierliebe ist, dann fällt sie äußerst unbeholfen aus.

Mittlerweile lernen die Zoos, wie sie das Leben der Elefanten verbessern können: Die Tiere fühlen sich wohler, wenn sie sich aussuchen können, ob sie drinnen oder draußen sein wollen, und sie zeigen weniger Stresssymptome, wenn sie sich gut mit ihren Wärtern verstehen. Früher versuchte man, die Elefanten zu dominieren: »Wir sind Teil der Herde, und zwar der bestimmende Teil. Genau so sollte es auch sein«, sagte einer der Wärter des Londoner Zoos in einer BBC-Dokumentation von 1994. Die European Association of Zoos and Aquaria (EAZA) hat entschieden, dass jeglicher Kontakt zwischen

Wärtern und Elefanten durch eine Schutzabsperrung stattfinden soll, damit die Menschen eine weniger dominante Stellung einnehmen, und die Elefanten mehr Autonomie erhalten. Die Zoos haben noch Zeit bis 2030, um diese Bestimmung umzusetzen.

Georgia Mason, Biologieprofessorin an der Guelph University und eine der Verfasserinnen der in *Science* erschienenen Studie über die Lebenserwartung von Elefanten, ist der Ansicht, dass die Zoos Mittel und Wege finden könnten, um die Elefanten gesund zu erhalten, wenn sie genug Geld dafür aufwenden würden. Aber sie ist sich nicht sicher, ob es das wert ist: »Sollten die zig Millionen, die man bräuchte, um die Elefanten gut unterzubringen, nicht besser dafür ausgegeben werden, Reservate in Sri Lanka zu bauen? Oder für eine andere Tierart, die das Potenzial hat, sich in Gefangenschaft pudelwohl zu fühlen und in freier Wildbahn gefährdet ist?«

Für mich liegt die Antwort auf der Hand. Der Elefant im Raum ist, dass Elefanten nicht in beengten Räumen leben sollten, auch nicht in kleinen Außengehegen, sie sollten überhaupt nicht in Zoos leben müssen.

Für Ron Kagan, den Direktor des Detroit Zoo, war diese Erkenntnis ein Lernprozess. Kagan ist eine ungewöhnliche Erscheinung in der Zoowelt. Als Junge hatte er zwei Leidenschaften: Autorennen und Tiere. Als Rennfahrer scheiterte er: »Eine alberne Geschichte, aber meine Geschichte. So läuft es eben«, erzählt er mir am Telefon.

Als er anfing, im Zoo zu arbeiten, sah Kagan verhaltensauffällige Elefanten. Er reiste nach Kenia und begegnete dort Joyce Poole, die wegweisende Feldforschung zu Elefantenbullen im Amboseli Nationalpark geleistet hatte. »Ich fragte sie, ob ihr jemals aufgefallen sei, das wildlebende Elefanten Fuß- und Hautprobleme hatten oder Verhaltensauffälligkeiten zeigten. Sie sagte freundlich, aber bestimmt: »Was für eine dumme Frage, natürlich nicht!« Und das war alles, was ich hören wollte, denn es bedrückte mich, dass im Zoo niemand etwas von den Problemen der Elefanten wissen wollte.« Einmal hatte ein Elefant »geschrien«, als man ihn aus dem Transporter lud.

Kagan erkannte, dass Zoobetreiber weitaus weniger davon verstanden, was Tiere wollten, als Haustierbesitzer und Landwirte. Und was sie wollten, war Handlungsmacht – die Freiheit, Entscheidungen zu treffen, und Kontrolle über die wichtigen Aspekte ihres Lebens zu haben, beispielsweise ob sie sich drinnen oder draußen oder in der Nähe der Menschen aufhalten wollten.

»Man kann einen Mann und eine Frau ins Gefängnis werfen und sie über einen langen Zeitraum gesund und am Leben erhalten. Das heißt aber nicht, dass es ihnen gut geht.«

Der Detroit Zoo vergrößerte sein Elefantengehege. Doch die Winter sind dort extrem kalt, und die Elefanten konnten sich schwere Verletzungen zuziehen, wenn sie auf dem vereisten Boden ausrutschten, deshalb wollte man sie nicht draußen herumwandern lassen. 2004 entschied Kagan, dass es unverantwortlich wäre, seine zwei Elefanten zu behalten – und kündigte an, sie in ein Elefantenasyl in Kalifornien zu bringen. »Wir können keine matriarchalische Herde zusammenbringen, und wir können das Wetter nicht ändern, auch wenn das Klima dabei ist, sich zu ändern. Und wir sind nicht in der Lage, ein zehn, zwanzig oder dreißig Quadratkilometer großes Gehege bereitzustellen. Es war unmöglich«, erinnert er sich. Die AZA, die die Oberaufsicht über die Elefanten in akkreditierten US-Zoos hat, legte Widerspruch ein. Sie verlangte, dass Kagan die zwei Elefanten an einen Zoo in Columbus, Ohio, abgab, wo sie weder mehr Platz noch besseres Wetter oder weicherer Boden erwartete, und wo man noch Elefantenhaken verwendete. Also brachte Kagan die Elefanten in das Elefantenasyl in Kalifornien und wurde von der AZA für drei Monate suspendiert.

Seither haben auch andere Zoos ihre Elefantengehege geschlossen – in San Francisco, Alaska und London –, doch sie haben diese Entscheidung nur im Hinblick auf ihre eigenen Anlagen getroffen, und nicht darauf hingewiesen, dass wir nicht wissen, wie man Elefanten behandeln muss.

Der Londoner Zoo hat seine Elefanten in sein Schwesterunternehmen, den Safaripark Whipsnade, überführt. Safariparks haben zwar einige Vorteile – Geparden, die sich im Londoner Zoo nicht fortpflanzten, bekamen dort Nachwuchs, weil sie größeren Abstand zu den Löwen halten konnten –, aber sie unterscheiden sich nicht grundlegend von Zoos. In Whipsnade stehen den Elefanten nur 0,12 Quadratkilometer zur Verfügung. Andere Zoos halten hingegen an ihren Elefanten fest: Im Warschauer Zoo hat man den Elefanten medizinisches Marihuana (CBD) verabreicht, um ihr Stresslevel zu senken.

Sind Elefanten eine Ausnahme, wenn man darüber nachdenkt, welche Tiere nicht für die Zoohaltung geeignet sind? Ihre Größe und soziale Lebensform stellen die Halter vor spezielle Probleme. Die meisten Säugetiere leben in Gefangenschaft länger als in freier Wildbahn, nicht zuletzt deshalb, weil sie keinen Fressfeinden ausgesetzt sind. Viele vermehren sich problemlos, wie beispielsweise Löwen. Doch es gibt auch viele andere, die es nicht tun, obwohl sie seit hunderten Jahren von Menschen gehalten werden. Zwischen 1970 und 2011 sind drei Viertel der Geparden in US-amerikanischen Zoos gestorben, ohne sich fortgepflanzt zu haben. Die Spezies ist vom Aussterben bedroht, und die Zoos können nicht dazu beitragen, ihre Population zu erhalten.

Zoos sind derart beengt, dass einem bei näherer Betrachtung auffallen muss, dass etwas nicht stimmt. Es ist unwahrscheinlich, Giraffen und Hirsche rennen zu sehen. Während wir von Gehege zu Gehege spazieren, haben wir mehr Bewegung als die Tiere. In freier Wildbahn verbringen Papageien die meiste Zeit damit, in Schwärmen herumzufliegen. Im Londoner Zoo wurden sie anfangs an einer Stange angebunden, damit die Besucher sie bewundern konnten. Heute tut man das nicht mehr, doch die Papageien werden in Volieren gehalten, die nur einen Bruchteil ihres natürlichen Bewegungsraums ausmachen. Meeresschildkröten tauchen über 300 Meter tief; kein Aquarium kann ihnen dies bieten. Eisbären haben riesige Territorien, die kein Zoo jemals bereitstellen könnte.

Wenn Sie schon einmal im Zoo waren, ist Ihnen vermutlich aufgefallen, dass manche Tiere sich eigenartig verhalten. Eine Giraffe leckt an einem Zaun. Ein Tiger läuft unruhig in seinem Gehege auf und ab. Ein Vogel reißt sich die Federn aus. Dies ist stereotypes Verhalten, wie das Schaukeln der Elefanten. Was die Zoobesucher eigentlich sehen wollen, sind Tiere, die sich wie in freier Wildbahn verhalten. Doch die Zoos können die Wildnis niemals imitieren. Sie bringen die Tiere in zufälligen Gruppen zusammen, und sie verändern ihr Fressverhalten. Wildlebende Giraffen sind viel in Bewegung und formen keine festen Herden, sie grasen den ganzen Tag, nicht nur zu bestimmten Zeiten. Im Zoo werden die Tiere oft falsch ernährt. Jeder weiß, dass Pandas nur Bambus fressen. In freier Wildbahn ist es nicht so, die Pandas fressen beispielsweise auch von Raubtieren übriggelassenes Fleisch. Wenn sie ihr Habitat verloren haben, fressen sie nur noch Bambus. »Das tun sie nur, wenn sie nichts anderes finden können«, sagt Naomi Sykes, die die Skelette von toten Zootieren untersucht, um herauszufinden, wie sie über die Jahre ernährt wurden. Raubtiere können im Zoo nicht auf die Jagd gehen, was auch daran liegt, dass wir unseren Kindern diesen Anblick ersparen wollen. »Man kann keine lebende Ziege in ein Löwengehege werfen, auch wenn es für die Löwen so am besten wäre«, sagt Sykes. Großkatzen sollten sich ihr Futter selbst verschaffen können. Und wandernde Arten sollten wandern können.

Hinzu kommt die ständige Anwesenheit von Menschen. Einige Tiere, wie das rote Riesenkänguru, scheinen nervös zu werden, wenn die Besucherzahlen steigen. Andere, wie die Orang-Utans, wirken eingeschüchtert. Wieder andere, wie die Meerkatzen, bleiben gelassen. Wir wissen einfach nicht, wie die Menschen das Wohlbefinden der Zootiere beeinflussen.

Der Coronavirus-Lockdown hat uns zumindest Anhaltspunkte dafür gegeben, dass sich einige seltene Tiere wohler fühlen, wenn wir nicht da sind. Die beiden Riesenpanda-Babys Ying Ying und Le Le, ein Geschenk der chinesischen Regierung, um den zehnten Jahrestag der Übergabe der ehemaligen britischen Kronkolonie an China zu feiern, leben seit 2007 im Ocean Park in Hongkong. Die Jungtiere stammen aus dem berühmten Wolong-Naturreservat in China und wurden dort mit großem Tamtam verabschiedet – es gab eine feierliche Zeremonie, bei der ihre Käfige gesegnet wurden, und fünf Pfleger begleiteten sie. »Wir hoffen, dass sie bald Babys machen werden«, sagte der chinesische Innenminister. Am ersten Tag kamen über 20000 Besucher, um sie zu sehen.

Doch als sie das fortpflanzungsfähige Alter erreicht hatten, zeigten die Pandas keinerlei Interesse, sich zu paaren. Die Tierpfleger im Ocean Park bemühten sich zehn Jahre lang, sie zu ermutigen. Dann, Ende Januar 2020, wurde der Zoo wegen der Corona-Pandemie geschlossen. Einige Wochen später, als die Paarungszeit begann, veränderte sich das Verhalten der Pandas: Ying Ying, das Weibchen, spielte öfter im Wasser, während Le Le, das Männchen, ihr nachschnüffelte. Ihre Paarung fand Anfang April statt. Wir wissen zwar nicht, was der eigentliche Auslöser war, doch wäre es so überraschend, wenn die Tiere es genossen, nicht länger von unzähligen Fremden beobachtet zu werden?

Einige Zoologen sind der Ansicht, dass Zootiere nicht notwendigerweise so leben müssen wie in freier Wildbahn. Tiere wandern oder fliegen weite Strecken, weil sie Nahrung suchen und Fressfeinden ausweichen müssen; im Zoo können sie das, ohne sich fortzubewegen. »Das ist ja ein tolles Argument, wirklich ganz toll!«, platzt Ron Kagan heraus, als ich ihn dazu befrage. »Wenn ich Ihnen sage, Henry, hier haben Sie ein hübsches Häuschen, und Sie bekommen ihre fünf oder sechs Lieblingsgerichte, und dann können Sie einfach zu Hause bleiben und müssen nicht mehr in der Gegend herumlaufen, ich versorge Sie schon – dann würden Sie doch durchdrehen. Jeder würde das.«

Der Detroit Zoo hat beschlossen, die großen Vögel abzugeben – Adler, Geier und Flamingos. »Die meisten Vögel fliegen«, sagt Kagan. »Wenn ein großer Vogel nicht fliegen darf, dann verweigern wir ihm einen großen Teil dessen, was sein Leben ausmacht. Ich kann seine

Sprache nicht verstehen, ich weiß nicht, ob er sagt, er hasst mich, aber ich weiß, dass es sehr frustrierend für ihn ist.«

Kagan ist aber auch der Meinung, dass es einige Spezies gibt, die im Zoo besser aufgehoben sind als in der Wildnis. »Wildlebende Pinguine werden ständig gejagt und getötet«, sagt er. »Und unsere Pinguine haben ganz ausgezeichnete Lebensbedingungen. Ich wünschte, ich könnte das über alle Tiere hier sagen, aber das kann ich leider nicht.«

Der Detroit Zoo will solchen Tieren eine »lebenslange Zuflucht« bieten. Seine jährlichen Besucherzahlen sind von einer auf 1,4 Millionen gestiegen, seit die Elefanten abgegeben wurden. Dennoch befürchtet Kagan, dass seine Botschaft bei anderen Zoos keinen Anklang findet. »Es wäre schön, wenn wir gemeinsam etwas bewegen könnten. Aber es ist eben so, wie es ist.«

David Hancocks, ein britischer Architekt, der sich schon sein Leben lang mit der Planung und Leitung von Zoos beschäftigt, hat versucht, die Lebensbedingungen der Tiere zu verbessern, als er den Woodland Park Zoo in Seattle leitete. Er baute neue Primatengehege mit Bäumen und Büschen, in denen die Tiere herumklettern und spielen konnten. Doch Hancocks wurde enttäuscht. »Es wurde schnell klar, dass andere Zoos überhaupt kein Interesse hatten, unserem Beispiel zu folgen. Seit ich vor zehn Jahren ein Konzept für ein Gorillagehege im Melbourne Zoo vorgelegt habe, hat niemand mehr etwas ähnliches versucht«, erzählt er.

Obwohl man den Gorillas Anregungen bietet – Dinge, mit denen sie interagieren können – »sind es die Arten von Anregungen, die man in einem Seniorenheim bekommt.« Insgesamt hätten sich »die Bedingungen, in denen die Tiere leben, seit den 1960er-Jahren nicht wesentlich verändert.«

Ich habe mich oft gefragt, ob Tiere sich in Gefangenschaft langweilen. Ein Elefant muss sich mindestens zwanzig Stunden am Tag beschäftigen. Für uns Menschen wirkt es langweilig, aber was wissen wir schon? Die Forscherinnen Georgia Mason und Becky Meagher haben Nerze in Käfige gesteckt, wie sie auch auf Pelzfarmen verwendet werden. In einigen der Käfige gab es eine Wassertränke und Hundespielzeug aus Plastik, in anderen nicht. Als die Forscherinnen den Nerzen weitere Stimuli anboten, sprachen diejenigen aus den leeren Käfigen stärker darauf an. Mason und Meagher kamen zu dem Schluss, dass das Verhalten der Tiere »Übereinstimmungen mit dem Empfinden von Langeweile« zeigte – wie sie es mit der typischen akademischen Vorsicht ausdrückten. Wenn uns im Zoo langweilig wird, können wir einfach nach Hause gehen. Die Tiere können das nicht.

Forschungen zum Tierwohl in Zoos gibt es erstaunlicherweise noch nicht lange. Einige Zoos zeigen sich nicht interessiert. »Es gibt viele Zoos, die furchtbar sind und geschlossen werden müssten«, sagte der Direktor eines angesehenen Zoos zu mir. Niemand in der Branche leugnet, dass es schlechte Zoos gibt, doch keiner will sie benennen – außer den offensichtlichsten Beispielen. Der Zoo von Amnéville im Nordosten Frankreichs besitzt drei Bengalische Tiger, die bis vor kurzem bei einer umstrittenen Dressur-Show mit Feuerwerk vor hunderten Zuschauern auftreten mussten. Nach scharfer Kritik von Tierschützern und dem Ausschluss aus dem europäischen Zoo- und Aquarien-Verband EAZA wurde die Tigershow 2020 abgesetzt.

Selbst die besten Zoos müssen Kompromisse machen und mit Unwägbarkeiten umgehen. Der Detroit Zoo hält zwei Eisbären und lässt die Besucher einen Tunnel unter ihrem Becken passieren, damit sie ihnen beim Schwimmen zusehen können. Ron Kagan nannte Pinguine als eine Spezies, die von der Gefangenschaft profitiert, doch Studien haben gezeigt, das zumindest der Zwergpinguin, der in Australien und Neuseeland beheimatet ist, sich von den Zoobesuchern gestört fühlt. Es gibt keinerlei Belege dafür, dass alle 21 Pinguinarten in Zoos besser aufgehoben sind als in ihren natürlichen Habitaten. Einige Tierpfleger behaupten, ihre Tiere würden die Anwesenheit von Besuchern mögen, doch das könnte auch daran liegen, dass sie in ihren Gehegen sonst so wenig Abwechslung haben.

Das Mindeste, was wir tun können, ist, die Zoohaltung von Tieren aufzugeben, die nicht vom Aussterben bedroht sind. Aber Moment mal: Trägt nicht jedes Zootier bereits zur Artenerhaltung bei?

❖

In meinen Gesprächen mit Zoobetreibern kamen immer drei Rechtfertigungsgründe zur Sprache. Erstens: Wir bringen den Menschen etwas über die Natur bei. Zweitens: Wir tragen zur Artenerhaltung bei – durch Zuchtprogramme und indem wir Geldmittel für Feldprojekte aufbringen. Und drittens (nicht immer so explizit ausgedrückt): Zoos müssen weiterbestehen, denn was sollten wir sonst mit den zigtausend Tieren tun, die wir angesammelt haben?

Dieses Argument beruht also teilweise darauf, dass wir einige Tiere zum Wohl anderer opfern. Vor hundert Jahren, als das Artensterben noch nicht so akut und Zoopopulationen noch nicht so etabliert waren, gab es für Zoos kaum eine Existenzberechtigung. Nach dieser Logik würden wir sie heute brauchen. Vielleicht hätten wir niemals damit anfangen sollen, Tiere in Gefangenschaft zu halten, doch nun können wir nicht mehr damit aufhören.

Das erste Argument, die Bildung, ist schwierig zu belegen. Zoobesucher scheinen etwas über Tiere zu lernen, aber nicht sonderlich viel. In der bislang größten Umfrage bekamen 5661 Besucher beim Betreten des Zoos einen Fragebogen über Biodiversität, und einen weiteren, wenn sie den Zoo verließen. Die Verfasser nannten die Umfrage »den bislang überzeugendsten Beleg« für die wichtige pädagogische Rolle von Zoos. Aber die konkreten Resultate waren enttäuschend. Der Anteil der Besucher, die ein gewisses Verständnis davon hatten, wie der Einzelne dabei helfen kann, die Biodiversität zu erhalten, stieg von 51 Prozent beim Betreten auf 59 Prozent beim Verlassen des Zoos. Ein guter Dokumentarfilm hätte sicherlich denselben oder sogar einen größeren Effekt. Wir brauchen die Zoos nicht, um uns vor Augen zu führen, wie ein Tiger oder ein Nashorn aussehen; wir haben ja Stofftiere und das Fernsehen.

Tiere aus der Nähe zu sehen, könnte auch einen nachteiligen Effekt haben. In einer Studie zeigte man einer Gruppe von Testpersonen Fotos von Schimpansen in ihrem natürlichen Umfeld und fragte anschließend, ob die Tiere gefährdet seien. Einer anderen Gruppe zeigte man dieselben Fotos, nur dass die Schimpansen diesmal mit Menschen zusammen abgebildet waren. Die zweite Gruppe schätzte die Schimpansen zu einem Drittel weniger gefährdet ein.

Ganz instinktiv scheint das zu stimmen – je zugänglicher die Tiere wirken, desto weniger wahrscheinlich ist es, dass sie verschwinden könnten. Nehmen wir die Giraffen. Sie sind in unseren Zoos sehr verbreitet. Im Londoner Zoo kann man ihr Gehege von der Straße aus einsehen, sie dienen also quasi als Gratisprobe, um die Passanten dazu zu bewegen, eine Eintrittskarte zu kaufen. Sie wirken zufrieden und ungefährdet. Anfang der 1990er-Jahre, als der Zoo in einen finanziellen Engpass geriet und seine Bestände verkleinern musste, sagte David Attenborough: »Wer kann sich den Londoner Zoo ohne Giraffen vorstellen?« Er hatte recht. Man kann sich keinen Zoo ohne Giraffen vorstellen, also kann man sich auch keine Welt ohne Giraffen vorstellen. Vielleicht liegt es daran, dass man überrascht ist, wenn man erfährt, dass die Zahl der wildlebenden Giraffen seit 1985 um über 40 Prozent gesunken ist und einige Unterarten heute vom Aussterben bedroht sind.

Die zweite Rechtfertigung für Zoos, die Artenerhaltung, ist problematisch. Wenn man vorhat, Tiere in freier Wildbahn anzusiedeln, ist es generell besser, dazu wildlebende Tiere zu nehmen, als solche, die in Zoos herangezüchtet wurden. 1993 beschloss die Regierung von Namibia, die stark gefährdeten Spitzmaulnashörner zu schützen. Im Zoo von Namibia gab es keine, also holte man elf Nashörner aus den Nationalparks und brachte sie auf Farmen unter. Heute leben etwa 560 Nashörner auf privatem Land. (Die Regierung bleibt zwar der legitime Besitzer der Nashörner, doch die Landbesitzer verdienen Geld mit den Jagdlizenzen, die sie verkaufen.)

Es gibt auch eindeutige Beispiele dafür, wie Zoos Tiere schützen.

Die Arabische Oryx, eine Antilopenart, war seit 1972 in freier Wildbahn ausgestorben, weil sie zu sehr bejagt worden war. Doch Tierschützer hatten eine kleine Anzahl der Tiere eingefangen und in Zoos untergebracht – zunächst in Phoenix, Arizona, weil dort ein ähnliches Klima wie auf der arabischen Halbinsel herrscht. Diese Zoos züchteten eine Oryxherde heran, die sie anschließend in Jordanien und Oman auswilderten. Der Schwarzfußiltis, der einzige in Amerika beheimatete Iltis, galt als ausgestorben, bis man 1981 in Wyoming ein junges Männchen entdeckte. Weitere Tiere wurden gefangen, vermehrten sich und wurden in den National Zoo in Washington gebracht, der sie anschließend in der amerikanischen Prärie, in Mexiko und Kanada auswilderte. Der Kalifornische Kondor, von dem wir später noch hören werden, ist ein weiteres Beispiel. Doch derartige Erfolge kommen nicht oft vor. Es gibt zigtausend gefährdete Spezies. Wie viele davon konnten erfolgreich in Zoos gezüchtet und wieder ausgewildert werden? Eine Forschergruppe zählt insgesamt 17, inklusive dem Kondor und dem mongolischen Przewalskipferd; eine andere lässt drei Fälle nicht gelten, weil kein Zoo beteiligt war. Damian Aspinall hat recht, wenn er die Erfolgsbilanz der Zoos infrage stellt.

Heute konzentrieren sich die Zoos kaum mehr auf Zucht in Gefangenschaft. Ungefähr 25 000 Wirbeltiere leben in den Zoos und Wildtierparks weltweit (inklusive Unterarten und Nachzüchtungen, also fällt die Zahl etwas zu hoch aus). Nur etwas über 700 davon sind Teil von betreuten Zuchtprogrammen. Von allen Wirbeltieren, Subspezies und Züchtungen in Zoos ist nur eine von sieben vom Aussterben bedroht. Die meisten Programme zur Auswilderung greifen nicht auf Zootiere zurück – sie nehmen wildlebende Tiere von anderswo oder solche, die aus Forschungs- und Naturschutzeinrichtungen stammen.

Der wichtigste Beitrag, den die Zoos geleistet haben, betrifft die Amphibien, und auch hier gibt es eine Schattenseite. Ende der 1990er-Jahre bemerkten Biologen, dass einige Froschpopulationen dahinstarben. Wie man heute weiß, war ein Chytridpilz dafür verantwortlich, der die Haut der Amphibien befällt; er kam zu Beginn des 20. Jahrhunderts in Asien auf und verbreitete sich anschließend weltweit, was dem Handel mit Fröschen als Haustiere und als medizinische Versuchstiere geschuldet war. Der Pilz ist eine der verheerendsten Wildtierkrankheiten überhaupt, er befällt Frösche, Kröten und Salamander fast auf der ganzen Welt. Die Zoos in den Vereinigten Staaten haben die Verbreitung des Pathogens befördert, indem sie gegen die Importbeschränkungen für Amphibien lobbyiert haben. Hinzu kommt, dass sie nur wenig unternommen haben, um die befallenen Amphibien zu schützen – wie beispielsweise Reservepopulationen zu züchten.

Ich hatte angenommen, die Zoos seien zumindest so etwas wie eine Versicherungspolice – indem sie viele Tiere bereithalten, um sie zu züchten und wieder auszuwildern, wenn es notwendig wird. 2011 waren drei Viertel der Säugetiere, Vögel, Amphibien und Reptilien nicht bedroht. Wenn Sie an den Meerkatzen, dem Roten Riesenkänguru oder den Braunbären vorbeikommen, denken Sie daran, dass diese Tiere der niedrigsten Kategorie der Schutzpriorität angehören. Sie nehmen Platz im Zoo ein, den man den gefährdeten Arten zur Verfügung stellen könnte. Amphibien sind klein, pflanzen sich in Gefangenschaft gut fort, und etwa 40 Prozent von ihnen sind vom Aussterben bedroht. Doch 2011 wurden weniger als eine von zwanzig bekannten Amphibienarten in Zoos gehalten, im Vergleich zu einem von vier bekannten Säugetieren und Vögeln. Die Spezies, die den höchsten Erhaltungswert pro ausgegebenem US-Dollar haben könnte, sind kleine Kurzbrüter wie Wirbellose, Amphibien und Fledermäuse; doch es gibt keine Belege dafür, dass Zoos sich auf sie konzentrieren.

Wenn in Zoos und Aquarien eine gefährdete Spezies gehalten wird, dann sind es generell weniger als 50 Individuen. Das ist der Grenzwert, um neue Populationen zu züchten. Die Kalifornischen Kondore wurden aus weniger als 30 Individuen gezüchtet, doch bei anderen Arten sind weitaus mehr Individuen nötig, um die genetische Vielfalt zu erhalten. Selbst wenn die Zoos 50 Individuen einer gefährdeten Art halten, werden die Tiere normalerweise auf mehrere Zoos verteilt, die oft zu weit voneinander entfernt liegen, um ein gemeinsames Zuchtprogramm zu verfolgen. 2011 kam eine Forschergruppe zu dem Schluss: »Die meisten Zoopopulationen werden nicht hinreichend betreut, was adäquate Populationsgrößen, Reproduktionsraten, genetische Vielfalt und langfristige Lebensfähigkeit betrifft, um einen positiven Beitrag zur Artenerhaltung zu leisten«. Anders gesagt: Unsere Versicherungspolice ist löchrig.

Je länger die Tiere im Zoo bleiben, desto schwieriger wird es, sie auszuwildern. Außerdem besteht das Risiko, dass die Tiere im Zoo semi-domestiziert werden. Die Zoos wählen die Tiere eher nach ihrer Fügsamkeit aus als nach den Eigenschaften, die sie für ein Leben in freier Wildbahn benötigen. Eine Studie über die Umsiedlung (wild geborener) Fuchskusus in Australien ist erhellend: Die Fuchskusus mit der besseren Überlebenschance waren diejenigen, die die meiste Angst vor Menschen hatten. In Gefangenschaft können die Tiere die Fertigkeiten einbüßen, die sie in der Wildnis brauchen. Federwild verliert in Gefangenschaft einige der Verhaltensweisen, die es ihm ermöglichen, Fressfeinden aus dem Weg zu gehen.

Zoos geben durchaus Geld aus, um Tiere zu erhalten, sowohl im Zoo selbst als auch in der Wildnis. 2008 stellten die rund 300 Zoos und Aquarien, die der WAZA angehören, insgesamt 350 Millionen US-Dollar für Natur- und Artenschutz bereit. Wie viel von dieser Summe bereits ausgegeben wurde, ist unklar. Die Gesamtsumme platziert diese Zoos unter den führenden gemeinnützigen Naturschutzorganisationen – hinter The Nature Conservancy und vor dem WWF International. Doch für die US-Zoos sind es grob geschätzt nur 2 bis 3 Prozent ihrer Einnahmen. Einige Zoos bezahlen gar nichts. Selbst pflichtbewusste Zoos müssen den Großteil ihrer Einkünfte für die Deckung der Betriebskosten einsetzen. Die Zoological Society of London (ZSL), die den Londoner Zoo und den Whipsnade Safaripark betreibt, hat 2018/19 etwa 38 Millionen Pfund für ihre Tierbestände ausgegeben. Eintrittspreise und Mitgliedschaften erbrachten nur 36 Millionen Pfund. Und obwohl die ZSL etwa 20 Millionen

Pfund für Forschung und Naturschutz ausgegeben hat, wurde diese Summe größtenteils durch Spenden und Regierungssubventionen gedeckt, nicht durch den Zoo selbst. Den Besuchern gefangene Tiere zu präsentieren, scheint eine wenig effiziente Methode zur Beschaffung von Geldern zu sein. Viele gemeinnützige Organisationen rechnen damit, dass für jedes Pfund, das sie für Fundraising ausgeben, 5 Pfund in Projekte investiert werden.

Der eigentliche Grund für die finanziellen Schwierigkeiten, in die der Londoner Zoo in den 1990er-Jahren geriet, war, dass er sich auf öffentliche Zuschüsse verlassen hatte. Nachdem diese gestrichen wurden, gab es sogar Gerüchte, dass der Zoo einige seiner Tiere töten müsste. Während der Corona-Pandemie spielte sich in Deutschland etwas ähnliches ab. Der Tierpark Neumünster bekannte sich zu dem Plan, einige Tiere an andere zu verfüttern und die Seerobben, die viel frischen Fisch brauchen, einzuschläfern, wenn ihnen die Geldmittel ausgingen. Die Finanzierung von Zoos ist fragil, daher sind sie kein verlässliches Standbein für den Naturschutz.

2019 reiste ich für die *Financial Times* in die Mongolei, um die Rolle der ZSL in der Bekämpfung des illegalen Wildtierhandels zu beleuchten. Die Mongolei liegt zwischen Russland und China, früher verkaufte sie Pelze an die UDSSR, heute verkauft sie Körperteile von Tieren, die als Medizin oder als Schmuck verwendet werden, an China. Auf einem Markt sahen wir einen toten Steppenadler, der zum Verkauf angeboten wurde. Man zeigte uns, wie der Zoo Zollbeamte und ihre Spürhunde ausbildete. Einige Monate zuvor hatte ein Hund einen Mongolen auf dem Weg nach China entdeckt, der vier frisch abgeschnittene Hirschschwänze mit Klebeband an seinem Bauch befestigt hatte; sein Begleiter hatte drei Bärenzähne in seinen Socken versteckt. Ein anderer Hund spürte einen Güterwagen mit 49000 Kugeln Munition auf, die mit ziemlicher Sicherheit für die illegale Jagd bestimmt waren. Diese Arbeit ist wertvoll, doch dafür muss es keinen Freizeitpark voller eingesperrter Tiere am anderen Ende der Welt geben.

Ich habe ein ungutes Gefühl dabei, die Zoos herunterzumachen. Sie sind voller freundlicher Tierpfleger und guter Absichten. Sie verursachen weitaus weniger Schaden an individuellen Tieren als Viehzuchtbetriebe. Doch wenn sie sich aufs hohe Ross setzen und ihre lauteren Absichten betonen, dann sollten wir sie auch daran messen.

Am schlimmsten sind die kaum reglementierten Einrichtungen, die modernen Menagerien ähneln. Der GW Zoo in Oklahoma, der in der Netflix-Serie *Tiger King* vorkommt, war nicht nur hinsichtlich des Tierwohls ein Desaster. Sein Gründer Joseph Maldonaldo-Passage, alias Joe Exotic, erlaubte den Besuchern, die Tigerjungen zu knuddeln. Die Käfige waren so klein, dass die Tiger sich nicht verstecken konnten. Die Tigerjungen wurden von ihren Müttern getrennt und an unbekannte Empfänger abgegeben. Es gab unbestätigte Anschuldigungen, dass diejenigen, die zu groß zum Knuddeln geworden waren, erschossen und vergraben worden seien.

Wenn Sie diese Sendung gesehen haben, ist Ihnen sicherlich aufgefallen, dass Joe Exotic und seine Freunde, die ähnliche Geschäftsmodelle betreiben, sich auf dieselbe Weise rechtfertigen wie angesehene Zoobetreiber. Sie sprechen von Bildung. Sie sprechen davon, Tiger zu schützen. (»Die Wildnis existiert nicht mehr«, sagt einer dieser Sammler bzw. Zoobetreiber.) Sie beschweren sich darüber, dass in dem Tierheim für Großkatzen, das Carole Baskin leitet, die Tigerfreundin, deren Fehde mit Joe Exotic im Mittelpunkt von *Tiger King* steht, weitaus schlimmere Bedingungen herrschen. Es besteht eine Verbindung zwischen den etablierten Zoos und ihren wohlmeinenden Anliegen, Joe Exotics Wunsch, Tiere zu halten, und dem Bedürfnis der Besucher, sie zu knuddeln. Wenn man lautstark äußert, dass man es für eine gute Idee hält, exotische Tiere in Gefangenschaft zu halten, werden manche Leute das missverstehen. Wenn man Streichelzoos mit Kühen und Schafen genehmigt, werden sich manche Leute fragen, warum sie nicht auch andere Zootiere anfassen dürfen. Die guten und die schlechten Zoos sind Teil desselben Systems. Wir müssen dieses System verändern. Joe Exotic kam selbst zu einer noch drastischeren Schlussfolgerung, als er die Gefangenschaft aus erster Hand erlebte. 2020 wurde er zu einer Haftstrafe von 22 Jahren verurteilt, weil er einen Auftragskiller engagiert hatte, um Carole Baskin aus dem Weg zu räumen. »Wenn ich vor zwanzig Jahren gewusst hätte, was es heißt, in einem Käfig zu leben, hätte ich niemals einen Zoo aufgemacht«, sagte er zu der Journalistin Mariana van Zeller, als er bereits im Gefängnis saß. »Egal, ob es sich um einen Tiger oder eine Wüstenmaus handelt, kein Tier gehört in einen Käfig.«

❖

In der Kirche sollten Sie es nicht laut sagen, aber Noah war ein ziemlicher Amateur. Er konnte nicht erwarten, alle acht Millionen Spezies auf seiner Arche unterzubringen (selbst wenn er noch Zeit gehabt hätte, um die Eisbären abzuholen, die unweigerlich auf den Bildern auftauchen, die meine Töchter von der Arche malen). Er hätte niemals lebensfähige Populationen aus nur zwei Exemplaren einer Art züchten können (dasselbe Problem hätten auch Adam und Eva gehabt). Außerdem hat sein Ruf als Tierschützer einige Kratzer bekommen, als er das Ende der Sintflut damit beging, einige seiner Tiere aufzuessen, und den Menschen von Gott ausrichtete, sie dürften nun alles essen, »was sich regt und lebt« und sollten »fruchtbar sein und sich mehren«.

Doch aus Noahs Sicht sind wir die Amateure. Er verbrachte kaum ein Jahr auf seiner Arche, danach ließ er die Tiere frei. Würden die Zoos doch nur auch diesen zielgerichteten Ansatz verfolgen. Dann würden sie aufhören, Tiere zu horten, ohne darüber nachzudenken, was sie damit konkret erreichen wollen.

Michael Soulé, ein Professor aus Kalifornien, der auch als Vater der Naturschutzbiologie bekannt ist, warnte 1986 vor dem »demografischen Winter«. Er sagte, die menschliche Bevölkerung würde noch Jahrhunderte lang weiterhin wachsen und die Vernichtung der Tropenwälder und der 2000 großen Säugetierarten verursachen. Es sei die

Aufgabe der Zoos, Populationen dieser Säugetiere zu bewahren, bis die menschliche Bevölkerung wieder abgenommen hätte. Es gab nur einen Haken: Der demografische Winter würde 500 bis 1000 Jahre dauern. Heute gehen Demografen davon aus, dass die menschliche Bevölkerung sich innerhalb dieses Jahrhunderts auf einen Plateauwert einpendeln wird, obgleich die Tropenwälder und viele Arten beinahe so akut bedroht sind, wie Soulé annahm – nicht zuletzt durch den Klimawandel. Soulé setzte zu viel Hoffnung in die Zoos. Sie sind nicht dazu in der Lage, genetisch diverse Populationen über ein Jahrtausend zu erhalten. Sie können noch nicht einmal eine Elefantenpopulation über mehrere Jahrzehnte erhalten. Sie sind in einer Zwickmühle, weil sie so viele Tiere halten, die nicht geschützt werden müssten.

Noahs Arche kann noch nicht einmal als Metapher für die heutigen Zoos verwendet werden. Zoos existieren seit beinahe zwei Jahrhunderten, und sie halten individuelle Tiere jahrzehntelang in Gefangenschaft. Ihre Freilassung ist nicht absehbar. Zoos sind merkwürdige Varianten ihrer Vorgänger, der Menagerien. Sie haben zu viel versucht – uns zu bilden und zu unterhalten, die Forschung zu unterstützen, Tiere zu züchten, als Unternehmen zu fungieren. Für die Tiere haben sie bemerkenswert wenig erreicht.

Man kann nicht einfach mit den Fingern schnipsen, um die Zoos verschwinden zu lassen. In Zoos, Aquarien und anderen Einrichtungen leben heute 1,7 Millionen Vögel, 1,4 Millionen Säugetiere, 460000 Amphibien und 155000 Reptilien, so lauten die Zahlen von Species360. (Und wer weiß wie viele mehr in Privatzoos). Diese Tiere verdienen ein besseres Leben.

Einige Tiere müssen in Tierasylen untergebracht werden. Im Bronx Zoo lebt nur noch eine asiatische Elefantin, die ironischerweise auf den Namen Happy hört. Sie stammt aus Thailand und kam in den 1970er-Jahren in die USA, zusammen mit sechs weiteren jungen Elefanten, von denen zwei im Zirkus endeten. In den ersten Jahren durften Zoobesucher auf ihrem Rücken reiten. Ihr Gehege ist nur knapp einen halben Hektar groß, etwa wie ein kleines Fußballfeld.

Wildlebende asiatische Elefanten erleben selten Temperaturen unter 15 Grad Celsius. In der Bronx wird es im Winter regelmäßig kälter als Null Grad. Seit die Elefantin Sammie 2006 eingeschläfert wurde, hatte Happy keinen Kontakt mehr zu anderen Elefanten.

Happy war die erste Elefantin, die sich 2005 selbst in einem Spiegel erkannte. Forscher malten ihr ein weißes Kreuz auf die Stirn, und als man sie zu einem großen Spiegel führte, berührte sie dieses Kreuz mehrmals mit ihrem Rüssel. Dieses Verhalten legt nahe, dass sie eine Selbstwahrnehmung hat, wie sie nur wenige Säugetiere besitzen. Mit beinahe 50 Jahren hat sie länger überlebt als die meisten Zooelefanten. Doch auf Videoaufnahmen zeigt sie ein abnormales Verhalten – sie schwingt ihren Rüssel hin und her und hebt ständig einen oder zwei Füße vom Boden ab, was auf eine Fußerkrankung schließen lässt.

Das Nonhuman Rights Project hat gefordert, dass Happy umgehend in ein Elefantenasyl in Tennessee überführt werden soll. Die Initiative ist der Ansicht, dass die Elefantin als juristische Person gelten und ihr Entscheidungsfreiheit zugebilligt werden soll. Es geht nicht darum, dass der Zoo gegen seine Statuten verstoßen hat, sondern dass die Statuten selbst fehlerhaft sind. Happy wird von Elefantenexperten wie Cynthia Moss und Joyce Poole unterstützt, die davon ausgehen, dass ihr Verhalten sich wieder normalisieren wird, sobald sie in einem weiträumigeren Gehege untergebracht ist.

»Wir wollen eine Bewegung für mehr soziale Gerechtigkeit sein«, sagt Steven Wise, der energische Gründer des Nonhuman Rights Projects, der früher in Harvard als Juraprofessor tätig war. Seine historischen Bezüge sind offensichtlich. In seinem Büro stehen 147 Bücher über Sklaverei und die Abolitionsbewegung, und er zitiert gern Martin Luther King: »Der Bogen des moralischen Universums ist weit, aber er neigt sich zur Gerechtigkeit.« Für die Tiere trifft das leider nicht zu. Der Bronx Zoo sagt, Happy würde angemessen versorgt werden und könnte die Reise in das Elefantenasyl möglicherweise nicht überstehen. Mit anderen Elefanten würde sie sich nicht vertragen, hätte aber seit langem ein gutes Verhältnis zu ihren Pflegern. Das

Nonhuman Rights Project wiederum hält Happy nicht für schwierig, sie hätte bislang mit nur vier Elefanten zusammengelebt, und sei mit zwei von ihnen gut ausgekommen.

Die Annahme, nicht ihre Lebensumstände, sondern Happy selbst sei das Problem, wäre überzeugender, wenn sie der erste »schwierige« Elefant im Bronx Zoo wäre. Anfang der 1900er-Jahre traf dort ein Elefantenbulle namens Gunda aus Indien ein. Zunächst wirkte er ausgeglichen und freundlich und ließ zu, dass die Kinder auf ihm ritten. Doch einige Jahre später berichteten die Wärter, dass Gunda gewalttätig geworden sei. Er wurde angekettet. Besucher beschwerten sich über diese Behandlung und verlangten ein größeres Gehege für ihn. Der Zoo reagierte darauf, als sei Gunda ein aufsässiger Häftling: »Nun liegt es bei Gunda; der Elefant verliert seine Ketten, sobald er kein Risiko mehr darstellt«, lautete eine Schlagzeile in der *New York Times*, in der der Zoodirektor zitiert wurde. Gunda hatte kein Glück. Kaum ein Jahr später wurde er erschossen, weil er angeblich einen Wärter angegriffen hatte, und darüber hinaus als Exponat untauglich geworden war. »Es war ein Gnadentod«, erklärte der Zoodirektor William Hornaday, der zufällig auch ein begeisterter Tierpräparator war. Der Fall Happy stellt uns vor die Frage, was wir seither erreicht haben.

New Yorker Richter haben ihre grundsätzliche Sympathie für das Anliegen des Nonhuman Rights Projects zum Ausdruck gebracht – und damit die juristische Unterscheidung zwischen »Personen« und »Gegenständen« infrage gestellt. »Das Gericht teilt die Auffassung, dass Happy nicht nur ein Gegenstand oder ein Besitztum ist. Sie ist ein intelligentes, autonomes Lebewesen, das mit Respekt und Würde behandelt werden soll und einen Anspruch auf Freiheit haben könnte«, schrieb die Richterin Alison Tuitt 2020. Doch sie entschied in Übereinstimmung mit einem Präzedenzfall, dass Tiere keine juristischen Personen sein können, weil sie keine Träger von Rechten und Pflichten sind. Darüber hinaus könne das entsprechende Statut nicht von Richtern, sondern nur von Politikern geändert werden. Lobbygruppen von Landwirten, Zoos und Aquarien hatten davor gewarnt, dass im Falle eines Erfolgs »buchstäblich alle Tiere«, die gegenwärtig auf Bauernhöfen, in Zoos und Aquarien oder bei Haustierhaltern lebten, freigelassen werden müssten. Der Rechtsstreit dauert weiterhin an.

Inzwischen hat das Nonhuman Rights Project noch weitere »Mandanten« hinzugewonnen, darunter sind Schimpansen und vermutlich bald auch Orcas. Wenn die Gerichte den Tieren keine Freiheit zubilligen, könnte die Initiative die Frage in Kalifornien durch eine Volksabstimmung entscheiden lassen.

Es gibt noch andere Möglichkeiten, wie Tiere innerhalb unserer Demokratien eine Stimme erhalten können. Sue Donaldson und Will Kymlicka, zwei Philosophen von der Queen's University in Kingston, Ontario, sind der Meinung, dass domestizierte Tiere als Mitbürger behandelt werden sollten. Diese Tiere sind Teil unserer Gesellschaft, und Demokratien basieren auf dem Prinzip, dass alle Mitglieder einer Gesellschaft ein Mitspracherecht haben. Domestizierte Tiere können zwar nicht zur Wahl gehen, doch die Länder könnten Ombudspersonen einsetzen, die ihre Interessen vertreten, oder Sitze im Parlament für Menschen reservieren, die als Repräsentanten der Tiere fungieren. Das eigentliche Ziel sollte laut Donaldson und Kymlicka die Einsicht sein, dass wir Tiere nicht benutzen sollten. Sie wollen erreichen, dass die domestizierten Tiere selbst entscheiden, auf welche Weise sie mit Menschen interagieren, und sie glauben, dass Tierasyle experimentelle Orte sein können, um Wege in eine gerechtere Zukunft zu erproben.

Doch wenn alle Zoos sich dazu bereit erklären würden, ihre Elefanten in Tierasyle zu geben, würden immense Kosten entstehen. Die Performance Animal Welfare Society (PAWS), an die die Zoos in Detroit und Alaska ihre Elefanten übergaben, nachdem sie deren Gehege geschlossen hatten, beziffert die jährlichen Kosten für die Pflege eines Elefanten auf 70000 US-Dollar. Das Elephant Sanctuary in Tennessee, das Happy aufnehmen würde, kostet sogar noch mehr. Es bietet eine Fünf-Sterne-Unterbringung für ehemalige Zoo- und Zirkuselefanten an. Besucher sind nicht zugelassen, aber auf kurzen Videoclips kann man sehen, wie die Elefanten sich auf einem etwa 1000 Hektar großen Gelände (über 2000 Mal so viel wie Happys Gehege) mit Waldbestand, Weideland und einem See tummeln. Wenn wir die fast 250 Elefanten, die sich derzeit in US-amerikanischen Zoos befinden, in ähnlichen Asylen unterbringen wollen, würden die laufenden Kosten sich auf grob geschätzt 17 Millionen (laut PAWS) oder 85 Millionen (laut dem Elephant Sanctuary) US-Dollar im Jahr belaufen. Und Elefanten können über 70 Jahre alt werden. In Europa gibt es kein einziges Elefantenasyl.

In der Zwischenzeit sollten die Zoos sich nicht länger hinter dem vagen, nicht belegbaren Anspruch verstecken, den Besuchern Bildung zu vermitteln. Stattdessen sollten sie sich dazu verpflichten, ihre Tiere angemessen zu behandeln; das wäre gleichzeitig die beste Lektion für die Besucher. Im Apenheul Park in den Niederlanden können die Primaten frei zwischen den Besuchern herumlaufen. Die Gorillas müssen zwar getrennt von den anderen Affen gehalten werden, doch die Barriere besteht nicht etwa aus Mauern oder Gitterstäben, sondern aus einem Wassergraben. Der Park bleibt im Winter sechs Monate geschlossen. Das ist etwas ganz anderes als die Zoos, die wir kennen. Hier stehen die individuellen Tiere an erster Stelle. Diese Art von Zoo besteht den »Animal Test«.

»Wenn wir noch einmal von vorne anfangen könnten«, sagt die Biologin Georgia Mason, »würden wir weniger Arten [in Zoos] halten. Wir würden klüger auswählen – je nachdem, ob die Art überhaupt Unterstützung braucht, ob der Zoo sie bieten kann, oder ob beides zutrifft.«

Die Zoos der Zukunft würden nur wenige Spezies beherbergen, die vom Aussterben bedroht sind, sich auch in Gefangenschaft vermehren und für die eine realistische Chance besteht, wieder ausgewildert zu werden, indem beispielsweise Land erworben wird und die Wilderer ferngehalten werden. Die chinesische Regierung konnte zwar ihr eigenes Image verbessern, indem sie einzelne Pandas auf der ganzen Welt verteilte, doch damit wurden keine optimalen Fortpflanzungsbedingungen für die Pandas geschaffen.

Im Detroit Zoo leben derzeit »nur« 2000 Tiere. »Wollen Sie sich etwa 10000 ansehen? Das ist doch albern«, sagt Kagan. Die Tiere sind nicht immer einfach zu beobachten. »Manchmal braucht man fünf oder zehn Minuten, bis man den Gorilla entdeckt, weil man um das weiträumige Gehege herumgehen muss. Manche Besucher ärgern sich darüber, andere zeigen Verständnis. Wir sagen den Leuten, dass es eine Alternative gibt – nämlich 1500 US-Dollar auszugeben, für zwei Wochen nach Ruanda zu fahren, von unzähligen Mücken gestochen zu werden, auf einen Berg zu klettern, um eine halbe Stunde lang die Gorillas zu sehen. Ich nenne das den McDonald's-Effekt – die Leute sind daran gewöhnt, alles auf dem Präsentierteller serviert zu bekommen. Ich will die Gorillas sofort sehen und dann weitergehen. Wie im Supermarkt. Das ist kein wertvolles Erlebnis.«

Kagan glaubt dennoch, dass Zoos die Erwartungen der Menschen verändern können. »Wenn man den Leuten etwas erklärt, sagen sie: ›Ach so, das wussten wir gar nicht‹, und wenn das geschieht, verändert sich etwas. Es ist nicht immer so, aber wir sollten an unsere Besucher glauben.« Sagen wir es mal so: Wenn die Zoos die Besucher nicht auf diese Weise überzeugen können, wie können sie dann hoffen, den Menschen insgesamt mehr Wissen zu vermitteln?

❖

In San Francisco gab ich meinen Widerstand gegen einen Zoobesuch auf.

Wir kamen an einem bewölkten Tag mitten in der Woche an, wenn die meisten Kinder in der Schule sind. Ein Nashorn ohne Horn spielte mit einem großen blauen Ball. Eine Wölfin lief verstörenderweise in Achten herum. Die Pinguinfütterung würde bald beginnen. In einem leeren Zoo fällt einem auf, wie viel Beton es hier gibt – angefangen mit den breiten Gehwegen für die Familien mit ihren Buggys. Für einen Ort, der sich rühmt, seine Besucher der Natur näherzubringen, fühlt es sich beklemmend unnatürlich an.

Wenn ich einem dieser Tiere in der Wildnis begegnet wäre, hätte ich ihm gerne stundenlang zugesehen. Doch hier im Zoo, umgeben von allen möglichen Annehmlichkeiten, fühlte ich mich genötigt, weiterzugehen. Eliza, Cleo und ich machten uns auf den Weg zum Gehege der Flachlandgorillas, wo ein halbes Dutzend Affen friedlich in zehn Metern Entfernung voneinander herumsaßen. Die Gefangenschaft bekommt den Westlichen Flachlandgorillas nicht immer: Ich hatte irgendwo gelesen, dass die Affen sich die Haare ausrissen, ein Verhalten, das in freier Wildbahn noch nie beobachtet wurde. Einigen hatte man sogar Prozac verabreicht. Waren diese Tiere, die wir vor uns hatten, glücklich? Oder waren sie traurig? 2016 war im Cincinnati Zoo ein Westlicher Flachlandgorilla namens Harambe erschossen worden, nachdem er sich einen vierjährigen Jungen geschnappt hatte, der in sein Gehege geklettert war.

In San Francisco schien eine solche Tragödie undenkbar. Ein junges Gorillamännchen nuckelte an einem Wasserhahn, rollte sich auf den Rücken und griff nach seinem linken Fuß. Ein Silberrücken kratzte an einer Matte. Das Gehege war ganz nett, doch es wirkte alles seltsam deplatziert. Eine Zoomitarbeiterin erklärte uns freundlich, dass das natürliche Habitat der Gorillas im Schwinden begriffen sei, weil dort Bergbau betrieben werde. »Recyceln Sie Ihre alten Handys, das hilft«, sagte sie hoffnungsfroh. »Ich glaube, wir haben hier irgendwo eine Sammelstelle für alte Handyakkus.«

»Können wir noch ein paar andere Tiere sehen?«, sagte Eliza, erst fragend, dann fordernd. Eine Tafel informierte mich darüber, dass junge Gorillas manchmal Wutanfälle bekämen, »wie kleine Kinder«. Mir fiel auf, dass meine Tochter mir sagen konnte, was sie wollte, die Gorillas aber nicht. Als ich ein Kind war, ging ich sehr gerne in den Zoo. Heute kommt mir das wie eine Illusion vor – dass Tiere sich dazu eignen, in kleinen Gehegen und in einer lauten Umgebung gehalten zu werden, dass sie so reichlich vorhanden und ständig verfügbar sind.

Die Zoos verändern sich nur zögerlich, weil sie keine Besucher verlieren wollen. »Ihr Vorgehen hat sich seit 1828 nicht verändert – sie sammeln große, exotische, gefährliche und, wie sie es nennen, charismatische Megafauna«, sagt David Hancocks, der Architekt und ehemalige Zooplaner. Der Begriff »charismatische Megafauna« wurde erstmals Mitte der 1980er verwendet, um die Arten zu bezeichnen – Tiger, Pandas, Nashörner und so weiter –, die Erwachsene benennen können. Man hoffte, dass diese Tiere das Engagement für Naturschutz fördern könnten. Eine Studie des Londoner Zoos ergab allerdings, dass die Beliebtheit einzelner Tiere im Wesentlichen davon abhängt, wie weit ihr Gehege vom Eingang entfernt ist.

Hancocks ist der Meinung, dass die Besucher die Zoos dazu bewegen werden, die Tiere besser zu behandeln. »Wenn die Zoos nichts ändern, wird die Öffentlichkeit es für sie tun«, sagt er. Es stimmt, dass Tiershows im Zirkus beim Publikum an Beliebtheit eingebüßt haben. Es fühlte sich zunehmend davon abgestoßen. Ringling Brothers, einer der Nachfolger des Barnum's Circus, wurde 2017 geschlossen. Kurz bevor Wildtiershows in Zirkussen in Großbritannien 2020 verboten wurden, gab es weniger als 30 zugelassene Tiere. Tierschützer hatten die Zirkusse scharf ins Visier genommen. Allerdings wurde ihre Klage gegen die Ringling Brothers abgewiesen. Und das britische Parlament befand, es gebe keine wissenschaftlichen Belege dafür, dass einige Tierarten für den Zirkus ungeeignet seien. Doch das spielte keine Rolle mehr: Das Publikum hatte auch ohne wissenschaftliche Belege beschlossen, dass es keinen Spaß mehr machte, in den Zirkus zu gehen. Vielleicht wird es eines Tages auch keinen Spaß mehr machen, in den Zoo zu gehen. Wir brauchen keine Nutztierhaltung mehr, um uns zu ernähren, und wir brauchen keine exotischen Tiere, um uns zu unterhalten. Uns stehen viele unglaubliche Naturdokumentationen zur Verfügung, in denen Tiere sich frei und natürlich bewegen. Der Kölner Circus Roncalli hat die lebenden Tiere durch Hologramme ersetzt.

Nachdem wir aus San Francisco zurück waren, ging ich mit meinen Töchtern in ein Aquarium, in dem es kaum schutzwürdige Arten gab. Wir bekamen einen Plastikanstecker, weil wir uns getraut hatten, einen Seestern anzufassen. Im vorletzten Raum saß ein junges Mädchen, das als Meerjungfrau verkleidet war. Was hier wohl am ehesten vom Aussterben bedroht war, war das Geschäftsmodell des Aquariums.

Liebe verlangt von uns, dass wir hinschauen und nachdenken. Die Zoos haben uns gelehrt, ungeduldig zu sein und zu erwarten, dass die Tiere sich nach uns richten. Frans de Waal, der wegweisende Zooforschung betrieben hat, wie den Spiegeltest mit der Elefantin Happy, witzelte darüber, dass Erwachsene im Zoo immer sagen würden: ›Ich könnte mir das den ganzen Tag lang ansehen‹, um dann schnell zum nächsten Gehege weiterzugehen. In Fuzhou, im Südosten von China, wurde ein Känguru getötet, weil Besucher mit Steinen nach ihm geworfen hatten, damit es sich bewegte. Zoos müssten so gestaltet sein, dass die Besucher zum Verweilen eingeladen werden, doch das, was sie anbieten können, wird immer seine Grenzen haben.

Der wahre Naturgenuss besteht nicht darin, sich eine Ausstellung mit einzelnen Tieren anzusehen. Sondern zu beobachten, wie sie Entscheidungen treffen, als Gruppe interagieren und als Spezies ihre Umwelt prägen. Dabei geht es um ökologische Prozesse, Würde und die Einsicht, wie unbedeutend wir sind. Im Zoo bekommt man nichts davon vermittelt. Was zumindest teilweise die Empörung erklärt, die aufkam, als der Kopenhagener Zoo 2014 die Giraffe Marius tötete. Der Zoo verwirrt uns, weil er die Tiere aus ihren natürlichen Lebensumständen herausreißt.

Zoos waren einst Gefängnisse für Tiere: grausam und unbehaglich. Heutzutage, da stimme ich David Hancock zu, sind sie mehr wie Pflegeheime, in denen eine quälende Frustration herrscht. Darin liegt eine grundsätzliche Erkenntnis verborgen: Wir Menschen sind nicht so klug, wie wir meinen. Wir sind zwar dazu in der Lage, Tiere in den entferntesten Ecken der Welt aufzuspüren, sie um die halbe Welt zu transportieren und sie am Leben zu erhalten. Doch ihre Umwelt und ihre Sozialdynamik können wir nicht nachstellen. In der Epoche der Weltreiche zeigten die Zoos, welche Macht wir über Tiere hatten. Heute zeigen sie uns, dass diese Macht begrenzt ist.

Aspinall sagt, wir sollten unsere Kinder nicht in den Zoo mitnehmen, aber ich habe es trotzdem getan. In Port Lympne gibt es Bäume und Gehege, in denen die Tiere sich unserem Blick entziehen können. Meine Töchter und ich entdeckten zufällig einen Tapir, der sich am Rande eines Wäldchens ausruhte. Ein weidendes Nashorn tauchte in mehreren hundert Metern Entfernung auf, weiter entfernt als jenes, das ich einmal in freier Wildbahn gesehen hatte. Hier kam man sich nicht vor wie bei einer polizeilichen Gegenüberstellung, sondern fast, als sei man Teil des Ganzen. Einige Tiere, wie der Gepard und die Fischkatze, waren nirgends zu entdecken. Wenn man extra wegen ihnen gekommen war, dann war das natürlich Pech. Eliza und Cleo fanden unseren Ausflug sehr aufregend, vor allem, weil sie ein Eis bekamen. Ich habe an diesem Tag gelernt, dass es für Kinder gar nicht wichtig ist, mehrere hundert Arten oder besonders exotische Tiere aus nächster Nähe zu sehen zu bekommen.

Was wildlebende Tiere brauchen, sind Räume, in denen sie frei leben können. Denn obwohl es in Port Lympne wirklich schön war, wirkten einige der Gehege doch zu klein. Aspinall ist dabei, seine Tiere auszuwildern, doch das braucht Zeit. Er selbst ist eher pessimistisch. »Die Vernichtung der Natur durch den Menschen ist vorprogrammiert«, sagt er zu mir. »In fünfzig Jahren wird es nur noch einige kleine Enklaven geben – mit Nashörnern, Gorillas und Elefanten. Man muss sich nur anschauen, wie die menschliche Bevölkerung in einigen Ländern wächst, dann weiß man, dass es unausweichlich so kommen wird.«

Ist das wirklich alles, worauf wir hoffen können? Noah ist der Bibel zufolge ein rechtschaffener Mann gewesen. Vielleicht sind wir nicht wie Noah. Vielleicht sind wir, um es mit dem Naturschriftsteller Carl Safina zu sagen, die Sintflut.

6. Nichts als Fußspuren

Wer hat entschieden – wer hat das Recht, für die unzähligen Menschen, die nicht gefragt wurden, zu entscheiden –, dass wir unbedingt in einer Welt ohne Insekten leben wollen, selbst wenn es eine sterile, reizlose Welt wäre, ohne den Anblick der Schwingen eines fliegenden Vogels?
Rachel Carson

Kauft Land, sie stellen es heute nicht mehr her.
Mark Twain

Irgendwann zu Beginn der Netflix-Serie *Narcos* fliegt ein US-amerikanischer Drogenfahnder von Miami nach Bogotá, Kolumbien. Vom Flugzeug aus sieht er auf den Amazonas-Regenwald hinunter und wirkt dabei ganz unbeeindruckt.

Wie vieles andere in *Narcos* fand ich das ziemlich irritierend. Der Amazonas-Regenwald beginnt erst einige hundert Kilometer südlich von Bogotá, wenn Sie ihn also auf dem Weg von Miami sehen können, hat sich Ihr Pilot verflogen. Sein Anblick ist so schön, dass selbst ein abgebrühter Drogenfahnder beeindruckt wäre. Aus der Luft kann man zwischen den Wolkenschleiern die endlosen Baumkronen, die teefarbenen Flussarme und gelegentlich auch einen Regenbogen ausmachen. Unwillkürlich denkt man dabei an die Lebewesen, die sich unseren Blicken entziehen und nichts von uns wissen – Jaguare,

Tukane und Schlangen. Ein halber Hektar Regenwald ist von etwa 6000 Insektenarten besiedelt. »Ein Baum ist nur ein Baum. Wie viele davon soll man sich denn noch ansehen?«, sagte einst Ronald Reagan. Er irrte sich: Das Ausmaß ist entscheidend. Je größer der Wald ist, desto größer ist auch die Artenvielfalt, die sich dort verbirgt.

Doch das Irritierendste an *Narcos* ist die Behauptung, dass sich in diesem Wildtierhabitat hauptsächlich Kokainlabore verbergen. »Aus einer Höhe von 3000 Metern wirkte Kolumbien wie ein unberührtes Regenwald-Paradies«, erzählt uns der Drogenermittler. »Auf dem Boden sah es anders aus. Pablo [Escobar] und seine Kompagnons haben dort Superlabore gebaut, die so groß wie Kleinstädte sind.« Kurz gesagt: Um den Regenwald zu retten, muss man den Drogenhandel stoppen.

Als ich 2005 das erste Mal als Doktorand nach Kolumbien reiste, dachte ich ähnlich. Ich hatte Artikel darüber gelesen, in denen die Kokainkonsumenten aus der Mittelschicht für die Zerstörung des Waldes verantwortlich gemacht wurden. Abgesehen davon, dass er eine menschliche Tragödie war, schien der kolumbianische Drogenkrieg auch schlecht für die Umwelt zu sein. Es war nicht schwer, Beispiele dafür zu finden – von Koka-Farmen und Kokainlaboren, die Chemikalien in den Wald kippten, bis zu den Guerillas, die Öl-Pipelines sprengten. Wir waren die Tierschützer, sie die Barbaren.

Doch allmählich kam mir eine unbequeme Erkenntnis: So schrecklich der kolumbianische Konflikt für die Bewohner war, für die Umwelt war er besser als die Alternativen. Die Guerillas – bestimmt keine Waisenknaben – waren sicherlich nicht so dumm, ihr Versteck preiszugeben, indem sie es abholzten. (Jemand erzählte mir von einem geflüchteten Guerillakämpfer, der sagte, das viele Grünzeug habe ihn ganz krank gemacht. In Bogotá würde er dieses Problem kaum haben.) Der Drogenkrieg machte Tausende Quadratkilometer Regenwald quasi zu einem Sperrgebiet. Internationale Bergbauunternehmen wollten nirgends investieren, wo ihre Angestellten entführt werden konnten, und Rinderzüchter zögerten, sich im Amazonasgebiet anzusiedeln, wie sie es im benachbarten Brasilien getan hatten.

Kolumbiens Regenwälder blieben nicht trotz, sondern wegen der Drogenkriege geschützt. Weil die Großkonzerne kein Interesse am Regenwald zeigten, konnte die Regierung über ein Viertel des Landes zum Schutzgebiet für indigene Völker und ein Zehntel zu Nationalparks deklarieren. Die Reservate und die Parks können sich überschneiden; zusammengenommen erstrecken sie sich über den Großteil des kolumbianischen Amazonasgebiets. Die indigenen Gemeinschaften verhalten sich unterschiedlich. Im benachbarten Brasilien unterstützen einige von ihnen den Bergbau. Doch in Kolumbien hat man die Erfahrung gemacht, dass viele von ihnen, besonders diejenigen, deren Gemeinschaften nicht in den vergangenen Jahrhunderten durch Krankheiten und Siedler zerrüttet wurden, eine besondere Wertschätzung für das Land hegen. Berge, Flüsse und Wälder sind von heiligen Wesen bewohnt; ihnen Schaden zuzufügen, wäre Blasphemie. Diese Gemeinschaften dulden weder Bergbauindustrie noch Holzkonzerne; sie wollen den Regenwald weiterhin als Lebensraum nutzen können. In Kolumbien sind mehr Vogelarten beheimatet als in jedem anderen Land. Während der drei Jahre, die ich dort lebte, bekam ich viele von ihnen zu sehen – Kolibris, Hoatzine, Hokkos –, und nicht ein einziges Gramm Kokain.

Seit dem Friedenabkommen von 2016 hat sich in Kolumbien einiges verändert. Immer mehr Rinderzüchter siedeln sich im Amazonasgebiet an, und die Politiker heißen sie willkommen. Palmölplantagen, riesige Monokulturen, dringen in die Wildnis vor. Die Bäume verschwinden. Luftaufnahmen zeigen hellgrüne rechteckige Schneisen, die in den Amazonas-Regenwald geschlagen wurden. Die meisten sind Weiden für Rinder. »Kühe fressen den kolumbianischen Regenwald auf«, sagt Brigitte Baptiste, eine der bekanntesten Biologinnen des Landes. Auf diese Art eignen sich die Viehzüchter das Land an – schnell und billig. In Gebieten, in denen es so gut wie keine staatliche Kontrolle gibt, ist diese Form der Inbesitznahme weit verbreitet.

Der intakte Regenwald ist ein gastlicher Ort, nicht nur für Menschen. Er ist voller dürrer Bäume, die sich zum Licht vorkämpfen, fleischiger Pflanzen und Flechten, Ameisenstraßen und dem Lärmen der Vögel und Insekten. Regenwälder bedecken etwa 6 Prozent der Erdoberfläche, doch sie enthalten 80 Prozent der bekannten terrestrischen Spezies. Im Amazonasbecken wurden mehr Fischarten entdeckt als im Nordatlantik. Ich bin mit dem Kajak neben rosa Flussdelphinen hergefahren und habe Affenschreie gehört, und die Fischer haben mir vom Arapaima erzählt, einem riesigen, atmenden Fisch. Morgens habe ich oft mit meinem Fernglas die Baumkronen abgesucht. Im Regenwald ist die Vegetation so dicht, dass man sich verirren kann, sobald man sich nur wenige Meter von seinem Pfad entfernt. Doch wenn die Bäume gefällt wurden, erinnert schon bald nichts mehr daran, dass sie jemals da waren. Meist bleibt nur eine feuchte Wiese übrig, die kaum interessanter als eine Grasfläche ist. Meterhohe Vegetation voller Leben, reduziert auf zehn Zentimeter. Diese Landschaftsform dient nur dem Menschen und seinen Nutztieren. Selbst wenn man einen Hektar Amazonas-Regenwald wieder aufforstet, wird er auch nach sechzig Jahren kaum halb so viel Kohlenstoff speichern wie zuvor. Und nach zwanzig Jahren wird es auch nur halb so viele Baumarten geben wie vorher.

Kolumbien folgt nur dem weltweiten Trend. Der Anteil an Anbauflächen hat sich in den vergangenen 200 Jahren vervierfacht, und es ist kein Ende abzusehen. Zurzeit besteht die Hälfte der bewohnbaren Gebiete der Erde aus Anbauflächen. Auf unserer Hochzeitsreise nach Borneo habe ich gesehen, wie die Palmölplantagen in den Wald vorgedrungen sind und die Orang-Utans in kleine Enklaven zurückgedrängt haben, wo sie auf die Bananen angewiesen sind, die die Menschen übrig gelassen haben. Die riesigen Palmölplantagen zerstören jedes Jahr weitere 200000 Hektar indonesischen Urwald. Der Lärm der Kettensägen war allgegenwärtig; die Flüsse waren so voller Sedimente aus den illegalen Minen, dass die Fische starben. Tiere verschwinden nicht einfach, wenn ihr Habitat zerstört wird – sie verbrennen bei der

Brandrodung oder müssen um Nahrung und Territorien kämpfen. Einige Orang-Utans überleben in Nachbarschaft zu den Plantagen, andere werden von den Farmern erschossen. Auffangstationen können einige wenige von ihnen retten, von denen vielleicht fünf Prozent überleben, wenn sie wieder in den Wald zurückkehren.

Wir können uns nicht einbilden, in Harmonie mit anderen Lebewesen zu leben, wenn es eine unabweisbare Tatsache ist, dass sie von diesem Planeten verschwinden werden. Über ein Drittel der eisfreien Erdoberfläche wird für die Landwirtschaft genutzt. Durch Getreideanbau, Viehzucht, Entwaldung, Holz- und Plantagenwirtschaft und andere Aktivitäten verbraucht der *Homo sapiens* 25 Prozent der Energie, die allen Lebewesen der Erde zur Verfügung steht. »Die Tiere können uns nicht dafür danken, dass wir sie am Leben erhalten, und sie würden bestimmt nicht das Gleiche für uns tun, wären die Rollen vertauscht. Aber wir, nicht sie, sind diejenigen, für die das Leben einen Sinn haben muss«, schreibt der Autor Jonathan Franzen.

Ich sah mir die Tiere in den Bilderbüchern meiner Töchter an. Eisbären – vom Aussterben bedroht. Pinguine und Bienen – viele Arten im Schwinden begriffen. Löwen – vom Aussterben bedroht, aus den meisten ihrer Lebensräume vertrieben. Bestimmt findet sich in den meisten Kinderzimmern in Europa und den Vereinigten Staaten eine Schildkröte, auch wenn es nur in einem Bilderbuch ist, doch sechs von sieben Meeresschildkrötenarten sind vom Aussterben bedroht oder gefährdet. Hohe Intelligenz reicht nicht aus, um sich zu schützen. Die Keas, die in Neuseeland beheimatet sind und Wahrscheinlichkeiten einschätzen können, sind bedroht von invasiven Spezies wie Wieseln und Katzen. Die neugierigen Vögel sind Opfer einer wohlmeinenden menschlichen Intervention geworden: Sie sterben, weil sie die vergifteten Köder fressen, die für die Raubtiere ausgelegt worden sind, und an dem Junkfood, mit dem die Touristen sie füttern. Selbst die Ähnlichkeit mit dem Menschen kann Tiere nicht schützen: Alle großen Affenarten – Orang-Utans, Bonobos, Schimpansen und Gorillas – gelten als bedroht oder stark gefährdet.

Ich habe den größten Teil meines Lebens in dem Glauben verbracht, das Artensterben sei eine absurde Vorstellung. In der Schule erfuhr ich, dass die Ausrottung des Dodo, dessen letztes Exemplar im 17. Jahrhundert auf Mauritius gestorben ist, ein Paradebeispiel für menschliche Dummheit sei, das sich nicht wiederholen dürfe. Als ich ungefähr neun Jahre alt war, versuchte ich mir vorzustellen, dass Elefanten nicht mehr existieren würden. Und ich weiß noch, dass ich dachte: Das wird niemals passieren. Wenn es richtig eng wird, werden die Erwachsenen sich schon darum kümmern. Gäbe es denn etwas Wichtigeres?

Doch 2019 waren fast 25 Prozent der Säugetiere und 13 Prozent der Vögel vom Aussterben bedroht. Über 200 bekannte Säugetierarten werden als stark gefährdet klassifiziert – einen Schritt davor, in freier Wildbahn oder gänzlich auszusterben. Die Extinktionsrate ist »mindestens tausend Mal höher als der Durchschnitt der vergangenen zehn Millionen Jahre«, laut der Intergovernmental Science-Policy Platform on Biodiversity and Ecosystem Services (IPBES). Das Risiko erhöht sich nicht etwa nach und nach, sondern in einem enormen Tempo: Eine Million der etwa acht Millionen Tier- und Pflanzenarten der Erde sind gefährdet. Davon sind eine halbe Million »akut vom Aussterben bedroht« – was bedeutet, dass sie theoretisch geschützt werden könnten, wenn ihre Habitate wieder hergestellt werden würden, unter den gegenwärtigen Bedingungen aber nicht. Mittlerweile kommt es immer häufiger vor, dass Forscher eine Art erst nach ihrem Aussterben klassifizieren können. Der mysteriöse Baumspäher, ein Vogel aus dem Nordosten Brasiliens, wurde zwar 2014 formal katalogisiert, danach aber nie mehr gesehen und fünf Jahre später für ausgestorben erklärt. Italienische Premierminister haben schon länger durchgehalten. Naturschutz kann dabei helfen, das Tempo zu drosseln: Die Gelder, die zwischen 1996 und 2008 ausgegeben wurden, haben die Extinktionsrate von Säugetieren, Vögeln und Amphibien um 20 Prozent gesenkt, wie eine Studie belegt; in den vergangenen zehn Jahren wurden 25 Vogel- und Säugetierarten vor dem Aussterben gerettet.

Dennoch ist es, als würde man ein Pflaster auf eine Wunde kleben, die dringend genäht werden muss.

Andy Purvis, einer der Leiter der IPBES, weist darauf hin, dass die Arten, die die Menschen früher ausgerottet hätten, schon »grundsätzlich besonders anfällig« gewesen seien – wie der flugunfähige Dodo, der nur auf einer einzigen Insel vorkam –, während heute ein breiteres Spektrum von Arten gefährdet sei, die auch auf dem Festland leben. Seit den 1970er-Jahren sind etwa drei Prozent der Froscharten ausgestorben, viele aufgrund des invasiven Chytridpilzes, der ihre Haut befallen hat. Der Pilz hat einen Dominoeffekt ausgelöst: Nach den Fröschen verschwinden auch die Schlangen, die sich von ihnen ernähren. Aufgrund dieser Krankheit und anderer Bedrohungen sind zwei von fünf Amphibienarten bereits vom Aussterben bedroht. Jahrtausende lang ist Afrika dem Aussterben der Megafauna entgangen, das man auf anderen Kontinenten beobachten konnte, weil die großen Wildtiere in Nachbarschaft zu den Menschen lebten und Verteidigungsstrategien gegen die Jagd entwickelten. Doch gegenüber den Veränderungen in ihren Habitaten und dem Klimawandel sind sie machtlos.

Die Liste der bedrohten Arten durchzugehen, ist ziemlich mühsam. Die Weihnachtsinsel-Zwergfledermaus wurde 2009 das letzte Mal gesehen und gilt heute als ausgestorben. Das Vancouver-Murmeltier und das Philippinen-Krokodil stehen kurz davor, mit weniger als 200 wildlebenden Exemplaren. Doch wer wusste überhaupt von ihrer Existenz? Viele Lebewesen sind Insekten, und viele Insekten sind Käfer. Während ich mir die Rote Liste der IUCN ansehe, die gewissenhafteste Bestandsaufnahme aller Tiere und Pflanzenarten, die auf unserem Planeten vorkommen, meine ich, die Stimme von Marie Kondo zu hören. Brauchen wir wirklich über 400000 Käferarten? Löst jede davon Freude aus? Wären wir glücklich, wenn alle terrestrischen Spezies in Australien in Sicherheit gebracht, dafür aber in der restlichen Welt ausgelöscht würden? Offensichtlich nicht.

Und es gibt ein weiteres Problem. Obwohl die Menschen sich jede erdenkliche Mühe geben, sterben Tiere nicht einfach aus. Eine Art muss zunächst vom Menschen identifiziert werden – und auf die meisten Arten trifft das nicht zu. Anschließend muss ihr Bestand erfasst werden – bei fast der Hälfte der bekannten Fischarten liegen keine Zahlen vor. Häufig gilt die Vorbedingung, dass es in einem Zeitraum von dreißig Jahren keine belegten Sichtungen durch den Menschen gegeben haben darf. (Demnach dürfte man erst 2021 davon sprechen, dass die UDSSR verschwunden ist.) Viele Arten bewegen sich am Rand des Abgrunds: Sie werden als »möglicherweise ausgestorben« oder »in freier Wildbahn ausgestorben« bezeichnet, was bedeuten kann, dass sie sich, wie im Fall einer Schnecke, in einem Plastikbehälter im Londoner Zoo befinden. Für die meisten Spezies gibt es keinen bestimmten Moment, in dem das letzte Individuum – das Naturschützer als »Endling« bezeichnen – stirbt, und die Welt anhält, ihm die letzte Ehre erweist und sich darüber bewusst wird, was sie verloren hat.

Mir fällt auf, dass mich nicht allein das Aussterben der Arten traurig macht, sondern die Leere, die sich damit auf unserem Planeten breitmacht. Es wird immer Arten geben, die entstehen oder vergehen, aber ich habe die Hoffnung, dass die Tierwelt nicht weiterhin kontinuierlich von den Menschen beschnitten wird. Alle zwei Jahre wertet der WWF die Bestandsdaten von über 4000 Wirbeltierarten aus, und leitet daraus ab, wie sie sich in Zukunft entwickeln werden. Der Living Planet Index zeigt, dass zwischen 1970 und 2014 sowohl die Bestände der Land- als auch der Süßwasserwirbeltiere um 60 Prozent zurückgegangen sind. In den Tropenregionen Amerikas sind es sogar 94 Prozent. Bei Meerestieren hat der Living Blue Planet Report des WWF seit 1970 eine Abnahme von 49 Prozent festgestellt. In der Praxis ergibt sich ein ähnliches Bild, wenn man sich die Abundanz bestimmter Arten näher anschaut. Sie können nur überleben, wenn ihre Population eine Mindestgröße aufweist, was in der Regel davon abhängig ist, ob es auch lebensfähige Bestände anderer Arten gibt. »Abundanz kann es nicht ohne Diversität geben, und Diversität nicht ohne Abundanz«, sagt der Naturschutzbiologe Anthony Waldron von der Cambridge University.

Wir können es uns auch noch komplizierter machen. Jede Tierart ist speziellen Bedrohungen ausgesetzt, ebenso wie die unterschiedlichen Regionen dieser Welt. Oder einfacher gesagt: Die Hauptursache für das Aussterben der terrestrischen Spezies ist das Verschwinden ihrer Lebensräume. Nach dem ZSL-Index stellt der Verlust ihrer Habitate für Vögel, Säugetiere und Reptilien eine größere Gefahr dar als die Jagd, die Umweltverschmutzung und der Klimawandel zusammengenommen. »Wenn Sie einen einzelnen Indikator für den Naturschutz brauchen, dann wäre es der zusätzliche Platz, den jeder neugeborene Mensch benötigt«, sagt Waldron. »Er sollte idealerweise bei null liegen.« Davon sind wir weit entfernt.

2010 haben beinahe alle Länder der Erde – außer den Vereinigten Staaten – sich dazu verpflichtet, den Habitatverlust bis 2020 zumindest zu halbieren, und wo es möglich ist, auf null zu reduzieren. Stattdessen sind von 2016 bis 2018 mehr Waldbestände verloren gegangen als seit der Jahrhundertwende. 2019 verschwand alle sechs Sekunden ein Wald von der Größe eines Fußballfelds. (Die Wälder, die noch stehen, aber durch Holzeinschlag, Beweidung und Brände an Umfang verloren haben, nicht eingerechnet.) Die Länder verpflichteten sich außerdem dazu, innerhalb von zehn Jahren dem Aussterben von bekannten bedrohten Arten entgegenzuwirken und ihren Schutzstatus zu erhöhen. Dieses Ziel wurde nicht erreicht, ebenso wenig wie die Abschaffung umweltschädlicher Subventionen, die Reduzierung der Umweltverschmutzung und die Anerkennung der Rolle, die indigene Völker für den Naturschutz spielen. Wir sind wie Kunden in einem Porzellanladen, die sich ständig entschuldigen, während sie weiterhin Tassen und Teller zerschlagen.

In Afrika sind die Lebensräume von Löwen, Elefanten und Schimpansen von Straßen durchschnitten und in Farmland umgewandelt worden. Die Wälder der Usambara-Berge, die im Nordosten Tansanias an der Grenze zu Kenia liegen, existieren seit 30 Millionen Jahren und beherbergen zahlreiche Pflanzen- und Tierarten, die man sonst nirgendwo auf der Erde findet. Über eine halbe Million Hektar Wald geht jedes Jahr verloren, hauptsächlich durch kleine Farmen, auf denen Mais angebaut wird. Mindestens ein Drittel der Tierarten, die in den Usambara-Bergen leben, gelten als vermutlich ausgestorben oder stark gefährdet. Ein Drittel des Waldes ist heute weniger als 300 Meter vom Waldrand entfernt. Tropische Spezies – vor allem Insekten – siedeln sich vor allem in Randgebieten an, was bedeutet, dass sie zuerst verschwinden, wenn das Land in Anbauflächen oder Weiden umgewandelt wird oder der Waldrand trockenen Winden ausgesetzt ist.

In den Tropenregionen steht es ebenfalls nicht gut. In Indonesien, dem Kongobecken und Amazonien werden neue Straßen durch die Wälder geschlagen, die als Vektoren der Entwaldung dienen. In der brasilianischen Amazonasregion tritt die rechte Regierung von Jair Bolsonaro dafür ein, den Wald auszubeuten und zu »säubern«. 2019 verbreiteten sich die Waldbrände mit einer Geschwindigkeit von einem Fußballfeld pro Minute, der Qualm verdunkelte den Himmel über dem 2700 Kilometer entfernten São Paulo. Bolsonaro weigerte sich schlichtweg, das Problem zur Kenntnis zu nehmen, bezeichnete die Daten über die Entwaldung als »Lügen« und behauptete, der Regenwald könne gar nicht brennen, da er ja feucht sei. Als die Corona-Pandemie im folgenden Jahr alle Aufmerksamkeit auf sich zog, nutzte sein Umweltminister Ricardo Salles die Gelegenheit, um die Umweltschutzbestimmungen zu lockern. Bolsonaro ist der Ansicht, der Amazonas-Regenwald gehöre Brasilien, nicht der ganzen Welt, und Brasilien könne ihn zerstören, wenn es das wolle. Doch es liegt auch an uns: 2019 war Brasilien erneut der weltweit größte Exporteur von Fleisch, ebenso wie von Sojabohnen, die hauptsächlich an chinesische Schweine und europäische Kühe verfüttert werden. In Mato Grosso, dem Bundesland mit der größten Sojabohnenproduktion, werden jährlich fast 300000 Hektar Wald und Grasland gerodet. Die Schuldigen sind nicht etwa arme Siedler, sondern Großunternehmen – drei Viertel der Rodungen werden von Landwirtschaftsbetrieben durchgeführt, die zehnmal größer als eine durchschnittliche englische Farm sind.

»Nur Bilder mitnehmen, nichts als Fußspuren hinterlassen«, lautet ein gängiges Motto der Umweltbewussten. Die Erde ist mittlerweile von Fußspuren überzogen – und außerdem von Reifen- und Hufspuren. Uns bleiben nur die Bilder der Tiere, die einmal hier gelebt haben.

Früher habe ich geglaubt, dass Frieden und Wohlstand Kolumbien – und die ganze Welt – zu einem grüneren Ort machen würden. Aber ich musste meine Ansicht revidieren: Der menschliche Fortschritt, wie wir ihn praktizieren, vernichtet die Wildnis. Ich fand es immer beruhigend, dass es noch Gegenden gibt, in denen wir die Tiere ein freies Leben in natürlicher Umgebung führen lassen. Geht es nicht in allen Naturdokumentationen darum? Wissen wir es nicht zu schätzen, dass die Tiere irgendwo in Freiheit leben können? Doch die Gegenden, in denen die Wildnis noch existiert, sind meistens solche, die vom Menschen aufgegeben wurden – wie die Sperrzone um Tschernobyl. Nicht die Drogenbosse und die Guerillas sind das Problem – sondern wir.

Es fällt einem schwer genug, sich vor Augen zu führen, was wir Nutztieren zumuten. Die Auswirkungen, die unser Verhalten auf die wildlebenden Tiere hat, scheinen dagegen unerheblich zu sein. Gibt es nicht irgendwo noch Löwen? Haben wir sie nicht gerade erst im Fernsehen gesehen? Aber Wildtiere wollen nicht von uns gesehen werden, sie wollen einen Ort zum Leben. Wie können wir ihnen dazu verhelfen?

❖

1990 trennte sich Doug Tompkins von seiner Frau Susie, die auch seine Geschäftspartnerin war. Bei einer Auseinandersetzung im Aufsichtsrat zog er den Kürzeren und beschloss, ihr die Hälfte von Esprit, der Bekleidungsfirma, die sie gemeinsam in den 1960er-Jahren gegründet hatten, für 150 Millionen US-Dollar zu verkaufen. Er war schon immer ein Abenteurer gewesen; jetzt war er auch noch sehr reich. Er hätte es wie die Multimillionäre aus San Francisco machen können – einen Weinberg kaufen, in Start-ups investieren und Intervallfasten betreiben.

Stattdessen ging Tompkins nach Chile und gab 500000 US-Dollar für eine 10000 Hektar große Rinder- und Schaffarm aus. Diese Farm wurde zum Grundstein eines der außergewöhnlichsten privaten Naturschutzprojekte weltweit. Tompkins besaß eine kleine Sammlung impressionistischer Kunst. Außerdem war er Bergsteiger und Ökologe. Er kam auf die Idee, seine Bilder zu verkaufen und mit dem Erlös tausende Hektar Land zu erwerben. Er kehrte der Konsumgesellschaft den Rücken und beschäftigte sich mit Renaturierungsökologie. Innerhalb von vier Jahren kaufte er ein Fünftel einer chilenischen Provinz auf.

Dem Unternehmen Tompkins Conservation, das von Tompkins und seiner zweiten Frau Kris, einer ehemaligen Geschäftsführerin einer Bekleidungsfirma in Patagonien geleitet wurde, gelang es, über 800000 Hektar Land – in Chile und Argentinien, mit Sumpfgebieten, Savannen, subarktischem Wald und Regenwald – in ein Schutzgebiet zu verwandeln. Er konnte die chilenische Regierung davon überzeugen, weitere Millionen Hektar Land zu schützen. Damit deutete sich eine Kehrtwende an, denn früher hatte Chiles Militärdiktatur – wie auch andere in der Region – die Menschen dafür bezahlt, sich auf unerschlossenem Land anzusiedeln und es in Anbauflächen umzuwandeln. Die geschützten Gebiete sind die Lebensräume von Pinguinen, Seelöwen, Kondoren, Pumas, Hirschen, Affen und vielen anderen Arten.

Chile war ein besonders geeigneter Ort für einen ausländischen Millionär, der vorhatte, große Ländereien aufzukaufen. Es war relativ dünn besiedelt. Landbesitzer wollten ihre Nutztierfarmen verkaufen, die nur wenig abwarfen. Ein Gesetz, das 1974 von Augusto Pinochets Militärregime verabschiedet worden war, gewährte Ausländern dieselben Rechte wie den Chilenen.

Tompkins hatte die Vision von einem Paradies, außerdem war er stur wie ein Ochse. Sein Biograf Andrés Azócar vergleicht ihn mit Steve Jobs; tatsächlich war Tompkins Jobs einmal in San Francisco begegnet und hatte ihm sofort einen Vortrag über die negativen Auswirkungen des technologischen Fortschritts gehalten. (Tompkins besaß nicht einmal ein Handy.) Wie Jobs war er ein Ästhet und legte bei seinen Projekten extreme Detailbesessenheit an den Tag.

Er verscherzte es sich mit vielen Leuten. Beim Landkauf verhandelte er hart, er hielt es nicht für nötig, die Einheimischen von seinem Projekt zu überzeugen, und er griff etablierte Unternehmen – wie umweltschädliche Lachsfarmen – an, die Arbeitsplätze bereitstellten. Einige Chilenen warfen ihm vor, er wolle einen jüdischen Staat schaffen, andere fanden, er spalte das Land (seine Ländereien erstreckten sich ursprünglich über den ganzen Süden von Chile, von den Anden bis an die Pazifikküste.) Selbst chilenische Naturschützer beschwerten sich darüber, dass seine Aktivitäten bei internationalen Spendengebern den Eindruck erweckten, Chile könne auf weitere finanzielle Unterstützung verzichten. Kris bemühte sich, die Gemeinde umzustimmen, doch sie und Doug ließen sich nie in Chile nieder. Erst als das Ehepaar seine Parks an den chilenischen Staat verschenkte, hieß man sie willkommen.

Doug und Kris ging es nicht in erster Linie um die Tiere, sie waren mehr an der Landschaft interessiert. Wenn sie eine Farm erstanden hatten, verkauften sie die Rinder und Schafe, legten kontrollierte Feuer an das Weideland und deckten Straßen ab. Nach etwa 15 Jahren wurde ihnen klar, dass sie mehr tun mussten. »Es reichte nicht, Land zu besitzen, es musste auch in den ursprünglichen Zustand zurückversetzt und wieder funktionsfähig gemacht werden, und in vielen Fällen bedeutet das auch, dass die wichtigsten Raubtiere wieder angesiedelt werden müssen«, erinnert sich Kris. »Deshalb fingen wir mit der Auswilderung an.« Sie wollten einheimische Arten zurückbringen: Andenkondore, Pumas und Sumpfhirsche. Der Große Ameisenbär ist in den Sumpfgebieten im Nordosten von Argentinien wieder angesiedelt worden, nachdem er im vergangenen Jahrhundert durch

Bejagung und Rinderzucht ausgerottet worden war. Auch die Pampahirsche und die Mähnenwölfe sind zurückgekehrt. Bei den Grünflügelaras war es schwieriger. »Die meisten können nicht mehr fliegen«, sagt Kris. »Man muss es ihnen beibringen, ihre Muskeln stärken und ihnen zeigen, welche Früchte sie mögen.« Der nächste Punkt auf der Liste sind die Jaguare. »Um einzelne Tiere auf ihre Auswilderung vorzubereiten, braucht es einen Zehn-Jahres-Plan.«

Doug Tompkins starb 2015 bei einem Kajakunfall in Chile. Er war 72 Jahre alt. Zu diesem Zeitpunkt war sein und Kris' Vermögen so gut wie aufgebraucht. Damit die Arbeit ihrer Stiftung weitergeführt werden kann, braucht sie finanzielle Unterstützer wie den Schweizer Hansjörg Wyss, der Milliarden mit dem Verkauf von medizinischen Geräten verdient hat und 2018 ankündigte, eine Milliarde US-Dollar für den Artenschutz spenden zu wollen. (Wyss hat sich ebenfalls zunächst für naturbelassene Landschaften und nicht für Wildtiere begeistert.)

Dennoch sind die 400 Millionen US-Dollar, die die Tompkins' für den Natur- und Artenschutz und die Bio-Landwirtschaft ausgegeben haben, nicht sehr viel, gemessen an den Standards der Superreichen. Vier französische Familien spendeten 400 Millionen Euro für den Wiederaufbau der Kathedrale Notre Dame in Paris, nachdem das Dach und die Gewölbe 2019 durch einen Brand stark beschädigt worden waren. Mohammed bin Salman, der Kronprinz von Saudi-Arabien, gab 450 Millionen US-Dollar für ein *Salvator-Mundi*-Gemälde aus, das angeblich von Leonardo da Vinci stammen soll. Das leblose Bildnis ist 65,7 × 45,7 Zentimeter groß; ich finde, dass Doug und Kris mehr für ihr Geld bekommen haben. Doug sagte, wenn die 10000 reichsten Menschen der Welt den Großteil ihres Vermögens und ihres Einflusses in den Natur- und Artenschutz stecken würden, wäre die Welt über Nacht eine andere. Es gibt ungefähr 2000 Milliardäre weltweit; und höchstens ein halbes Dutzend von ihnen hat die Gelegenheit wahrgenommen, etwas zur Rettung des Planeten beizutragen.

Warum sind es nicht mehr? »Ein Grund ist, dass die Leute sich nur ungern von ihrem Geld trennen. Sie wollen es ihren Kindern vererben, was albern ist«, sagt Kris Tompkins. »Es gibt zu wenig Menschen wie Andrew Carnegie, der Seinesgleichen sehr kritisch gegenüberstand und fand, es sei eine Sünde, sein Geld mit ins Grab zu nehmen. Ich stimme dem zu. Ich werde nie verstehen, warum diese Familien nicht dem Motto folgen: ›Je mehr man hat, desto mehr kann man geben‹. Diese Anhäufung von Geld ist einfach unfassbar. Viele Reiche verstehen nicht, wie befriedigend es ist, sein Geld für etwas Sinnvolles auszugeben, das einem am Herzen liegt. Die meisten von ihnen können sich das einfach nicht vorstellen.«

Dazu braucht man nicht unbedingt Geld. In der Mongolei bin ich einer Frau namens Bayarjargal Agvaantseren begegnet, die sich bei ihrer Arbeit als Forschungsassistentin in die Schneeleoparden verliebt hat. Warum gerade die Schneeleoparden? »Sie sind wunderschön – und so geheimnisvoll«, erklärte sie mir bei einem Pfefferminztee. Sie hatte noch nie einen Leoparden in freier Wildbahn gesehen, aber sie hatte genug über sie im Fernsehen erfahren, um zu der Überzeugung zu gelangen, dass sie eine große Bedeutung für die Mongolei haben. Insgesamt gibt es weniger als 7000 Schneeleoparden in freier Wildbahn, und nicht einmal 1000 davon leben in der Mongolei.

Das Gebiet, das ihr vorschwebte, lag im Süden der Mongolei, nahe der Grenze zu China. Bergbauunternehmen waren daran interessiert, und in der Bevölkerung gab es nur wenig Unterstützung für die Schneeleoparden, die in der Mongolei vor allem dafür bekannt sind, dass sie Nutztiere reißen. Zehn Jahre lang bearbeitete Agvaantseren die Lokalbehörden und die Politiker. Endlich überzeugte sie die Regierung, ein 700000 Hektar großes Reservat zu schaffen, und alle Bergbaulizenzen in dem Gebiet für ungültig zu erklären. »Sicherlich gibt es Leute, die dadurch Geld verloren haben. Doch damit mussten wir uns nicht befassen, weil die Regierung die Entscheidung gefällt hat«, sagte sie. Selbst Regierungen entscheiden sich gelegentlich dafür, Naturschutz über ökonomische Interessen zu stellen.

Anthony Waldron von der Cambridge University sagt: »Naturschutz ist kein Kampf zwischen Mensch und Natur, sondern zwischen Naturschützern und ihren Gegnern.« Und manchmal gewinnen die Naturschützer. Schutzgebiete sind eine einfache Idee, die auch funktioniert. Selbst wenn sie manchmal schlecht verwaltet und kontrolliert werden, haben sie die Entwaldungsrate verringert. Weltweit ist die Artenvielfalt in geschützten Gebieten etwa 10 Prozent höher als in ähnlichen, aber ungeschützten Gebieten.

Dennoch bewegen wir uns immer noch in die falsche Richtung: Die Ländereien, die Doug und Kris Tompkins in drei Jahrzehnten angekauft haben, entsprechen dem Umfang, in dem der tropische Regenwald in drei Monaten des Jahres 2019 abgeholzt wurde.

Um die Ausplünderung der Tierwelt zu stoppen, schlägt der Harvard-Biologe Edward O. Wilson vor, die Hälfte der Erde in ein Naturschutzgebiet umzuwandeln. Die Begründung ist teilweise psychologisch: 50 Prozent sind ein Ziel, das die Menschen verstehen. Und sie ist auch biologisch: Die *Theory of Island Biogeography*, deren Co-Autor er ist, besagt, dass man auf diese Weise 85 Prozent der Spezies erhalten könne. Das Half-Earth-Konzept – wie Wilsons Vorschlag genannt wird – würde all unsere bisherigen Bemühungen in den Schatten stellen. Im Jahr 1982, als ich geboren wurde, hat der World Parks Congress sich das Ziel gesetzt, 10 Prozent der Erdoberfläche der Natur zu überlassen. 2010 wurde das Ziel auf 17 Prozent bis 2020 erhöht und auch ungefähr eingehalten. Half-Earth-Unterstützer fordern nun, dass das nächste Ziel bei 30 Prozent bis 2030, und anschließend bei 50 Prozent bis 2050 liegen soll.

Bislang haben Chile und die Mongolei etwa ein Fünftel ihrer Länder unter Naturschutz gestellt – mehr als der weltweite Durchschnitt. Nur wenige Länder, Namibia, Nepal und Bhutan, haben 50 Prozent oder mehr erreicht. In den Vereinigten Staaten sind es nur 12 Prozent, Nationalparks und naturbelassene Areale mit eingerechnet, aber nicht Gebiete der einzelnen Bundesstaaten, die zur Jagd und zur Holzgewinnung genutzt werden. Alle Länder erhöhen ihre Zahlen, indem sie Gebiete dazurechnen, die in Wirklichkeit kaum geschützt sind.

Großbritannien liegt dabei ganz vorn. Theoretisch sind 26 Prozent des Landes geschützt, doch dazu gehören auch Gebiete, auf denen man bauen, Schafe weiden und nicht-einheimische Bäume anpflanzen darf, sowie Sumpfgebiete, die zur Moorhuhnjagd abgebrannt werden dürfen. Wenn man allein die Gebiete mitzählt, für die ein effektiver Bewirtschaftungsplan existiert, sind nur 11 Prozent des Landes geschützt, und das meiste davon ist in keinem guten Zustand. E. O. Wilson spricht sich für eine Fokussierung auf die Gebiete mit der höchsten Biodiversität aus, wie die Wälder der Demokratischen Republik Kongo, die Atlantischen Regenwälder in Brasilien und die Savannen in Queensland, Australien.

Stellen Sie sich vor, man würde für jeden Hektar des Yellowstone und des Yosemite Nationalparks drei weitere Hektar in den USA schützen. Stellen Sie sich vor, man würde für jedes geschützte Areal, das heute existiert – jeden Nationalpark, den wir besucht haben, jedes Naturschutzgebiet, durch das wir gewandert sind – zwei weitere einrichten. Stellen Sie sich vor, auf jeden Doug und Kris Topmkins kämen zwei oder drei Multimillionäre, die bereit wären, hunderte Millionen US-Dollar und mehrere Jahrzehnte ihres Lebens zu investieren.

Anfang 2021 haben etwa 50 Länder, darunter Großbritannien, Deutschland und Frankreich, aber nicht Australien, Brasilien und Indonesien, die Zielsetzung unterzeichnet, 30 Prozent der Erde bis 2030 zu schützen. Die geschätzten Kosten belaufen sich auf 35 bis 110 Milliarden US-Dollar im Jahr, die Kosten für die Erhaltung bereits existierender Naturparks nicht eingerechnet. Das ist weitaus weniger als die Summe, die weltweit jedes Jahr für Limonade ausgegeben wird. Die Kosten für den Erwerb des Landes sind relativ gering, im Vergleich zu den Kosten für das Management der geschützten Gebiete. Wenn es bei Half-Earth allein darum ginge, die Hälfte des Planeten an andere Lebewesen abzugeben, käme einem das ziemlich weit hergeholt vor. Doch die Naturschützer sagen, dass die Vorteile für die Menschen die Kosten bei weitem überwiegen würden, und die Naturparks einen Wirtschaftssektor darstellen, der genauso wichtig ist wie diejenigen, die er ersetzt. In Südafrika trägt die Tourismusbranche mehr zur Wirtschaft bei als die Landwirtschaft.

Es ist offensichtlich, dass die Entwaldung unserer Gesundheit schadet. Zoonosen – Krankheiten, die von anderen Lebewesen auf den Menschen überspringen –, treten weitaus häufiger in Gebieten auf, die von Menschen umgestaltet wurden, als in naturbelassenen Arealen. Diese Umgestaltung bringt uns in Kontakt mit neuen Spezies und neuen Pathogenen, und sie verändert das Gleichgewicht zwischen den Tierarten. Wenn wir Landschaften wie den tropischen Regenwald abbauen, werden die Nagetiere, Fledermäuse und Singvögel, die keine überspringenden Krankheitserreger beherbergen, verschwinden, während diejenigen, die solche Erreger beherbergen, sich vermehren werden. (Die Hauptursache für den Spillover-Effekt sind natürlich domestizierte Tiere wie Kühe und Schweine: Zwölf domestizierte Tierarten beherbergen die Hälfte der zoonotischen Erreger. Unsere Antwort auf den Spillover-Effekt sollte daher nicht darin bestehen, Tiere weniger zu schätzen, sondern das Ökosystem intakt zu halten.) Es gibt über eine halbe Million Viren, die von Tieren auf den Menschen überspringen können. Jedes Jahr treten fünf neue Krankheiten beim Menschen auf. Wir können kaum hoffen, sie alle zurückzuverfolgen oder Impfstoffe gegen sie zu finden. Stattdessen sollten wir verhindern, dass sie auf den Menschen überspringen können, indem wir den Wildtierhandel abschaffen und die fortschreitende Ausdehnung der Agrargebiete stoppen. Das wäre weit weniger kostenintensiv als die ökonomische Katastrophe, die das Coronavirus ausgelöst hat. Die Tierwelt und das Ökosystem zu schützen zahlt sich aus. Man könnte auch sagen: Kümmern wir uns um die Pandas, und die Pandemien werden von selbst verschwinden.

Bei Half-Earth geht es nicht darum, die Wildnis zurückzubringen. Unberührte Landschaften existieren nicht mehr. Wir haben die Kohlendioxidkonzentration in der Atmosphäre erhöht, und das wirkt sich auf Temperaturen und Niederschläge aus. Große Teile der Amazonasregion wurden mit Holzkohle gedüngt und bewirtschaftet, bevor die Europäer Südamerika erreichten. An den Ufern des Amazonas wimmelte es einst vor Schildkröten, bis die Europäer ihre Eier raubten. Der Urwald, den wir heute für unberührt halten, ist teilweise menschengemacht. In Gebieten mit großer Artenvielfalt, wie dem Amazonas-Regenwald, leben auch Menschen, die im Allgemeinen sehr viel mehr darüber wissen, wie man den Regenwald erhält, als die europäischen Naturschützer.

Es geht also nicht darum, Menschen gegen andere Lebewesen auszuspielen. Aber es kommt vor, dass die Einheimischen den Preis für den Naturschutz zahlen müssen. Als die ersten Nationalparks im späten 19. und im 20. Jahrhundert entstanden, wurden die dort ansässigen Menschen häufig heimatlos. Diese Einheimischen haben weitaus weniger Umweltschäden angerichtet als diejenigen, die sie vertrieben haben. Sie verloren ihre Viehweiden und ihre Jagdrechte. Sie kannten sich mit den Umweltbedingungen in ihrer Heimat aus, und wurden in Gegenden umgesiedelt, die ihnen fremd waren. Sie mussten darunter leiden, dass die Naturschützer die Tiere über die Menschen stellten. Diese Haltung besteht bis heute fort: African Parks, eine private Naturschutzorganisation, die von dem verstorbenen niederländischen Philantropen Paul van Vlissingen gegründet wurde, hat die Kontrolle über die afrikanischen Nationalparks übernommen und sie mit einem großen Aufgebot von Sicherheitsmaßnahmen ausgestattet. 2004 hat die Organisation einen Vertrag für die Errichtung von zwei Parks im Süden von Äthiopien ausgehandelt und gleichzeitig verlauten lassen, die Umsiedlung von tausenden Einheimischen sei nicht ihr Problem. Das erscheint unethisch angesichts der Tatsache, dass viele Menschen in Subsahara-Afrika arm und abhängig von der Landwirtschaft sind, um zu überleben. Und es hat auch nicht funktioniert. Nach drei Jahren hat African Parks den Vertrag aufgekündigt, weil die Regierung nicht dazu bereit war, die Einheimischen daran zu hindern, ihre Herden im dem besagten Gebiet zu weiden. Wenn die Tiere an erster Stelle stehen, stellt sich schnell eine Wagenburgmentalität ein, und die Einheimischen werden zum Problem erklärt.

Heute bemühen sich die Naturschützer, mit den Gemeinden zusammenzuarbeiten. Schutzgebiete bringen nicht nur Nachteile für die Einheimischen mit sich. Die Jagd und der Tourismus generieren Umsätze. Eine Studie zu den weltweiten Schutzgebieten stellte fest, dass die Familien, die in direkter Nähe zu einem Naturpark mit Touristenaufkommen lebten, um 17 Prozent wohlhabender waren als andere, die weiter entfernt lebten. Die Kinder, die dort aufwuchsen, waren größer und besser ernährt. Der Tourismus finanziert bereits den Schutz von 20 bis 30 Prozent der verbliebenen wildlebenden Löwen, Afrikanischen Elefanten, Spitzmaulnashörner und anderer Arten, wie den Galapagos-Albatross. Vor der Corona-Pandemie ist der nachhaltige Tourismus stetig gewachsen.

Dennoch hat er seine Grenzen. Touristen geben dreimal mehr Geld in den Nationalparks von Nordamerika aus als in den Nationalparks von Afrika und Lateinamerika zusammengenommen. Um die Zahl der wohlhabenden amerikanischen und europäischen Touristen in den Tropen zu vergrößern, müsste man tausende Menschen zusätzlich um die Welt fliegen, was nicht eben nachhaltig wäre. Wenn wir naturbelassene Gebiete wollen, müssen wir die Einheimischen dazu bringen, sie zu schützen. Naturschutzorganisationen haben versucht, die Einheimischen dafür zu bezahlen, dass sie weniger Wald roden. In Ländern wie Mexiko und Costa Rica wurden sie dafür bezahlt, keine Bäume mehr zu fällen – weil sie Kohlenstoff speichern und Überschwemmungen verhindern – und damit dem Ökosystem einen Dienst zu erweisen. Eine Studie aus Sierra Leone zeigte, dass die Geldzahlungen zumindest kurzfristig zu einer schnelleren Rodung des Regenwalds führten. Doch das ist eher die Ausnahme. Wenn wir den Amazonas-Regenwald erhalten wollen, müssen wir sicherstellen, dass für die Einheimischen ein finanzieller Anreiz besteht, ihn stehen zu lassen, anstatt ihn illegal abzuholzen. Das heißt konkret: Das Geld muss von den reichen in die armen Länder fließen, in denen sich die Gebiete mit der größten Artenvielfalt befinden.

1996 verteilte man an 400 Bürger in Cambridgeshire Informationen über die Spitzmaulnashörner in Namibia und fragte anschließend, wie viel jeder für den Schutz der Tiere auszugeben bereit war. Nachdem die Teilnehmer erfahren hatten, dass das Nashorn nur eines von vielen gefährdeten Säugetieren war, waren sie noch immer bereit, eine einmalige Summe von 15 Pfund zu bezahlen. Als man ihnen sagte, dass die Trophäenjagd nach wie vor erlaubt sei, waren es noch 13 Pfund. Wenn jeder erwachsene Brite 13 Pfund für die Erhaltung der Spitzmaulnashörner ausgeben würde, kämen etwa 700 Millionen Pfund zusammen. Damit könnte man eine Menge erreichen. Natürlich ist das nicht realistisch. Der britische Zweig des WWF erhält jährlich nur 35 Millionen an Spenden. Nur einer von acht Briten gibt an, regelmäßig für »Naturschutz oder Denkmalschutz« zu spenden, während mehr als doppelt so viele Briten für Tierheime für Hunde oder Esel spenden. Viele Briten sind gegen die Trophäenjagd in Afrika, doch sie sorgen nicht dafür, dass die Einheimischen eine alternative Einkommensquelle haben.

Amerikaner wären bereit, 19 US-Dollar für den Schutz von Meeresschildkröten auszugeben, 35 US-Dollar für Robben und 20 bis 40 US-Dollar für Wölfe. Sri Lanker würden etwa 16 US-Dollar im Jahr ausgeben – ziemlich unglaubliche 1 Prozent ihres Durchschnittseinkommens – um Elefanten zu schützen. 2001 erklärten sich die Bewohner von Orange County, Kalifornien, bereit, 50 bis 60 US-Dollar jährlich für den Schutz aller gefährdeten einheimischen Arten zu bezahlen. Diese Gelder wurden niemals aufgebracht. (In Orange County kamen die Forscher zu dem Schluss, dass sie nicht ausreichten, um das nötige Land zu erwerben.) Man kann die Studien dafür verantwortlich machen – denn die Leute, die an einer Umfrage zum Spitzmaulnashorn teilnehmen, stellen sicherlich keinen Querschnitt der britischen Bevölkerung dar. Doch eigentlich sind wir selbst daran schuld: Wir wollen, dass die Tiere weiterhin existieren, aber wir wollen dafür kein Geld ausgeben.

In den 1980er-Jahren etablierte sich die Naturschutzbiologie als Fachdisziplin, die auf dem Grundsatz basiert, dass Tiere und Pflanzen einen immanenten Wert besitzen. Während Verhaltensforscher und Neurologen immer mehr über das vielfältige emotionale und soziale Leben der Tiere herausfanden, hat sich eine neue Schule von Naturschützern gebildet, die nicht länger der Ansicht ist, dass Tiere um ihrer selbst willen geschützt werden sollten. Diese neue Schule stellt den Ausbau von Schutzgebieten infrage, weil es dazu an verfügbarem Land fehle. Ihrer Schätzung nach würde die Umwandlung von 50 Prozent der Erde in Schutzgebiete bedeuten, dass etwa eine Milliarde Menschen das Land verlieren, auf dem sie leben. Deshalb schlagen sie vor, dass wir uns mehr auf die Gebiete konzentrieren sollten, in denen Wildtiere und Menschen gemeinsam leben. Die meisten Leute ziehen Naturparks, in denen sie spazieren gehen können, Schutzgebieten vor, die sie nicht betreten dürfen, sagt der Biologe Peter Kareiva, der ehemalige wissenschaftliche Leiter der NGO The Natural Conservancy.

Einige Vertreter dieser neuen Schule von Naturschützern würden die US-amerikanischen Nationalparks gerne mehr wie die britischen gestalten, in denen es auch Häuser und Bauernhöfe gibt. Doch wie der Umweltautor George Monbiot bemerkte, geben die britischen Nationalparks kein gutes Vorbild ab – denn in ihnen leben hauptsächlich Schafe. Jagdveranstalter wurden verdächtigt, vor der Moorhuhn-Jagdsaison Bussarde, Hühnerhabichte und andere Greifvögel vergiftet zu haben, damit sie ihnen nicht das Geschäft verdarben. An diesem Beispiel sollte man sich nicht orientieren. In den Vereinigten Staaten ist es aufgrund einer Mischnutzungsregelung erlaubt, Öl-, Gas- und Kohleabbau auf öffentlichem Grund und Boden sowie in Gewässern zu betreiben. Wir müssen aber stattdessen den Abbau natürlicher Ressourcen verringern und den Naturschutz verstärken.

Das Argument, dass Tiere um ihrer selbst willen schützenswert sind, sollten wir ebenfalls nicht so schnell aufgeben. Die Menschen lieben Tiere – zig Millionen sehen sich Naturdokumentationen wie *Der blaue Planet* an, zig Millionen halten Haustiere. Es ist bedauerlich, dass die Begriffe, die Naturschützer verwenden, so abstrakt sind. Mit dem Begriff »Biodiversität« – der die Anzahl und die genetische Vielfalt innerhalb einer Art sowie ihre Verbreitung bezeichnet – können die meisten Leuten gar nichts anfangen, und ich sage das als jemand, der zeitweilig für einen Thinktank zum Thema Biodiversität gearbeitet hat. »Ökosystemleistungen« – der Fachbegriff für den Nutzen, den die Menschen aus der Natur beziehen – klingt nach einer dieser überflüssigen Zusatzfunktionen, die Ihr Softwareprovider Ihnen andrehen will. Doch die Erhabenheit der Natur – unsere emotionale und ethische Bindung an andere Lebewesen – ist nach wie vor das stärkste Argument. Wir erfreuen uns an der Existenz der Tiere; es macht uns traurig, sie leiden zu sehen. Wir wollen die Möglichkeit haben, sie in freier Wildbahn zu beobachten, und wünschen uns das auch für unsere Kinder. Sind 20 Euro dafür zu viel verlangt? Oder 100 Euro? Wenn die Sri Lanker bereit sind, 1 Prozent ihres Einkommens zu spenden, warum tun wir es dann nicht auch?

Wo ist das Land, das wir schützen müssten? Von allen eisfreien Gebieten der Erde ist etwa die Hälfte nur sehr wenig oder wenig vom Menschen bewirtschaftet. Dazu gehört Weideland, das in Naturschutzgebiete umgewandelt werden könnte. Das Problem ist, dass die wenig betroffenen Gebiete die falsche Hälfte ausmachen – dazu gehören Wüsten, Kältesteppen, Taigas sowie Strauchsavannen und tropische Trockenwälder. Das heißt, dass wir nicht nur diese Gebiete mehr schützen, sondern außerdem Gebiete mit starker Bewirtschaftung renaturieren müssen.

Selbst die Befürworter von Half-Earth haben nicht etwa vor, 50 Prozent der Erde abzuriegeln. Aber wir müssen uns eins klar machen: Viele Tierarten profitieren von unserer Abwesenheit. In Kalifornien lassen Pumas ihre Beute liegen, wenn sie menschliche Geräusche hören, zumindest vorübergehend. Unsere Lichter verwirren Insekten, die ihre Eier an den falschen Stellen auslegen oder vor Erschöpfung sterben, weil sie um eine Lampe herumflattern. Unsere Fußabdrücke an Stränden können Pflanzen am Wachsen hindern. Riesenpandas waren früher überall in China verbreitet; Studien zeigen, dass sie sich heute bis zu 500 Meter von Wanderwegen und fünf Kilometer von Hauptstraßen fernhalten. Grizzlys vermeiden Straßen, auf denen täglich nur zwanzig Autos vorbeifahren. Straßenbau in Tigerhabitaten führt zu einem Rückgang von einem Fünftel der Population. Die Anwesenheit von Touristen kann sich ebenfalls störend auf die Tiere auswirken: In Kenia bekommen die Jaguare in den stark von Touristen frequentierten Gebieten durchschnittlich weniger als halb so viele Junge, weil die Safari-Jeeps sie beim Jagen nach Beute störten. In Neuseeland tauchen Pottwale, die an die Oberfläche kommen müssen, um zu atmen, in die Tiefe, wenn sie die Hubschrauber mit den Touristen hören, und der Öko-Tourismus erhöht ebenso wie die Fischerei die Sterblichkeit der Seelöwenjungtiere. Die Scheu der Tiere ist vermutlich eine direkte Reaktion auf unser Verhalten: Weniger furchtsame Tiere, wie der Fuchs, den Darwin auf der Insel Chiloé mit einem Hammer erschlug, überleben nicht lange.

Deshalb haben entlegene Gegenden wie Patagonien, Ostrussland und die Wälder im Kongo eine wichtige Bedeutung. Dort findet man zwar auch keine reine Wildnis, aber sie sind zumindest unzugänglicher. Je entlegener sie sind, desto weniger sind sie von Zerstörung betroffen. In der Amazonasregion findet die Abholzung größtenteils in unmittelbarer Nähe von Straßen und schiffbaren Flüssen statt. Selbst wohlmeinende Besucher bringen Risiken mit sich – je mehr Touristen in die Antarktis fahren, desto größer ist die Chance, dass sie invasive Arten einschleppen.

Lohnt sich all der Aufwand, um große Naturparks anzulegen, anstatt viele kleine Enklaven zu schaffen? In den vergangenen zehn Jahren haben Biologen darüber debattiert, wie Naturschutz und Landwirtschaft am besten zusammengehen könnten. Ist es besser, wenn jeder Bauernhof ein Stück Wald- oder Brachland bereitstellt (*land sharing*)? Oder ist es besser, eine größere Fläche intensiv zu bewirtschaften und dadurch Platz für ein größeres, separates Naturschutzgebiet zu schaffen (*land sparing*)? Die meisten Studien lassen darauf schließen, dass die Tierwelt, zumindest in den Tropen, mehr vom *land sparing* profitiert. Demnach ist ein großes Schutzgebiet sinnvoller als viele kleine. Die meisten Tiere fühlen sich wohler, wenn sie nicht in direkter Nähe zu einem Landwirtschaftsbetrieb leben. Landwirtschaft in jeder Form, selbst wenn sie nachhaltig ist, beeinträchtigt die empfindlichen Nischen, an die die Tiere sich angepasst haben. Wenn man Tiere schützen will, könnten intensive Landwirtschaftsbetriebe, die aus der Luft so furchtbar aussehen, Teil der Lösung sein, ebenso wie große Palmölplantagen. Trotz aller Nachteile ist die Ölpalme eine effiziente Nutzpflanze, die fünf mal mehr Öl pro Hektar liefert als Kokospalmen oder Sonnenblumen –, solange sichergestellt ist, dass das übrige Land geschützt und die Umweltverschmutzung kontrolliert wird.

Wir müssen handeln. »Die Gelegenheiten sind da. Wir müssen sie nur ergreifen«, sagt Kris Tompkins, als wir uns während des Corona-Lockdowns unterhalten. »Ich hätte nie gedacht, dass die Leute auf der ganzen Welt drei Monate lang zuhause bleiben würden. Das hat mir gezeigt, dass wir eine ganze Menge erreichen können, wenn wir unter Druck stehen. Und ich bin keine abgehobene Träumerin, eher eine Pessimistin.«

❖

Vor einigen Jahren war ich ganz besessen von einem Video, in dem ein Jaguar mit einer Anakonda kämpft. Der Jaguar gerät in starke Bedrängnis, doch dann dreht er sich plötzlich um, macht einen Satz und schlägt mit majestätischer Nonchalance zu. Die Anakonda erschlafft, und der Jaguar verliert das Interesse. Nachdem ich mir das Video ein paar Dutzend mal angesehen hatte, träumte ich davon, einen Jaguar in freier Wildbahn zu sehen. Schließlich buchte ich eine Reise ins Pantanal, ein Sumpfgebiet in Mittelamerika, wo man mit ziemlicher Sicherheit einen Jaguar zu Gesicht bekommen kann.

Wir verließen die Lodge früh am Morgen, sprangen in ein Motorboot und rasten mit vollem Tempo den Fluss hinunter. Es dauerte nicht lange, bis unser Führer den Motor abstellte und wild zu gestikulieren begann. Dort, am Ufer des Flusses, stand ein Jaguarweibchen – beschienen vom orangen Licht der Morgendämmerung, ihr Maul war geöffnet, ihre Augen und Ohren folgten unserer Bewegung auf dem Fluss. Weiter hinten im Gebüsch waren ihre Jungen versteckt.

Für uns Touristen war das der Höhepunkt unserer Reise, der die tausend US-Dollar wert war. Doch spät am Abend, nach ein paar Drinks, plauderte einer der Wildhüter aus, dass sie gelegentlich einen Jaguar erschießen müssten. Die Tiere brachten Touristen ins Land, aber sie rissen auch häufig Nutztiere. Also mussten einige von ihnen getötet werden. In den Anden hatte ich ein ähnliches Erlebnis, als ein alter Mann – ein Naturliebhaber – die Tür zu seiner Berghütte öffnete und mir den Pelz eines Brillenbärs zeigte, einer sehr scheuen, vom Aussterben bedrohten Art.

Das ist die Realität der Wildnis. Manche von uns möchten sich mächtige Tiere aus der Ferne ansehen, andere müssen sich damit arrangieren, dass sie direkt nebenan leben. Charismatische Tiere wieder anzusiedeln, ist ein wesentlicher Teil der Auswilderungspraxis, weil die Ökosysteme ohne sie aus dem Gleichgewicht geraten – wie der Yellowstone Nationalpark, der von Hirschen überrannt wurde, ehe die Wölfe zurückgekehrt sind.

Weil wir an große Wildtiere nicht mehr gewöhnt sind, schätzen wir die Risiken, die sie mit sich bringen, häufig falsch ein. Zwischen 2008 und 2015 sind im Durchschnitt 201 Menschen in den Vereinigten Staaten jährlich von Tieren getötet worden, fast die Hälfte davon von Wespen, Bienen, Hornissen und Hunden. Wir halten diese Lebewesen nicht für gefährlich, weil wir verstanden haben, wie wichtig sie sind. Aber Wölfe, Alligatoren und Bären jagen uns Angst ein.

Wenn Sie auf einer Farm in Brasilien, Tansania oder in einem ähnlichen Land leben, denken Sie nicht darüber nach, ob Großkatzen charismatisch sind, sondern wägen die Kosten gegen den Nutzen ab. Und die Kosten sind nicht nur ökonomischer Art. Die norwegische Forscherin Kim Jacobsen hat untersucht, wie die Anwesenheit von

Löwen sich auf das Wohlbefinden der Menschen auswirkt, die in der Umgebung des Hwange Nationalparks in Simbabwe wohnen (in dem auch der Löwe Cecil lebte). Beinahe 80 Prozent der Anwohner sagten, die Löwen brächten ihnen keine Vorteile. Diejenigen, die Rinder an die Löwen verloren hatten, verspürten Unruhe und Angst. Diese emotionalen Beeinträchtigungen sind mit Geld nicht aus der Welt zu schaffen. Jacobsens Schätzung zufolge würde es im Schnitt 5800 US-Dollar kosten, diese Menschen für die Ängste zu entschädigen, die die Löwen bei ihnen auslösen – hundertmal mehr als der Wert der verlorenen Rinder. Eine ähnliche Dynamik ist auch in Jacobsens Heimat Norwegen zu beobachten, wo die Landwirte sich gegen die Wiederansiedlung von Wölfen gewehrt haben, obwohl es dort eine Versicherung gibt, die für konkrete finanzielle Verluste aufkommt. Die Wölfe stehen für etwas anderes – nämlich für die Stadtbewohner, die den Landbewohnern ihre Wertmaßstäbe aufzwingen wollen. Deshalb fallen in Norwegen viele Wölfe der illegalen Jagd zum Opfer. Jacobsen ist überzeugt, dass Geld allein die Einheimischen nicht dazu bringen kann, die Raubtiere in ihrer Nachbarschaft zu akzeptieren. Außerdem können die Geldzahlungen dazu führen, dass die Menschen die Tiere nicht mehr um ihrer selbst willen zu schätzen wissen. Die kulturelle Bedeutung, die Löwen für Teile der Bevölkerung in Simbabwe haben, könnte Schaden nehmen, wenn die Löwen nur noch unter finanziellen Aspekten betrachtet werden. Jacobsen ist daher der Ansicht, dass die Naturschützer mehr daran arbeiten sollten, die Einheimischen davon zu überzeugen, dass die Raubtiere ein viel kleineres Risiko für ihr Nutzvieh darstellen als angenommen, und dass es Möglichkeiten gibt, dieses Risiko weiter zu senken.

Raubtiere, die Nutzvieh reißen, verursachen viele Probleme. Wenn wir unseren Fleischkonsum einstellen, werden die Wölfe Rotwild fressen – nicht Schafe oder Kühe. Je mehr wir darüber wissen, wie wilde Tiere sich verhalten, desto eher können wir Wege finden, um uns daran anzupassen. In Kenia zertrampeln hungrige Elefanten regelmäßig ganze Ernten. Elefanten mögen jedoch keine Honigbienen, und man kann sie von den Feldern fernhalten, indem man Bienenkörbe an den Zäunen aufhängt. Der Honig ist eine zusätzliche Belohnung.

Leider reicht der Honig nicht aus. Subsahara-Afrika wird wohlhabender, und die Bevölkerung wächst – der Bedarf an Nahrungsmitteln wird sich laut dem World Resources Institute (WRI) zwischen 2010 und 2050 mehr als verdreifachen. Eine gute Nachricht, wenn man an Hungersnöte und Mangelernährung denkt. Doch selbst wenn die Landwirtschaft intensiviert und der Import von Lebensmitteln gesteigert werden, bräuchte der Kontinent bis 2050 weitere 100 Millionen Hektar Anbaufläche und 150 Millionen Hektar Weideland. Das sind 3,5-mal die Größe von Texas, oder über die Hälfte der heute existenten afrikanischen Schutzgebiete. Diese Gebiete – vor allem Savannen und Wälder, die wesentlich für die Erhaltung der Tierwelt sind –, werden davon betroffen sein. Die Populationen der Löwen und anderer Tiere werden weiter schwinden, bis sie schließlich nur noch in einigen gut geschützten Parks existieren werden.

Eine andere, bessere Zukunft ist vorstellbar, in der die Nahrungsmittelversorgung gesichert, aber weniger Land zu Anbau- und Weideflächen umgewandelt wird. Das kann geschehen, indem man den Fleischkonsum aufgibt, den Schutz von Wäldern und Savannen finanziert und die Trophäenjagd und den hochwertigen Tourismus in kontrolliertem Umfang zulässt. Die afrikanischen Nationalparks könnten bis zu dreimal mehr Löwen beherbergen, wenn ihre Beutetiere nicht illegal gejagt werden würden, um die Einheimischen zu ernähren (»Buschfleisch«). Um die Parks entsprechend auszustatten, müsste man Milliarden US-Dollar investieren.

Selbst dann wird es kaum aufzuhalten sein, dass die naturbelassenen Gebiete größtenteils umgewandelt werden. Viele Länder in Subsahara-Afrika können sich bereits heute darauf berufen, dass sie größere Teile ihres Territoriums unter Naturschutz gestellt haben als die europäischen Länder. Eine Antwort könnte lauten, die naturbelassenen

Gebiete, die dort verloren gehen, innerhalb unserer eigenen Grenzen zu kompensieren. Es ist unglaublich, dass überhaupt noch so etwas wie Wildnis auf der Erde existiert. Noch besser wäre es, sie vor der eigenen Haustür vorzufinden.

❖

»Das ist gutes Eichenland!«

Merlin Hanbury-Tenison teilt seine Farm in zwei Teile auf. Der erste besteht tatsächlich aus Regenwald, mitten im Südwesten von England. Die Luft ist feucht, ein klarer, heller Bach fließt hindurch, und überall hängen Bartflechten von den Ästen herab.

Wir erreichen eine Lichtung und ein Metalltor. »So etwas finden Sie hier sonst nirgends«, sagt Hanbury-Tenison. »Und so etwas«, er macht eine dramatische Pause, »überall.«

Er deutet auf eine Schafweide mit Gras, Farnkraut und einer Gruppe von Eichen, an denen nur wenige Bartflechten hängen. Vermutlich fehlt hier das Pilz-Netzwerk im Boden, das den benachbarten Regenwald gedeihen lässt. »Diese einzelnen Bäume nützen der Umwelt viel weniger.«

Hanbury-Tenisons Plan ist simpel – der Regenwald soll sich über die gesamte Farm ausbreiten. »Wenn wir diese Zäune wegnehmen und diesen Wald dazunehmen können, der schon drängelt wie die Menge bei einem Fußballspiel, dann könnte es gelingen«, sagt er.

2013 publizierte George Monbiot sein Buch *Verwildert: Die Wiederherstellung unserer Ökosysteme und die Zukunft der Natur*, in dem er Landwirte, Landbesitzer und Stadtbewohner dazu aufrief, Rachel Carsons »stummen Frühling« durch einen »lärmenden Sommer« der Wildnis zu ersetzen. Monbiots Vision war keine Rückkehr in die Vergangenheit – wie auch immer sie aussehen sollte –, sondern eine Reduzierung der Bestände von Schafen und Rotwild, die anderen Spezies mehr Lebensraum verschaffen würde. Biber, Wölfe und sogar Elefanten könnten das Land bevölkern. Davon profitieren sollten nicht etwa die Wölfe, sondern die Menschen, die endlich wieder die Wildnis spüren könnten, beeilte er sich hinzuzufügen.

Verwildert trug dazu bei, eine Bewegung anzustoßen und die Landbesitzer zu motivieren, die wussten, dass die vermeintliche Schönheit der englischen Landschaft – gepflügte Äcker, sauber geschnittene Hecken – eigentlich von Abwesenheit geprägt war: Keine Biber oder Luchse, zu wenige Singvögel und Frösche. Selbst die Felder voller Glockenblumen, typisch für die englischen Waldgebiete, waren ein Beweis dafür, dass es an Wildschweinen fehlte, die den Boden durchpflügten.

Hanbury-Tenison ist einer der Konvertiten. Zum ersten Mal lernt er sein Land wirklich kennen. »Je mehr man lernt, desto mehr schämt man sich«, sagt er. »Früher bin ich durch den Wald gegangen und wusste nicht einmal, ob ich gerade vor einem Haselstrauch oder einer Eberesche stand, einer Eiche oder einer Buche, vor allem im Winter, wenn die Bäume kahl sind.«

Seit sein Vater die Farm 1960 erworben hat, ist das Land in dem Versuch, Profit zu erwirtschaften, mehrfach umgestaltet worden. In der ersten Phase baute er einige Getreidearten an und hielt ein paar Nutztiere. Dann stellte er auf Rotwild und anschließend Wildschweine um, bis die Maul-und Klauenseuche ausbrach. Heute ist das Land an einen Schafzüchter verpachtet. »Mein Pächter züchtet eigentlich Subventionen, nicht Schafe«, sagt Hansbury-Tenison.

Fast die Hälfte aller britische Farmen würde ohne öffentliche Fördergelder Verluste machen. (Die Landwirtschaft in Schottland und Wales wird separat verwaltet, doch die Lage ist noch schlechter. Die meisten schottischen und walisischen Farmen würden ohne Subventionen Verluste machen; eine von fünf walisischen Farmen macht auch mit Subventionen noch Verluste.) Die Regierung hat zugesagt, nach dem Brexit vor allem Projekte mit öffentlichen Geldern zu unterstützen, die zum Gemeinwohl beitragen, indem sie Kohlenstoffspeicherung und Biodiversität fördern und nicht nur Handelsgüter wie Lebensmittel. Damit könnte eine Revolution in der Landwirtschaft angestoßen werden, auch ohne große Ländereien aufkaufen zu müssen wie die Tompkins. Wenn die Subventionen richtig angelegt werden, könnten die Landwirte zu Naturschützern werden.

Das wäre tatsächlich revolutionär. In England ist die Wildnis extrem marginalisiert; große Landraubtiere existieren nicht mehr. Es gibt nur noch wenige naturbelassene Gebiete; der Lichtverschmutzung zu entkommen, gelingt nur schwerlich. England ist ein dicht bevölkertes Land, von Städten und Dörfern überzogen, zwei Drittel des Landes werden für die Landwirtschaft genutzt. Über die Jahrhunderte sind große Waldgebiete der Holz- und Ackerlandgewinnung zum Opfer gefallen. Der erste Nationalpark wurde 1951 eingerichtet. Einige Wälder wurden wieder aufgeforstet, heute bedecken sie 11 Prozent des Landes, 5 Prozent mehr als vor hundert Jahren, was immer noch weniger ist als in beinahe jedem anderen europäischen Land. Diese Neuanpflanzungen sind für Tiere weniger gut geeignet, und weitere notwendige Habitate, wie Heide- und Grasland sowie Wiesen, haben sich nicht erholt. Nur die Hälfte der britischen Naturschutzgebiete – jener Orte, die am wertvollsten für die Tierwelt sein sollten – sind in einem zufriedenstellenden Zustand. Und das ist nur eine Schätzung, denn die Hälfte dieser Gebiete wurde mehrere Jahre lang nicht kontrolliert, weil der zuständigen Naturschutzbehörde in den vergangenen zehn Jahren über drei Viertel ihrer Gelder gekürzt worden sind. Seit 1970 befindet sich Großbritannien im Niedergang: Die Artenvielfalt hat bereits um 13 Prozent abgenommen und wird voraussichtlich weiter sinken. Fast die Hälfte der Vögel und ein Viertel der Landsäugetiere, die in Großbritannien leben, laufen Gefahr, von der Insel zu verschwinden.

In den Tropenregionen hat sich *land sparing* – die Trennung von Landwirtschaft und Natur – als der gangbarste Weg erwiesen, um die Tierwelt zu schützen. Auch in Europa hat sich gezeigt, dass kleine, unwirtschaftliche Bauernhöfe, die versuchen, Nahrungsmittel anzubauen und gleichzeitig die Natur zu schützen, dieser Aufgabe nicht gewachsen sind. Auf dem Kontinent, wo seit vielen Jahrhunderten

Landwirtschaft betrieben wird, haben die bestehenden Tierarten sich besser angepasst als in den Tropenregionen. Studien in Großbritannien und Polen haben ergeben, dass einige Vogelarten auf Bauernhöfen gut gedeihen, aber nicht bei *land sparing*. Im Hinblick auf diese Arten wäre womöglich ein Mittelweg die beste Lösung – mit einer Mischung aus Naturreservaten, intensiver sowie wildtierfreundlicher Landwirtschaft. Selbst kleine Areale wie das von Hanbury-Tenison können dabei eine Rolle spielen. Auch Landwirte, die ihr Land nicht umpflügen und wenig Pestizide einsetzen und somit Korridore für Insekten, Vögel und Säugetiere bereitstellen, können dazu beitragen. Die Direktsaat-Anbautechnik ist widerstandsfähiger gegenüber extremen Wetterbedingungen und führt nicht notwendigerweise zu geringeren Erträgen – man würde also nicht mehr Land brauchen, um die gleiche Menge an Nahrungsmitteln zu erwirtschaften.

Für Hanbury-Tenison, der Mitte Dreißig ist, geht es nicht nur darum, dass die Natur sich selbst heilt – sondern auch darum, die Menschen zu heilen. Er hat neun Jahre in der britischen Armee verbracht, an drei Afghanistan-Einsätzen teilgenommen und anschließend mehrere Jahre als Unternehmensberater in London verbracht, wo er vorgab, mehr über die Geschäftswelt zu wissen, als es tatsächlich der Fall war. Er sollte die Familienfarm erben, war sich aber nicht darüber im Klaren, was das bedeutete. Und als bei ihm einige psychischen Probleme auftraten, hatte er beim Anblick des Regenwalds eine Erleuchtung. Ruhe und Gelassenheit stellten sich ein.

Trotz der langjährigen Abforstung Englands war das kleine Waldstück auf seinem Land intakt geblieben. Es war der Axt und der Kettensäge entgangen, weil das Gelände zu steil und zu steinig war. In diesem wilden und andersartigen Habitat muss ich mich ständig selbst daran erinnern, dass wir uns noch immer in England befinden. (Für Hanbury-Tenison sind wir das nicht – wir sind in Cornwall.) So könnte unser Land aussehen, wenn uns die Wildtiere so wichtig wären wie es der Fleischkonsum heute noch ist, denke ich.

Hanbury-Tenison begann damit, einen Stacheldrahtzaun niederzureißen und ein Biberpärchen im Fluss auszusetzen. Der Biber ist in Großbritannien das Symbol für Renaturierung. Nachdem die Nager im 14. Jahrhundert wegen ihres Fleischs und Fells derart bejagt wurden, dass sie nahezu ausgestorben waren, wurden sie in letzter Zeit wieder an Flüssen angesiedelt – manche auf legale und manche auf illegale Weise. Jeder Biber bewohnt etwa drei Kilometer des Flusses. In England gab es Beschwerden, dass die Biber zu viele Fische fressen, unter anderem von dem Milliardär James Dyson, der 14000 Hektar Farmland besitzt. Tatsächlich sind Biber Vegetarier. Vielleicht liegt es daran, dass C. S. Lewis in seinen *Chroniken von Narnia* beschrieben hat, wie die Biber Fisch grillen (und Bier trinken); vielleicht mögen wir auch Fleisch so sehr, dass wir uns nicht vorstellen können, dass andere große Säugetiere nicht darauf angewiesen sind. Eine Langzeitstudie hat ergeben, dass Biber sich nicht negativ auf die Fischbestände auswirken, kein Gesundheitsrisiko für die Menschen darstellen und die Hochwassergefahr reduzieren, indem sie flussabwärts Dämme bauen. »Biber sind zu 90 Prozent gut und zu 10 Prozent schlecht für die Umwelt, und mit den 10 Prozent können wir umgehen«, sagt Alistair Driver, der an der Studie beteiligt war. Die negativen Auswirkungen der Biber – zu denen örtlich begrenzte Überschwemmungen durch ihre Dammbauten gehören – können mit einfachen Maßnahmen minimiert werden: Indem man ihre Dämme in bestimmten Regionen abbaut oder sogenannte *Beaver Deceiver* einbaut, Durchflussgeräte, die mittels Röhren dafür sorgen, dass Wasser durch die Dämme gelangen kann. Schlimmstenfalls müssen einige von ihnen getötet werden. »Man darf nicht vergessen, dass wir sie schon einmal ausgerottet haben«, sagt Driver. Tatsächlich besteht die Gefahr, dass die Landbesitzer wieder dafür sorgen könnten: 2019 wurde ein Fünftel der schottischen Biber legal getötet.

Hanbury-Tenison will weitere Säugetiere ansiedeln: Fichtenmarder, Wühlmäuse, Tamworth-Schweine, eventuell sogar Bisons. Jedes Tier würde eine Rolle übernehmen: Die Fichtenmarder würden die Bestände der Grauhörnchen regulieren, die Schweine würden sich von den Wildschweinen abschauen, wie der Boden umgepflügt wird, die Bisons würden den Stechginster ausreißen. »Bisons! Das klingt doch märchenhaft«, lacht er. »Dazu brauche ich nur einen Elektrozaun, ansonsten sollen alle Tiere sich frei bewegen können.«

Der Natur ihren Lauf zu lassen, wird nicht reichen. Man merkt bald, dass Entscheidungen getroffen werden müssen. Welche Arten sollen wir ansiedeln? Welche sollen wir ausmerzen? Der europäische Bison ist bei vielen britischen Ökologen nicht besonders beliebt, sie bezweifeln, dass die Tiere seit der letzten Eiszeit bei uns leben, und sind der Ansicht, dass Langhornrinder, die Nachkommen der einst bei uns heimischen Auerochsen, weniger Widerstand bei der Bevölkerung auslösen würden. Hanbury-Tenison will die Neuankömmlinge aus jüngerer Zeit zwar regulieren – Grauhörnchen und das europäische Rehwild –, aber nicht ausmerzen. »Sie sind Teil unserer Geschichte geworden«, sagte er. »Durch Einschleppung und Ausmerzung haben wir das englische Ökosystem derart verändert, dass wir weiterhin die Verantwortung dafür tragen, die Natur zu unterstützen und zu einer ethischeren Position zurückzukehren.« Tierliebe heißt nicht nur, sich zurückzulehnen und sie zu bewundern. Sie beginnt mit der Erkenntnis, dass unsere und ihre Leben miteinander verflochten sind.

Deshalb wäre es richtig, unwirtschaftliche und subventionierte Farmen der Natur zu überlassen. Das Knepp-Anwesen in West Sussex brachte als Agrar- und Rinderbetrieb keinen Gewinn ein, gehört aber heute zu den bekanntesten Renaturierungsprojekten in Großbritannien, was der Mitbesitzerin mit dem stimmigen Namen Isabella Tree und ihrem Buch *Wilding – The Return of Nature to a British Farm* zu verdanken ist. Die Einnahmen sind gestiegen, weil das Anwesen von London aus gut zu erreichen ist, einige Gebäude werden gewerblich genutzt, und seit es wieder der Natur überlassen wurde, zieht es vermehrt Ausflügler an. Dennoch habe sich der Wert des Anwesens um die Hälfte verringert, sagt Isabella Tree.

Hanbury-Tenison hofft, in einer Mischung aus militärischem Strategentum und Oberklassen-Selbstbewusstsein, dass auch er seine Bilanz mithilfe grüner Subventionen ausgleichen kann.

Yogalehrerinnen könnten bei ihm ihre Retreats abhalten, anstatt ihre Schüler nach Marokko und Sri Lanka auszufliegen. Unternehmen könnten mit ihren Mitarbeitern für dreitägige externe Projektentwicklungsseminare herkommen. (Hambury-Tenison hat bereits einige seiner alten Kollegen eingeladen. »Als sie einen Kuhfladen sahen, fragten sie, ob jemand ihn wegräumen könnte – und mir wurde klar, durch welche Kluft wir getrennt sind.« Er hält inne und hebt einen Klumpen feuchte Erde auf. »*Davor* sollten wir keine Angst haben! Aber das haben wir!«, fügt er hinzu.) Im Sommer könnte man Farnkraut mit der Sense mähen, was laut Hanbury-Tenison »eine wunderbare Gruppenaktivität ist, unglaublich meditativ, wie Thai-Chi!« Außerdem wollten Unternehmen doch die Kreativität ihrer Mitarbeiter steigern – »und es gibt nichts Kreativeres als einen Biber!« Er räumt ein, dass dieser Plan noch genauer ausgearbeitet werden muss.

Wir spazieren über die Farm. Auf einem Feld testet Hanbury-Tenison Solarmodule, ein Windrad und einen Windzaun. Demnächst werden einige Bienenkörbe aus Cornwall eintreffen. Das ganze Gelände ist eine Petrischale. Und die Experimente wirken plausibel. »Für die Verwirklichung meiner Vision braucht es drei oder vier Jahrzehnte«, sagt er. »Mein Vater ist 83. Wenn ich in seinem Alter bin, hoffe ich, dass diese Farm sowohl finanziell als auch ökologisch nachhaltig sein wird, und ich sie weitergeben kann. Und ohne zu sehr wie ein Hippie zu klingen, hoffe ich, dass sie auch ein spirituell nachhaltiger Ort sein wird, an dem die Felder nicht pockennarbig aussehen wie nach der Schlacht an der Somme.«

Später fand ich auf meinem Handy ein kurzes Video von einem Biber, der im Fluss schwamm und an einem Baumstamm nagte. Ich zeigte es Eliza und Cleo in dem Gefühl, ihnen damit deutlich mehr über die Natur zu vermitteln als bei unseren Zoobesuchen.

Das Konzept der Renaturierung ist heute in Großbritannien zwar weitgehend anerkannt, wird aber immer noch als Marotte angesehen – als Nebenschauplatz der Landbewirtschaftung. Tatsächlich bewirkt sie aber vieles, das wir durchaus zu schätzen wissen – Schönheit und Resilienz, außerdem Kohlenstoffspeicherung, Schutz vor Überschwemmungen und die Anwesenheit von anderen Lebewesen. Um die englische Natur zurückzubringen, wird es allerdings weit mehr brauchen als ein paar Farmen. Das Land ist vorhanden. Ungefähr 85 Prozent der Anbauflächen werden für Viehhaltung und Futteranbau genutzt. Wenn wir uns vom Fleischkonsum verabschieden, können wir mehr Land freistellen, ohne dass uns die Nahrungsmittel ausgehen.

Renaturierung könnte die unwirtschaftlichen Farmen im britischen Hochland ersetzen. Und es könnte noch weiter gehen. East Anglia zählt zu den ertragreichsten landwirtschaftlichen Gebieten Großbritanniens – doch seine tiefliegenden Torfböden erodieren jedes Jahr um ein oder zwei Zentimeter und setzen Kohlenstoff frei. »Bei einer angemessenen Bepreisung von Kohlenstoff würde es in den britischen Mooren überhaupt keine Landwirtschaft mehr geben«, warnt der Ökonom Dieter Helm von der Oxford University, der die Regierung bei ihrer Naturschutzstrategie beraten hat. Torfböden machen 12 Prozent des gesamten Landes aus, vor allem in den Feuchtgebieten Schottlands und Nordenglands, sie speichern mehr Kohlenstoff als alle Wälder Großbritanniens, Deutschlands und Frankreichs zusammengenommen. Außerdem sind sie hervorragende Habitate für Insekten. Dennoch bauen wir sie ab, um unsere Gärten zu düngen: Der meistverkaufte Dünger in England ist Torf, obwohl gute Alternativprodukte erhältlich sind. Torf im Garten zu verwenden, schadet der Natur – das ganze Gegenteil von dem, was die meisten Gärtner denken oder wollen. Stattdessen können wir daran arbeiten, den Kohlenstoff im Boden und die Wildtiere im Land zu belassen.

Der Interessenverband Rewilding Britain will bis 2100 eine Million Hektar Kernland renaturieren, etwa 5 Prozent der Gesamtfläche. Außerdem plädieren sie für ein größeres Netzwerk, das sich über 30 Prozent des Landes erstreckt. Heute besitzt Großbritannien 1,8 Millionen Hektar an Rotwild-Jagdgebieten und 1,3 Millionen Hektar an Moorhuhn-Revieren (einige davon befinden sich in Nationalparks). Das Verteidigungsministerium besitzt Land, ebenso wie die Forstverwaltung, hinzu kommen die Grünstreifen neben den Straßen – all diese Areale könnten besser genutzt werden und diversen Tierarten als Lebensraum dienen. Golfplätze nehmen etwa 30000 Hektar ein, Parkplätze 20000 Hektar, die man umnutzen könnte, um Wildtiere in urbanen Gebieten zu schützen. Auch Gärten können Häfen für Insekten, Vögel, Amphibien und kleine Säugetiere sein – obgleich die Leute dazu vermutlich ihre Ansichten überdenken müssten, wie ein schöner Garten aussehen soll.

Ein dicht besiedeltes Land wie Großbritannien ist schwieriger zu renaturieren als Chile. Ein 3,4 Millionen-Pfund-Projekt in Wales namens Summit of the Sea wurde ausgesetzt, weil die ansässigen Landwirte ihre Existenzgrundlage gefährdet sahen. Dennoch sagen vier von fünf Briten, dass sie Renaturierung unterstützen würden. Die Zukunft der britischen Wildtierpopulationen ist zu einem politischen Schlachtfeld geworden. Wir müssen entscheiden, wie unser Land aussehen soll – ob uns die traditionelle Landwirtschaft wichtiger ist, die unwirtschaftliche und subventionierte Nahrungsmittel produziert, oder ein intaktes Ökosystem, das die Basis für nachhaltigen Tourismus und ein gesundes Leben sein kann.

Die Debatte wird noch hitziger, wenn es um Raubtiere geht. Nur knapp über ein Drittel der Bürger ist für die Wiederansiedlung von Luchsen und Wölfen, die vor Jahrhunderten auf unserer Insel gejagt wurden. Der Eurasische Luchs – der einst durch England wanderte – wiegt nur so viel wie ein Dalmatiner und ernährt sich hauptsächlich von Rehwild. Er ist überall in Europa verbreitet. Für den Menschen stellt er keinerlei Bedrohung dar; laut Google sind nur einige Amerikaner, die die Luchse als Haustiere halten wollten, jemals von ihnen angegriffen worden. Luchse töten nur sehr selten Schafe, weil sie sich dazu aufs offene Feld wagen müssen. Ihre Reviere sind sehr weitläufig: Im Südosten von Norwegen findet man schätzungsweise 1 Luchs auf 300 Quadratkilometern; um eine lebensfähige Population zu erhalten, bräuchte man ein riesiges geschütztes Gebiet oder mehrere, die durch Waldstücke verbunden sind, und tolerante Landwirte. Doch viele Landbesitzer wollen nicht, dass solche Raubtiere wieder eingeführt werden.

Da Großbritannien eine Insel ist, wird es hinter Europa zurückfallen. In den Niederlanden und Belgien haben sich Wölfe wieder ausgebreitet. Das erste Mal seit der Industriellen Revolution werden die französisch-italienischen und die deutsch-polnischen Wolfspopulationen vermutlich bald dazu in der Lage sein, sich untereinander zu vermehren. Die Berner Konvention von 1979, die von den EU-Ländern unterzeichnet wurde, hat strenge Regeln für die Tötung von Wildtieren aufgestellt. Wölfe und Luchse können nur getötet werden, wenn es keine andere Lösung gibt, und wenn es einen wissenschaftlichen Beleg dafür gibt, dass die Tötung nötig ist, um den Bestand zu regulieren. Luchse gelten in Deutschland als Touristenattraktion, selbst wenn die Besucher häufig ihre Fantasie bemühen müssen, weil die Großkatzen so scheu sind, dass man sie nur selten zu Gesicht bekommt.

Hanbury-Tenisons Farm erstreckt sich über 130 Hektar; er hofft, dass er seine Nachbarn davon überzeugen kann, mit ihm gemeinsam ein Schutzgebiet von bis zu 400 Hektar zu schaffen. Für die Luchse wäre das noch nicht ausreichend. Die Farm liegt am Rand des Bodmin Moors. Als ich zehn Jahre alt war, wurde in den Nachrichten ständig über die Sichtungen einer großen Katze im Moor berichtet. Das »Biest von Bodmin«, wie sie getauft wurde, belästigte keinen einzigen Menschen und wurde nie gefangen. Doch es gab Dutzende von Sichtungen, einige körnige Videos und mehrere Viehkadaver. In anderen Ländern – wie den USA und Spanien, in denen immer Bären oder Wölfe lebten – wäre ein solcher Vorfall vermutlich nicht in die Schlagzeilen gekommen. In Großbritannien löste er ein Medienspektakel aus. Experten identifizierten die gemeingefährliche Kreatur als Leopard; vermutlich lagen sie falsch oder waren gar keine Experten.

Dennoch gab es eine derartige Aufregung, dass eine offizielle Untersuchung anberaumt wurde. Einige Jahre später kam heraus, dass eine Zirkusdompteurin drei Pumas freigelassen hatte, nachdem der Zirkus schließen musste.

George Monbiot fragte sich, ob die Sichtungen im Bodmin Moor der Fantasie entsprungen waren, als Ausdruck »eines unbewussten Wunsches nach einem wilderen und gefährlicheren Leben, als wir es heute führen.« Ich glaube, die Hysterie war genau das Gegenteil, eine Tendenz, in jedem Anzeichen von Wildnis nur die Gefahr zu sehen. In Großbritannien mögen wir vor allem Tiere, die weit weg von uns leben – Löwen, Tiger, Eisbären. Wir träumen vom wilden Amazonasdschungel, der uns nicht unmittelbar betrifft. Wenn wir uns darauf einlassen, können wir lernen, die Wildtiere zu achten, die in unserer Nähe leben, und ihnen mehr Land zur Verfügung zu stellen. Denn wie können wir erwarten, dass die Kenianer mit den Löwen zusammenleben, wenn wir uns nicht mit den Luchsen arrangieren können?

Wenn wir nicht 30 Prozent oder vielleicht sogar 50 Prozent des Planeten für sie bereitstellen, wird die Tierwelt um uns herum verschwinden. Wir werden zu Tierfreunden, die die Tiere ausgelöscht haben. Es gibt genug Platz für uns und für die Wildtiere – wenn wir die Nutztierhaltung aufgeben, den Getreideanbau verbessern und bereit sind, Geld für unsere Überzeugungen auszugeben. Dadurch können wir viel bewegen. Doch das allein wird nicht ausreichen. Obwohl der Habitatverlust aktuell die größte Bedrohung für Wildtiere darstellt, ist noch eine größere Gefahr aufgetreten: der Klimawandel.

❖

Auf unserer Hochzeitsreise sind Susie und ich auf eine Insel in Indonesien gereist, die von Korallenriffen umgeben ist. Die meisten Touristen gehen dort Tiefseetauchen. Susie ist keine Taucherin, und ich war ein bisschen aus der Übung, also setzten wir unsere Schwimmbrillen auf, gingen zum Strand hinunter und paddelten zu dem Korallenriff, das nur wenige Meter vor der Küste lag. Jeder, der schon mal geschnorchelt ist, kennt den Moment, wenn man mit der Schwimmbrille zum ersten Mal unter die Wasseroberfläche schaut und die Muscheln und den Sand auf dem Meeresboden plötzlich ganz scharf sieht.

Tropische Riffs sind so artenreich wie der Amazonas-Regenwald und so reizvoll wie die afrikanische Savanne. Sie bedecken 0,1 Prozent des Meeresbodens, beherbergen aber 830000 Tier- und Pflanzenarten, von denen weniger als eine von zehn einen Namen haben. Sie bieten Schlupfwinkel für Fische, in denen sie und vor allem ihr Nachwuchs vor Fressfeinden wie Haien und Oktopussen geschützt sind. Auf jeder unserer einstündigen Schnorcheltouren entdeckten wir schläfrige Rochen, fette Seegurken oder grantige Igelfische. Leuchtend blaue Seesterne lagen auf dem Meeresboden, wir sahen einen kleinen Hai, einen Schwarm Kugelfische, zwei Tintenfische, falsche Clown-Anemonenfische, Clownfische, Falterfische, Papageienfische, Putzerfische, Blaupunktrochen, Halfterfische, Mönchsfische, Drückerfische in verschiedenen Formen und Größen, Krokodil-Hornhechte, eine Languste und auf unserem letzten Ausflug einen verirrten Großen Barrakuda. Sobald wir zurück im Hotel waren, verglichen wir das, was wir gesehen hatten, mit den Abbildungen in unseren alten Handbüchern.

Wir schnorchelten vier Tage lang so regelmäßig, dass uns das Riff schon ganz vertraut vorkam. Als wir Indonesien verließen, wussten wir, dass wir es vermutlich nie wiedersehen würden. Aber ich stellte mir immer vor, dass es noch da war – für andere Touristen oder Hochzeitsreisende. Vermutlich erlebt jeder Ökotourist etwas ähnliches: Indem wir eine Pilgerreise rund um den Globus unternehmen, bestätigen wir uns, dass wir Tierfreunde sind, und dass es eine Welt jenseits der vom Menschen kontrollierten Sphäre gibt.

Doch das ist naiv. Über ein Drittel bis fast die Hälfte der Korallenriffe sind seit den 1980er-Jahren verschwunden. Im März 2016 ist die Temperatur der Wasseroberfläche am Great Barrier Reef um 3 Grad Celsius gestiegen; Millionen von Korallen sind eingegangen. Zuvor hatte man angenommen, dass die Korallen wegen der Wassererwärmung langsam verhungerten, weil sie die Algen abstießen, mit denen sie in einer Symbiose leben (und von denen ihre leuchtenden Farben stammen). Doch Studien ergaben, dass die Hälfte der gebleichten Korallen innerhalb von zwei Wochen eingingen. »Sie werden buchstäblich gekocht«, sagt Terry Hughes, Direktor des ARC Centre of Excellence for Coral Reef Studies in Queensland. »Die Temperaturen waren einfach zu hoch für das Gewebe der Korallen.« In den vergangenen fünf Jahren sind am Great Barrier Reef 10 Milliarden Korallen eingegangen, was »70 Millionen Fußballfeldern« entspricht. Man kann das Riff aus dem Weltraum sehen. Die Aliens fragen sich bestimmt, was wir hier unten treiben.

Korallen wachsen nur langsam nach, wenn sie es überhaupt tun. Es braucht Jahre, bis gebleichte Korallen erodiert sind und neue an ihrer Stelle wachsen können. Bis November 2016 hatte sich die Korallendecke, die sich über das 2300 Kilometer lange Great Barrier Reef erstreckt, um 30 Prozent verringert. Außerdem hatte sich die Zusammensetzung der Korallenbestände verändert, die spektakulären Fingerkorallen waren mit am meisten betroffen. Das desaströse Korallensterben hat sich 1998 zum ersten Mal ereignet. Heute geschieht es fast jährlich. Das Great Barrier Reef wird nie wieder so aussehen wie vor fünf Jahren. In einigen Jahrzehnten wird es vermutlich auch das Riff, das Susie und ich in Indonesien sahen, nicht mehr geben. »Man kann den Amazonas-Regenwald nicht wieder aufforsten, wenn man nichts gegen den Holzeinschlag unternimmt«, sagt Hughes. »Wir können die Korallen nicht nachwachsen lassen, wenn wir nichts gegen die globale Erwärmung unternehmen.«

Korallenriffe gelten als Warnzeichen für das, was noch auf uns zukommt. Das ist irreführend: In anderen Wildtierhabitaten sind die Verluste schon heute sichtbar. Vor der Küste von Tansania sind seit den 1960er-Jahren bereits 90 Prozent des Tangwaldes verschwunden. Eine marine Hitzewelle hat die meisten Tangwälder vor der Küste Nordkaliforniens vernichtet; wärmere Temperaturen scheinen die

Tangwälder auch anfälliger dafür zu machen, von gefräßigen Seeigeln abgegrast zu werden. Hughes bezeichnet die Riffe als »Aushängeschilder des Klimawandels«. Seine Auswirkungen werden sich wahrscheinlich in den Tropen am stärksten bemerkbar machen, wo die unterschiedlichen Spezies weniger an Temperaturschwankungen angepasst sind. Doch keine Region wird verschont bleiben. In Deutschland, wo mehr Menschen in der Forst- und Holzwirtschaft arbeiten als in der Autoindustrie, werden die Wälder von Borkenkäfern befallen, die während der wärmeren Winter überleben. Die Hummelpopulationen in Europa und den Vereinigten Staaten sind aus mehreren Gründen stark eingegangen. Die pelzigen Körper der Bienenart sind schlecht an höhere Temperaturen angepasst, während einer Hitzewelle »wird die Entscheidung, kühl zu bleiben oder Pollen zu sammeln, zu einem Nullsummenspiel«, sagt der Naturschutzbiologe Peter Soroye von der Ottawa University. Kurz gesagt: Die Bienen sterben entweder an der Hitze oder sie verhungern. Vögel- und Säugetierpopulationen schwinden vor allem in den Gebieten, die am stärksten von der Erwärmung betroffen sind. Das saisonale Verhalten der Tiere stimmt nicht mehr mit dem der Pflanzen überein, auf die sie angewiesen sind: Tiere, die Winterschlaf halten, wachen zu früh auf und finden noch kein Futter, Zugvögel verpassen die Zeit, wenn die Bäume Früchte tragen.

Früher haben wir experimentiert, um etwas über die Zukunft zu erfahren – antarktische Jakobsmuscheln in Aquarien verlieren beispielsweise ihre Schwimmfähigkeit, wenn sich die Temperatur um 2 Grad Celsius erhöht. Heute können wir kaum nachvollziehen, was bereits geschehen ist. Zwischen den ausgehenden 1970er-Jahren und den früher 2010er-Jahren verringerten sich die Insektenbestände in einem Teil des Regenwalds von Puerto Rico um 97 Prozent. Auch die Zahl der Vögel, Frösche und Eidechsen, die sich von Insekten ernähren, nahm ab. Bei ansonsten gleichbleibenden Voraussetzungen hätten sich die Insektenpopulationen erholen müssen, wenn ihre Fressfeinde weniger wurden. Doch die Voraussetzungen waren nicht gleich geblieben: Die durchschnittliche Tageshöchsttemperatur war seit den 1970er Jahren um 2 Grad Celsius gestiegen. Die Insekten und ihre Fressfeinde konnten nicht überleben. Auch der Regenwald wird dieses Jahrhundert vermutlich nicht überstehen. 2019 war das heißeste und trockenste Jahr, das jemals in Australien verzeichnet wurde; Buschbrände versehrten fast 20 Millionen Hektar des Landes. Als Forscher die niedergebrannten Gebiete untersuchten, mussten sie feststellen, dass so gut wie keine der auf dem Boden lebenden Tierarten überlebt hatte. Im Bundesstaat New South Wales starben 5000 Koalas.

Aber Tiere sind doch mobil, oder? Können sie sich nicht besser an die steigenden Temperaturen anpassen als Pflanzen? Nicht unbedingt. Entscheidend sind die Spitzentemperaturen, und Pflanzen sind oft widerstandsfähiger als Tiere – so wie eine Topfpflanze einen Tag auf einer heißen Veranda überstehen kann, wenn sie ausreichend gewässert wurde.

Die eigentliche Frage ist nicht, ob Tiere oder Pflanzen überleben können, sondern ob es für beide möglich ist.

Ökosysteme sind abhängig von Tieren, Pflanzen, Insekten und Pilzen. Im Lopé Nationalpark in Gabun bedeutet ein wärmeres, trockeneres Klima weniger Früchte: In den 1980er-Jahren konnten Elefanten reife Früchte noch an einem von zehn Bäumen finden; heute ist es kaum einer von fünfzig. Entsprechend sind die Elefanten dünner und weniger gesund. Werden sie in zehn Jahren noch den Wald so prägen, wie sie es heute tun? Andernorts werden Insekten zu den falschen Zeiten schlüpfen, sodass die Zugvögel sich nicht von ihnen ernähren können. Einige Ökosysteme werden Temperaturen ausgesetzt sein, die es bislang auf der Erde nicht gegeben hat. Habitate werden verschwinden. Die Auswirkungen werden davon abhängen, wie und ob das Interagieren zwischen Bestäubern und Pflanzen, Pflanzen und Pflanzenfressern, Beutetieren und Jägern weiterhin funktioniert. »Wir wissen einfach nicht, was passieren wird«, sagt der Biologe Alex Pigot vom Londoner University College.

Pigots Modellierungen legen nahe, dass einige Ökosysteme noch in diesem Jahrzehnt kippen werden. Aller Voraussicht nach wird der Klimawandel weitaus mehr zum Aussterben der Arten beitragen als der Verlust von natürlichen Habitaten. »Selbst wenn erst wenige Spezies heute schon wegen des Klimawandels aussterben, ist das kein gutes Zeichen«, sagt Pigot. Wie bei einer sehr ansteckenden Infektionskrankheit sei »das Tempo, in dem die Lage sich verschlechtern kann, bemerkenswert.«

Ein weiterer Grund dafür, warum jeder Tierfreund etwas gegen den Klimawandel unternehmen sollte. Die Natur kann grausam sein, aber wir machen es noch schlimmer. Wir zwingen den Tieren Lebensbedingungen auf, für die sie nicht geschaffen sind; die Veränderungen treten so schnell ein, dass sie sich nicht daran anpassen können. Deshalb müssen wir auf erneuerbare Energien umsteigen, die Wälder und die Moore intakt erhalten, weniger Fleisch und Milchprodukte essen und unsere Häuser isolieren. Unterbrechen Sie mich, wenn Sie das alles schon mal gehört haben.

Vielleicht wird aber auch das nicht ausreichen. Es gibt keinen Präzedenzfall, in dem ein Land reicher wurde, während es seinen ökologischen Fußabdruck verkleinert hat.

Wir sind gut darin, die schlimmsten Umweltverschmutzer wie die FCKW-Gase, die die Ozonschicht durchlöchern, abzuschaffen. Wir sind gut darin, die Umweltverschmutzung von den reichen in die ärmeren Länder zu verlagern, daher werden so viele der Waren, die wir bei Amazon bestellen, in Asien hergestellt. Wir sind gut darin, Ersatz für Tierprodukte wie Waltran, Nerzpelze und sogar für Fleisch zu finden. Doch solange wir nicht aufhören, immer mehr Ressourcen zu verbrauchen, werden wir die Tiere weiter verdrängen. Eine Ursache dafür ist unsere Wohlstandsgesellschaft. Zu Beginn des 20. Jahrhunderts gaben Amerikaner über 40 Prozent ihres Einkommens für Nahrungsmittel aus, heute sind es weniger als 10 Prozent. Das übrige Geld muss für irgendetwas anderes ausgegeben werden. Das reichste Zehntel der Bevölkerung, das über 38000 US-Dollar jährlich verdient, ist für die Hälfte der weltweiten Kohlendioxidemissionen zwischen 1990 und 2015 verantwortlich, wie Oxfam und das Stockholmer Environment Institute festgestellt haben.

Wir glauben, wir leben im Digitalen Zeitalter – mit papierlosen Büros und minimalistischer Einrichtung. Doch die Zahl der verbrauchten Ressourcen ist parallel zum Wirtschaftswachstum gestiegen. Wir verwenden natürliche Materialien, ohne es zu merken. Weltweit werden jährlich 50 Milliarden Tonnen Sand abgegraben. Das ergibt 18 Kilo pro Person im Jahr. Dadurch werden Teile des Meeresbodens unbewohnbar, aber uns fallen nur die verspiegelten Gebäude auf, die damit errichtet werden. Aldo Leopold sagte, die ureigene Aufgabe der Menschheit bestehe darin, »auf einem Stück Land zu leben, ohne es zu verderben«. Heute leben wir auf einem Stück Land, während wir andere Länder ruinieren. Nur gelegentlich fällt uns auf, was wir anrichten: Ein Freund sah sich das einfache Abendessen an, das er zubereitet hatte, und ihm fiel auf, dass die Zutaten von drei Kontinenten stammten.

Ignoranz kann keine Ausrede sein. Wir wissen, dass wir viel konsumieren. Der Teppich wird herausgerissen, weil wir eine neue Lieblingsfarbe haben. Die Kleidung wird gekauft, weil sie ein Schnäppchen war. Der Langstreckenflug wird gebucht, weil wir uns verständlicherweise die wunderbare Welt ansehen wollen, in der wir leben. Es gibt keine nachhaltigen Methoden, um neue Kleidung herzustellen oder rund um die Welt zu fliegen. Aber wir kümmern uns um Plastiktüten, die nicht einmal die Spitze des Eisbergs ausmachen. Manchmal heißt Nachhaltigkeit nicht, im Laden eine Einkaufstüte abzulehnen, sondern gar nicht erst in den Laden zu gehen. Wir besitzen mehr Zeug als unsere Eltern und mehr als im letzten Jahr. Wir haben sogar weniger Kontrolle darüber, wie dieses Zeug hergestellt wird – häufig in Ländern mit wenigen Regulierungen, in denen Färbemittel in die Flüsse geleitet und Fabriken mit Kohle beheizt werden – als darüber, wo unser Fleisch herkommt. Den Verlust der Artenvielfalt und das Aussterben der Tiere können wir deshalb verdrängen, weil es in der anderen Hälfte der Welt geschieht. Wir konsumieren, weil wir glauben, dafür nicht zur Rechenschaft gezogen zu werden, doch manchmal befürchte ich, meine Töchter werden mich später für extrem begriffsstutzig halten.

In seinem Buch *Die Welt ohne uns: Reise über eine unbevölkerte Erde* fragt sich der Wissenschaftsjournalist Alan Weisman, was geschehen würde, wenn unsere Spezies plötzlich von der Erde verschwunden wäre. Die Antwort ist, dass Pflanzen und Tiere gedeihen und die Natur einen Großteil unserer Infrastruktur zunichte machen würde, die wir für so dauerhaft halten. Nur wenige Spuren unserer Existenz – wie das Schwermetall in den Böden – würden bleiben, und natürlich unsere Beeinflussung des Klimas.

Die Vorstellung einer Welt ohne uns rückte während der Corona-Lockdowns näher in den Blick. Für diejenigen von uns, die sich für die Tierwelt interessieren, war es eine zwar düstere, aber dennoch reizvolle Aussicht. Sie werden schon davon gehört haben: Es gibt zu viele Menschen, und nur wenn wir weniger werden, können wir den Tieren genug Lebensraum geben. Doug Tompkins sagte, er wache jeden Morgen auf und sorge sich um die 250000 Kinder, die an diesem Tag geboren werden. Heute werden über 350000 Babys täglich geboren, und die Weltbevölkerung wächst jedes Jahr um 1 Prozent. Nach Einschätzung der UNO wird sich die menschliche Bevölkerung im Jahr 2100 auf einen Plateauwert von 11 Milliarden einpendeln, es können aber auch 10 oder 12 Milliarden sein. Die afrikanische Bevölkerung wird voraussichtlich bis 2050 auf 1,1 Milliarden Menschen anwachsen, das sind mehr Menschen als heute in Europa und Nordamerika zusammengenommen leben. Der Rest der Weltbevölkerung wird um knapp 800 Millionen wachsen. Wie können wir mehr Platz für andere Lebewesen finden, wenn es so viele von uns gibt?

Arne Naess, einer der radikalen ökologischen Denker, die Tompkins beeinflusst haben, sagte, die kulturelle Diversität und die Grundbedürfnisse der Menschen könnten bis zu einer Population von 100 Millionen befriedigt werden. Für Naess ist die Reduzierung der menschlichen Bevölkerung eine Frage der Gerechtigkeit – die

Menschen haben nur das Recht, andere Spezies zu verdrängen, wenn es um ihre existenziellen Bedürfnisse geht. Doch damit wird das menschliche Individuum auf dieselbe Stufe gestellt wie ein Bär, eine Biene oder eine Bakterie. Für den Biologen Reed Noss haben Menschen sogar eine niedrigere Priorität als andere Lebewesen, weil »unsere Spezies sowohl anpassungsfähiger als auch destruktiver ist als jede andere«.

Für E.O. Wilson von Half-Earth liegt die ideale Bevölkerungsgröße bei 500 Millionen. Jane Goodall sagt, vor 500 Jahren, als es etwa so viele Menschen gab, hätten »all die Probleme, über die wir heute sprechen, nicht existiert«. 500 Millionen entsprechen der heutigen Bevölkerung von Südamerika. Ingrid Newkirk, die Gründerin der Tierrechtsorganisation PETA, hat sich mit 22 Jahren sterilisieren lassen. Kinder zu bekommen sei wie die Anschaffung eines Zuchthundes – eine Lifestyle-Entscheidung, mit der wir »unserer Eitelkeit nachgeben«.

Vermutlich liegt es darin, dass ich kleine Kinder habe, doch dieses Thema scheint die schlimmsten Instinkte der Naturschützer-Bewegung zum Vorschein zu bringen – indem suggeriert wird, einige Menschen seien weniger wert als andere Lebewesen; und die Erhaltung von Naturschönheit für die Wohlhabenden über die Freiheit der Armen gestellt wird. Auf diese Weise können die Tierfreunde in dieselbe Schublade gesteckt werden wie die Chinesen mit ihrer früheren Ein-Kind-Politik. Diejenigen, die sich Sorgen über das Bevölkerungswachstum machen, sind wohlhabend, weiß und weit gereist; diejenigen, die viele Kinder haben, sind meistens arme, nicht weiße Menschen. 2020 entschuldigte sich der WWF für einen Werbefilm, in dem die Welt dazu aufgefordert wurde, »die menschliche Bevölkerung auf einem niedrigen Niveau zu halten«, während der Film eine Menschenmenge zeigte, die aus Asiaten bestand.

Wenn Sie Tiere lieben, sollten Sie verstehen, warum Menschen Kinder haben wollen. Ich habe auch deshalb aufgehört, Kuhmilch zu trinken, weil ich es furchtbar fand, wie die Bindung zwischen der Kuh und dem Kalb zerstört wird. Ich will nicht, dass Elefanten in Zoos leben müssen, weil sie dort keine Herden bilden können, die aus mehreren Generationen bestehen. Es wäre schon etwas seltsam, zu behaupten, dass der Wunsch nach einem Leben mit Kindern ein zu vernachlässigender Aspekt der menschlichen Existenz sei. Und obwohl ich Tiere liebe, will ich nicht, dass die menschliche Bevölkerung schrumpft. Die menschliche Gesellschaft ist etwas Außergewöhnliches. Wieso können wir nicht gleichzeitig Twitter und Meeresschildkröten oder Hollywood und Nashornvögel mögen? Wir müssen die Uhr nicht zurückstellen auf eine Zeit, in der New York ein Sumpfgebiet und London ein Wald war, wir müssen nur ein besseres Gleichgewicht finden.

Die Geburtsraten zu hinterfragen, sollte kein Tabu sein. Über 220 Millionen Frauen in Entwicklungsländern haben keinen Zugang zu Verhütungsmitteln. In Äthiopien bekommt eine Frau ohne Schulbildung im Durchschnitt sechs Kinder; eine Frau, die zwölf Jahre zur Schule gegangen ist, weniger als zwei Kinder. Eine Studie aus Kenia ergab, dass die Senkung der Kosten für Schuluniformen nicht nur die Zahlen der Schulabbrecher, sondern auch die Teenager-Ehen und die Geburtenrate reduzierten. Wenn wir nicht über Bevölkerungswachstum sprechen, verdammen wir viele Mädchen dazu, ohne Bildung aufzuwachsen und mehr Kinder zu bekommen als sie selbst wollen. Und wenn die Menschen in den reichen Ländern weniger Kinder bekommen, weil sie die Folgen für die Umwelt oder den Klimawandel fürchten, dann bewundere ich sie für das Opfer, das sie bringen.

Doch die Geburtenrate ist nicht das eigentliche Problem, sondern der Konsum der bereits existierenden Bevölkerung. Ein Durchschnittsbürger eines wohlhabenden Landes verbraucht drei- bis sechsmal so viele natürliche Ressourcen wie der Durchschnittsbürger eines armen Landes. Der britische Astrophysiker Martin Rees sagt, die Erde könnte 20 Milliarden Menschen eine »passable (wenn auch bescheidene) Lebensqualität« bieten – mit veganer Ernährung, wenig Reisen und kleinen Wohnungen. Dies sei jedoch »sehr unwahrscheinlich und nicht allzu verlockend«. Es wird sicherlich nicht dazu kommen.

Seit 1970 hat sich die Weltbevölkerung verdoppelt, ebenso wie die Quantität der natürlichen Ressourcen, die der Einzelne durchschnittlich verbraucht. Wir schieben die Schuld gerne auf China und Indien. Doch in absoluten Zahlen ist der größte Zuwachs bei der oberen Mittelschicht der einkommensstarken Länder zu verzeichnen. Ein Durchschnittsamerikaner produziert in drei Tagen ein Kilo Plastikmüll. Als ich in Kolumbien lebte, fiel mir auf, dass die einheimische Oberschicht sich alle Mühe gab, es den Nordamerikanern und Europäern gleichzutun. Weil sie sich im Vergleich zu uns nicht wohlhabend fühlten, sahen sie auch keinen Anlass, ihren Konsum einzuschränken.

Dass die Tierschützer sich über die Jagd aufregen, liegt daran, dass es so einfach ist: Ob jemand Tiere achtet, kann somit darauf reduziert werden, ob er oder sie ein Gewehr abfeuert oder nicht. Doch Tiere wirklich zu achten und ihnen Platz in unserer Welt einzuräumen, wirkt sich auf alle Lebensbereiche aus. Vor hundert Jahren schrieb Leopold, der Naturschutz erfordere »einen neuen Menschentypus – einen neuen Landwirt, Finanzier, Wähler und Konsumenten«. Er hatte recht. Wir müssen einen Weg finden, uns weiterzuentwickeln und dabei weniger zu verbrauchen. Eine Möglichkeit wäre, weniger privaten Reichtum anzuhäufen und mehr öffentliche Mittel verfügbar zu machen, beispielsweise für Naturparks. Ich bin mir nicht sicher, ob das funktionieren kann. Doch zuerst müssen wir erkennen, wie groß unsere Versäumnisse sind.

Wir glauben nicht an den Klimawandel. Theoretisch natürlich schon – wir haben die Zahlen gesehen, wir sind nicht wie die verrückten Klimaleugner auf YouTube und Fox News. Doch wenn wir ernsthaft daran glauben würden, dann würden wir auch handeln. Wir wären so erschrocken über die Waldbrände, Hitzewellen und Wirbelstürme, über das Schmelzen des westantarktischen Eisschilds, das den Meeresspiegel um mehrere Meter ansteigen lässt, dass wir unsere gesamte Politik danach ausrichten würden. Stattdessen haben wir seit dem ersten UN-Umweltgipfel im Jahr 1992 mehr Kohlendioxidemissionen verursacht als jemals zuvor.

Wir glauben nicht wirklich, dass Tiere verschwinden und Ökosysteme kippen werden. Wir haben die Schlagzeilen und die Grafiken gesehen, die Bilder von Waldbränden und einsamen Nashörnern. Wir haben die Berichte über die Korallenbleiche gehört und die Prognosen, nach denen die Amazonasregion vor einem ökologischen Kollaps steht. Unsere Welt ist ein Jenga-Turm, aus dem immer mehr Stäbchen herausgezogen werden. Wir lachen über Leute wie Bolsonaro, die sich schlichtweg weigern, den Verlust der Artenvielfalt und seine Folgen zur Kenntnis zu nehmen. Doch wenn wir wirklich daran glaubten, würden wir etwas unternehmen – zu unserem eigenen Besten. Als der Amazonas-Regenwald 2020 brannte, boten die anderen Nationen Brasilien Hilfsgelder in Höhe von 22 Millionen US-Dollar an, die die brasilianische Regierung ablehnte. Für 22 Millionen kann man noch nicht einmal einen guten Torwart kaufen.

Wir hören, dass wir uns auf einen Abgrund zubewegen. Aber wie können wir es glauben, wenn unsere Existenz niemals bedroht war? Wir leben in einer Welt, die sich ständig erweitert – Billigflüge, billige Importe aus China, Google umsonst. Jeff Bezos' Firma Amazon legt innerhalb einer Stunde ein Paket vor unserer Tür ab, gerade hat er versprochen, in absehbarer Zeit Menschen auf den Mars zu bringen. Warum sollten wir ihm nicht glauben? Die Menschheit hat immer gesiegt. Ich bin nicht schuld an der Abholzung des Amazonas-Regenwalds, ich habe mir gerade einen recyclebaren Becher Joghurt gekauft. Bis das Coronavirus uns erwischte, schien unser Fortschritt eine Einbahnstraße zu sein.

Es ist schwer, sich vor Augen zu führen, wie fragil unser Planet ist, wenn wir Jahrzehnte lang billige Konsumgüter, neue Technologien und relative politische Stabilität genossen haben. Die Menschen in den ärmeren Ländern werden stärker vom Klimawandel betroffen sein. Doch es könnte sein, dass sie eher erkennen, was auf dem Spiel steht. Den Meinungsforschern von YouGov zufolge sagen 70 Prozent der Inder, der Klimawandel werde große Auswirkungen auf ihr Leben haben; weniger als 20 Prozent der Briten, Deutschen und Skandinavier teilen diese Meinung. Die Menschen in den USA und Europa sind außerdem weitaus seltener als die Asiaten der Ansicht, dass der Klimawandel einen neuen Weltkrieg oder die Auslöschung der Menschheit mit sich bringen könnte.

Klimawandel und Verlust der Artenvielfalt sind die beiden übergreifenden Krisen unserer Epoche. Sie bedingen einander: Wenn Wälder und Grasland geschützt werden, sind sie ein Refugium für Wildtiere und speichern Kohlenstoff; wenn sie zerstört werden, verschwinden die Wildtiere und der Kohlenstoff wird freigesetzt, gelangt in die Atmosphäre und beschleunigt den Erwärmungsprozess, wodurch weitere Wälder sterben. Intakte Ökosysteme können viel Kohlenstoff binden. In Afrika hat man herausgefunden, dass Waldelefanten die Kohlenstoff-Speicherkapazität erhöhen, indem sie dünnere Bäume niedertrampeln und somit Platz für größere Harthölzer schaffen. Ohne die Elefanten würde sich die Biomasse des Waldes um 7 Prozent verringern. Der Ökologe Fabio Berzaghi und sein Team bezifferten den Beitrag, den die Elefanten zum Umweltschutz leisteten, mit 43 Milliarden US-Dollar. Die Zerstörung des Amazonas-Regenwalds hat mittlerweile einen Kipp-Punkt erreicht: Es gibt nicht mehr genug Bäume, um den Niederschlag zu erzeugen, von dem andere Bäume abhängig sind. Das Amazonasbecken könnte von einem Kohlenstoff-Speicher zu einem Emittenten werden, es könnte sich in eine Savanne verwandeln. Diese Transformation würde die Tierwelt und auch unser Klima untergehen lassen.

Bei einigen Regierungen ist es zurzeit Mode, Bäume zu pflanzen. Ich habe dabei mitgewirkt – es war zwar schlecht für meinen Rücken, aber gut für meine Moral. Doch wir müssen uns realistische Ziele stecken. Neupflanzungen sind nicht dasselbe wie alte Wälder. Sie sind weniger widerstandsfähig gegenüber Klimaveränderungen und Waldbränden als alte Bestände mit vielen unterschiedlichen Baumarten. Ein chinesisches Sprichwort besagt, die beste Zeit, um einen Baum zu pflanzen, sei vor zwanzig Jahren gewesen, die zweitbeste Zeit ist jetzt. Also: Die beste Zeit, die Tropenwälder nicht abzuholzen war vor zwanzig Jahren, die zweitbeste Zeit ist jetzt.

Viele unserer moralischen Dilemmata erwachsen daraus, dass wir uns in einer vollkommen anderen Lage befinden als die Tiere. Wir können sie züchten, sie jagen und sie in Zoos einsperren. Doch was den Klimawandel und die Artenvielfalt angeht, sitzen wir langfristig im selben Boot. Beides ist ebenso schlimm für uns wie für die Tierwelt.

Unsere Kinder werden nicht mehr in der Illusion aufwachsen, dass die Tiere nicht bedroht sind und irgendwo dort draußen leben. Ihnen wird klarwerden, dass die Tiere ausgerottet werden und die Erwachsenen zu lange gezögert haben, um sie zu retten. Sie werden nicht denselben Planeten erben wie wir. Sie werden sich fragen, wie die beeindruckenden Korallenriffe und Regenwälder wohl ausgesehen haben, die wir noch erleben durften. Vielleicht wird ihr Verlust durch neue Entdeckungen gemildert werden – bis zu 15 000 neue Spezies werden jedes Jahr mit Namen versehen, und viele kommen in die Schlagzeilen, wie die »mysteriöse« neue Froschart, die in den indischen Westghats entdeckt wurde. Vor allem aber, denke ich, wird ihr Verlust verschmerzbar sein, wenn sie selbst handeln.

Naturschutz ist in der Praxis schwer umsetzbar, doch in der Theorie ganz einfach. Der 2020 verstorbene Michael Soulé, der Vater der Naturschutzbiologie, sagte, selbst wenn keine wissenschaftlichen Artikel mehr publiziert würden, wüssten die Menschen, was zu tun ist. Wir müssen erstens die natürlichen Habitate schützen sowie zweitens fehlende Arten wieder ansiedeln und die Umweltverschmutzung bekämpfen. Außerdem müssen wir die Kohlendioxidemissionen drastisch reduzieren.

Peter Soroye, der die Auswirkungen von Hitze auf Bienen untersucht hat, versucht optimistisch zu bleiben. Auf seiner Website schreibt er: »Ich bezeichne mich gern als Naturschutzbiologen, aber ich hoffe, dass wir Menschen eines Tages unserer Verantwortung nachkommen werden und ich mich als etwas anderes bezeichnen kann.« Der Biologe Terry Hughes, der am Great Barrier Reef forscht, sagt, die nächsten Jahrzehnte werden »ein Spießrutenlauf mit dem Klima« sein – eine Zeit großer Risiken, die dennoch überwunden werden können. Vielleicht wird es nicht immer so schwierig sein, anderen Spezies gerecht zu werden. Vielleicht wird sich diese Herausforderung auf unsere Generation beschränken.

Eine der wenigen guten Nachrichten betrifft die Urbanisierung. Die Zahl der Menschen, die in ländlichen Gegenden leben, soll in Zukunft sinken – von 3,4 Milliarden (2020) auf 3,1 Milliarden (2050). Das heißt, obwohl es mehr Menschen geben wird, die ernährt werden müssen, hätten wir die potenzielle Chance, weitere Teile unseres Planeten der Natur zu überlassen.

Wenn Biologen beurteilen wollen, ob eine Spezies vom Aussterben bedroht ist, ermitteln sie, ob eine Population zu- oder abnimmt, und wie verbreitet sie auf der Erde ist. Wenn die Menschen auf diese Weise evaluiert würden, kämen sie in die Kategorie »ungefährdet«. Unsere Population nimmt überall auf der Erde zu. Doch das ist irreführend. Das Aussterben der Menschheit ist keine lächerliche Vorstellung. 1947 hat die Organisation Bulletin of the Atomic Scientists eine »Weltuntergangsuhr« installiert, um zu verdeutlichen, wie nahe die Menschen mit ihren selbstgemachten Technologien der Zerstörung der Welt schon gekommen sind. Anfang der 1980er-Jahre, als ich geboren wurde, war es bereits vier Minuten vor Zwölf. 2020 haben die Wissenschaftler die Uhr auf hundert Sekunden vor Zwölf gestellt. Langsam begreifen wir, dass es mehrere existenzielle Bedrohungen gibt – Klimawandel, unkontrollierbare Künstliche Intelligenz, der mögliche Einsatz von atomaren oder biologischen Waffen zur Kriegsführung. Der Philosoph Toby Ord von der Oxford University sagt, die Wahrscheinlichkeit, dass die Menschheit ausstirbt, habe sich von eins zu hundert im 20. Jahrhundert auf heute eins zu sechs erhöht. Wir spielen russisches Roulette mit unserer eigenen Spezies.

Früher haben die Bergleute Kanarienvögel benutzt, um unsichtbare, lebensgefährliche Gase aufzuspüren. Tausende – Zehntausende – von Arten spielen heute eine ähnliche Rolle. Sie können uns darauf hinweisen, wie prekär unsere Existenz ist – und uns verständlich machen, dass auch wir Lebewesen sind, die an einen Lebensraum angepasst sind, und nun in einen anderen gedrängt werden. Wir sitzen alle im selben Boot. Dieses Boot muss nicht unbedingt die *Titanic* sein, und es muss auch nicht unbedingt an einem (schmelzenden) Eisberg zerschellen. Lasst uns trotzdem das Tempo drosseln, nur für den Fall.

Wie sollen wir der möglichen Katastrophe begegnen? Wie können wir begreifen, dass noch viel mehr unternommen werden muss, um unseren ökologischen Fußabdruck zu verringern? Susie hat mir verboten, beim Abendessen mit Gästen ein Gespräch anzuknüpfen, indem ich eine neue Rekordtemperatur in der Arktis erwähne. Ich verschwende lächerlich viel Zeit damit, Plastikbehälter zu recyceln, was meinen ökologischen Fußabdruck nur minimal vermindert. Ich falle von einem Extrem ins andere – ich verzichte auf eine Dose Bier, während ich Fußball gucke, dann wieder kaufe ich Geburtstagsgeschenke für die Kinder von Freunden, die hauptsächlich aus Plastik bestehen.

Man hört gelegentlich, dass das Zeitfenster sich schließt, in dem noch gehandelt werden kann. Das stimmt nicht. Wir müssen in jedem Fall handeln. Wir können es jetzt tun, oder später – wenn die Schäden noch größer geworden sind und noch weniger Natur gerettet werden kann. Kris Tompkins sagt, wir seien weit über den Punkt hinaus, an dem individuelles Handeln noch »eine Frage der Wahl« ist. Sie hat recht. Wir können uns nicht als *Homo sapiens* bezeichnen und weiter herumstehen wie die Hühner in einer Legebatterie, als seien wir dem Schicksal hilflos ausgeliefert. Wir können uns nicht als Tierfreunde bezeichnen, wenn wir nicht eingreifen, um die Natur zu retten. Als Individuen können wir den Klimawandel und das Artensterben nicht aufhalten. Doch wir sollten zumindest nicht so handeln, als glaubten wir nicht daran. Einerseits kann Naturschutz nur gelingen, wenn die Einheimischen davon profitieren, andererseits ist ihr zunehmender

Wohlstand die größte Bedrohung für den Naturschutz. Wir brauchen eine neue Ethik.

Der überzeugendste Vorschlag, wie diese neue Ethik aussehen könnte, kommt von Peter Singer. »Die Hervorhebung von Genügsamkeit und einfachem Leben«, schreibt er in seinem Buch *Praktische Ethik*, »bedeutet nicht, dass die Umweltethik genussfeindlich wäre, sondern dass die Genüsse, die sie wertschätzt, nicht von einer aufwendigen Lebensweise kommen. Stattdessen kommen sie von liebevollen persönlichen und sexuellen Beziehungen, von der Nähe zu Kindern und Freunden, von Gesprächen, Sport und Freizeitaktivitäten, die mit unserer Umwelt harmonieren, anstatt sie in Mitleidenschaft zu ziehen, von Nahrung, die nicht auf der Ausbeutung von empfindungsfähigen Lebewesen basiert und die nicht die Welt kostet, von kreativer Aktivität und Arbeit aller Art und (mit angemessener Sorgsamkeit, damit nicht gerade das, was für uns wertvoll ist, zerstört wird) Wertschätzung der unberührten Plätze der Welt, in der wir leben.«

Mein Rückflug von London nach San Francisco hat mehr Treibhausgasemissionen verursacht als die eines durchschnittlichen Brasilianers in einem Jahr. Danach habe ich das Fliegen aufgegeben – zumindest für ein Jahr. Seit die Kinder geboren wurden, bin ich nur einmal mit dem Flugzeug in die Ferien geflogen. Doch für meine Arbeit muss ich weiterhin fliegen: Innerhalb von zwölf Monaten bin ich von London nach Buenos Aires, San Francisco und in die Mongolei gereist. Diese Flüge hatten immer einen guten Grund, niemand im Büro hat auch nur mit der Wimper gezuckt, und wenn ich nicht geflogen wäre, hätte es eben jemand anderes gemacht. Ich wünsche mir ein anderes System. Ich würde lieber darauf verzichten, den Amazonas oder die Korallenriffe wiederzusehen, als zu ihrem Verschwinden beizutragen.

Individuelles Handeln ist nicht das Gegenteil von gemeinschaftlichem Handeln; es ist der erste Schritt. Wenn wir uns als Einzelne für Schutzgebiete einsetzen, drängen wir unsere Regierungen dazu, es uns gleichzutun. Wenn wir Wildtiere bewundern und dafür auch zahlen wollen, ermutigen wir örtliche Gemeinden, ihre Wiedereinführung zu akzeptieren. Unser Verhalten beeinflusst unsere Nachbarn. Außerdem ist es ein Zeichen für diejenigen, die an der Macht sind. Unternehmen setzen sich für gute Zwecke ein, wenn ihre Kunden es tun. Politiker treffen schwierige Entscheidungen, wenn sie das Gefühl haben, dass die Wähler damit umgehen können.

❖

Ich habe nie gern an Demonstrationen teilgenommen. Es kam mir einfach lächerlich vor, mitten auf einer Einkaufsstraße simple Slogans zu skandieren, in der Hoffnung, auch mal verhaftet zu werden. Vielleicht liegt es daran, dass ich zu britisch bin.

»Alle Macht den Tieren! Die Tiere haben die Macht!«, wiederholt ein Typ mit einem Megaphon etwas eintönig, während wir die Straße hinunterziehen. Ich unterdrücke ein spöttisches Grinsen. Bis Seemöwen wählen gehen oder Kühe an der Wall Street arbeiten, ist es schwer vorstellbar, dass die Tiere an der Macht sind. Aber wir – ein paar hundert Leute – ziehen weiter in Richtung eines der größten Fleischmärkte in Europa. Als der Smithfield Market vor achtzig Jahren gegründet wurde, lag er außerhalb von London, damit sich eventuelle Krankheiten nicht über die Vorstädte hinaus verbreiteten. Schon zu Beginn der Viktorianischen Epoche war die Stadt erfüllt vom Leben und Sterben der Tiere: Charles Dickens beschreibt in *Oliver Twist* (1838) »einen dicken Dampf, der ununterbrochen von rauchenden Viehleibern aufstieg«. Die Tiere wurden mit dem Zug zu den Londoner Bahnhöfen transportiert und dann über die Straßen zum Smithfield Market getrieben. Heute spielt sich das alles nur noch außerhalb der Stadt ab. Smithfield ist nur noch ein Großhandel für totes Fleisch. Weil selbst das nicht mehr so recht zu dem modernen Image der Stadt passen will, soll der Fleischmarkt demnächst umziehen, nur die angesagten Fleischrestaurants in der Nachbarschaft werden bleiben.

Die friedliche Besetzung des Smithfield Markets ist Tag eins der

Aktion von Animal Rebellion. Die Gruppe ist ein Ableger der Umweltschutzbewegung Extinction Rebellion. Sind die Aktivisten wegen der Hühner in Käfighaltung hier, oder wegen der getöteten Kühe, der gestrandeten Wale oder der verwaisten Orang-Utans? Vermutlich trifft alles davon zu.

Man kann sich keine freundlichere – oder skurrilere – Gruppe von Demonstranten vorstellen. Ich frage eine der Organisatorinnen, ob sie draußen campieren wird. Sie zögert und murmelt dann entschuldigend: »Ich habe eine Katze.« Ein Singer-Songwriter namens Giles trägt ein Lied vor, von dem er hofft, dass es die »erste vegane Nummer-Eins-Single« werden wird. Er sagt, auf Facebook sei es schon ein Hit.

Ein Mitglied der Animal Liberation Front – jener berüchtigten Gruppe, die in den 1980er- und 1990er-Jahren Tierversuchslabore sabotierte – versucht, die ziemlich sanftmütige Menge anzustacheln. »Ich bin schon in 14 Gefängnissen gewesen!«, legt er los. »Aber Bewegungen gehen voran! Bewegungen verändern sich! Ich weiß auch nicht, was am besten funktionieren wird. Aber wie man in Brasilien sagt, *packt es auf die Pizza!*« Das sagt man in Brasilien zwar nicht, aber für die Menge zählt der Gedanke.

Es wird langsam dunkel und kalt, und die Demonstranten stellen ihre Wurfzelte auf der Asphaltstraße auf, die durch den Smithfield Market führt. »Wenn nur 5 Prozent der Leute hier meinen Song downloaden …«, höre ich Giles sagen. Neben mir in der Menge steht eine Seniorin – sie muss um die achtzig sein – in einem Anorak, auch sie hat ein Wurfzelt dabei. »Ich bleibe nur eine Nacht«, flüstert sie. Dann, als sei sie von ihrer eigenen Aufsässigkeit überrascht, fügt sie schnell hinzu: »Sonst gehe ich um acht Uhr ins Bett.« Am nächsten Morgen treffe ich sie in der Schlange vor der Kaffeeausgabe wieder. »Eine tolle Nacht«, sagt sie. »Ich habe überhaupt nicht geschlafen.«

Auch ich habe nicht viel schlafen können. Ich würde gerne vorgeben, ich hätte Protestlieder gesungen und die Fleischkühlräume sabotiert. Aber eigentlich lag es daran, dass ich mein Zelt halb über einer

Metallplatte aufgestellt hatte, die jedes Mal, wenn jemand vorbeiging, ins Wippen kam und meinen Hintern einige Zentimeter in die Höhe hob. Der Kampf kann viele Formen annehmen.

In den folgenden zwei Wochen nehmen die Aktivisten von Animal Rebellion die Büros diverser Firmen ins Visier, die ihrer Ansicht nach Tieren Schaden zufügen. Sie besprühen Wände mit Graffiti, legen den Verkehr lahm und besetzen Londons größten Fischmarkt. Zwei Aktivisten ketten sich mit ihren Ohrpiercings an einen Fleischtransporter an. Gerade, als die Stimmung am Sinken ist, wird einer der Demonstranten, der ein selbstgebasteltes Brokkolikostüm trägt, verhaftet, und der Clip geht im Netz viral. Die gute Laune ist wiederhergestellt, als die Polizei allen Festgenommenen ein veganes Chili serviert, das »richtig lecker« geschmeckt haben soll. Der Protest schließt mit einem Marsch über die Park Lane, bei dem alle Teilnehmer als Obst oder Gemüse verkleidet sind. Ich weiß noch, wie einer der Organisatoren rief: »Will jemand eine Birne sein?«

Wenn ich nicht selbst an den Protesten teilnehmen konnte, habe ich sie auf Telegram verfolgt. Die Aktivisten legten eine komische Mischung aus Idealismus und Bürokratie an den Tag. Eine typische Nachricht lautete: »Alle Obst- und Gemüsekostüme müssen umgehend zum Info-Stand zurückgebracht werden.« Eine Diskussion darüber, ob Fische Schmerz empfinden, endete damit, dass die Organisatoren die Demonstranten baten, keine wissenschaftlichen Artikel in den sozialen Medien zu posten, weil das gegen das Urheberrecht verstoße. Lasst uns die Gesellschaft verändern, aber Vorsicht mit dem Copyright.

Zugegeben, in solchen Momenten kam mir Animal Rebellion schon etwas lachhaft vor. Doch mit etwas Abstand besehen, fand ich das nicht mehr. Die Aktivisten sind davon überzeugt, dass Tiere stärker berücksichtigt werden sollten, weil es ihnen und auch uns zugute kommt. Sie sind nicht verblendet. Sie sind die einzig Weisen unter uns. Ihre Methoden sind vielleicht nicht völlig ausgereift – und der Drang, verhaftet zu werden, erscheint im Licht der *Black Lives*

Matter-Bewegung durchaus befremdlich. Ihre Ansichten über die Jagd teilte ich nicht. Dennoch waren ihre Aktionen so viel besser, als gar nichts zu tun.

In Kolumbien wurde ich häufig von politisch Rechtsstehenden gefragt, warum sich Naturschützer mehr für Tiere als für Menschen interessieren. Das ist blanker Unsinn. Naturschützer haben begriffen, dass Menschen auch Tiere sind – dass auch wir uns an diesen Planeten angepasst haben und dafür sorgen müssen, dass er bewohnbar bleibt. Sie haben erkannt, dass wir eine Verbindung zu anderen Lebewesen haben und es uns traurig macht, wenn sie verschwinden.

Ich habe mich immer wieder bemüht, all das zu erklären, aber eigentlich hätte ich sagen sollen, dass es nicht die Naturschützer sind, die Tiere über Menschen stellen, sondern die Haustierbesitzer. Heutzutage bedeutet die Liebe zu einem Haustier nicht, dass man erkannt hat, dass Menschen auch Tiere sind, sondern vorzugeben, dass Tiere beinahe menschlich sind. Der »Animal Test« hat mich zu der Erkenntnis gebracht, dass wir unsere Gesellschaft radikal verändern müssen. Könnte unsere Beziehung zu Haustieren uns den Weg dazu weisen?

7. Es geht nicht um den Hund

Weil wir Idioten sind, haben wir unsere Verbindung zur Natur verloren, obwohl wir ihr ganz und gar angehören. Alles wird eines Tages zu Ende sein. Was werden wir daraus lernen? Ich bin 83, bald bin ich tot. Wir sterben, weil wir geboren wurden. Das einzige, was im Leben zählt, sind Nahrung und Liebe, in dieser Reihenfolge, und außerdem noch unser kleiner Hund Ruby.
David Hockney

Sei der Mensch, für den dein Hund dich hält.
Unbekannt

»Er ist ungesellig.«

Ich kann verstehen warum. Simba ist ein Corgi in einem schrillen Outfit. Er hat zwei Antennen auf dem Kopf, an denen kleine Footballs befestigt sind. An den Vorderbeinen trägt er Schweißbänder. Man kann wohl davon ausgehen, dass er sich das nicht selbst ausgesucht hat. »Das ist hauptsächlich für die Leute«, fügt seine Besitzerin unnötigerweise hinzu.

Willkommen bei der CorgiCon San Francisco, wo die Hunde lächerlich ausstaffiert und dann alle zusammen an einen Strand geschafft werden. Eigentlich reicht hier auch: Willkommen in Kalifornien.

Mein erster Eindruck von der CorgiCon ist – glorios. Überall um mich herum sind Leute, die sich als Corgis verkleidet haben, und Hunde, die als Menschen verkleidet wurden. Eliza und ich kommen an Corgis vorbei, die als Haifisch, Rettungsschwimmer, Schneemann, Pilot, Cowboypferd mit Reiter, Piñata und Chewbacca aus *Star Wars* kostümiert sind (die letzten beiden sind leicht übergewichtig). Dort drüben ist ein Corgi mit einem Bandana und einem T-Sirt, auf dem zu lesen ist: *Bitches Love Me*. Ein Mann trägt seinen Hund in einem Kindergurt herum.

Mein dreimonatiger Arbeitsaufenthalt in San Francisco war schon halb vorbei. Wenn man Jahre damit verbracht hat, viel zu oft darüber zu schreiben, wie anders Silicon Valley ist, kommt einem dieser Ort ernüchternd normal vor. Bis auf eins: Jeder hier ist verrückt nach Hunden. Marc Benioff, der Gründer der Softwarefirma Salesforce, hat seinen Golden Retriever zum »Leitenden Liebesbeauftragten« befördert. Doch nicht nur Milliardäre sind davon betroffen. Die Amerikaner haben doppelt so häufig einen Hund wie die Franzosen. In Kalifornien sind die Hundebesitzer besonders engagiert, und die CorgiCon ist nur eines von vielen erstaunlichen Phänomenen. So viele Corgis habe ich das letzte Mal auf einem würdigen Foto mit Queen Elizabeth II. gesehen. Jetzt sitzen sie auf einem winzigen Piratenschiff, jeder mit einem Dreispitz auf dem Kopf.

»Muss man sich dafür anstellen?«, fragt eine Frau, die überraschend normal wirkt, wenn man bedenkt, dass sie einen Corgi, der als Clownsfisch verkleidet ist, dabei hat.

»Nein, ich glaube, Sie können ihn einfach dazusetzen«, antwortet eine andere Frau, die anscheinend weiß, worum es geht, was ebenfalls erstaunlich ist.

Der Clownsfisch darf an Bord kommen.

Ein Sandstrand ist nicht die ideale Umgebung für Hunde, deren Beine nicht länger als ein Eis am Stiel sind. Doch seit 2014 findet die CorgiCon zwei mal im Jahr in Ocean Beach direkt am Pazifik statt. »Das sind 35 Hundejahre«, erklärt der Veranstalter. Mittlerweile ist sie zu einer festen Einrichtung geworden und wahrscheinlich das größte Corgi-Festival der Welt, obwohl es in Los Angeles eine Konkurrenzveranstaltung gibt. Auf der CorgiCon-Facebookseite schreibt eine Frau namens Savannah, sie würde extra von Boston aus herfliegen, das 2700 Meilen entfernt ist. Heute sind zum ersten Mal über 1000 Corgis anwesend, und beide Sorten – Pembroke Welsh und Cardigan Welsh – sind vertreten.

Es gibt nicht viel zu tun, außer begeistert von den Hunden zu sein. Paare und Familien sitzen unter Sonnenschirmen. Da kein Leinenzwang besteht, ist das Ganze wie eine Swingerparty für Hunde. Ein Corgi rennt auf eine hundelose Frau zu. »Er hat Sie ausgesucht!«, sagt sein Herrchen erfreut. »Er hat gesagt, diesen Menschen muss ich begrüßen!«

Und Fotos, viele Fotos werden geknipst. Ein paar Menschen haben Schilder dabei, auf denen sie für die Instagram-Accounts ihrer Hunde werben. Ein Mann hantiert mit seinem iPhone und einem Leckerli, um seine Hunde zum Posieren zu animieren. »Wenn wenigstens *einer* in die richtige Richtung gucken würde«, sagt er seufzend zu seinem Partner.

Etwa ein Dutzend Verkaufsstände sind aufgestellt worden. Ein CorgiCon-Anstecker kostet 6 Dollar, zwei Corgi-Weingläser 15 Dollar, eine Baseballkappe mit der Aufschrift *Human* 25 Dollar. Die Schlange ist lang. Neben mir überlegt ein Pärchen, ein Corgi-Kissen zu kaufen, entscheidet sich aber dann dagegen, weil sie bereits eines haben. Man kann Hundesonnenbrillen erstehen, mit einem speziellen Nasenbügel aus Schaumstoff für die Hundenase, und Corgi-Socken – vier für 14 Dollar. Schwer zu glauben, dass Corgis einst furchtlose Hütehunde waren.

Eliza und ich kommen an einem Stand vorbei, an dem »Hundezigarren« und »Hundebier« angeboten werden. Es stellt sich heraus, dass der Stand zu San Franciscos erstem Hunderestaurant gehört, einer ehemaligen Spielhölle, die heute stolz auf ihre *Yappy Hour* und die Ausrichtung von Hundegeburtstagspartys ist.

Gegen ein Uhr mittags versammelt sich die Menge, um zuzusehen, wie die lebhaftesten Corgis sich in einem kleinen Hindernislauf versuchen. Einer der Freiwilligen führt vor, wie der Parcours zu nehmen ist, und imitiert dabei einen Hund. »Der ist ja gar kein Corgi!«, ruft ein Jugendlicher. »Ich fasse es nicht, dass wir überhaupt hier sind«, lacht sein Freund, der in einem Land mit liberaleren Alkoholgesetzen betrunken in einer Bar sitzen würde.

Außenseiter sind bei der CorgiCon willkommen; sie sind sogar unverzichtbar. Ein Beagle ist mit einem Pappschild ausgestattet worden, auf dem *In-CORGI-nito* steht. Er wirkt unbeeindruckt. »Er ist mit zwei Corgis aufgewachsen«, erklärt der Besitzer. »Daher denkt er, er sei auch einer.« Ein paar Französische Bulldoggen, eine graue und eine sandfarbene, begrüßen sich fast zu enthusiastisch – wie zwei Staatsoberhäupter auf dem G20-Gipfel, die so tun, als würden sie sich mögen. Sie stellen sich auf die Hinterbeine und umarmen sich beinahe gegenseitig. Es ist nicht abschließend geklärt, ob Corgis am liebsten mit anderen Corgis zusammen sind. Aber mir kommt es so vor, als wären Corgi-Besitzer am liebsten mit ihresgleichen zusammen.

Ich schiebe Eliza in ihrem Buggy – der noch schlechter als die Corgis für eine Fortbewegung im Sand geeignet ist – über den Strand, und wir kommen mit einer Seniorin namens Cathy und ihrem Corgi Penny ins Gespräch – eigentlich Penelope, oder noch eigentlicher *Lady* Penelope. Lady Penelope ist arthritisch, aber sie hat ihren Tag auf der CorgiCon anscheinend genossen. »Sie kommt wegen der Menschen. Sie liebt Menschen.« Wir unterhalten uns über Politik und über England, aber hauptsächlich über Hunde, denn jeder liebt doch Hunde, oder?

Zuerst kam es mir etwas merkwürdig vor, Haustiere ernst zu nehmen: Sind sie nicht nur niedliche Ablenkungen von der realen Welt? Was haben sie mit Missständen wie Schlachthöfen und Entwaldung zu tun? Doch Haustiere spielen eine wichtige Rolle. Was unsere Haltung gegenüber Tieren betrifft, stellen sie die Ausnahme dar. Wir verdrängen die Schlachthöfe. Wir schieben es auf, die Zerstörung der Wälder und Korallenriffe zu stoppen, von denen Wildtiere abhängig sind.

Doch wenn es um domestizierte Hunde und Katzen geht, sind wir jederzeit ansprechbar. Sie strafen die Nutztierindustrie Lügen, die behauptet, dass Tiere nur Tiere seien und minimale Bedürfnisse hätten. Sie verdeutlichen außerdem, was geschieht, wenn wir Tiere zu sehr lieben. Die alten Ägypter behandelten Katzen wie Götter; wir treiben es sogar noch weiter. Virginia Woolf äußerte die Vermutung, dass die Liebe zu Hunden etwas typisch Weibliches sei. Ich habe mehr Männer beim Aufsammeln von Hundekot als beim Windeln wechseln gesehen.

Es ist noch nicht sehr lange her, dass alte Hunde erschossen und überzählige Katzenjunge ertränkt wurden. Erst vor kurzem sind einige Tiere – wie Kaninchen, Schweine und Ratten – als vollwertige Haustiere anerkannt worden. Kultur und Tradition, die verhindern, dass wir unsere Haltung zum Konsum von Fleisch, Milchprodukten und vielem anderen verändern, sind nicht in Stein gemeißelt.

Folgt daraus, dass unsere Kameradschaft mit Haustieren ein Modell dafür ist, wie wir mit anderen Lebewesen umgehen sollen? Auf der CorgiCon hatte ich das Gefühl, ich würde meiner ältesten Tochter vorführen, wie eine unbeschwerte Koexistenz zwischen Menschen und anderen Tieren aussehen könnte. Wir haben eine Kategorie von Tieren geschaffen, deren Wert emotional, nicht ökonomisch ist. Wir passen unsere Bedürfnisse aneinander an und öffnen so die Tür zu einem tieferen, harmonischeren Miteinander. Das ist die Theorie. Ist sie zu gut, um wahr zu sein?

❖

Die Beziehung zwischen Menschen und Hunden reicht mindestens 15000 Jahre zurück, vermutlich aber bis zu 40000 Jahren. Aus dieser Zeit stammen die ersten archäologische Artefakte, die belegen, dass Wölfe an der Seite von Menschen lebten. Archäologen haben lange darüber gestritten, ob wir die Wölfe, oder die Wölfe uns domestiziert haben. Haben unsere Vorfahren Wölfe eingefangen und gezüchtet, indem sie die aggressiveren Jungen töteten, damit sie uns bei der Jagd halfen und uns Gesellschaft leisteten? Oder haben die Wölfe sich in die menschlichen Gemeinschaften eingeschlichen, weil sie die Sicherheit und die Nahrung zu schätzen wussten, die wir zu bieten hatten? Einer Theorie zufolge haben die Wölfe sich zunächst von menschlichen Exkrementen ernährt. Das erscheint plausibel. Katzen ließen sich bei den Menschen nieder, nachdem diese mit dem Ackerbau begonnen hatten, vermutlich weil die Kornfelder ganze Kolonien von Nagetieren anzogen. Dieser Prozess wird oft als Selbstdomestizierung beschrieben, doch der Archäologe Greger Larson von der Oxford University sagt, etwas derartiges gebe es nicht. Domestizierung ist eine Folge von *Push and Pull*-Faktoren, bei der zwei Spezies allmählich lernen, sich aufeinander zu verlassen. Anders gesagt, Menschen, Katzen und Hunde wurden nicht in diese Beziehung gezwungen, sie konnten allerdings auch nicht absehen, wohin sie führen würde.

Manche vertreten die Ansicht, dass wir gar keine Tiere halten sollten. Der amerikanische Juraprofessor Gary Francione und seine Partnerin haben mehrere Rettungshunde adoptiert, die sie sehr lieben. Doch Francione würde es vorziehen, dass diese Hunde gar nicht existierten. Er sagt: »So gerne ich auch mit Hunden lebe, wenn diese zwei die letzten Exemplare auf der Welt wären, dann wäre ich nicht dafür, dass sie sich fortpflanzen, um mehr Haustiere zu haben, weil wir damit ihren Status als Besitztum weiterhin festigen würden.«

Franciones radikales Argument besteht darin, dass Tiere das Recht auf ein freies Leben außerhalb unserer Kontrolle haben. Konkret heißt das: Hunde wurden »für eine Welt geschaffen, in die sie einfach nicht hineinpassen.« Und wie gut wir sie auch behandeln, wir können ihre Bedürfnisse nicht erfüllen. Dieser Standpunkt ist verblüffend, wenn man bedenkt, welche Mühe sich die meisten Haustierhalter geben, um ihre Tiere glücklich zu machen.

George Orwell, der selbst einen Pudel namens Marx besaß, war der Ansicht, Tierliebe sei eine typisch englische Marotte. Er konnte sich nicht erklären, warum seine Landsleute, die in der Nachkriegszeit zwischen Trümmern lebten und auf Essensrationen angewiesen waren, überhaupt Geld für Hunde und Katzen ausgaben. Die »übertriebene Tierliebe zieht sich durch die gesamte Nation und hängt vermutlich mit dem Niedergang der Landwirtschaft und der sinkenden Geburtenrate zusammen«, beklagte Orwell 1947. Dem Zweiten Weltkrieg waren auch unzählige Haustiere zum Opfer gefallen: Allein in London wurden im September 1939 400000 Hunde und Katzen, ein Viertel der Gesamtpopulation, innerhalb einer Woche von ihren Besitzern getötet, die sich auf harte Zeiten einstellen mussten. In den folgenden Kriegsjahren wussten die Menschen die Gesellschaft der übrig gebliebenen Tiere vermutlich mehr denn je zu schätzen.

Heute würde Orwell feststellen, dass die übertriebene Tierliebe global geworden ist (und man sich vor allem deshalb an ihn erinnert, weil er eine menschliche Geschichte mit tierischen Protagonisten erzählt hat). In Großbritannien besitzt die Hälfte der Haushalte mindestens ein Haustier. In den USA ist der Anteil sogar noch größer – es ist in den letzten Jahrzehnten auf zwei Drittel angestiegen, laut der American Pet Products Association. Hunde, Katzen, Vögel, und Fische mitgezählt, kommen auf drei Menschen zwei Haustiere.

Es geht nicht nur darum, wie viele Haustiere wir halten; es geht auch darum, wie viel Geld, Zeit und emotionale Energie wir investieren. Das betrifft auch mich selbst. Fast die Hälfte der Fotos auf meinem Handy sind von meiner Katze Crumble, oder waren es zumindest bis zur Geburt meiner Töchter. Fast die Hälfte meiner Abende auf dem Sofa enden damit, dass sie mir über der Schulter hängt. Während ich dies schreibe, liegt sie zwischen meinen Armen, und ich fühle mich jedes Mal schuldig, wenn ich beim Tippen gegen ihre Beine stoße. Ich muss mir ständig klarmachen, dass meine Freunde sich nicht so sehr für meine Katze interessieren wie ich selbst, und ich bin fast so weit, es ihnen nachzusehen.

Für die meisten Haustierhalter sind die Tage vorbei, an denen man einen Hund über Nacht draußen lässt oder während einer zwölfstündigen Autofahrt auf dem Dachgepäckträger festschnallt – wozu sich der ehemalige Präsidentschaftskandidat Mitt Romney erstaunlicherweise bekannte. Manche Leute lassen ihre kranken Tiere mit den neuesten medizinischen Verfahren behandeln, von Chemotherapie bis zu Titanprothesen. DNS-Tests für Hunde kosten 200 Dollar und verraten Ihnen die Abstammung ihres Hundes, obgleich der Test selbst fragwürdig ist. Japanische Architekten haben mit Hundebauten experimentiert, darunter eine zusammenklappbare Holzrampe, die es einem Dackel erlaubt, auf ein Podest zu klettern und neben seinen Menschen ein Sonnenbad zu nehmen.

Gelegentlich kommt es einem so vor, als ob alle Neuerungen, von denen die Menschen profitieren, schließlich auch den Haustieren zur Verfügung gestellt werden. 1995 hat ein ehemaliger Werbekaufmann namens Greg Miller aus Missouri ein Produkt namens *Neuticles* auf den Markt gebracht – künstliche Hoden, mit deren Hilfe kastrierte Hunden und Katzen ihr Selbstwertgefühl wiedererlangen können, wie er behauptet. Diese Silikonimplantate kosten 499 US-Dollar pro Paar oder 689 US-Dollar für eine exakte Kopie (das Einsetzen nicht mit eingerechnet), und die Firma behauptet, zögerliche Haustierhalter würden ohne dieses Produkt niemals einwilligen, ihre Tiere kastrieren zu lassen. Neuticles sind in einigen Ländern erfolgreich verboten worden, auch in Großbritannien, wo das Veterinäramt entschied, dass sie keinerlei Nutzen für die Tiere hätten und daher unethisch seien. Miller verkauft außerdem Fleckentferner für »Hundeunterwäsche« und Implantate, mit denen Hundeohren aufgerichtet werden können. Gelobt sei Amerika, und der Spätkapitalismus. Miller ist nach eigener Aussage Millionär.

Trouble wurde 2007 Millionär, eine unübliche Erfahrung für einen Malteser. Der Hund fuhr in einer Stretch-Limousine herum und wurde von Sicherheitsleuten bewacht, um ihn vor einer Entführung zu schützen. Die Kosten dafür beliefen sich auf 100000 US-Dollar im Jahr. Trouble hatte sein Vermögen von der New Yorker Immobilienkönigin Leona Helmsley geerbt, auch bekannt als *Queen of Mean* – die Königin der Gemeinheit. In ihrem Testament bedachte sie ihren Schoßhund mit 12 Millionen US-Dollar, ihre Familie ging leer aus.

Nach einem langwierigen Rechtsstreit befand ein Richter schließlich, das sei zu viel des Guten gewesen, und setzte die Summe auf läppische 2 Millionen herab.

Menschen hielten Haustiere, bevor sie Viehzucht betrieben, und wohlhabende Europäer hatten bereits im Mittelalter Haustiere, doch die massenhafte Haustierhaltung, wie wir sie heute kennen, kam erst im 19. Jahrhundert auf. Damals entstanden zahlreiche Neuzüchtungen, und man entwickelte spezielles Hundefutter. Unsere Liebe zu Hunden reicht länger zurück als unser wissenschaftliches Interesse an ihrer Intelligenz – erst in den letzten zwanzig Jahren haben Forscher ernsthaft untersucht, wie Hunde denken. Orwell hatte recht: Es kann kein Zufall sein, dass die Europäer und Amerikaner sich Haustiere zulegten, als sie in die Städte zogen und das Landleben hinter sich ließen – sie wollten den Kontakt zur Tierwelt nicht verlieren. In ländlichen Gegenden fällt es leichter, Hunde und Katzen als Teil einer ökonomischen Realität anzusehen. In einem Dorf im Nordwesten von Kolumbien haben ich gesehen, wie eine Frau ihre Katze mit der Machete zerhackte, weil die Katze eines ihrer Hühner getötet hatte. Für die Frau war es eine einfache Entscheidung; für den Amerikaner, mit dem ich unterwegs war, eines der schlimmsten Erlebnisse seines Lebens. Die Gewohnheit, Tiere zu halten, ist weit verbreitet. Wenn die Matsigenka, ein Stamm aus der Amazonasregion, Tiere jagen, adoptieren sie deren Junge als Haustiere. Wenn die Jungen ausgewachsen sind, dürfen sie in den Wald zurückkehren, aber die Matsigenka meiden sie fortan bei der Jagd. Wenn ein Tier erst einmal zu einem geliebten Haustier geworden ist, gibt es kein Zurück mehr.

Eines der erstaunlichsten Beispiele dafür, welche Wirkung Hunde haben können, spielte sich in Alaska ab. Eine laktierende Wölfin bekam vier Wolfsjunge und vier Malamutjunge zur Aufzucht. Sie verbrachte mehr Zeit damit, mit den Malamutjungen zu spielen und sie sauberzulecken und zeigte mehr Anzeichen von Stress, wenn eines von ihnen fehlte, als bei den Wolfsjungen. Selbst Wölfe finden, dass Hundewelpen niedlicher sind.

Manche sagen, Haustiere unterscheiden sich von anderen domestizierten Tieren vor allem dadurch, dass sie keinen praktischen Nutzen haben. Das trifft nicht ganz zu. Wir erwarten schon eine Gegenleistung – die Haustierhaltung ist kein reiner Altruismus gegenüber Tieren. Viele Menschen glauben, dass sie davon profitieren, ein Tier zu halten. Wenn Hunde und Katzen die Patentlösung wären, um die eigene seelische und körperliche Gesundheit zu erhalten, wären die damit verbundenen Kosten durchaus gerechtfertigt. Hundebesitzer gehen regelmäßig spazieren: Kalifornier mit Hund durchschnittlich 19 Minuten länger als diejenigen ohne Hund. Hundebesitzer entwickeln seltener eine Herzkrankheit, daher leben sie vermutlich länger. In den USA geben 36 Prozent der Haushalte mit Hund an, sehr glücklich zu sein, doppelt so viele wie die Haushalte mit Katze (doch nur wenig mehr als diejenigen ohne Haustier). Es wäre fahrlässig, wenn die Forscher sagen würden, man sollte sich aus Gesundheitsgründen einen Hund zulegen, dennoch sind viele Menschen dieser Ansicht. Doch es ist nicht ganz so einfach. Die Soziologin Leslie Irvine hat herausgefunden, dass die Obdachlosen in San Francisco seltener Straftaten begingen, wenn sie einen Hund hatten – gleichzeitig konsumierten sie mehr Alkohol und fanden es schwieriger, eine passende Unterkunft zu finden. Selbst Servicetiere, meistens ausgebildete Hunde, erweisen sich nicht immer als nützlich; sie haben zwar eine psychologische Wirkung, doch die Halter müssen lernen, mit ihnen umzugehen, ebenso wie mit der häufig ungewollten Aufmerksamkeit, die sie in der Öffentlichkeit erregen. Deshalb hat das US-Ministerium für Veteranenangelegenheiten beschlossen, sie den Kriegsveteranen nicht mehr anzubieten, obwohl Donald Trumps Schwiegertochter sich dafür einsetzte.

Mit dem Air Carrier Access Act von 1986 haben die USA eine rechtliche Kategorie für Servicetiere geschaffen, die es Menschen mit psychischen oder physischen Beeinträchtigungen einfacher macht, ein Flugzeug zu besteigen. Tierhalter begrüßten dieses Gesetz – und missbrauchten es sogleich, um ihre Hunde, Zwergponys und Affen umsonst mit an Bord zu nehmen. Berichten zufolge hat ein 300 Pfund schweres Hängebauchschwein namens Charlotte »nicht nur den Stress seines Halters gemildert, sondern noch einiges mehr hinterlassen«, als es erster Klasse von Philadelphia nach Seattle flog. Doch alle Versuche, die Tierhalter daran zu hindern, die Vorschriften zu umgehen, erwiesen sich als wenig erfolgreich. Eine neue Kategorie von emotional unterstützenden Tieren wurde eingeführt. Nach mehreren Attacken und Pinkelvorfällen verlangt die Fluggesellschaft Delta seit 2020, dass die Passagiere mit einer Bescheinigung für das Benehmen ihres Servicetiers bürgen. Die Fluggesellschaft stellte außerdem klar, dass Truthähne und Opossums nicht als qualifizierte Servicetiere durchgehen würden. Ist es wirklich nötig, ein Tier einer so belastenden Situation in einer fremden Umgebung auszusetzen, um das Stresslevel eines Menschen etwas abzusenken, was womöglich ebenso gut mit einem Stofftier erreicht werden könnte? Manche Fluggesellschaften, darunter auch Delta, lassen mittlerweile nur noch ausgewiesene Servicehunde an Bord.

Wir können uns komplizierte Erklärungen ausdenken, dabei ist es schlicht und einfach so, dass wir gern mit Tieren zusammen sind. Im 19. Jahrhundert kauften Eltern ihren Kindern Tiere, um sie – besonders die Jungen – dazu zu erziehen, sich anderen gegenüber nicht unbarmherzig zu verhalten. Als ich ein Junge war, kauften Eltern ihren Kindern Tiere, um ihnen etwas über den Tod beizubringen. Das kam mir schon immer unsinnig vor, denn Haustiere bedeuten uns so viel. Die neuseeländische Musikerin Lourde war so untröstlich, als ihr Hund Pearl gestorben war, dass sie die Veröffentlichung ihres neuen Albums verschob. »Er war der Auslöser für die Entdeckungen, die ich gemacht habe«, erklärte sie und fügte hinzu, der Verlust »sei unbeschreiblich schmerzlich«. Wir vermenschlichen unsere Hunde, und sie machen uns menschlicher.

Ist unsere Gesellschaft ungeeignet, um die Bedürfnisse von Haustieren zu erfüllen? Wenn die Wölfe vor 40000 Jahren gewusst hätten, auf was sie sich einließen, wären sie dann der Meinung gewesen, dass Domestizierung eine gute Idee sei?

In London, wo ich aufgewachsen bin, gehörten Haustiere zum Privatleben – sie waren so etwas wie eine emotionale Achillesferse, die man erst entdeckte, wenn man jemanden zuhause besuchte. In San Francisco sieht man Hunde nicht als etwas infantile Privatsache an. Sie sind Teil der Person, die man der Öffentlichkeit präsentiert. Das Wetter und die freie Natur tragen dazu bei. Je öfter man seinen Hund mitnimmt – anstatt ihn zu Hause auf dem Flachdach zu lassen, um potenzielle Einbrecher zu verbellen –, desto wichtiger ist es, dass er das eigene Image unterstreicht. Ein Hund wird zu einer weiteren Gelegenheit, anderen zu zeigen, wer man wirklich ist. Und im Gegensatz zu Kindern kann man sich seinen Hund selbst aussuchen. Natürlich ist das einfacher für Leute mit verfügbarem Einkommen, die ihrer Persönlichkeit bereits Ausdruck verleihen konnten, indem sie sich Klamotten, Autos und sinnlose, süchtig machende Schrittzähler zugelegt haben.

Die Kalifornier haben erstaunliche Anstrengungen unternommen, um Hunde in ihr Leben zu integrieren. Sie planen ihre Wochenenden um ihren Hund herum – und gehen auf einen *Puppuccino* zu Starbuck's, ein grässlicher Werbename für Schlagsahne in einem Pappbecher. »Ich habe keine Kinder, also sind sie meine Kinder. Und wir nehmen sie mit auf einen Puppuccino und eine Hunde-Eiswaffel«, erklärte mir die Tierärztin Wailani Sung. (Ein Latte mit Kürbisgeschmack ist ebenfalls eine Option.) Kalifornier beschreiben sich selbst als »Hundemama« oder »Hundepapa« auf Twitter. Sie posieren mit ihren Lieblingen auf Instagram und Facebook. Die Anforderungen der sozialen Medien haben ganze Produktreihen ins Leben gerufen: Bei Amazon kann man eine kaufeste Hunde-Spielzeugtasche von Louis Vuitton kaufen – »die Handtasche, die jede Frau sich für ihren Liebling wünscht, um sich seinen (oder ihren) Followern stylisch zu präsentieren.« (Für die, die das Original vorziehen, bietet Vuitton Hundetragetaschen für 3050 US-Dollar an.) Haustiere sind nicht nur zu einem Vehikel für derartige Profanitäten geworden, sondern auch für die Politik. Nachdem George Floyd in Minneapolis ermordet wurde, bekam ich einen Newsletter von einigen Hundefans, der den »acht bis zehn Hunden gewidmet [war], die sich auf Instagram zu *Black Lives Matter* bekannt haben«. Es scheint, dass unsere Haustiere, wie die Dämonen in Philip Pullmans Trilogie *His Dark Materials*, unser wahres Ich repräsentieren.

Einige Tinder-Benutzer in Kalifornien, die keine eigenen Haustiere besitzen, wurden dabei erwischt, wie sie mit anderer Leute Hunden posiert haben, um ihre Profilbilder ansprechender zu machen. Diese Taktik, auch *dogfishing* genannt, ist betrügerisch. Aber auch nachvollziehbar. Wie das Jagen ist auch das Halten von Haustieren eine Möglichkeit, sich potenziellen Partnern zu empfehlen. Der britische Biologe John Bradshaw, der das Verhalten von Katzen und Hunden untersucht, vertritt die Theorie, dass unsere Vorliebe für Haustiere einige tausend Jahre zurückreicht, als man annahm, dass ein junges Mädchen, das ein Tier versorgen konnte, auch für die Kinderaufzucht geeignet war. Die Mädchen, die eine entsprechende genetische Anlage hatten, wurden eher als Braut ausgesucht, was eine Erklärung dafür sein könnte, warum Frauen mehr Sympathie für Tiere aufbringen als Männer. Heute ist es etwas komplizierter. Rückblickend fällt mir auf, dass ich mich, sobald ich eine Freundin hatte, mehr für Katzen und Pandas interessierte. Heute sind wir verheiratet. (Glücklicherweise war Susie die eigentliche Katzenfreundin: Eine Studie der Colorado State University belegt, dass Männer auf Fotos, die sie mit einer Katze auf dem Arm zeigten, von Frauen eher als neurotisch, verschlossen und weniger beziehungsgeeignet eingeschätzt wurden.) Einen Hund zu besitzen, ist zu einem Symbol für Normalität und Menschlichkeit geworden. »Trump ist seit über einem Jahrhundert der erste Präsident im Weißen Haus, der keinen Hund besitzt«, hieß es in einem Pro-Biden-Spot von 2020. »Sucht euch eure Halter sorgfältig aus.«

Mittlerweile ist Silicon Valley mit seinen Herden von jungen Software-Ingenieuren zu einem Vorreiter für Hunde am Arbeitsplatz geworden. Google verkündete, dass Liebe zu Hunden ein »integraler

Bestandteil unserer Unternehmenskultur« sei, und forderte seine Angestellten auf, ihre Tiere mitzubringen. Zahlreiche andere Tech-Firmen folgten diesem Beispiel. Katzenhalter hatten weniger Glück. Google erklärte: »Wir mögen Katzen, aber wir sind eine Hundefirma, deshalb würden die Katzen sich in unseren Büros sicherlich nicht wohlfühlen.« Wenn seither keine Klage wegen Diskriminierung eingegangen ist, dann nur, weil die Anwälte sich nicht genug Mühe gegeben haben.

Meine eigene Erfahrung mit Hunden im Büro hat gezeigt, dass ihre Halter viel Zeit damit verbringen, sich um ihre Tiere zu kümmern, anstatt um ihre Kollegen. Elizabeth Holmes, die das gescheiterte Medizin-Start-up Theranos gegründet hat, wollte ihren Husky einsetzen, um ihre Mitarbeiter zu motivieren –, die ärgerten sich stattdessen darüber, dass er überall im Labor seine Haare hinterließ. Wie *Vanity Fair* wusste, »verrichtete der Hund sein Geschäft überall im Firmengebäude«, dennoch ist es unwahrscheinlich, dass der arme Hund schuld an den technischen Problemen von Theranos war. Im Großen und Ganzen sind Mitarbeiter kooperativer und aufmerksamer, wenn Hunde anwesend sind. Einige weitsichtige Firmen, wie die schottische Brauerei BrewDog, bieten ihren Angestellten eine Woche »Hundezeit« an, wenn sie sich ein Tier zulegen.

Kurz bevor ich nach San Francisco kam, wurde die Stadt von einer »innovativen Hundeerfahrung« heimgesucht. Die Firma Doggy Style Inc. verkündete: »In einer Stadt, in der mehr Hunde als Kinder leben, sind sie für viele von uns wie unsere Kinder.« Die Vorteile eines Privatclubs sollten mit einer liebevollen und komfortablen Hundetagesstätte verbunden werden. Mitglieder konnten sich in einer Boutique und einer Galerie umsehen, während ihre Hunde sich mit Freunden vergnügten. Die Premium-Mitgliedschaft kostete bis zu 25 500 US-Dollar jährlich – mehr als das kalifornische Mindesteinkommen. Im Gegenzug erhielten die Kunden eine Geburtstagsparty für bis zu zwölf Hunden und ein Wandgemälde ihres Hundes, gemalt von einem örtlichen Künstler. Doggy Style Inc. wurde von denjenigen, die darin zutreffenderweise ein weiteres Symptom für den Irrsinn der Gentrifizierung sahen, mit lautstarker Empörung empfangen. Es war Ausdruck des eklatanten sozialen Ungleichgewichts in einer Stadt, in der 8000 Menschen auf der Straße oder in Obdachlosenunterkünften schlafen. Als das Jahr zu Ende ging, gaben die Gründer von Doggy Style Inc. bekannt, dass sie gerade dabei seien, ihr »Businesskonzept neu zu definieren« – Silicon-Valley-Dialekt für finanzielles Desaster.

Meiner Ansicht nach war Doggy Style Inc. einfach seiner Zeit voraus – denn die grundlegende Diagnose, dass die Sozialleben von Hunden und ihren Menschen immer mehr verschmelzen, ist zutreffend. Wenn man in San Francisco den Eindruck gewinnt, es gebe dort mehr »Hunde müssen draußen bleiben«-Schilder als anderswo, dann liegt es vermutlich daran, dass sonst jeder seinen Hund überallhin mitbringen würde. In Kalifornien gibt es eine ganze Reihe von Events, die ohne die Tiere gar nicht existieren würden, wie die World Dog Surfing Championships, die World Ugliest Dog Competition (die den Tourismus in den Weingebieten fördern soll), und Splash Dogs, ein nicht ganz ernst gemeinter Wettbewerb, bei dem die Hunde aus möglichst weiter Entfernung in ein Wasserbecken springen (und der die jährliche Landesmesse in Sacramento bewerben soll).

Stellen wir uns vor, wie es wäre, wenn unsere Zuneigung zu anderen Spezies uns dazu bringen würde, auch für sie derartig viel Geld zu investieren.

❖

Sie sind also noch niemals beim Hundesurfen oder bei der CorgiCon gewesen. Sie haben Ihren Hund nie in eine Luxus-Hundetagesstätte gebracht oder ihn auch nur ins Büro mitgenommen. Ihr Liebling hat noch nicht mal einen Instagram-Account, und er steht auch nicht in Ihrem Testament. Sie sind also nur ein ganz normaler Hundebesitzer. Und daran ist nichts Merkwürdiges, oder?

An diesem Punkt fing ich an, mich zu wundern. Ich war davon ausgegangen, dass die Haustierhaltung so etwas wie ein Rettungsboot ist, dass uns der Tierwelt im Allgemeinen näherbringt. Stattdessen wies alles darauf hin, dass wir längst über Bord gefallen sind.

In einer Studie haben Forscher einen fiktiven Zeitungsartikel in vier Versionen verfasst, in dem es um häusliche Gewalt ging. Diese unterschieden sich nur in einem Punkt: Das Opfer war entweder ein Kleinkind, ein Welpe, ein ausgewachsener Hund oder ein Mensch. Dann gaben sie die Artikel Studienanfängern zu lesen, die anschließend sagen sollten, wie viel Mitgefühl sie mit dem jeweiligen Opfer hatten. Das Kleinkind und der Welpe bekamen das meiste Mitgefühl, gefolgt von dem ausgewachsenen Hund. Der erwachsene Mensch landete auf dem letzten Platz. Eigentlich freue ich mich jedes Mal, wenn die Artenbarriere durchbrochen wird, doch in diesem Fall kam ich etwas ins Zweifeln. Vermutlich lässt sich das Ergebnis damit erklären, dass wir denken, Erwachsene sollten dazu in der Lage sein, sich selbst zu verteidigen. Aber es wirkt doch befremdlich, wenn wir eine andere Spezies unser eigenen vorziehen.

Ein Viertel der Hundebesitzer sagt, Hunde seien schlauer als die meisten Menschen. Um es höflich auszudrücken: Diese Einschätzung wird von aktuellen wissenschaftlichen Befunden nicht unterstützt. Während wir die meisten Tiere unterschätzen, neigen wir gleichzeitig dazu, die emotionale Intelligenz von Hunden zu überschätzen. Hunde haben vermutlich keine Schuldgefühle, auch wenn wir uns das einbilden, sagt Alexandra Horowitz, die die Forschungsabteilung für Hund-Mensch-Beziehungen an der Columbia University leitet. Von Haustieren scheinen wir mehr zu erwarten als von unseren Mitmenschen. Freunde entfremden sich, Partnerschaften gehen auseinander. Haustiere werden uns nie im Stich lassen, zumindest nicht in unserer Fantasie.

Dann ist da noch das Geld. Amerikaner geben 95 Milliarden US-Dollar jährlich für ihre Haustiere aus – im Durchschnitt 1000 US-Dollar pro Haushalt. Das ist doppelt so viel wie für Entwicklungshilfe ausgegeben wird, achtmal so viel wie für Natur- und Tierschutzorganisationen, und siebenmal so viel wie für die Präsidentschaftskampagne und die Kongresswahl 2020. (Ich habe schon immer geahnt, dass die amerikanische Politik unterfinanziert ist.) Pro Kopf ist es ein Vielfaches von dem, was die Briten, die an nächster Stelle kommen, für ihre Haustiere ausgeben.

Zahlt sich das für die Hunde aus? Studien belegen, dass Hunde – vor allem diejenigen, die schon von klein auf mit Menschen zusammenleben – von menschlicher Gesellschaft profitieren können. Sie haben gelernt, sich auf die Menschen zu verlassen, die Entscheidungen für sie treffen. Wenn ein Mensch ihnen einen Hinweis gibt, wo ein Objekt versteckt sein könnte, dann folgen sie meistens diesem Hinweis, anstatt sich selbst auf die Suche zu machen. Je stärker die Bindung eines Hundes an seinen Menschen ist, desto weniger ist er dazu in der Lage, ein Problem selbst zu lösen.

Es existiert demnach eine Partnerschaft zwischen Hunden und ihren Besitzern. Doch die Nebeneffekte sind weitreichend. Auch die Herkunft des Hundes spielt eine Rolle. In den USA gibt es aktuell etwa 200000 Zuchthunde, die zwei Millionen Welpen im Jahr werfen. Verdeckte Ermittlungen in Hundezuchtbetrieben haben ergeben, dass Infektionen und Diarrhö weitverbreitet sind, und die tierärztliche Versorgung häufig mangelhaft ist. Die Welpen werden oft über lange Strecken in Lastern zu den Verkaufsstellen transportiert. Züchter behaupten, anders ließe sich die starke Nachfrage nicht bedienen. Mittlerweile werden in Tierheimen 670000 Hunde im Jahr eingeschläfert, viele von ihnen nur deshalb, weil sich kein neues Zuhause für sie findet. Menschen und Hunde sind nicht wie die wildlebenden Arten, die eine Symbiose eingehen und sich gegenseitig helfen, aber unabhängig voneinander leben. Wir haben ihnen gegenüber eine Verpflichtung, die wir einlösen müssen.

Die Hundezucht ist das heikelste Kapitel in dieser obsessiven Beziehungsgeschichte. Die Leute kaufen oft Zuchtwelpen, weil sie eine feste Vorstellung davon haben, wie ein guter Hund aussehen sollte.

Dank der Einmischung des Menschen gibt es keine andere Spezies, von der derart viele Unterarten existieren, wie den *Canis lupus familiaris*. Die Hundezucht diente eigentlich der Ausbildung praktischer Fähigkeiten – wie Jagen, Schafe hüten, Rennen laufen und vieles mehr. In der Viktorianischen Epoche begann man Hunde weniger wegen ihrer Fähigkeiten als wegen ihres Aussehens zu schätzen. Ein alter Witz lautet, ein Kamel sei ein Pferd, das ein Komitee entworfen hat. Die heute existierenden Hunde wurden von Komitees von Hundefreunden geschaffen, die nicht wussten, was sie damit anrichteten. Die Resultate waren so bemerkenswert, dass sie Francis Galton, einen Vetter von Charles Darwin und Mitbegründer der Euthanasie, zu der Frage anregten, ob man dasselbe nicht auch mit Menschen versuchen sollte. Wenn man Hunde und Pferde zu einem bestimmten Zweck züchten könne, sei es »doch auch machbar, eine hochbegabte menschliche Rasse hervorzubringen, und zwar durch eine vernünftige Heiratspolitik über mehrere Generationen hinweg«, schlug er 1869 vor. Wenn man bedenkt, wie erschreckend wir dieses Liebäugeln mit der Eugenik heute finden, ist es befremdlich, dass wir kein Problem mit der Hundezucht haben.

Heute brauchen wir keine Hunde mehr, die besondere praktische Fähigkeiten haben, und die meisten Hundebesitzer haben kein Interesse an Wettbewerben. Die Windhundrennen, die noch 1970 der Sport mit den meisten Zuschauerzahlen in Florida waren, sind unlängst eingestellt worden. Die Windhunde wurden in engen Käfigen gehalten, zogen sich bei den Rennen Verletzungen zu und wurden häufig eingeschläfert, wenn sie in die Jahre kamen. In Großbritannien besuchten im Jahr 1945 insgesamt 50 Millionen Menschen die Windhundrennen; vor der Pandemie waren es nur noch knapp eine Million. Alle Rennbahnen in London wurden geschlossen; die bei uns um die Ecke ist heute ein Supermarkt-Parkplatz. In Emeryville, auf der anderen Seite der San Francisco Bay, wo das erste Windhundrennen mit einem mechanischen Hasen stattfand, befindet sich heute der Hauptsitz von Peet's Coffee. Zwei Blocks weiter sind die Pixar

Studios, die die Hunde kreiert haben, die wir gerne sehen wollen. Ich wäre nicht überrascht, wenn die Pferderennen auf ähnliche Weise verschwinden würden, denn immer mehr Menschen finden es nicht länger tragbar, dass die Tiere sich die Beine brechen und eingeschläfert werden müssen. Sobald wir aufhören, Tiere zu unserer Unterhaltung einzusetzen, bei Rennen oder im Zirkus, können wir sie wieder mehr um ihrer selbst willen schätzen.

Doch von Hunden verlangen wir weiterhin, dass sie bestimmten ästhetischen Vorgaben entsprechen, und deshalb züchten wir weiterhin Sorten, die nicht gesund sind. Je mehr wir uns mit unseren Haustieren identifizieren, desto mehr mäkeln wir an ihrem Aussehen herum. Wie der viktorianische Gentleman wollen wir, dass sie etwas über uns aussagen. Wir wollen uns im Glanz des kräftigen Pittbulls oder des niedlichen Chihuahuas sonnen. Diese Liebe ist nicht echt, weil wir dabei nicht an das Wohlbefinden des Tiers denken, sondern nur an uns selbst.

Meine Beziehung zu Hunden begann, als ich zwei Jahre alt war. Damals legte sich meine Familie einen Norfolk-Terrier zu. Ich liebte ihn sehr und denke heute noch voller Zuneigung an ihn zurück, denn er ist der Urheber eines meiner besten Passwörter. (Deshalb muss er hier anonym bleiben.) Als er in die mittleren Jahre kam, fiel ihm das Gehen schwer, und es war offensichtlich, dass er nur ungern die Treppe benutzte. Das war kein Zufall: Laut der US-amerikanischen Orthopedic Foundation for Animals, die die Gesundheit von Hunden dokumentiert, hat einer von drei Norfolk-Terriern fehlgebildete Hüftknochen. Deshalb sind diese Hunde anfällig für eine Osteoarthritis, die Schmerzen beim Gehen verursacht. Norfolk-Terrier haben außerdem häufig ein Wackelknie. Damals schien mir die schlechte Gesundheit meines Hundes nur ein unglücklicher Zufall zu sein. Aber wenn ich heute darüber nachdenke, welche Schmerzen er erleiden musste, werde ich zornig – auf den Züchter, der ihn uns verkauft hat, und all die anderen Züchter vor ihm, und die gesellschaftlichen Normen, die diese Form der Züchtung akzeptabel gemacht haben.

Warum haben meine Eltern, oder all die anderen Käufer von Norfolk-Terriern, sich nicht besser informiert?

Zunächst wollte ich diese Kindheitserfahrung beiseite lassen: Norfolk-Terrier sind nicht besonders verbreitet, und sie haben einen kleinen Genpool, der sie anfällig für Missbildungen macht. Ich stellte mir vor, dass die beliebtesten Rassen, zumindest in den Vereinigten Staaten, wo man verrückt nach Haustieren ist, auch die gesündesten sind. Ich habe mich geirrt. Zu den beliebtesten Rassen in den USA gehörten 2019 der Labrador, der deutsche Schäferhund und der Golden Retriever. Aktuelle Zahlen belegen, dass 12 Prozent der Labradors und 20 Prozent der deutschen Schäferhunde und der Golden Retriever an Hüftmissbildungen leiden. Es gibt Anzeichen dafür, dass diese Veranlagung seltener geworden ist, doch selbst wenn es nur noch halb so viele wären, wären die Zahlen noch immer zu hoch.

Französische Bulldoggen sind in den USA auf dem vierten Platz der Beliebtheitsskala, gefolgt von Bulldoggen, aus denen sie im 19. Jahrhundert gezüchtet wurden. Bulldoggen sind die ältesten englischen Zuchthunde. Sie wurden bei der Bullenhatz eingesetzt – einem barbarischen Zeitvertreib, bei der die Leute sich versammelten, um dabei zuzusehen, wie ein angebundener Bulle von Hunden attackiert wurde. Nachdem die Bullenhatz 1835 in Großbritannien verboten wurde, wurde die Bulldogge zum Nationalemblem, obgleich sie damals bereits durch viktorianische Züchter stark verändert worden war. Mir ist nicht ganz klar, warum sich eine Nation mit einem deformierten Kampfhund identifizieren sollte – vermutlich weil die britische Bulldogge im Gegensatz zum walisischen Drachen und dem schottischen Einhorn tatsächlich existiert, und im Gegensatz zum englischen Löwen sogar eine einheimische Art ist. Jedenfalls gehört sie zu den zehn beliebtesten Hunderassen Großbritanniens. Seit 2014 sind Französische Bulldoggen unter den beliebtesten drei Züchtungen zu finden.

Es hat sich herausgestellt, dass die Hunde, die dazu gezüchtet wurden, Bullen zu quälen, selbst nicht bei guter Gesundheit sind. Man hat den Bulldoggen schmalere Kiefer angezüchtet, damit sie besser zubeißen konnten. Dadurch wurden ihre Atemwege verengt, sodass Bulldoggen und Französische Bulldoggen – wie andere brachyzephale oder kurzköpfige Züchtungen – heute anfällig für Respirationsprobleme sind. Die vergrößerten Köpfe führen zu weiteren Problemen: Französische Bulldoggen haben 16-mal häufiger als andere Kreuzungen Schwierigkeiten beim Werfen, die ihr Leben und das ihrer Welpen gefährden. Häufig muss ein Kaiserschnitt angesetzt werden – wir haben Tiere gezüchtet, die ohne unser Eingreifen nicht lebensfähig sind. In den Vereinigten Staaten haben 30 Prozent der Französischen Bulldoggen und ganze 71 Prozent der Bulldoggen Hüftmissbildungen. Brachyzephale Hunde sind auch anfälliger für Leiden, die nichts mit ihrem Schädel zu tun haben – beispielsweise Nabelbrüche. Und zu guter Letzt kann die Züchtung auch das Sozialverhalten der Hunde beeinträchtigen: Ein flaches Gesicht macht es schwerer, seinem Gegenüber durch Mienenspiel etwas zu signalisieren.

Es gibt kaum Anzeichen dafür, dass wir uns gebessert haben. 2008 hat die BBC eine Dokumentation ausgestrahlt, in der Probleme bei King-Charles-Spaniels (die in der TV-Serie *Sex and the City* aufgetreten sind) und West-Highland-Terriern aufgedeckt wurden. Daraufhin sank die Nachfrage nach diesen Hunden, und die Leute legten sich Französische Bulldoggen zu, deren Verkaufszahlen sich in den folgenden zehn Jahren fast verdreißigfachten. Die Leute verlegten sich also von einer problematischen Hunderasse auf die nächste. Eine weitere BBC-Sendung über die Probleme von kurzköpfigen Hunden könnte dazu führen, dass sich die Leute Dackel anschaffen, die unter Gelenkproblemen leiden. Das Royal Veterinary College würde es gern sehen, dass die Leute sich für Hunde begeistern, die »wie Hunde aussehen«, zögert jedoch, geeignete Rassen zu nennen, weil eine plötzlich steigende Nachfrage auch weitere unseriöse Züchter auf den Plan rufen würde.

Mittlerweile schafft der Wunsch nach neuen Hunderassen – mit neuen Fähigkeiten – auch neue Probleme. Die Vorstellung, man könne einen Designer-Hund kreieren, der die besten Eigenschaften zweier Rassen in sich vereint, kam im ausgehenden 20. Jahrhundert auf. Ein australischer Hundetrainer namens Wally Conron hat 1989 einen Labrador mit einem Pudel gekreuzt, in der Hoffnung, ein passendes Haustier für Hundehaarallergiker zu erschaffen. Doch die Welpenzüchter haben seine Kreation vereinnahmt, und die Nachfrage nach den Hunden, die nur einen kleinen Genpool besaßen, stellte sich bald als Schwierigkeit dar. 2014 war der Labradoodle zu einem der beliebtesten Hunde weltweit geworden, doch Conron sagte, er bedaure inzwischen, dass er diesen Hund gezüchtet habe. »Der Großteil der Tiere ist entweder gestört oder hat problematische Erbanlagen«, sagt er. Als die Leiterin des Australian Labradoodle Club of America von seinen Bedenken erfuhr, zuckte sie nur mit den Achseln: »Alle Hunde sind gestört.«

Es regt mich auf, dass wir so viel Zeit und Energie in unsere Hunde investieren und dabei immer noch unsere ästhetischen Ansprüche über ihre Gesundheit stellen. Wenn unser Glück tatsächlich vom Glück unseres Haustiers abhängt, warum suchen wir uns dann nicht besser geeignete Züchtungen aus? Wir wählen Hunde, die niedlich aussehen wie Babys, also eigentlich wie wir. Eine andere Erklärung wäre, dass die Hundehalter in spe nichts über die Risiken wissen. Als ich mir die Website des American Kennel Club ansah, dem Register für reinrassige Hunde, fand ich eine Beschreibung der Französischen Bulldogge als »eine aufgeweckte und anhängliche Rasse, beliebt bei Städtern von Paris bis Peoria«. Der AKC erwähnt außerdem die großen, aufgerichteten »Fledermausohren« und das »weiche, glänzende Fell« und kommt zu dem Schluss, dass die Hunde »ganz und gar unwiderstehlich« seien. Gesundheitsprobleme werden nicht erwähnt.

Viele Besitzer verschließen die Augen vor der Realität. Über 60 Prozent von ihnen sagen, ihr kurzköpfiger Hund sei gesünder als der Durchschnitt seiner Rasse; nur 7 Prozent schätzen ihren Hund als weniger gesund ein. Dan O'Neill, ein ehemaliger Tierarzt und Dozent am britischen Royal Veterinary College, der an dieser Studie mitgewirkt hat, sagt, manche Besitzer würden es geradezu begrüßen, dass ihr Hund viel Pflege braucht: »Viele Leute wollen einen Hund, der sie braucht.« In Kalifornien bin ich Dan und Amy begegnet – den Besitzern von Cherie, einer Französischen Bulldogge und Weltmeisterin im Hundesurfen –, die die hohen Ausgaben akzeptieren, weil sie das Aussehen ihres Hundes so schätzen. »Im Grunde kauft man seinem Tierarzt ein Sommerhaus, wenn man sich eine Französische Bulldogge zulegt«, witzelt Dan, ein freundlicher, bedachter Mann, der im Marketing arbeitet und wie Andre Agassi aussieht.

Die Tierarzt-Rechnungen sollte man in diesem Kontext sehen. Wir müssen häufig für unsere selbstsüchtigen Entscheidungen bezahlen. Es kommt vor, dass kurzköpfige Hunde einen chirurgischen Eingriff brauchen, um Gewebe aus den Atemwegen oder Hautfalten zu entfernen. Wenn es sich um Nutztiere handeln würde – die nach ihrem ökonomischen Nutzen bewertet werden –, wären sie längst aussortiert worden. An Orten, wo die Bulldoggen sich frei fortpflanzen können, haben die Populationen sich wieder zu sandbraunen, schlanken Mischlingen zurückentwickelt. Doch bei den trendbewussten Züchtern und Käufern in den Großstädten wird die Fortpflanzung der Hunde nach wie vor kontrolliert. »Die Gesundheitsprobleme der Hunde sind menschengemacht«, sagt O'Neill dazu.

Insgesamt seien Hunde heute gesünder als noch vor dreißig Jahren, sagt O'Neill, weil die Tiermedizin Fortschritte gemacht habe. Einige Hundekrankheiten treten nur auf, weil die Hunde länger leben. Doch die Probleme betreffen nicht nur die physische Gesundheit. Eine Studie von über 13 000 Hunden in Finnland ergab, dass drei Viertel von ihnen an einer Angststörung litten. Einer von sechs Hunden zeigte zwanghaftes Verhalten, wie sich selbst zu beißen oder den eigenen Schwanz zu jagen.

Hunde müssen heute in ganz anderen Gesellschaften leben als früher. Die meisten Menschen leben heute nicht mehr auf dem Land, sie besitzen weder Viehherden noch gehen sie auf die Jagd. Bei Hunden, die in urbanen Gegenden leben, in denen sie wenig Auslauf haben, treten eher Verhaltensstörungen auf. Forscher an der Universität von Helsinki haben herausgefunden, dass Hunde, die in Städten leben, mehr Angst vor Fremden haben als diejenigen, die auf dem Land leben; die Gründe sind unklar, obgleich der Lärm und die Hektik des Stadtlebens offensichtlich eine Rolle spielen. (Es wird die Besucher der CorgiCon freuen, dass die Studie außerdem bestätigt hat, dass die Pembroke-Welsh-Corgis die am wenigsten ängstliche Hunderasse sind.) Die Kalifornier wollen sich mit ihren Hunden in der Öffentlichkeit zeigen – doch dadurch werden die Hunde schnell zu einem Accessoire, und es wird vergessen, was eigentlich gut für sie wäre.

»Die Leute sind einem enormen Druck ausgesetzt, etwas mit ihren Hunden zu unternehmen oder sie witzige Dinge tun zu lassen«, sagt Wailani Sung, die Tierärztin mit der Vorliebe für Puppuccino.

Wir sollten nicht davon ausgehen, dass die Hunde diese neuen Formen der Unterhaltung so wahrnehmen wie wir; stattdessen sollten wir uns darauf konzentrieren, ihre Bedürfnisse zu erfüllen – dazu gehören Auslauf, Anregung und Gesellschaft.

Viele Hundebesitzer, selbst solche, die regelmäßig mit ihrem Hund Gassi gehen, lassen ihn stundenlang allein, wenn sie zur Arbeit gehen. Hunde sind äußerst soziale Wesen. Während ich hier gesessen und an diesem Buch geschrieben habe, musste ich stundenlang mitanhören, wie der Terrier von nebenan gejault hat, vermutlich aus Einsamkeit. Als der Lockdown begann, haben sich die Menschen weltweit Hunde zugelegt. In Großbritannien waren Welpen kaum mehr zu haben. Was geschieht, wenn all diese Leute wieder zur Arbeit gehen? Hunde werden mindestens zehn Jahre alt. Wir nutzen die Sprachlosigkeit der Hunde zu unserem Vorteil. Wir haben eine selektive Wahrnehmung. Wir bemerken nur, wie sehr sich die Hunde freuen, wenn sie uns abends wiedersehen, aber nicht, wie unruhig und ängstlich sie gewesen sind, als wir nicht da waren.

Alexandra Horowitz von der Columbia University fragt, ob wir überhaupt Hunde halten sollten. Ob wir Hunde als Hunde akzeptieren können – mit dem Hang dazu, Sex zu haben und Exkremente zu fressen, was sich für ihre Besitzer als peinlich erweisen kann. Wir kastrieren Hunde und Katzen immer noch, selbst wenn das ihr Sexualleben beendet und ihre Körperfunktionen einschränkt. Kastrierte Hunde und Katzen leben länger, vielleicht weil sie sich nicht so weit von zu Hause entfernen und daher seltener überfahren werden, doch der Mangel an Hormonen wie Testosteron und Östrogen, die in den Keimdrüsen produziert werden, bleibt nicht folgenlos. Kastrierte Hunde sind häufiger übergewichtig. Bereits 1994 stellte eine Studie fest, dass die meisten australischen Hundebesitzer ihre Hunde nicht mehr kastrieren ließen, wenn es nicht bereits geschehen war. Jahre später werden weniger belastende Eingriffe wie Vasektomien noch immer vermieden, weil wir nicht genug darüber nachgedacht haben.

Wenn unsere Haustiere nicht zu uns passen, geben wir sie weg. Susie und ich haben einmal in Kolumbien ein Katzenheim besucht, in dem die meisten Tiere keine Aussicht auf ein neues Zuhause hatten, was nicht an ihnen lag. Wir haben diese Tiere geschaffen, und jetzt haben wir keinen Platz mehr für sie. Am Traurigsten ist es, wenn Tiere wegen ihres Aussehens abgelehnt werden – wie schwarze Katzen. Etwa 6,5 Millionen Hunde und Katzen werden jedes Jahr in Tierheimen in den USA abgegeben; das entspricht einem von 28 Tieren. Die Gründe können Verhaltensauffälligkeiten sein, oder ein Besitzer, der sich einen neuen Lifestyle zugelegt hat. Es gibt auch gute Tierheime: Im SPCA San Francisco ist die Katzenabteilung mit Miniaturmodellen der Sehenswürdigkeiten der Stadt dekoriert, ein sicheres Anzeichen dafür, dass hier Geld und Enthusiasmus im Übermaß vorhanden sind. Jeder, der schon einmal ein Tierheim aufgesucht hat, kennt die widersprüchliche Mischung aus Macht und Ohnmacht, die einen dort überkommt – man kann das Leben eines Tieres verändern, doch das ist nie genug. Es wird immer Tiere geben, die von niemandem mitgenommen werden, und das aus denselben Gründen, warum man sie selbst nicht ausgesucht hat. Wir sollten uns nicht einbilden, dass alle Tierheime gut sind, oder dass der Wechsel ihres

Aufenthaltsorts für die Tiere nicht belastend ist. Obwohl die Zahl der eingeschläferten Tiere gesunken ist, werden nur im Bundesstaat Delaware keine gesunden Tiere in Tierheimen getötet. In Kalifornien sind es 100000 Tiere im Jahr, und man versucht, die Zahl auf null zu senken, indem man die Tiere sterilisiert oder kastriert. Doch ein bedauerlicher Nebeneffekt unserer Begeisterung für Haustiere sind überfüllte Tierheime überall auf der Welt.

Und es gibt Haustiere, die so beliebt sind, dass wir nicht auf sie verzichten wollen. Seit den 1990er-Jahren bieten Unternehmen genetische Kopien von Haustieren an. Die Technologie wurde für die Nutztierzucht erfunden – in der bestimmte Eigenschaften geschäftsfördernd sind –, wurde dann allerdings, zum Bedauern einiger Entwickler, auch für Haustierbesitzer zugänglich gemacht. 2018 bekannte sich Barbra Streisand öffentlich dazu, dass sie ihren kraushaarigen Coton de Tuléar namens Samantha hatte klonen lassen, und nun genetisch identische Zwillinge besaß. Sie postete ein Foto von den beiden, wie sie auf Samanthas Grab lagen, und »ihrer Mutter gedachten«, und sie brachte sie mit auf die Bühne, als sie im Hyde Park auftrat.

Das Klonen entspringt einem Kalkül, das besagt, dass wir die Kontrolle über andere Lebewesen haben. Es geht einher mit der Erwartung, dass ein Individuum – das seine eigene Geschichte und Prägung hat – einfach durch eine Kopie ersetzt werden kann. Für den ersten geklonten Hund mussten 123 Hündinnen befruchtete Eizellen eingesetzt werden, und obgleich das Verfahren verbessert wurde, benötigt man immer noch mehrere Hunde, die invasiven Prozeduren ausgesetzt werden. Bei den Duplikaten treten häufiger Komplikationen auf, und einige geklonte Hunde müssen kurz nach der Geburt eingeschläfert werden. ViaGen, das Unternehmen aus Texas, das Streisands Coton de Tuléar geklont hat, gab bekannt, dass es »nur ein paar hundert Welpen« produziert habe. Die Kosten sind ein Faktor – einen Hund zu klonen, kostet 50000 US-Dollar, eine Katze liegt bei 35000 US-Dollar. Eine Britin, die bei einem Preisausschreiben in Südkorea einen Klon ihres Dackels gewonnen hatte, verfasste ein Kinderbuch über geklonte Hunde. Meine Töchter werden es lesen, wenn mein Körper längst kryogenisch eingefroren worden ist. Beim Klonen, ebenso wie beim Züchten, stellen wir unsere eigenen Bedürfnisse über die der Tiere.

Unsere Kontrolle über das Leben der Hunde ist eine zwiespältige Angelegenheit. Gegen Ende meines Aufenthalts in San Francisco hörte ich von John Honchariw, einem ehemaligen Google-Softwareingenieur. Er hatte an der Entwicklung von Googles Sprachsteuerungs-Tool mitgewirkt, als ihm eine Erleuchtung kam. Es würden noch viele Jahre vergehen, bis ein Computer dazu in der Läge wäre, eine komplexe Unterhaltung mit einem Menschen zu führen. Vielleicht wäre es besser, mit einer anderen Spezies anzufangen: mit Hunden.

Honchariw gründete ein Start-up und verbrachte Stunden damit, Maschinen darin zu trainieren, die Posen und Bewegungen von Hunden zu analysieren. Drei Jahre später hatte seine Firma Companion Labs eine automatisierte Box entwickelt, die Hunde abrichten konnte. Das Gerät überwachte den Hund mit einer Kamera sowie Bewegungs- und Infrarot-Sensoren und erkannte, ob der Hund einem Kommando gehorchte; wenn ja, warf es ein Leckerli aus.

Im typischen Silicon-Valley-Stil wird der Roboter-Hundetrainer heute damit beworben, dass er die Welt zu einem besseren Ort mache. Wenn mehr Hunde abgerichtet seien, würden auch mehr von ihnen adoptiert werden, sagt das SPCA San Francisco, das die Entwicklung des Geräts unterstützt hat. Doch die eigentliche Zielgruppe von Companion Labs sind die 60 Millionen Amerikaner mit Hunden, die ihr Tier tagsüber zuhause allein lassen oder es für acht oder mehr Stunden täglich in einer Tagesstätte abgeben. Bald wird es möglich sein, diese Hunde zu trainieren und zu unterhalten, ohne dass ein Mensch anwesend ist. Der Bindungsprozess zwischen Mensch und Hund wird ausgesetzt. Die Box von Companion Labs mag eine clevere Errungenschaft für die Kommunikation mit Tieren sein (wenn sie denn funktioniert), doch es besteht die Gefahr, dass die vom Roboter trainierten Hunde weniger menschliche Aufmerksamkeit bekommen. Wäre es nicht weitaus cleverer, wenn manche Leute sich eingestehen würden, dass sie nicht genug Zeit für einen Hund haben?

❖

Unsere Welt ist begrenzt. Wenn wir uns dazu entschließen, einigen Tierarten Gebiete zur Verfügung zu stellen, verdrängen wir damit andere Arten. Unsere eigenen Gelüste, ebenso wie die unserer Haustiere, schränken den Platz ein, den wildlebende Spezies zur Verfügung haben. Katzen können nur Fleisch verdauen. Hunde sind Omnivoren. Sie brauchen auch Fleisch, und die Qualität dieses Fleischs ist immer besser geworden. Heute vertilgen die amerikanischen Hunde und Katzen ebenso viele Kalorien im Jahr wie 62 Millionen Amerikaner, sagt der Geografieprofessor Gregory Okin von der UCLA. Der ökologische Fußabdruck ist auch ein Pfotenabdruck. Hunde und Katzen können zwar Tierprodukte wie Knochen verdauen, was der Mensch nicht kann. Doch mittlerweile bekommen sie seltener Tierabfallprodukte, weil die Haustierbesitzer ihren Lieblingen etwas Gutes tun wollen.

Es geht nicht nur darum, was wir unseren Haustieren zu fressen geben. Katzen sind Raubtiere. Schätzungen zufolge töten sie in den USA zwischen 1,3 und 4 Milliarden Vögel und zwischen 6,3 und 22,3 Milliarden kleine Säugetiere im Jahr. In Australien wurden Katzen erst von den europäischen Siedlern eingeführt, mittlerweile töten sie laut einer Studie über 300 Millionen Vögel und Wildtiere im Jahr. Es ist unklar, wie groß diese Zahl im Verhältnis zur gesamten Vogelpopulation ist, und ob die Katzen nur schwächere Vögel mit geringen Überlebenschancen töten. Doch die Zahlen sind so hoch, dass die Katzen auf jeden Fall Einfluss auf die Vogelpopulationen haben. Sicherlich fügen sie einzelnen Individuen Schmerzen zu. Das entspricht nicht etwa der Natur, sondern ist eine Folge davon, dass wir die Anzahl dieser Raubtiere erhöht haben. Katzen töten nicht nur Vögel, sie verbreiten auch Krankheiten und Furcht. Wenn man eine ausgestopfte Katze neben ein Amselnest setzt, nehmen die Küken weniger Nahrung zu sich – und werden häufiger von anderen Vögeln gefressen, weil sie aus Angst vor der Katze ständig piepsen. (Nein, das Experiment habe ich nicht selbst ausgeführt.)

Wir glauben, Katzen würden sich frech in unser Leben schleichen, doch in der Realität dringen sie in die Habitate anderer Tiere ein. Für die Biologen Scott Loss und Peter Marra von der Oklahoma State und der Georgetown University zählen Katzen zu den »meist verbreiteten und umweltschädlichsten invasiven Predatoren der Welt«. Für mich ist es schwierig, ich mag Katzen und Vögel. Da ich viel Zeit damit verbracht habe, abends auf dem Sofa zu sitzen und mir Katzenvideos anzusehen, ziehe ich sie als Individuen den meisten Vögeln vor. Mir ist aber auch bewusst, dass die Bestände von Katzen und Hunden nicht gefährdet sind, viele Vogelpopulationen aber schon, und dass dadurch das Ökosystem aus dem Gleichgewicht gerät. Ich möchte meine Katze nicht daran hindern, nach draußen zu gehen, und sie hat nur selten etwas mit ins Haus gebracht, doch in unserem Garten gibt es auch nicht gerade viele Vögel.

Sind Hunde besser? Auch sie sind Raubtiere und beeinflussen ihre Umwelt. Vögel und andere Säugetiere fliehen, wenn Hunde in ein Gebiet kommen; eine Studie, die an einem Strand in Santa Barbara durchgeführt wurde, zeigte, dass zwei von fünf Hunden Vögel stören. In der Natur können derartige Störungen und die Energie, die sie verbrauchen, das Überleben von Arten beeinträchtigen. Es ist wenig überraschend, dass Hunde eine solche Wirkung haben: Wir haben sie schließlich auch deshalb als Begleiter ausgesucht, weil sie sich bei der Jagd als nützlich erwiesen haben. In den Londoner Parks in meiner Nachbarschaft dominieren die Hunde, und andernorts tun sie es auch.

Hunde- und Katzenhaltung hat sich als wenig vorteilhaft für ihre wildlebenden Verwandten erwiesen. Zu den bedrohten Wildhunden gehören auch die Äthiopischen Wölfe, von denen es nur noch 440 Exemplare gibt, weil ihr Habitat heute Weideland ist und sich Krankheiten wie die Tollwut ausgebreitet haben. Auch das ist ein

Aspekt der Domestizierung. Die wildlebenden Vorfahren von Rindern, Pferden und Dromedaren sind bereits ausgestorben. Frederick Zeuner, ein Pionier der Naturschutzarchäologie, beschrieb die Ausrottung von wildlebenden Verwandten als die letzte Stufe des Domestizierungsprozesses. Heute gibt es weltweit 800 Millionen Hunde, davon sind grob geschätzt 300 Millionen Straßenhunde. Die Gesamtpopulation von grauen Wölfen wird auf 200000 bis 250000 Exemplare geschätzt. Seit Wölfe 1995 wieder im Yellowstone Nationalpark angesiedelt worden sind, ist ihre Zahl in 48 US-Bundesstaaten auf etwa 5700 gestiegen. Im gleichen Zeitraum ist die Hundepopulation in den USA auf 24 Millionen angewachsen. Es gibt politische Debatten darüber, ob es genug Platz für die Wölfe gibt – die Wähler in Colorado stimmten im November knapp für die Wiedereinführung der Wölfe ab –, doch kaum jemand fragt, ob wir genug Platz für Hunde haben. Wildkatzen, die nächsten Verwandten der Hauskatze, verschwanden in Großbritannien bald nachdem die Hauskatzen in der Römerzeit eingeführt wurde. Heute gibt es nur noch wenige hundert Wildkatzen in Schottland, und viele von ihnen sind Mischformen. Haustiere existieren nicht zusätzlich zu den Wildtieren dieser Welt, sondern ersetzen sie häufig.

Sogenannte exotische Tiere sind besonders problematisch. Diese Tiere sind über tausende von Jahren nicht domestiziert worden. An ihnen tritt der Konflikt mit den Menschen noch deutlicher zutage. Sie leiden eher unter Gesundheitsproblemen und werden häufiger ausgesetzt.

Drogenbaronen wird oft nachgesagt, dass sie Großkatzen einfangen und ihnen die Zähne und Krallen ausreißen, um sie zu Haustieren zu machen. Orang-Utans werden in Käfigen verkauft. Otter werden ebenfalls eingefangen und ohne Zugang zu Gewässern gehalten, die ihr natürlicher Lebensraum sind. Schätzungen zufolge leben mehr Tiger in Texas als in freier Wildbahn. Auf einer Website für exotische Tiere fand ich Angebote für Flughunde, Igel, Nasenbären und Kängurus an Orten wie Florida oder New York. Es gab einen Rhesusaffen in Texas

(»an Flaschenmilch und Windeln gewöhnt«) und ein eine Woche altes Zebrafohlen in Mississippi (»Wir verbringen den ganzen Tag mit ihm, um es an Menschen zu gewöhnen ... Mit dem Halftertraining wollen wir morgen anfangen.«) Die Chancen, dass eines dieser Tiere richtig versorgt und behandelt wird, scheinen mir gering zu sein.

In Kalifornien dürfen viele exotische und einheimische Tiere nicht als Haustiere gehalten werden, und die einzigen Hunde, Katzen und Kaninchen, die in Tierhandlungen verkauft werden dürfen, stammen aus Tierheimen. Aber Papageien kann man erwerben. Papageien sind fantastisch: farbenfroh, intelligent und anhänglich. Die jährliche Scheidungsrate einer Papageienart beträgt ein bis zwei Prozent, niedriger als bei Engländern und Walisern. Seit meinem Besuch auf einer kolumbianischen Kaffeeplantage halte ich mich von Papageien fern, denn damals spazierte ein zahmer Vogel auf meine ausgestreckte Hand und biss mich ungerührt zwischen Daumen und Zeigefinger – mit etwa so viel Gefühl für artenübergreifende Kameradschaft wie ein Gabelstapler. Trotzdem kann ich verstehen, warum manche Leute sie gern um sich haben.

Das Problem sind die riesigen Kosten, die dieser Wunsch verursacht. Zwischen 1980 und 2016, als der internationale Handel verboten wurde, wurden über eine Million afrikanische Graupapageien gefangen und nach Übersee verkauft. Die Graupapageien werden noch immer illegal in der Wildnis gefangen: In Kamerun bestreichen die Wilderer Palmblätter mit Leim und stellen eine Vogelattrappe auf, um Graupapageien anzulocken. Schätzungen des World Parrot Trust zufolge leben heute weltweit mehr Papageien in Käfigen als in der Wildnis. Ein Viertel der Papageienarten sind vom Aussterben bedroht, der afrikanische Graupapagei gehört allerdings nicht dazu. In Indonesien werden jedes Jahr hunderttausende Singvögel gefangen und auf Märkten zum Verkauf angeboten. In den Häusern hört man Vogelgesang, doch in den Wäldern herrscht Stille.

In der ältesten und beliebtesten Tierhandlung von San Francisco entdeckte ich einen kleinen Raum voller Papageien. Die meisten waren Wellensittiche, die man auf den Finger nehmen kann, und alle wurden wahrscheinlich von Haustierbesitzern gezüchtet. Ganz gleich, ob Papageien in Gefangenschaft gezüchtet oder aus dem Wald stammen, sind sie nicht gut dazu geeignet, in engen Räumen gehalten zu werden. Um ihr natürliches Habitat zu simulieren, bräuchte man, um zwei Experten zu zitieren, »eine Außenvoliere in der Größe eines Flugzeughangars«. Papageien können es nicht leiden, wenn sie allein gehalten werden, dann schreien sie mehr. Leider besitzen die meisten amerikanischen Papageienhalter nur einen Vogel und beschäftigen sich im Durchschnitt nur fünfzehn Minuten täglich mit ihm. In einigen Fällen erwarten die Menschen, dass der Vogel zu ihrem Partner wird, anstatt dem Papageien einen Begleiter der eigenen Art an die Seite zu stellen.

Wenn man in London durch einen Park geht, entdeckt man häufig Schwärme von Sittichen, die über einen hinwegfliegen. Diese Schwärme sind wahrscheinlich aus Vögeln entstanden, die von ihren Haltern freigelassen wurden. Es ist uns gelungen, die Sittiche, die eigentlich in Asien, Afrika und Südamerika zu Hause sind, in die Londoner Parks umzusiedeln. Aber es amüsiert mich, wie wenig Interesse die Vögel augenscheinlich daran haben, in die Häuser der Menschen zurückzukehren. Wenn du etwas liebst, dann lass es gehen; wenn es zurückkehrt, gehört es dir, heißt es. Die Sittiche sind nicht zurückgekehrt. Sie gehören nicht uns. Und das Beste wäre, wenn wir sie gar nicht als Haustiere halten würden, genauso wenig wie die Papageien.

Bei anderen Tieren verhält es sich ähnlich. Wir wollen mit Kaninchen knuddeln, was ihnen nicht gefällt. Vermutlich sollten wir lieber Ratten halten, denn für die wenigen unter uns, die ihre Vorurteile überwinden können, sind sie liebenswürdige Gefährten und mögen es, gekitzelt zu werden. (Ratten – erklärte eine Mitarbeiterin bei Animal Connection mir, während ein Exemplar über ihre Hand lief – sind besonders beliebt bei Leuten, die sich unverstanden fühlen.) Maurische Landschildkröten zieren englische Gärten, doch sie sind an das warme Klima und die ballaststoffreiche Kost des Mittelmeerraums angepasst, die sich andernorts nur schwer simulieren lassen. Außerdem sagen Tierwohlexperten, dass Schildkröten »kein Bedürfnis nach menschlicher Gesellschaft zeigen. Wenn sie in freier Wildbahn aufgehoben oder bewegt werden, geschieht dies meist durch einen Fressfeind.« Wie ist es zu rechtfertigen, ein Tier zu halten, das nicht gehalten werden will? Auf einer Skala, die von Partnerschaft bis Entführung reicht, handelt es sich wohl eher um letzteres.

Jedes Jahr werden etwa 9 bis 10 Millionen Meeresfische in die USA importiert. Vier von fünf stammen aus den Philippinen oder Indonesien – einige werden in Gefangenschaft gezüchtet, andere an den Korallenriffen gefangen. Sie werden in Plastiktüten verpackt, die kleiner als eine Coladose sind, und während des Transports mehrere Tage lang nicht gefüttert. Die Reise ist anstrengend, und viele Fische gehen unterwegs ein. In einigen Gegenden wird Zyanid in ein Riff einspeist, um die Fische zeitweilig zu betäuben, damit man sie leichter fangen kann, was wiederum schädlich für die Korallen ist. Andernorts werden umweltverträglichere Methoden angewendet, die Sterberate ist niedrig, und die Verkaufseinnahmen sind ein Anreiz für die Einheimischen, die Korallenriffe zu schützen. Problematisch ist, dass es so gut wie keine Datenerhebungen gibt: Wenn Sie sich einen Fisch als Haustier zulegen, können Sie sich nicht sicher sein, welche Fangmethoden Sie damit unterstützen. Außerdem gibt es keine Belege dafür, dass Fische unsere Gesellschaft zu schätzen wissen (obwohl es einige Fische gibt, die ihre Besitzer erkennen). Dekorative Aquarien sind hübsch anzuschauen, doch wir können nicht behaupten, dass Fischhaltung im Interesse der Tiere ist. Goldfische können bis zu dreißig Jahre alt werden, doch kaum jemand behält sie so lange.

Die entflogenen Sittiche in London scheinen relativ wenig Auswirkungen auf die einheimischen Vogelpopulationen zu haben. Wenn man das doch auch von den Reptilien sagen könnte! Reptilien sind als Haustiere immer beliebter geworden, doch selbst wenn nur ein kleiner Teil ihrer Besitzer sich mit ihnen langweilt oder Angst vor ihnen bekommt und sie in der Kanalisation, in Seen oder in der freien

Natur aussetzt, entsteht daraus ein gravierendes Umweltproblem. In Florida lässt sich dieses Phänomen besonders gut beobachten. Einige Halter wollten ihre Tigerpythons loswerden, die bis zu 5,5 Meter lang und in Gefangenschaft bis zu 20 Jahre alt werden können. Sie haben die Pythons in den Everglades ausgesetzt, wo seit mindestens 16 Millionen Jahren keine Schlangen mehr gelebt haben, die groß genug sind, um kleine Säugetiere zu verspeisen. Zwischen 2003 und 2011 wuchs die Python-Population immer mehr an, während die Bestände an Waschbären und Opossums um 99 Prozent abnahmen. Selbst die Weißwedelhirsche sind größtenteils verschwunden.

Auch die Grünen Leguane sind so beliebt geworden, dass 2000 ein Handbuch mit dem Titel *Iguanas for Dummies* auf den Markt kam. In freier Wildbahn können sie bis zu 20 Jahre alt werden, und viele gelangweilte Besitzer versuchten sie loszuwerden. Die Leguane lieben Florida fast ebenso sehr wie viele Rentner. Da sie keine Fressfeinde haben, vermehren sie sich stark. Eine Einwohnerin beschwerte sich beim *Miami Herald*, die Leguane würden sich ständig in ihren Pool erleichtern, sodass sie kaum mehr darin schwimmen könne; der Zoo von Miami klagte darüber, dass die Leguane die Gorillas belästigten. 2019 riefen die Behörden die Bewohner dazu auf, die Leguane auf möglichst humane Weise zu töten, doch nach Protesten von Tierschützern weigerten sie sich, weitere Instruktionen zu geben. In Florida ist der Verkauf von Pythons verboten worden, und demnächst könnte auch der Verkauf und die Haltung von Grünen Leguanen verboten werden. Es wäre vermutlich einfacher gewesen, wenn es gar nicht erst erlaubt gewesen wäre, diese Tiere zu halten. Die Einwohner könnten natürlich auch das Beste aus ihrer Lage machen und die Leguane und ihre Eier essen, wie man es in Zentral- und Südamerika tut, wo die Leguane wegen ihres Geschmacks auch als »Baumhühner« bezeichnet werden. Doch dazu müssten wir unsere Gewohnheiten verändern. Für diese Spezies bringt das Zusammenleben mit Menschen keinerlei Vorteile. Exotische Tiere fallen beim »Animal Test« glattweg durch.

Einen Vorteil könnte das Halten von Haustieren jedoch haben – es könnte als Einstiegsdroge fungieren. Hunde und Katzen zu halten, ist zwar schädlich für die Artenvielfalt, weil sie jagen und gefüttert werden müssen, doch es könnte uns dazu bringen, Naturschutz und Veganismus zu unterstützen, selbst wenn wir unsere Haustiere mit Fleisch füttern. Einiges spricht dafür, dass Haustierbesitzer eher dazu neigen, Artenschutzorganisationen beizutreten und sich für Wildtiere einzusetzen. Doch der kausale Zusammenhang bleibt etwas unklar: Sind die Leute eher bereit, sich für die bedrohte Tierwelt einzusetzen, weil sie ein Haustier haben, oder neigen sie eher dazu, sich eines zuzulegen, weil sie sich für Tierschutz interessieren? Susie und ich haben eine Katze adoptiert, weil wir Tiere mögen, nicht andersherum.

Die meisten Belege sind anekdotischer Art. Bevor sie die Schimpansen in Tansania erforschte, habe sie schon viel über die Emotionen von Tieren von ihrem Hund gelernt, sagte Jane Goodall. Andere Forscher sind keine Tierfreunde – Peter Singer, der in den 1970er-Jahren die Befreiung der Tiere propagierte, geht es um Gerechtigkeit, nicht um Sentimentalität. In ihrem Buch *We Are Completely Beside Ourselves* erzählt Karen Joy Fowler von einem Experiment, das (Spoileralarm!) tatsächlich stattgefunden hat, bei dem ein Schimpanse zusammen mit menschlichen Kindern aufwächst. Fowlers Vater war ein Psychologe, der mit Ratten und Affen experimentierte, und zwar auf unschöne Weise, wie sie andeutet. »Bei uns Zuhause gab es viele geliebte Haustiere und ein Labor voller Forschungsobjekte«, erinnert sie sich. Die Haustiere sensibilisierten sie, aber nicht ihren Vater.

Haustiere können uns feinfühliger machen, doch sie sind vor allem ein Ersatz für wilde Tiere oder für die Gesellschaft anderer Menschen. Sie können gelegentlich sogar ein Ersatz für Gott sein – eine US-Studie ergab, dass Katzenbesitzer weniger regelmäßig in die Kirche gehen. Zwei Drittel der US-Haushalte besitzen ein Haustier, doch nur einer von 20 Amerikanern ist Vegetarier. Wenn unser Ziel darin besteht, in einer glücklichen Gemeinschaft mit der Tierwelt an sich zu leben, ist die Haustierhaltung ein Umweg. Ungefähr so, als würde man sagen, eine Tüte Chips zu essen helfe beim Abnehmen, weil man dabei auf die Idee kommt, eine Diät zu machen.

Ich machte mich auf, um an einer Veranstaltung in der Katholischen Kirche von San Francisco teilzunehmen, bei der Tiere gesegnet werden. Die Kirche stand Tieren nicht immer offen. Im England des 16. Jahrhunderts bezahlten viele Kirchen Männer mit Peitschen, die die Hunde daran hindern sollten, ihren Besitzern zum Gottesdienst zu folgen. Hier war all das vergeben und vergessen. Ein liebenswürdiger Franziskanermönch segnete jedes Tier und seinen Besitzer und posierte anschließend fröhlich für Fotos, während er die Pfotenabdrücke auf seiner Kutte ignorierte. Er pries die Tierliebe der Halter und stellte sich laut die Frage, wie wir »diese Liebe weiter verbreiten« könnten. Es war umsonst. Keiner der Hundebesitzer schien sich auch nur einen Deut für die Botschaft des Mönchs zu interessieren, sie waren nur wegen ihrer Hunde da.

Unsere Liebe zu Hunden und Katzen bringt mehr Widersprüche mit sich, als wir zuzugeben bereit sind. Doch diese Liebe existiert zweifellos. Ich fragte mich, ob es eine Möglichkeit gab, die Wildtiere ebenso nachhaltig in unsere Herzen zu schließen und in unsere Gesellschaft einzubeziehen.

❖

Ich mietete ein Auto und fuhr den Pacific Coast Highway hinauf. Das liberale San Francisco mit seinen Tekkies, Puppuccinos und Hunden als Liebesbeauftragten blieb hinter mir zurück, und ein paar Stunden später wurde die Straße von majestätischen Redwoods flankiert. Ich war in Yurok Country.

Die Yurok mit ihren über 6000 Mitgliedern sind der größte staatlich anerkannte Stamm in Kalifornien. Ihr offizieller Hauptsitz in Klamath liegt inmitten einer atemberaubenden Landschaft und besteht aus einem gewinnbringenden Holiday Inn mit Casino sowie einer leerstehenden katholischen Backsteinkirche. Ich war gekommen, um mehr über die Beziehung der Yurok zu Tieren zu erfahren, vor allem interessierten mich die Bemühungen des Stammes, den Kalifornischen Kondor wieder anzusiedeln, der vor über einem Jahrhundert vom Himmel verschwunden war.

Westliche Tierfreunde tun sich schwer damit, zu begreifen, wie die amerikanischen Ureinwohner mit der Natur interagieren. Eine Schule stellt die Stämme als die ersten Naturschützer dar, die nur so viel Ressourcen verbrauchten, wie die Natur verkraften konnte, zumindest bis ihre Kulturen im 16. Jahrhundert durch die Ankunft der weißen Siedler zerstört wurden. Andere haben eingewandt, dass diese Sicht eine romantische Verklärung sei. Sie verweisen darauf, dass die Stämme Wälder gerodet und die Tierbestände durch Jagen und Fischen dezimiert hätten; allein ihre kleine Bevölkerungszahl und ihre einfachen Waffen hätten verhindert, dass es zu drastischen ökologischen Folgen kam. Einige indigene Völker unterstützen heute den Bergbau und Infrastrukturprojekte, die Naturschützern ein Dorn im Auge sind.

Weniger umstritten ist jedoch die Tatsache, dass die Traditionen der amerikanischen Ureinwohner ein tiefes Verständnis von Ökologie reflektieren, vom Verhalten der Tiere und der Funktionen, die sie in der Natur erfüllen.

»Verwurzelt zu sein, heißt, in dem Bewusstsein zu leben, dass dieses Land dich ernährt, diese Flüsse dich getränkt und so deinen Körper geschaffen und deinen Geist erfüllt haben. Verwurzelt zu sein, heißt zu wissen, dass deine Vorfahren in dieser Erde liegen«, schreibt Robin Wall Kimmerer, Pflanzenökologin und Angehörige des Stamms der Potawatomi in ihrer Autobiografie *Braiding Sweetgrass.*

»Aus Sicht der Indigenen sind die Menschen auf einer etwas niedrigeren Stufe innerhalb der Demokratie der Arten angesiedelt. Die Pflanzen waren zuerst da und haben viel Zeit gehabt, um sich Wissen anzueignen.«

Vor der Ankunft der Europäer waren nur wenige Tiere domestiziert, womöglich deshalb, weil es nur wenige Arten gab, die sich dazu eigneten. Die amerikanischen Ureinwohner beschäftigten sich vor allem damit, Pflanzen zu kultivieren. Fleisch verschafften sie sich durch die Jagd auf Wildtiere und das Fischen.

Damals waren Hunde die einzigen domestizierten Tiere im Nordosten von Amerika. Wie in Europa dienten sie als Wachhunde, als Jagdhunde und wahrscheinlich auch als Gefährten. Wir erweisen Hunden unseren Respekt, indem wir sie nicht verspeisen und ihnen gutes Futter geben. Die Irokesen, deren Stammesgebiet sich einst über den Norden des heutigen Staates New York erstreckte, aßen ebenfalls keine Hunde. Doch ihren Respekt erwiesen sie auch anderen Tieren, indem sie sie nicht an ihre Hunde verfütterten. Biber und Elche wurden zwar gejagt, doch die Hunde durften nicht an ihren Knochen nagen. Man könnte auch sagen, dass es den Gesellschaften der amerikanischen Ureinwohner besser gelang, eine Balance zwischen der Domestizierung von Hunden und der Anerkennung der gesamten Tierwelt zu finden. Unser Erfolg bei der Domestizierung von Tieren – von Kühen bis zu Hunden – hat dazu geführt, dass wir die Tiere außer Acht lassen, die wir nicht domestizieren können.

In Übereinstimmung mit anderen uramerikanischen Stämmen fühlen die Yurok sich viel stärker mit der Natur verbunden, als die westliche christliche Tradition es jemals zugelassen hat (und mit einer Segnung für Tiere im Nachhinein zu korrigieren versucht). Im 19. Jahrhundert setzten weiße Siedler alles daran, die Kultur der Yurok auszulöschen, indem sie die Stammesmitglieder töteten, ihre Kinder in Internate steckten und Stammeszeremonien verboten. Man versuchte zwar, die Traditionen im Geheimen zu erhalten, doch von der Kultur der Yurok existieren heute nur noch Fragmente. Im 19. Jahrhundert notierte der Anthropologe Alfred Kroeber, dass in der Überlieferung der Yurok die Menschen von Hunden abstammten, was heute allerdings von einigen Stammesmitgliedern angezweifelt wird. Die Lebensgrundlage der Yurok sind Lachse und Störe – sie dienen als Nahrung und Tauschware. Der Kalifornische Kondor hat eine besondere spirituelle Bedeutung. »In den meisten Legenden werden Tiere als die besseren Menschen dargestellt«, sagt Tiana Claussen, die eine Angehörige der Yurok und Biologin an der Harvard University ist und sich bereit erklärt hat, mich herumzuführen.

Kondore sind majestätische Wesen. Charles Darwin staunte über die Schönheit des Andenkondors, der der nächste Verwandte des Kalifornischen Kondors ist. »Ausgenommen, wenn sie sich vom Boden erheben, kann ich mich nicht erinnern, einen dieser Vögel jemals mit den Flügeln schlagen gesehen zu haben.« Typisch für Darwin war, dass er trotzdem einen von ihnen schoss – und in seinem Bericht keinen Grund dafür nennt. Kürzlich haben Forscher berechnet, dass der Andenkondor nur ein Prozent der Zeit mit den Flügeln schlägt; ein Vogel flog fünf Stunden und 172 Kilometer weit, ohne auch nur ein einziges Mal mit den Flügeln zu schlagen.

Der Kalifornische Kondor ist der größte Landvogel in Nordamerika. Seine Flügelspannweite kann bis zu 3 Metern betragen. Er kann eine Fluggeschwindigkeit von 55 Kilometern pro Stunde erreichen, an einem Tag bis zu 240 Kilometer zurücklegen, eine Fläche von 7000 Quadratkilometern bejagen und 60 Jahre alt werden. Doch die Yurok schätzen ihn nicht nur deshalb. Der Kondor ist der Vogel, der die größte Flughöhe erreicht. Daher glauben sie, dass der Vogel die Gebete der Menschen in den Himmel trägt. Sie verwenden Kondorfedern bei ihren Zeremonien, denn damit »binden wir den Geist des Kondors mit ein«, sagt Claussen. »Er tanzt und singt mit uns zusammen.«

Claussen hat mir auch vom Konzept des *pyuech we-son* erzählt – was bedeutet, ein gutes und ausgewogenes Leben zu führen. Die Epoche, in der die Kultur der Yurok von den weißen Siedlern beinahe ausgelöscht wurde, hat in der Erinnerung von Claussen und den anderen Stammesmitgliedern so schmerzliche Spuren hinterlassen, dass man meinen könnte, all das habe sich erst vor wenigen Jahren zugetragen. Selbst als ihre Zeremonien nicht länger verboten waren, hatten sie immer wieder mit Gewalt und Trunksucht zu kämpfen.

Für die Yurok ist die Wiedereinführung der Kondorschwanzfedern ein Versuch, die eigene Identität zurückzugewinnen. Erst 1990 ist die Stammesverwaltung von den Bundesbehörden vollständig anerkannt worden. Damals hatte sich ihre Umwelt bereits verändert. Die Fischbestände hatten abgenommen, was dem Klimawandel, hydroelektrischen Staudämmen und der Überfischung zu verdanken war. Die Wiederansiedlung des Kondors wurde zum Symbol für Unabhängigkeit und Selbstbestimmung, die der Stamm wieder für sich in Anspruch nehmen will.

Kondore sind Aasfresser, die sich von den Kadavern großer Säugetiere ernähren. Früher fraßen sie gestrandete Wale, doch im 19. Jahrhundert, als die Wale stark bejagt wurden und die Rinderzucht zunahm, verlegten sie sich auf Rinder. Als Viehzucht und Weideland im späten 19. Jahrhundert zunehmend von der Landwirtschaft verdrängt wurden, verschwanden auch diese Nahrungsquellen. Hinzu kam, dass die übrig gebliebenen Rancher für die Bären, die ihre Nutztiere töteten, Giftköder auslegten, die häufig auch von den Kondoren gefressen wurden.

Die Geschichte des Kondors ist unter Naturschützern legendär geworden. 1966 wurde er auf die Liste der gefährdeten Arten gesetzt. 1982 gab es in freier Wildbahn nur noch 22 Exemplare. Die Naturschützer hatten die Wahl: Entweder beließen sie den Kondor in der Wildnis, wo er aller Wahrscheinlichkeit nach aussterben würde, oder sie griffen ein. Einige Organisationen wie der Sierra Club sprachen sich dafür aus, die Kondore »in Würde« aussterben zu lassen. Stattdessen wurden sie eingefangen und unter anderem im Los Angeles Zoo und im Safari Park des San Diego Zoos untergebracht. Innerhalb weniger Jahre war ihre Zahl wieder stark angestiegen.

Mein Besuch in Yurok Country fiel zufällig mit dem Schlüpfen des tausendsten Kondorkükens in Gefangenschaft zusammen. Diese Zahl kam mir sofort weniger beeindruckend vor, als mir einfiel, dass sie immer noch niedriger war als die der Hunde auf der CorgiCon. Doch der Zuchterfolg hatte dazu geführt, dass der Kondor wieder in die Wildnis entlassen werden konnte – zunächst in Südkalifornien und schließlich auch in Yurok Country. Die Kulturbeauftragten der Yurok hatten darüber abgestimmt, welche Spezies wieder angesiedelt werden sollten. Sie entschieden sich zuerst für den Lachs und den Stör, der Kondor kam an dritter Stelle.

Seit über einem Jahrzehnt bereiten sich die Yurok darauf vor, den Kondor wieder auszuwildern. Ein mühsamer und kostenaufwendiger Prozess, der noch nicht abgeschlossen ist. Potenzielle Reviere wurden untersucht, Umweltstudien vorbereitet und Gemeinderatssitzungen abgehalten. Biologen versuchten die Gefährdung einzuschätzen, die von Stromtrassen (an denen die Gleitvögel sich verletzen oder einen tödlichen Stromschlag zuziehen können) und Bleimunition (die die Vögel verschlucken können) ausging. Ein Kondor kann bereits an einer stecknadelkopfgroßen Menge Blei sterben, deshalb bat der Stamm die Jäger, auf Kupfermunition umzusteigen. Die staatliche Stromgesellschaft erklärte sich bereit, einige Stromleitungen unter die Erde zu verlegen.

Obwohl die Auswilderung für die Zuchterfolge von Zoos spricht, zeigt sie auch, warum es oft schwierig ist, Tiere wieder anzusiedeln. Einige der ersten Vögel starben an Bleivergiftung; andere waren durch die Gefangenschaft so sehr an Menschen gewöhnt, dass sie deren Nähe suchten (einige Kondore verbrachte ganze Wochenenden damit, Drachenflieger zu begleiten). In Kalifornien, Arizona und Utah sind die Vögel inzwischen wieder heimisch geworden, was mehrere Jahrzehnte dauerte und ohne menschliches Eingreifen nicht möglich gewesen wäre. Dem US Fish and Wildlife Service zufolge hat das Projekt mindestens 40 Millionen US-Dollar gekostet. Die Gesamtsumme ist vermutlich noch höher, denn das Programm wurde gestartet, als der Service noch keine Computer benutzte, und es waren diverse Partner beteiligt, darunter auch Zoos.

Für Claussen besteht kein Zweifel daran, dass der große Aufwand sich gelohnt haben wird, wenn die Kondore erst wieder in Yurok Country ansässig geworden sind. »Meine Tochter wird mit ihnen aufwachsen. Sie muss nicht länger in einer Welt leben, in der es keine

Kondore gibt. Und das begeistert mich. Man sollte auch an die kommenden Generationen denken.« Haustierbesitzer begeistern sich ebenfalls für ihr Tier, doch bei Claussen war es etwas anderes. Auch die Bindung an das Land, die Gemeinschaft und die Wildnis selbst spielten eine Rolle.

Die Abwesenheit des Kondors hatte sich bemerkbar gemacht. Der Vogel war, in Claussens Worten, zu »einer mythologischen Kreatur geworden, er war nicht länger ein Wesen, das lebt und atmet und mit dem man in Beziehung treten kann«. Die Yurok sahen ihn nicht mehr am Himmel kreisen, sie konnten seine Federn, die sie als Ehrenabzeichen trugen, nirgends mehr finden. Die alten Federschmucke waren in Museen gebracht und mit Chemikalien behandelt worden, um sie zu erhalten, doch aus Sicht der Yurok waren sie damit verdorben.

»Unsere Federschmucke sind für uns lebendige Dinge. Wenn sie in einem Museum im Regal stehen, oder schlimmer noch, in einer Schublade liegen, wo niemand sie sehen kann, dann sagen wir, sie weinen«, sagt Claussen. Um genug Federn für einen ganzen Federschmuck zu sammeln, braucht es Jahrzehnte, besonders wenn man, wie ihre Familie, strikt dagegen ist, Kondore zu jagen, und die Federn nur aufgelesen werden dürfen. Aufgrund ihrer jüngeren Geschichte sind die Yurok oft unsicher, was ihre eigenen Traditionen angeht. »Als ich aufwuchs, war es schwierig für mich, weil ich nicht gelernt hatte, auf traditionelle Weise zu denken. Auch heute gibt es noch vieles, was ich nicht weiß«, sagt Claussen.

Wir fahren durch den Wald bis zu einer Lichtung, die geeignet wäre, um dort eines Tages einen Kondor auszuwildern. »Ich war immer sehr stolz darauf, eine Yurok zu sein, das war eine solide Grundlage, die auch die Zugehörigkeit zu unserem Land beinhaltete. Als Kind wusste ich zwar nicht, was ich werden wollte, wenn ich groß war, aber ich wusste schon damals, dass es etwas sein sollte, womit ich meinem Stamm nützen konnte, weil er meine Identität ausmacht«, sagt sie.

»Vermutlich bin ich zunächst eine Yurok und dann erst eine Amerikanerin … Die Amerikaner sind sehr individualistisch – nicht unbedingt selbstbezogen, aber sie glauben daran, dass man Erfolg hat, wenn man sich am Riemen reißt, sich aufmacht und seinen eigenen Weg geht. Für mich klingt das merkwürdig. Ohne eine Gemeinschaft kann man nichts erreichen. Ich verstehe nicht, wie die Leute von ihren Familien wegziehen können. Wer passt dann auf deine Kinder auf, und mit wem gehst du zur Kirche?«

Zusammen mit dem National Parks Service und dem Fish and Wildlife Service planen die Yurok, jedes Jahr sechs Kondore auszuwildern, über einen Zeitraum von zwanzig Jahren. Die Vögel pflanzen sich nur selten fort – Paare bleiben meist ein Leben lang zusammen und ziehen nur alle zwei Jahre ein Küken auf – doch man hofft, dass mit der Zeit eine lebensfähige Population entsteht. Damit wäre die Geschichte der Yurok wieder um ein Puzzleteil ergänzt worden.

»Den Kondor zurückzubringen und ihn wieder zu einem aktiven Teil unseres Lebens zu machen, wird uns als Stamm sehr helfen. Unsere Zeremonien und unsere Gebete werden dadurch gestärkt. Unsere Welt wäre wieder im Gleichgewicht, und wir könnten uns auf eine umfassende Weise erneuern, wie es uns nicht mehr möglich war, seit der Kondor verschwunden ist.«

Eine Hürde, die noch genommen werden muss, ist das FONSI-Zertifikat, das von den Bundesbehörden vergeben wird, um zu bescheinigen, dass keine signifikante Umweltbeeinflussung stattfindet. »Ich hoffe nur, dass wir nicht alle tot umfallen, wenn wir unser FONSI bekommen. Ich sehe es schon vor mir«, sagt Claussen. »Wenn wir endlich das Okay kriegen, nach elfeinhalb Jahren, könnte es zu viel für uns sein.«

Ich fragte mich, ob sie dem Kondor nicht zu viel aufbürdete und mehr Hoffnung auf den Wildvogel setzte, als er tragen konnte. Mir kam es unwahrscheinlich vor, dass alle Stammesmitglieder ihr Engagement teilten. Am nächsten Abend besuchten wir einen Besentanz, eine Zeremonie, bei der man früher Kondorfedern einsetzte. Heute verwendet man meist Adlerfedern. An die hundert Autos parkten auf einem ebenen Gelände an einer Flussmündung.

Als die Sonne unterging, schlichen und sprangen die männlichen und weiblichen Tänzer um eine Erdgrube herum. Ihre Gesänge klangen wie eine Mischung aus Hicksen und Glucksen, unterbrochen von schrillen Schreien. Einige der Tänzer waren mit Muscheln und Federn geschmückt, ansonsten halbnackt, andere trugen Sportkleidung. Hier kamen das amerikanische und das Yurok-Element zusammen, das Heilige und das Profane, die Gemeinschaft und das Individuum. Der Tanz dauerte die ganze Nacht, bis um 7 Uhr früh ein großer Stapel Reisig zu Rauch und Asche verbrannt war.

Einige Aspekte der Yurok-Zeremonie fand ich etwas befremdlich – beispielsweise dass die Mädchen während des Tanzes keinerlei Gemütsbewegung zeigen sollen, während die Jungen herumalbern dürfen. Die Zukunft der Yurok hängt von so viel mehr ab als von der Rückkehr des Kondors – 80 Prozent der Bewohner des Reservats, das sich auf beiden Seiten des Flusses erstreckt, leben unterhalb der Armutsgrenze.

Der Kondor könnte sich außerdem als Ausnahmefall erweisen. In vielerlei Hinsicht ist die Spezies besonders gut zur Wiederansiedlung geeignet – die Vögel töten kein Nutzvieh, und ihr Habitat muss nicht aufwendig saniert werden. (Den Grizzly wieder anzusiedeln, wäre weitaus mühseliger – diese Bärenart, die einst in Kalifornien beheimatet war, existiert heute nur noch auf der Staatsflagge.) Um das Auswilderungsprogramm umzusetzen, war ein intensiveres Zuchtverfahren nötig als für jeden Rassehund. Und die Kondore sind auch wegen der Steuerzahler aus Städten wie San Francisco an den Himmel zurückgekehrt.

Die Yurok-Legende, dass der Kondor ihre Gebete in den Himmel trägt, ist natürlich nicht wörtlich zu verstehen. Aber ich begriff, dass die Rückkehr des Kondors vermutlich nicht zu verwirklichen gewesen wäre, wenn er nicht eine besondere kulturelle Bedeutung hätte. Die Yurok behandeln die Kondore anders als wir unsere Haustiere – als Individuen mit Charaktereigenschaften, die man anerkennen und bewundern kann. In ihrer Gemeinschaft gibt es einen Platz für die

Vögel, und man bringt ihnen für ihre Ungezähmtheit Respekt entgegen.

Außerdem wurde mir klar, dass auch Nicht-Stammesmitglieder ihre eigenen Tiergeschichten erzählen, die man ebenfalls nicht für bare Münze nehmen kann. Barbra Streisand bestand darauf, dass ihr Hund Samantha sprechen konnte, und viele Menschen glauben, dass ihre Hunde und Katzen menschliche Fähigkeiten haben. Diese Geschichten motivieren uns, für unsere domestizierten Tiere einen Platz bei unserer Arbeit und in unseren Parks zu finden. Die Yuroks besitzen auch Hunde, doch sie besitzen etwas noch Wertvolleres – Geschichten, die sie mit der Natur verbinden und sie dazu motivieren, Wildtiere zu schützen. Tiere können unsere Begleiter sein, selbst wenn wir sie nicht besitzen, domestizieren oder züchten, damit sie unseren ästhetischen Anforderungen entsprechen. Die Frage bleibt, welchen Platz sie in unserer Kultur einnehmen sollen.

❖

Ich bin gern mit Hunden zusammen und hatte viel Spaß auf der CorgiCon. Ich liebe meine Katze Crumble. Doch die nüchterne Wirklichkeit sieht anders aus: Die Yurok haben eine bessere Beziehung zu den Kondoren als die meisten von uns zu ihren Haustieren. Tiere zu züchten, damit sie in der Natur leben können, ist sehr viel besser, als ihnen ein weiches Fell anzuzüchten.

Wie Zoobetreiber sind auch Haustierbesitzer von den besten Absichten erfüllt, doch unser Einfluss auf die Tierwelt ist nicht so harmlos, wie wir gerne denken. Die Voraussetzung für die Haustierhaltung ist, dass wir Tiere fair behandeln, indem wir die Kontrolle über sie übernehmen. Die meisten Entscheidungen im Leben unseres Lieblings werden von uns getroffen – was sie essen, welche anderen Tieren sie begegnen, ob sie ihre Testikel behalten und ob sie Sex haben. Häufig entscheiden wir auch, wann sie sterben.

In einer Hundeschule in San Francisco traf ich eine Frau mit einer

Rettungshündin aus Guatemala. Sie waren auf merkwürdige Weise zusammengekommen: Die Frau wollte sich eigentlich einen Rassehund zulegen, erlitt bei einem Autounfall eine Gehirnerschütterung und entschied sich schließlich für einen Mischling. »Ich war nicht ganz bei mir«, erklärte sie mir. So kam die Rettungshündin aus Guatemala nach San Francisco, wo für sie ein neues Leben mit Strandspaziergängen, Leckerli und bedingungsloser Liebe begann. Ich fragte, ob die Hündin sich jetzt nicht wie im Himmel fühlen musste. »Ja, absolut«, sagte die Besitzerin. »Ihr Leben ist besser als meins. Heute morgen waren wir am Strand, und sie hat mit drei Freunden gespielt.« Dann zögerte sie. Eigentlich sei es die Hündin aus Guatemala gewesen, die gerettet wurde. »Aber sie hat auch mich gerettet«, sagte sie. Ich hätte beinahe gebellt, um meine Zustimmung auszudrücken. Sie hatte recht: Unsere Tiere retten uns, nicht umgekehrt.

In San Francisco hat ein Tierschutzaktivist mit dem passenden Namen Elliot Katz in den 1990er-Jahren den Vorschlag gemacht, dass die Behörden Haustiere als »tierische Begleiter« und Haustierbesitzer als »Tierbeistand« bezeichnen sollten, um der Unterdrückung der Tiere ein Ende zu machen. Als spottlustigem Engländer fällt es mir schwer, mich selbst als Tierbeistand zu bezeichnen. Doch die Idee des Beistehens weist in die richtige Richtung – wir sollten die Interessen unserer Tiere wahrnehmen, unsere eigenen Wünsche hintanstellen und auf hässlich-niedliche Züchtungen, geklonte Hunde oder überhaupt auf einen Hund verzichten, wenn wir nicht genug Zeit haben, um uns um ihn zu kümmern. Wenn wir unsere Hunde durch ihr Leben begleiten, anstatt zu erwarten, dass sie sich an unseres anpassen, werden wir ihr Wohlergehen ernster nehmen. Wenn Sie Tiere lieben, sollten Sie nicht 499 US-Dollar für prothetische Hundetestikel ausgeben. Wenn wir mehr darüber nachdenken würden, wie man Hundepopulationen anders regulieren kann, bräuchten Sie ihren Hund gar nicht erst zu kastrieren.

Unser Beistand könnte dazu führen, dass unsere Leben sich weiter annähern und wir unsere Hunde ins Büro mitnehmen, oder vielleicht auch nicht. Es würde sicherlich bedeuten, dass wir die Hundezucht nach und nach aufgeben, und die Hunde wieder eine gesunde Gestalt annehmen. Forscher haben Gengruppen isoliert, die den Charakter von Hunden beeinflussen; man könnte Züchtungen zulassen, die Persönlichkeitsmerkmale begünstigen, die den Hunden die Anpassung an die moderne Welt erleichtern, anstatt ihr Aussehen zu verändern. Außerdem sollte wir weniger Hunde über Tag zuhause einsperren. In Schweden sind die Hundebesitzer per Gesetz dazu verpflichtet, alle sechs Stunden mit ihrem Hund Gassi zu gehen. In Großbritannien verlangen einige Tierheime, dass man mindestens einmal pro Woche zuhause arbeitet, wenn man einen Hund adoptieren will (was vor der Corona-Pandemie eine schwierigere Anforderung war). Wir sollten Hunde nicht länger als modische Accessoires ansehen, und uns stattdessen fragen, ob wir sie wirklich in unser Leben integrieren können.

Viele Menschen, die sich mit Haustieren beschäftigen, verstehen auch, welchen Einfluss sie auf die Umwelt haben. »Irgendwann müssen wir darüber nachdenken, wie viele Raubtiere auf einem Stück Land leben können«, sagte der Hundetrainer Francis zu mir. »Wir müssen mehr mit unserem Hund unternehmen, anstatt uns mehr Hunde anzuschaffen.«

Der Anthropologe Brian Hare, der faszinierende Studien über das Verhalten von Hunden durchgeführt hat, sagt nur halb im Spaß: »Ich würde meine Kinder niemals ohne Hund aufwachsen lassen.« Doch angesichts der Umweltbelastung stimme ich Francis bei – wir brauchen weniger, nicht mehr Haustiere. Nicht jede Wohnung oder jeder Lebensstil ist geeignet. Nicht jede Familie braucht ein eigenes Tier. (Und nicht jede Familie will einen Hund. Für manche Muslime gilt der Speichel eines Hundes als unrein. Auf der arabischen Halbinsel kommen 1 bis 2 Hunde auf 1000 Menschen, in Nordamerika dagegen 240 auf 1000).

Auch über andere Tiere müssen wir nachdenken. Bei Kognitionstests werden Hunde meistens gut behandelt – die Forscher spielen mit ihnen, geben ihnen Leckerli und nehmen sie mit nach Hause (ganz abgesehen davon, dass Hunde als domestizierte Tiere an die menschlichen Welt gewöhnt sind). Vielleicht könnten wir auch anderen Tieren auf ähnliche Weise entgegenkommen, und vielleicht würden wir dann ihre Fähigkeiten besser verstehen. Der amerikanische Aktivist Henry Spira sagte, er habe angefangen, sich für Tierrechte zu interessieren, als er die Katze seiner Freundin hütete: »Ich fragte mich, wie es zusammengehen konnte, dass wir mit einem Tier kuscheln, während wir ein anderes mit Messer und Gabel bearbeiten.«

Die Verbindung zwischen Haustierhaltung und Veganismus ist interessant. Einerseits sollten Tierhalter unbedingt vegan leben. Die Emotionen von Hunden und Nutztieren unterscheiden sich nicht wesentlich voneinander. Vor die Wahl gestellt, sagten zwei von fünf Menschen, sie würden eher ihr Tier retten als einen ausländischen Touristen. Wenn Sie denken, das Leben eines Hundes sei mehr wert als das eines Fremden, wieso kommen Sie dann nicht zu dem Schluss, dass das Leben eines Schweins mehr wert ist als Ihre Geschmacksknospen? Wenn Sie gewillt sind, tausende Dollar für Tierarztrechnungen auszugeben, wieso können Sie dann nicht ein paar Stunden erübrigen, um sich über Massentierhaltung zu informieren? Andererseits ist es schwierig für Hunde- und Katzenhalter, vegan zu leben, wenn ihre Tiere nach Fleisch verlangen. Es gibt bereits Hersteller von veganem Hundefutter, die versuchen, an den Erfolg von Impossible Foods und Beyond Meat anzuknüpfen. Katzenhalter und Hundehalter, die sich nicht für veganes Hundefutter entscheiden, müssen mit diesem Widerspruch leben.

Den Leuten vorzuschreiben, sich keine Hunde oder Katzen zuzulegen, ist beinahe so zwecklos und gemein, wie ihnen zu sagen, sie sollten keine Kinder bekommen. Über Haustiere (und sogar über Kinder) lässt sich viel Gutes sagen. Doch wir sollten zumindest versuchen, die Nachteile zu kompensieren. Eine der interessantesten Erkenntnisse aus den Studien über die von Katzen getöteten Vögel ist, dass der größte Schaden nicht von Hauskatzen angerichtet wird. In einer US-amerikanischen Studie wurden zwei Drittel der Tötungen

»herrenlosen« Katzen zugeschrieben, wie Wildkatzen und Katzen, die frei herumlaufen und von mehreren Menschen gefüttert werden. In Australien entfielen vier Fünftel der Tötungen auf Wildkatzen. Entsprechend leben über die Hälfte der domestizierten Hunde weltweit ohne Halter, beispielsweise als Straßenhunde. (Sie finden immer ausreichend Futter; in den ländlichen Gebieten von Simbabwe ernähren sie sich zu einem Fünftel von menschlichen Exkrementen). Wenn die Haltung von Haustieren uns tatsächlich dazu inspirieren würde, uns mehr um die Tierwelt zu kümmern, könnten wir damit anfangen, uns Gedanken darüber zu machen, was mit den wildlebenden Hunden und Katzen geschehen soll – die schließlich dieselben Gene besitzen wie unsere Lieblinge.

Kürzlich hat ein australisches Forscherteam vorgeschlagen, einen Aufpreis von 0,6 Cent auf Hundefutter zu erheben, um damit die Erhaltung der wildlebenden Dingos (die von domestizieren Hunden abstammen) zu finanzieren, die häufig getötet werden, weil sie Nutzvieh reißen. Eine solche Steuer würde uns daran erinnern, dass Haustiere Kosten verursachen und dass sie nicht das gesamte Tierreich repräsentieren.

Das gab es schon einmal. Im 18. Jahrhundert befanden einige Politiker, dass es in Großbritannien zu viele Hunde gebe. Sie beschwerten sich darüber, dass die Hunde eine Gefahr für die Gesundheit darstellten (beispielsweise durch Tollwut), Nahrung an sie verschwendet wurde (besonders im Fall von Missernten), und sie die Wilderei beförderten (weil arme Hundebesitzer das Hochwild der Adligen erlegten). Es gab Meinungsverschiedenheiten darüber, welche Hunde das Problem waren – die von armen Leuten, die ihr Geld lieber für sich selbst ausgeben sollten, oder die von reichen Leuten, die dem Luxussport der Jagd nachgingen.

Ein Vorschlag: Wie wäre es, wenn die Haustierbesitzer für jeden Euro, das sie für ihr Tier ausgeben, einen weiteren Euro für Wildtiere spenden würden? Wenn die Hundebesitzer die Wiederansiedlung von Wölfen unterstützten, und die Katzenbesitzer für den Schutz von

Wildkatzen, Luchsen und Tigern aufkämen? Sie könnten die Extrakosten über ihre Haustierversicherung begleichen.

Wir müssen über unsere Haustiere als Teil eines Systems nachdenken. Die Philosophin Clare Palmer ist der Ansicht, dass jeder, der sich an einem Haustier erfreut, auch die Pflicht hat, Abhilfe für die dadurch entstehenden Nachteile zu schaffen. Indem wir die Hundehaltung zulassen, akzeptieren wir auch, dass manche Hunde schlecht behandelt werden. Sogar wenn wir selbst nur die besten Züchter frequentieren, verleitet die weltweite Nachfrage nach Hunden andere dazu, Welpen aus Massenzucht zu kaufen. Palmer nennt als Beispiel einen Katzenhalter, der ausgesetzte Katzenjunge in einer Mülltonne findet – diese Person ist verpflichtet, einzugreifen, weil sie oder er selbst von Katzen profitiert hat. Ich möchte diese Idee noch weiter fassen: Als Hunde- und Katzenhalter haben wir die Verpflichtung, uns für die Artenvielfalt einzusetzen.

Wir können damit in unserer Umgebung anfangen. Indem wir die Tiere vor unserer Haustür wertschätzen, können wir etwas gegen die »Auslöschung der Erfahrung« unternehmen, die der Schmetterlingsforscher und Autor Robert Michael Pyle beschreibt: Jede neue Generation interagiert zunehmend weniger mit der Natur, weshalb immer größere Teile von ihr in Vergessenheit geraten. Auf Londons Straßen wimmelte es früher von Schweinen, Hühnern, Kühen und Pferden. Heute sind diese domestizierten Tiere weitgehend aus unserem Blickfeld verschwunden, und im vergangenen Jahrhundert haben sich stattdessen wilde Füchse in den Städten ausgebreitet. Die Anwesenheit der Füchse hat etwas Magisches – wenn man von den Nachteilen wie umgeworfenen Mülltonnen und lautem Brunftgeheul absieht. In den Städten lässt sich mittlerweile eine erstaunliche Artenvielfalt beobachten, wenn wir nur genau hinschauen. In Melbourne, Australien, wurden in den vergangenen zwanzig Jahren 239 Vogelarten, darunter einige gefährdete Exemplare, und über 1500 Insektenarten gezählt. Melbourne bemüht sich, die Natur zu den Menschen zurückzubringen, wie es den Völkern der Kulin Nation entspricht, die das Land bewohnten, bevor die europäischen Siedler kamen. (Die Umweltschäden, die durch Hunde und Katzen entstehen, werden dabei leider nicht berücksichtigt.)

Städte sind neuartige Lebensräume, an die auch die Menschen evolutionär nicht angepasst sind. Trotz des Lärms und des Verkehrs können Tiere hier ausreichend Futter finden, und die Zahl ihrer Fressfeinde ist geringer. Präriekäuze haben sich aus den Steppen Amerikas in die urbanen Gebiete verbreitet; Eulen, die in der Stadt leben, sind weniger menschenscheu. Die Arten, die sich am besten anpassen können, sind nicht unbedingt die zahmeren – die den Menschen weniger aus dem Weg gehen –, sondern diejenigen mit einer größeren Variabilität an Individuen. Diese Variabilität bewirkt, dass zumindest einige Individuen sich an die neue Umgebung anpassen können. Ein größeres Gehirn, im relativen Verhältnis zur Körpergröße, scheint auch hilfreich zu sein (obgleich die Stadtfüchse kleinere Gehirne als ihre wilden Verwandten haben, vielleicht weil es weniger Mühe macht, aus einer Mülltonne zu fressen als Beute zu jagen).

Wir sollten unsere Städte nicht nur für Hunde, sondern für alle Wildtiere bewohnbar machen. In unseren Gärten können viele Insektenarten leben, wenn wir aufhören, Pestizide zu versprühen und unseren Rasen kürzer zu schneiden als die Haare eines Armeerekruten. Als ich Schwärme von fliegenden Ameisen in unserem Garten entdeckte, war meine erste Reaktion – die noch aus meiner Kindheit stammte –, einen Kessel heißes Wasser zu nehmen und sie loszuwerden. (Diese Schwärme sind so groß, dass man sie auf dem Radar des britischen Wetterdienstes vom Weltraum aus sehen kann.) Tiere zu lieben bedeutet auch, die unangenehmeren Exemplare zu akzeptieren.

Nach den Katzen sind die größten Vogelmörder in den Vereinigten Staaten und Kanada vermutlich: Gebäude. Hunderte Millionen Vögel sterben jedes Jahr, weil sie mit Gebäuden kollidieren – darunter auch Kolibris, Drosseln und viele gefährdete Zugvogelarten. Es sind mindestens elf Vögel jede Sekunde. Für Architekten stellt Glas das ultimative moderne Baumaterial dar, aber Vögel können es nicht sehen.

Sie sterben an Gehirnblutungen oder weil sie sich den Schnabel oder die Flügel verletzen, wodurch sie zu einer leichten Beute für Katzen oder Füchse werden.

Das scheint so gut wie niemanden zu kümmern. Michael Mesure hat eine Theorie dazu. Im Frühjahr 1989 war er der Besitzer einer Kunstgalerie und eines Antiquariats in Ontario, Kanada, als er von einem Freund von den Vögeln erfuhr, die im Finanzdistrikt von Toronto mit Gebäuden kollidierten. Mesure brach frühmorgens auf, um sich selbst ein Bild zu machen. »Die Bürgersteige waren von toten Vögeln übersät«, erinnert er sich. Doch bis die Angestellten zur Arbeit kamen, hatten Möwen, Ratten und die Müllabfuhr die Straßen gesäubert, sodass niemand etwas bemerkte. Er vermutet, dass viele Vögel, die angeblich Katzen zum Opfer gefallen sind, vorher mit einem Gebäude kollidierten. »Unsere Gebäude sind nicht absichtlich so gestaltet, dass sie Vögel töten. Das heißt aber nicht, dass wir uns nicht darum bemühen sollte, Abhilfe zu schaffen.«

Mesure gründete die Organisation Fatal Light Awareness Program (FLAP) und gab schließlich sein Geschäft auf, um sich für vogelfreundliche Gebäude einzusetzen. Freiwillige Mitarbeiter von FLAP haben 172 verschiedene Arten unter den getöteten Vögeln identifiziert, darunter auch Mesures Lieblingsvogel, den Fichtenwaldsänger, der einen orangen Kopf hat und sich besonders gern in Baumspitzen aufhält. »Wenn man sich die verschiedenen Wildtiere anschaut, scheinen Vögel zwar die meiste Aufmerksamkeit zu bekommen, aber gehandelt wird nur selten. Vögel sind eben nicht niedlich und knuffig«, sagt Mesure. »Die Leute glauben tatsächlich, dass sie Krankheiten übertragen, was nicht stimmt.« Sogar Vogelbeobachter sind mehr damit beschäftigt, ihre Listen abzuhaken, als den Vögeln zu helfen. »Sie engagieren sich am wenigsten für unser Anliegen.«

FLAP strengte Klagen gegen Immobilienbesitzer an, und 2013 brachten die Anwälte ein einfallsreiches Argument vor: In Ontario gilt Lichtstrahlung als Schadstoff, daher verursachen reflektierende Fenster Umweltverschmutzung. Wir können nur vermuten, dass der Richter ein Vogelliebhaber war, denn er ließ das Argument gelten. Theoretisch können Immobilienbesitzer in Ontario damit für die Tötung von Zugvögeln haftbar gemacht werden. In der Praxis wurde noch niemand deshalb belangt. »Die Naturschutzbehörde scheut sich, ein Gesetz durchzusetzen, das von allen gebrochen wird«, sagte Mesure. Dennoch ist Toronto die erste Stadt weltweit, in der vogelfreundliche Baustandards eingeführt wurden. Mesure bereut es nicht, dass er sein Leben dieser Sache gewidmet hat: »Ich werde weitermachen bis zu meinem letzten Atemzug.«

Haustiere sprechen unseren Beschützerinstinkt an, unser Bedürfnis, gebraucht zu werden. The Dodo, der sich mit seinen viral gehenden Videoclips für die Anliegen der Tiere engagiert, hat beobachtet, dass die erfolgreichsten Geschichten Überschriften haben wie »85-Pfund schwerer Hund will nur kuscheln«, und »Das kleinste Alpaka der Welt lebt in einem Haus«. Zugvögel scheinen uns weniger zu brauchen. Sie sind kein Ersatz für Hunde und Katzen. Doch wenn wir uns als Tierfreunde betrachten, müssen wir beide berücksichtigen. Ein Effekt des Lockdowns ist, dass Hausbewohner häufiger hören, wie Vögel gegen ihre Fenster fliegen, und sich fragen, was passiert ist. Feather Friendly, eines von mehreren Unternehmen, das vogelabschreckende Folien für Fenster herstellt, sagt, seine Absatzzahlen hätten sich vervielfacht.

Eines Morgens, als meine Töchter und ich zum Frühstück herunterkamen, fanden wir ein totes Amselküken neben der Katzenklappe. Das Küken war kleiner als meine Handfläche, es kann kaum flügge gewesen sein. Fast das ganze Innere seines Körpers war sichtbar, die dünnen weißen Federknochen, die gelben Eingeweide, das rote, zerrissene Fleisch. Nur die Augen waren hinter gelben Lidern verborgen. »Warum hat Crumble den kleinen Vogel gebissen?«, fragte Eliza.

Ich wusste nicht, was ich sagen sollte. Wahrscheinlich hatte der kleine Vogel einen grässlichen Tod. Die Haut an seinem Kopf war blutig. Überall in der Küche und im Flur lagen Federbüschel. Die wenigen ganzen Federn waren kaum länger als einen Daumen breit. In welchem Moment hatte er die Augen geschlossen? Erst ganz am

Ende, oder schon zu Anfang? Ich legte den Vogel in den Garten, wo die Wespen ihn sofort umschwirrten. Eliza gab Crumble einen Löffel Katzentrockenfutter. Ich beschloss, Crumble zu trainieren, um ihr die Jagdlust abzugewöhnen. Ich dachte, eine Spende an den Tierschutzverein würde meine Schuldgefühle besänftigen.

Ich hatte mir noch nie eine Amsel so genau angesehen. Sich um einen Hund oder eine Katze zu kümmern, kostet Mühe und Geld. Sie beanspruchen unsere Aufmerksamkeit. Wir verbringen so viel Zeit mit ihnen, dass wir die Wunder der gesamten Tierwelt nicht mehr wahrnehmen. Wir handeln, als seien domestizierte Tiere das Ultimum, und damit vergrößern wir nur den Druck, den wir auf die natürlichen Systeme ausüben. Deshalb müssen wir Wege finden, um mit Tieren zu interagieren, ohne sie zu besitzen.

Meine Töchter sind mit Crumble aufgewachsen und haben sie schon bald als Familienmitglied betrachtet. Aber ich hoffe, dass sie verstehen werden, dass es nicht nur um Haustierhaltung geht. Die Zahl der Arten, die davon profitieren, ist verschwindend gering. Tiere zu besitzen, birgt das Risiko, dass wir unserem Egoismus nachgeben. Wir sollte zu Gefährten werden, anstatt Besitzer zu sein. Wir sollten die Umwelt und die Gemeinschaft der Tiere in größerem Zusammenhang betrachten. Wir sollten darauf achten, dass unsere Tierliebe nicht bei unseren Haustieren beginnt und endet.

8. Gott spielen

Die Herrschaft des Sapiens hat bisher wenig hervorgebracht, auf das wir stolz sein können … haben wir etwa das Leid in der Welt vermindert?
Yuval Noah Harari

Tiere zu lieben kann nur im Rahmen des Möglichen sinnvoll sein. Im Westen sind die meisten Menschen gegen die Waljagd, weil wir wissen, dass wir darauf verzichten können. Wir brauchen weder Waltran noch Walfleisch. Aber eigentlich brauchen wir auch kein Rindfleisch und kein Leder. Zukünftige Technologien könnten unser Denken noch weiter verändern. Ich bin heute Ende dreißig: Als ich geboren wurde, schmeckten Fleischersatzprodukte noch scheußlich, Sojamilch gab es fast nur in Pulverform, und der Klimawandel war noch nicht zum Notstand geworden. Neue Technologien und wissenschaftliche Erkenntnisse haben Veränderungen angestoßen, auch im Hinblick darauf, was wir vernünftigerweise von den Menschen erwarten können. Noch gibt es keine klimafreundlichen Linienflugzeuge, doch eines Tages könnte es so weit sein, und es gäbe keinen Grund mehr für das, was die schwedischen Umweltschützer *flyskam* nennen – Flugscham. Unser Verhältnis zu Tieren verändert sich ebenfalls ständig. Deshalb begann ich darüber nachzudenken, wie die Entwicklungen, die meine Töchter erleben werden, dazu führen könnten, dass wir Tiere fairer behandeln.

❖

Carol Gurney, die in den Hügeln von Los Angeles lebt, kommuniziert mit Hunden. Eigentlich nicht nur mit Hunden, sondern auch mit Pferden, Katzen, Walen – und kürzlich auch mit einem Afrikanischen Elefanten.

»Ich bin mir über meine eigenen Gefühle erst bewusst geworden, nachdem ich Tieren begegnet bin«, sagt sie. »Mir schien es, als wollte ich meine Gefühle *denken* anstatt sie zu *fühlen.* Die Tiere haben mir dabei geholfen, ein vollständiger Mensch zu werden.«

Gurney ist eine straffe, elegante Frau Anfang siebzig. Sie sitzt auf einem pinken Sofa, umgeben von Miniaturbuddhas, und auf dem Couchtisch steht ein gerahmtes Foto ihres verstorbenen Hundes Spirit. Aber man sollte keine voreiligen Schlüsse ziehen. Gurney betont, dass sie nie ein »abgehobener Mensch« gewesen sei. Sie wurde von Nonnen erzogen und hat früher in der Personalabteilung einer Werbeagentur gearbeitet. »Ich komme aus New York, ich bin ein Alphatier!«

Gurney könnte heute noch dort arbeiten, wenn ihre Katze nicht angefangen hätte, überall im Haus ihr Geschäft zu verrichten. Ein »Tierkommunikator« interpretierte dieses Verhalten als Zeichen dafür, dass es Probleme in Gurneys Ehe gab. Gurney ließ sich scheiden, und anschließend wurde sie selbst zur Kommunikatorin. Man stellte ihr ein Pferd namens Timmy vor, das Narkolepsie entwickelt hatte. Timmys Besitzer wollte ihn einschläfern lassen. Gurney nahm Timmy beiseite und erfuhr, dass das Pferd untröstlich über das Verschwinden eines anderen Pferdes war, das auf derselben Weide gelebt hatte. Dieses Pferd war eingeschläfert worden, und der Tierarzt hatte dafür gesorgt, dass Timmy dabei nicht anwesend war.

»Ich habe mich bei ihm entschuldigt und ihm gesagt: ›Es tut mir so leid, dass keiner dir etwas gesagt hat, und dass du dich nicht verabschieden konntest‹ … Von ihm habe ich gelernt, wie man mit Tieren in Verbindung tritt. Mit anderen Menschen habe ich diese Art von

Verbindung – oder Liebe – nie gespürt.« So viel zu ihrem Ex-Ehemann.

Seit jeher gibt es Menschen, die behaupten, sie hätten eine besondere Fähigkeit, die es ihnen erlaubt, mit Tieren zu sprechen. Temple Grandin forscht an der Colorado State University und hat mit ihren Entwürfen für Viehhaltungs- und Transportanlagen Pionierarbeit in der Verbesserung von Massenzuchtbetrieben geleistet. Grandin sagt, ihr Autismus helfe ihr dabei, mit Tieren zu kommunizieren, weil Tiere auch visuell denken; ihre Entwürfe orientieren sich an der Perspektive der Tiere. Der kalifornische Pferdeflüsterer Monty Roberts schwor sich, Pferde besser zu behandeln als sein Vater, der sie (und auch Monty) geschlagen hatte. Er sagt, indem er ihre Körpersprache lese, könne er sie dazu bringen, Aufgaben nicht nur auszuführen, sondern sie auch ausführen zu wollen.

Gurney ist überzeugt, dass Tiere telepathisch mit uns kommunizieren. Sie können uns sagen, wann sie bereit sind, eingeschläfert zu werden, und uns auch aus dem Jenseits noch mitteilen, wie sie sich fühlen. Das Gurney Institute of Animal Communication, dass Gurney von zuhause aus betreibt, ist das einzige Institut weltweit, dass professionelle Tierkommunikatoren ausbildet. »Tiere sind überhaupt nicht anders als wir. Sie haben dieselben Emotionen. Zufällig stecken sie in einem anderen Körper, das ist alles«, sagt Gurney und klingt dabei ganz vernünftig.

Sie glaubt, dass man mit jedem Tier kommunizieren kann – innerhalb bestimmter Grenzen. Penelope Smith, eine der berühmtesten Tierkommunikatorinnen, hat einmal versucht, mit Fliegen zu sprechen. »Alles, was sie zu hören bekam, war »fressen, fressen, fressen«. So sah es im Bewusstsein der Fliege aus.«

Ich muss an Crumble denken, die zigtausend Meilen weit weg ist. »Was Sie auch immer über ihre Katze denken, sagen Sie es ihr«, sagt Gurney. Aber wenn Tiere telepathisch sind, weiß sie dann nicht sowieso, was ich denke? »Glauben Sie wirklich, die Tiere sind andauernd nur mit uns beschäftigt? Das wäre doch sehr ermüdend für sie.«

Ich verließ die Hügel von Los Angeles, ohne von der Telepathie überzeugt worden zu sein. Als ich am Abend versuchte, mit Crumble zu kommunizieren, passierte gar nichts. Allerdings sagen einige Kunden und sogar Tierärzte, dass Tierkommunikatoren häufig Probleme diagnostizieren, die ihnen entgangen sind. Vielleicht wird die Forschung eines Tages klären können, warum das so ist, oder ob wir es uns nur einbilden.

Ich interessierte mich aus einem anderen Grund für Gurneys Arbeit. Instinktiv versuchen wir herauszufinden, was unsere Haustiere fühlen; wenn es uns nicht gelingt, sind wir frustriert. Während meiner Recherchen zu Tieren – egal, ob es Haustiere, Zuchttiere, Zootiere oder Wildtiere waren – war ich in eine Sackgasse geraten. Was fühlen Tiere wirklich? In den meisten Fällen wissen wir es nicht. In einem Cartoon von Gary Larson hat ein Professor einen Hundesprachendekoder erfunden, der ihn als ersten Menschen dazu befähigen soll, zu verstehen, was bellende Hunde eigentlich sagen. Die Maschine verrät es ihm: »Hey! Hey!«

Doch die Idee, die Sprache der Tiere zu entschlüsseln, ist gar nicht so abwegig. Die Psychologin Diana Reiss vom Hunter College in New York versucht seit Jahrzehnten, die Laute von Delfinen und Elefanten zu entschlüsseln und Interfaces einzurichten, mit deren Hilfe sich verschiedene Spezies verständigen können. In den letzten zehn Jahren hat sie mit anderen Forschern zusammengearbeitet, die sich mit der Kommunikation von Tieren beschäftigen, mit Technikern und mit Peter Gabriel, dem ehemaligen Sänger von Genesis. Gabriel war tief bewegt, als er sich einmal zusammen mit Panbanisha, einem Bonobo ohne jegliche musikalische Vorbildung, ans Keyboard setzte. Ihr gemeinsames Projekt bezeichnen sie selbstbewusst als »Interspecies Internet«.

Unsere derzeitige Kommunikation mit Tieren ist vor allem intuitiv, fragmentarisch und unwissenschaftlich. »Wir kommunizieren bereits mit anderen Lebewesen, aber nur auf einem niedrigen Level und völlig subjektiv«, sagt Reiss. Daher fällt es uns leicht, den Tieren, die wir gut kennen, bestimmte Emotionen zuzuschreiben, die wir bei anderen Tieren, die wir weniger freundlich behandeln, wie Nutz- und Zootiere, einfach ignorieren.

Es gibt Menschen, die andere Lebewesen trainieren – Delfine, Hunde und Pferde. Doch das interessiert Reiss nicht. Das Interspecies Internet soll nicht dazu dienen, anderen Lebewesen Anweisungen zu geben – sie will ihnen vielmehr die Kontrolle überlassen. »Wir geben ihnen eine Stimme, damit sie uns sagen können, was sie wollen«, sagt Reiss. Sie hat eine Unterwasser-Tastatur mit Symbolen entwickelt, mit deren Hilfe Delfine in einem Aquarium um Fisch, einen Ball oder einen Rückenkrauler bitten können, indem sie ihre Nase gegen einen gläsernen Touchscreen pressen. Sie können damit auch ein Spiel spielen, das »Hau-den-Fisch« heißt. Andere Forscher haben ein Interface entwickelt, bei dem Pferde an einem Hebel ziehen können, wenn sie eine Decke brauchen. Was würde geschehen, wenn man einem Oktopus Zugang zu einem Touchscreen ermöglichen würde? Oder wenn man einsame Zooelefanten mit anderen Elefanten verbinden könnte? Ein solches Gerät – das natürlich Elefon heißt – ist ethisch gesehen etwas heikler: Es ist unklar, ob die Elefanten es annehmen oder davon profitieren würden. Wenn Sie in einem Krankenhaus liegen, wollen Sie dann mit einem Fremden aus Südafrika telefonieren?

All das ist ein langwieriger Prozess. Reiss begann Anfang der 1980er-Jahre mit ihrer Forschung. Die Keyboard-Session von Gabriel und Panbanisha fand im Jahr 2000 statt (ihre beste gemeinsame Arbeit war, nach Gabriels Aussage, »ein trauriges Stück in A-Moll«). Mittlerweile stehen den Forschern zumindest Computer zur Verfügung, mit denen sie Muster in den Aufzeichnungen von Wal-, Delphin- und Vogellauten aufspüren können, die aussagekräftiger sind als das, was der Professor in dem Larson-Cartoon erfährt. Doch das Forschungsfeld ist noch klein und besteht nur aus einigen wenigen Pionieren, wie Reiss und der Papagei-Expertin Irene Pepperberg, von denen einige bereits im Rentenalter sind. Und ihr Wissen kann auch verloren gehen: Pepperberg, die einen Graupapagei namens Alex besaß, der fünfzig Objekte, ihr Material und ihre Farbe bezeichnen konnte, hat die meisten ihrer Videoaufzeichnungen verloren, als ihr Keller überschwemmt wurde.

Dennoch besteht die Hoffnung, dass es den Forschern mithilfe von Aufnahme-Sets gelingt, Sprachmuster zu entdecken und sie zu reproduzieren, um mit anderen Spezies kommunizieren zu können. Das wäre wie die Entdeckung des Rosettasteins oder wie ein Google-Übersetzungstool für die Tierwelt. »Es gibt keinen Grund, warum es nicht möglich sein sollte, sich mit Buckelwalen über Fische zu unterhalten. Wir müssen uns dabei natürlich auf sie einstellen«, sagt die Astrophysikerin Laurance R. Doyle, die die Gesänge der Buckelwale erforscht, um dadurch zu Erkenntnissen zu gelangen, die bei der Suche nach außerirdischer Intelligenz helfen könnten. Ein Problem besteht darin, die Laute unterschiedlicher Tiere auseinanderzuhalten: Afrikanische Elefanten vokalisieren, ihre Laute überlappen sich mit denen anderer Elefanten. Wie auf einer gut besuchten Cocktailparty ist es schwierig, eine individuelle Stimme auszumachen.

Wenn Tiere ihre Bedürfnisse auf eine Weise ausdrücken könnten, die für uns verständlich ist, wären wir in der Lage, sie in Gefangenschaft besser zu behandeln. Wir könnten ihnen Schmerzmittel, Futter und Anregung anbieten, wie könnten die Temperatur ihrer Umgebung regeln und Dinge entfernen, die ihnen Angst machen. Massentierhaltungsbetriebe und Zoos könnten zu angenehmeren Orten werden. Das Interspecies Internet könnte mehr Menschen dazu bewegen, industrielle Tierzucht und Zoos gänzlich abzulehnen.

Oder vielleicht auch nicht. Sklavenbesitzer sprachen dieselbe Sprache wie ihre Sklaven; es hinderte sie nicht daran, sie grausam zu behandeln. Bei nicht menschlichen Lebewesen tritt eine konzeptuelle Lücke auf: Sie können einen Delfin, der im Aquarium lebt, nicht fragen, ob er lieber zurück ins Meer will, oder ein Schwein, ob es ein gutes Leben hat. Die Tiere haben keine Vorstellung von der Alternative. Selbst wenn wir hören könnten, was die Tiere sagen, werden wir nie sicher wissen, was das Beste für sie ist. Wir werden uns um mehr Mitgefühl bemühen müssen. Was wir bereits mit ziemlicher

Sicherheit feststellen können, ist, dass es Elefanten besser geht, wenn sie nicht in Zoos leben, und dass Lachse auf Zuchtfarmen ein elendes Dasein führen. Warum also noch warten, bevor wir etwas dagegen unternehmen?

Technologie in die Tierwelt zu bringen, wirft fundamentale ethische Fragen auf. Werden Primaten und Delfine in Gefangenschaft durch Computerspiele stimuliert? Es scheint so. Sollten wir wildlebenden Primaten und Delfinen solche Spiele anbieten? Sollten wir sie dazu auffordern, Dinge von uns zu verlangen? Biologen wie Reiss sind dagegen – die Bedingungen ihrer Gefangenschaft zu verbessern ist eine Sache; ihre Lebensumstände in freier Natur zu beeinflussen, eine andere. Ich bin mir nicht so sicher. Neue Technologien haben unser Leben bereichert, daher kann ich mir eine ferne Zukunft vorstellen, in der wir sie auch wildlebenden Tieren zugänglich machen werden. Außerdem wissen wir, dass auch wildlebende Tiere Schmerz empfinden. Daraus ist ein noch ambitionierteres technisches Vorhaben entstanden.

❖

David Pearce beeilt sich, zwei Dinge klarzustellen: Er nimmt keine halluzinogenen Drogen und er will keinesfalls alles Leben auf der Erde auslöschen. Die meisten Menschen, die ich getroffen habe, hatten nicht das Bedürfnis, mich explizit darauf hinzuweisen. Doch Pearces Ideen sind so ausgefallen, dass er so normal wie nur möglich wirken will. Man könnte vielleicht sagen, dass er den »Animal Test« konsequent zu Ende gedacht hat.

Pearce hat einen Weg in eine Welt aufgezeigt, in der Wildtiere frei von Schmerzen leben könnten. Er behauptet, nicht zu Unrecht, dass das Leben in der Wildnis für die meisten Kreaturen »armselig, brutal und kurz« sei. »Verhungern ist eine natürliche Todesursache«, sagt er, als wir uns in Brighton zu einem veganen Mittagessen treffen. Gazellen werden von Löwen in Stücke gerissen, Pinguinküken erfrieren, und selbst Raubtiere müssen um ihre wenige Beute kämpfen. Viele Tiere sind von Parasiten befallen, die Juckreiz, wenn nicht Schlimmeres auslösen. Die Evolution selektiert, damit die Spezies überlebt, das Wohlbefinden einzelner Exemplare spielt dabei keine Rolle. Die natürliche Selektion ist keine Garantie für ein glückliches Leben.

Auch wenn man weiß, dass die Natur grausam ist, erschreckt es einen doch, wenn man es mitansieht. Einmal haben Eliza und ich am See im Park einige junge Gänse entdeckt. Ich wollte ein Foto von ihr mit den Gänseküken machen. Als ich gerade den Auslöser drücken wollte, flog eine Krähe von links ins Bild und krallte sich eines der Gänslein. Ich war entsetzt. Eliza hatte nichts mitbekommen – sie hatte zu mir hingeschaut. Ich erzählte ihr nicht, was passiert war, doch es war das erste Mal, dass ich mir wünschte, meine Tochter würde mich trösten. Plötzlich erschien mir das Foto nicht mehr so gelungen. Ähnlich ergeht es Touristen, die dabei zusehen wollen, wie Raubtiere in der afrikanischen Savanne ihre Beute erlegen, und dann schockiert darüber sind, wie lange sich deren Tod hinzieht. In den Anfangszeiten des Londoner Zoos beschwerten sich die Besucher, unter ihnen auch Charles Dickens, darüber, dass die Schlangen mit lebenden Vögeln und Nagetieren gefüttert wurden.

Damit kommen wir zu einem der schwierigsten Probleme in der Tierethik. Menschen behandeln Tiere grausam, aber ist die Natur nicht viel schlimmer? Jeremy Bentham – der Philosoph, der fragte: »Können Tiere leiden?« – kam zu dem Schluss, dass Fleischverzehr ethisch gerechtfertigt sei, weil die Tiere in der Wildnis ein viel schlimmeres Schicksal erwarte. Die meisten heutigen Tierethiker machen sich keine Gedanken über das Leid wilder Tiere. Kritiker von Massentierhaltung und Tierversuchen in der medizinischen Forschung, wie Peter Singer, sind dem Thema meist ausgewichen. Naturschützer, wie die Unterstützer der Half-Earth-Bewegung, finden es unsinnig, über das Leid wilder Tiere nachzudenken. Wenn wir andere Arten und ihre Lebensräume, die Wälder und die Meere, sich selbst überlassen, haben wir genug getan.

In seinen Schriften hat David Pearce zumindest plausibel gemacht, warum wir das Leid wilder Tiere ernst nehmen sollten. Wenn wir uns um Tiere in Zuchtbetrieben und in Zoos sorgen, können wir dann ignorieren, dass sie auch in freier Wildbahn leiden? Und wenn wir dieses Leid lindern könnten, würden wir uns eines Tages dazu entschließen, es zu tun? Pearce ist nicht ganz auf sich gestellt. Jeff McMahan, der Philosophie an der Oxford University lehrt, will die Menschen ebenfalls dazu bewegen, dieses Leid zu verringern. »Wenn Sie einmal gesehen haben, wie ein verletztes Tier sich quält – es ist schrecklich«, erzählt McMahan mir. »Dieses Leid ist wirklich schlimm. Wenn es zu extrem und langwierig ist, und wir es mit wenig Aufwand verhindern könnten, dann sollten wir das unbedingt tun.«

McMahans These verliert etwas an Überzeugungskraft, wenn man bedenkt, dass es kaum etwas gibt, was wir tun könne, und bestimmt nicht mit wenig Aufwand, um das Leid wilder Tiere zu verringern. Doch Pearce hat bereits einen Aufsatz dazu verfasst, wie man ein Schutzgebiet für Afrikanische Elefanten schaffen könnte, in dem sie für 2 bis 3 Milliarden US-Dollar jährlich von ihrer Geburt bis zu ihrem Ableben versorgt wären. Und das wäre nur der Anfang. In seiner Zukunftsvision gäbe es einen »artenübergreifenden Wohlfahrtsstaat«. »Man muss sich nicht entscheiden, ob man die Welt in einen Zoo verwandeln will oder die grausame Wildnis erhält«, sagt er. »In den Wildtierparks von morgen finden sowohl die Natur als auch die Wildtiere, die wir heute kennen, ihren Platz – aber niemand muss mehr leiden.«

Pearce möchte nahezu alle Arten genetisch umprogrammieren, damit die Tiere sich nicht mehr gegenseitig fressen oder verhungern. Er behauptet, dass es nicht mehr lange dauern wird – vermutlich bis Ende dieses Jahrhunderts –, dank Supercomputern und Nano-Robotern. Seinen Ansatz beschreibt er als »Buddhismus plus Biotechnologie«. Und die Tatsache, dass Baukästen für die Genmanipulation von Bakterien bereits online für unter 200 US-Dollar erhältlich sind, hat ihn noch mehr ermutigt. Mithilfe der *Gene Drive*-Technik, mit der DNS-Sequenzen in die Chromosomen von Tieren eingefügt werden, können veränderte Gene innerhalb der Gesamtpopulation einer Spezies verbreitet werden. »Wir werden darüber entscheiden können, wie viel Leid wir auf der Erde noch zulassen wollen, was es bislang in der Geschichte noch nicht gab«, sagt er. »Auf lange Sicht sollte unser Ziel darin bestehen, die Biosphäre zu zivilisieren. Im Wesentlichen geht es darum, jeden Kubikmeter der Biosphäre zugänglich für Überwachung, Mikromanagement und Kontrolle zu machen … wir müssen uns gut überlegen, wofür wir unsere Macht nutzen wollen.«

Dieser Plan wirkt besonders abwegig, wenn man bedenkt, dass es selbst heute noch Gegenden gibt, in die der Mensch nie einen Fuß gesetzt hat, ganz abgesehen davon, dass wir vieles in der Natur gar nicht gut genug verstehen, um es kontrollieren zu können. Ich bin mir auch unsicher, wer am besten geeignet wäre, um für diese Idee zu werben. Vermutlich ein genialer Milliardär wie Elon Musk oder eine weise Frau wie Jane Goodall. Pearce entspricht nach eigener Aussage keinem dieser beiden Typen. Er ist ein unbeholfener Mann, der sich ständig rechtfertigt und dessen Augenbrauen und Mundwinkel merkwürdig zucken, als würden sie von einer primitiven Animationssoftware gesteuert. »Ich habe ein Grinsen wie ein Dorftrottel«, erklärt er mir unvermittelt. »Eigentlich mehr das eines Schimpansen, der weiter unten in der Rangordnung steht und sagen will: ›Bitte tu mir nicht weh‹, als ein Zeichen innerer Gelassenheit.«

Pearce begann schon als Kind über diese Ideen nachzudenken. Seine Großeltern und seine Eltern waren Vegetarier. »Zu meinen frühesten Erinnerungen gehört der Anblick einer Amsel, die einen Wurm aufpicken wollte. Ich war bestürzt – alles Leben war heilig, und das war furchtbar, und deshalb klatschte ich in die Hände und die Amsel flog davon. Doch dann dachte ich, wenn die Amsel den Wurm nicht bekommt, verhungern ihre Küken. Ja, schon damals hatte ich eine deutliche Vorstellung davon, wie man die Biosphäre neu programmieren könnte.« Einige Jahre später fiel ihm eine Einführung in die Philosophie in die Hände, und er beschloss, fortan ein Utilitarier zu sein und sich der Aufgabe zu widmen, das Leid auf der Welt zu mindern. Er litt an Depressionen, was ihn zu dem Gedanken brachte, dass man das Gehirn künstlich stimulieren könnte, um Glücksgefühle auszulösen, einen Prozess, den man als *wireheading* oder intrakranielle Selbstreizung bezeichnet. (»Die meisten Menschen empfinden *wireheading* als entwürdigend. Aber für jemanden mit einem melancholischen Temperament schien es eine großartige Idee zu sein.«) Er nahm Drogen und schrieb eine Abhandlung darüber, dass MDMA »einen verheißungsvollen Blick darauf ermöglicht, wie wahre geistige Gesundheit in zukünftigen Jahrhunderten aussehen könnte«. (Heute reichen Pearce »zehn oder elf Tassen Kaffee am Tag, dazu noch ein paar Dosen Red Bull«. Was sich auch nicht viel gesünder anhört.) Außerdem betreibt er einen Webhosting-Dienst und spielt gern Mortal Combat auf seinem iPad. Er räumt ein, dass gewalttätige Videospiele ein merkwürdiges Hobby für einen Mann sind, der sich der Abschaffung von Gewalt verschrieben hat, doch zumindest lautet sein Username »Veganpazifist«.

Pearces Philosophie hat es ihm verleidet, die freie Natur genießen zu können. »Ich betrachte eine Katze aus dem Blickwinkel einer Maus«, sagt er. »Wenn ich draußen bin, denke ich an all die furchtbaren Dinge, die sich hier ereignen.« Wie ist es mit Naturdokumentationen, frage ich. »Das gedankenlose Spektakel genieße ich in gewisser Weise, aber ich denke auch an das Leid. Wenn ein verhungernder Königspinguin fünf Sekunden lang gezeigt und dann schnell abgeblendet wird. Das entspricht nicht der Realität – genauso wenig wie die Propaganda in Nordkorea.«

Dokumentarfilmer folgen generell der Regel, sich nicht einzumischen. Als Gesellschaft sind wir nicht verpflichtet, uns daran zu halten. In der Praxis schlägt Pearce Folgendes vor: Die Menschen verändern die Gene von Karnivoren, um sie zu Herbivoren zu machen; *Gene Drives* sorgen dafür, dass sich die modifizierten Gene innerhalb der Gesamtpopulation verbreiten. Genom-Editierung würde auch dazu verwendet werden, die Fruchtbarkeit zu verringern und alle Krankheiten zu eliminieren. Seiner groben Schätzung nach würde die Umsetzung zunächst Milliarden US-Dollar kosten, plus »mehrere hundert Millionen« im ersten Jahr. Wenn das ziemlich vage klingt, dann ist es beabsichtigt. »Man muss gerade so viele Details nennen, dass man glaubwürdig wirkt, aber nicht so viele, dass das Ganze sich zu fantastisch anhört«, sagt Pearce.

Hätten die Menschen keine Einwände? Pearce ist sich darüber bewusst, dass die meisten Menschen die Natur schön finden, auch wenn dort mit Zähnen und Klauen gekämpft wird. Er macht unsere »Voreingenommenheit für den Status quo« dafür verantwortlich. »Heute ist es in Vergessenheit geraten, doch als die Narkose im 19. Jahrhundert eingeführt wurde, gab es etwa 15 Jahre lang heftigen Widerstand gegen diese neumodische Erfindung. Die Vorstellung von einer schmerzfreien Operation war vollkommen utopisch.« (Einige Ärzte sahen Schmerzen als nützliche medizinische Indikatoren an, vor allem bei der Geburt.) »Doch die Leute ließen sich schließlich überzeugen.«

Pearce bittet mich, mir vorzustellen, wir würden eine Zivilisation entdecken, die alles Leid abgeschafft hätte; in der Tiere nur in Wildparks existieren und dort harmonisch zusammenleben würden. »Würden wir diese hochentwickelte Zivilisation dazu drängen, räuberisches Verhalten, Krankheiten, Hunger und all die Schrecken einer darwinistischen Vergangenheit wieder einzuführen? Manche Leute würden vielleicht mit Ja antworten, doch die meisten würden zugeben, dass das verrückt wäre.«

Ich nehme den Zug zurück nach London. Zuhause angekommen, versuche ich, Susie einen Überblick über Pearces Ideen zu geben. »Du meinst, er ist völlig durchgeknallt?«, fragt sie und schaut weiter fern. Mein Kopf sagt mir, dass sie recht hat. Pearces Ideen sind abwegig. Doch dann fällt mir ein, was er zu seiner eigenen Verteidigung angeführt hat: »Einer der Gründe, warum es gut ist, verrückte Ideen zu propagieren, ist, dass es dadurch leichter für andere wird.«

Einige Monate später stoße ich zufällig auf die Wild Animal Initiative, eine Aktivistengruppe, die das Leben von Wildtieren verbessern will, indem sie sie als Individuen und »nicht nur als Teil des Ökosystems« ansieht. Um gefährdete Spezies sorgt sich die Gruppe kaum: Weil diese Arten selten sind, leiden sie insgesamt weniger als beispielsweise Möwen oder Grashüpfer. Dieses Leid wollen sie in erster Linie verringern, indem sie die Fruchtbarkeit der Tiere kontrollieren: bei Arten, die gegenwärtig von Menschen getötet werden, aber auch bei den Arten, deren Nachwuchs miteinander um Ressourcen konkurriert. Die Fruchtbarkeitskontrolle würde die Überlebenschancen jedes einzelnen Tierjungen erhöhen. Für mich klingt das invasiv und aus ökologischer Sicht problematisch. Doch ich kann nicht ausschließen, dass die Menschen in zweihundert Jahren ihre Website zitieren werden, so wie die Tierschützer sich heute auf Jeremy Bentham berufen. In der Praxis versuchen wir tatsächlich, für einige ausgewählte Wildtiere die guten Samariter zu spielen: Das Marine Mammal Center in der Nähe von San Francisco nimmt jährlich 600 Robben, Seelöwen, Otter und andere Tiere auf, darunter auch solche, die von Haien verletzt wurden.

Wie können wir Tiere lieben und dennoch hinnehmen, dass Wildtiere leiden? Möglicherweise ist das Leid, das wir verursachen – durch Massentierhaltung, medizinische Tierversuche und Haustierzüchtungen – schwerer und langwieriger als jenes, dem Tiere in der Wildnis ausgesetzt sind. Auf freier Wildbahn wird ein Keiler niemals in die Situation kommen, so wenig Platz zu haben, dass er sich über Monate oder Jahre nicht einmal umdrehen kann. Wir können davon ausgehen, dass die Tiere, die spielerisches Verhalten zeigen, wie Wildschafe und Robben, ihr Leben genießen. Anders gesagt: Das Leben wilder Tiere wird nicht allein davon bestimmt, dass sie leiden.

Im Wesentlichen könnte das bedeuten, dass wir mehr Verantwortung für das Leid übernehmen müssen, das wir verursachen. Es ist schwer einzuschätzen, welche Art von Leid noch als natürlich gelten kann. Was ist mit dem Leid, das wilden Tieren durch unser Handeln zugefügt wird? Wir setzen Tiere neuen Gefahren aus: Ein in Indonesien gestrandeter Wal hatte den Magen voller Plastikmüll, ein

Rotluchs wurde bei den Waldbränden in Kalifornien getötet, Brillenpinguine finden vor Kap Horn nicht mehr genügend Fische. Die Jaguare im brasilianischen Pantanal, darunter vermutlich auch die, die ich als zahlender Tourist gesehen habe, fielen 2020 den durch den Klimawandel verursachten Waldbränden zum Opfer.

Nach der Ölpest, die die Exxon Valdez 1989 in Alaska verursachte, fühlten sich die Menschen berufen, den betroffenen Seeottern zu helfen. Einige starben, andere konnten nicht in die Wildnis zurückkehren, und letztlich beliefen sich die Kosten für jeden ausgewilderten Otter auf 123 000 US-Dollar (nach dem Dollarkurs von 1990). 2020 sind Milliarden von australischen Wildtieren in den Buschfeuern umgekommen, die durch den menschengemachten Klimawandel verschlimmert wurden. Hätten wir Geld investieren sollen, um diese Tiere zu retten? Wenn ja, wie viel Geld? Die Philosophin Clare Palmer beschreibt das Dilemma anhand der Eisbären, die aussterben werden, weil das Eis der Arktis verschwindet, auf dem sie leben und Robben jagen. Wir könnten die Eisbären in einem halb-wilden Zustand erhalten, indem wir ihnen eine Futteralternative bieten. Doch die Frage wäre, ob wir dafür Robben töten müssten, deren Leben ebenfalls zählen und deren Bestände schwinden, oder Fische aus Wildfang und Nutztiere verwenden, mit all den damit verbundenen ethischen Problemen. Um 900 Eisbären zu versorgen, würde man 2,6 Tonnen Futter, das aus Fisch und Schweinefleisch besteht, am Tag benötigen. Es gibt keine schmerzfreien Lösungen.

Pearces Ideen ließen mir keine Ruhe. Womöglich werden wir eines Tages zurückschauen und unsere Ignoranz gegenüber Wildtieren genauso kritisch sehen, wie wir heute die Gleichgültigkeit vergangener Generationen gegenüber Nutztieren verurteilen. Wir sind zumindest verpflichtet, uns mit dem Leid wilder Tiere zu beschäftigen und darüber nachzudenken, ob wir es mindern können.

Die einfachste Lösung besteht darin, es zu tolerieren, weil wir nicht viel dagegen tun können. Wir können zwar einige Tiere aus Waldbränden retten, doch für die Jäger-Beute-Beziehung gibt es keine Alternative. Wenn wir Löwen daran hindern, Gazellen zu fressen, retten wir die Gazelle, aber schaden dem Löwen. Peter Singer ist der Ansicht, dass es dringend nötig sei, Programme aufzulegen, um Raubtiere in neue Gebiete umzusiedeln und so das Leid ihrer Beutetiere zu mindern. Doch der ökologische Nutzen solcher Programme ist zweifelhaft. Gesunde Ökosysteme basieren auf Tod und Wettbewerb. Es ist kaum vorstellbar, dass wir einen Weg finden, Tiere genetisch umzuprogrammieren und gleichzeitig das Ökosystem der Erde im Gleichgewicht zu halten. Die Genome von Tieren sind außerordentlich komplex; das Fleischfresser-Gen lässt sich nicht einfach ausschalten.

Die Genom-Editierung wird häufig als Riesenfortschritt beworben, doch gegenwärtig steckt das Verfahren noch in den Kinderschuhen. Ich habe die Biologin Alison Van Eenennaam von der University of California in Davis gefragt, was sie von David Pearces Vorschlag hält. »Wir sind noch weit davon entfernt, einen Karnivoren in einen Omnivoren zu verwandeln«, sagt sie. »Bei solchen Tieren ist jeder biologische Prozess auf den Fleischverzehr ausgerichtet. Man müsste buchstäblich tausende Gene verändern. Das ist so wenig machbar, dass es noch nicht einmal zum Lachen ist.«

Es ist leicht, sich vorzustellen, dass die Menschen demnächst dazu in der Lage sein werden, die Natur bewusst und intelligent umzugestalten, anstatt zufällig und dumm, wie wir es heute tun. Van Eenennaam ist ein gutes Beispiel, um die technologischen und regulatorischen Grenzen der Genom-Editierung aufzuzeigen. Ihre Geschichte beginnt mit einem Glücksfall. Viele physische Merkmale sind die Produkte verschiedener Gene. Doch ihr gelang es, ein einzelnes Gen zu identifizieren, das für die Hörner der Hereford-Rinder verantwortlich ist. Wie jeder bald bemerkt, der über eine Wiese mit Kühen spaziert, sind ihre Hörner potenziell gefährlich; die meisten Landwirte entfernen sie deshalb bereits bei den Kälbern, häufig ohne Narkosemittel zu verwenden. Eine Kuh ohne Hörner zu züchten, würde daher sowohl den Rindern als auch den Landwirten nützen.

Van Eenennaam und ihr Partnerunternehmen Recombinetic gelang es, zwei Generationen hornloser Rinder zu züchten. Doch im Januar 2017, in den letzten Tagen der Amtszeit von Barack Obama, gab die US-amerikanische Behörde für Lebensmittel- und Arzneimittelsicherheit FDA einen Gesetzesentwurf heraus, nach dem genmodifizierte Rinder wie Drogen behandelt wurden. Van Eenennaams Arbeit wurde die Grundlage entzogen.

»Damals hatten wir sechs trächtige Kühe«, erzählt sie mir in ihrem Büro, in dem Kongress-Teilnehmerausweise und Marathonmedaillen wie Baumflechten von den Wänden hängen. »Innerhalb eines Tages verwandelten sie sich von gestutzten Tieren in eine neuartige tierische Droge – eine nicht zugelassene Droge.« Noch Jahre später ist ihre Wut auf die FDA spürbar. »Sie haben zehn Jahre lang nicht mit uns gesprochen, und nur diesen großen Misthaufen hinterlassen, einen Tag, bevor Trump ins Amt kam.«

Ich frage, ob sie nach dieser Entscheidung ihre Arbeit auf Eis gelegt habe. »Vielleicht eher ins Feuer geworfen«, antwortet sie. »Ich habe so viele Bilder von Kühen, die verbrannt wurden. Wollen Sie mal sehen?« Sie dreht sich zu ihrem PC um und zeigt mir die Fotos von einem 1963 Pfund schweren Rind, das getötet und in eine Verbrennungsanlage gesteckt wurde. »Ich habe dafür bezahlt, es aufzuziehen – und es zu entsorgen.« Die Geschichte wird noch grausiger, weil das Rind zu groß war, um es im Ganzen zu verbrennen. »Wie soll ich es sagen – die Verbrennungsanlage kann eben nur eine bestimmte Menge Fleisch bewältigen. Ich esse Tiere, ich fände es nicht schlimm, wenn die Tiere als Nahrung gedient hätten, aber ich finde es schlimm, wenn ein absolut verwertbares Tier in einer Verbrennungsanlage endet. Das ist einfach nur falsch. Es ist respektlos dem Tier gegenüber, es produziert Treibhausgasemissionen, und niemand hat etwas davon.«

Theoretisch könnten die hornlosen Rinder in Brasilien, Kanada und Argentinien – Ländern, in denen viele Molkereiprodukte hergestellt werden – zur Nahrungsmittelproduktion eingesetzt werden.

Doch die Entscheidung der FDA hat sie mit einem Stigma belegt: »Wenn es plötzlich heißt, genetische Modifikation sei eine Droge, dann versetzt uns das in eine bedenkliche Lage.« Und der Nutztierhandel ist global. »Wenn man die Rinder nicht in Europa und in den USA einsetzen kann, dann ist das ein echtes Problem. Was die Tiere betrifft, haben wir vermutlich verloren.«

Van Eenennaam ist der Ansicht, dass Genom-Editierung eine Möglichkeit darstellt, Tiere weniger anfällig für Krankheiten zu machen. Die Gene für Hornlosigkeit besitzen auch andere Rinderarten; sie hat also keine hybride Spezies geschaffen. Die Menschen züchten seit tausenden Jahren Tiere mit bestimmten Merkmalen. Doch wir geben uns weiterhin zimperlich. Van Eenennaam sagt, dass sogar das Magazin *Wired*, das eine größtenteils positive Titelstory über sie brachte, ein düsteres Foto von einer ihrer Kühe verwendete, und sie wie einen modernen Dr. Frankenstein darstellte, in einem dunklen Mantel, mit der Sonne im Rücken.

Zu Beginn ihrer Karriere lernte sie, wie man Pflanzen gentechnisch verändern kann – und ihre Kollegen rechneten damit, die Technik demnächst auch bei Tieren anwenden zu können. »Und nach zwanzig Jahren dürfen wir sie immer noch nicht einsetzen«, seufzt Van Eenennaam.

Es gibt nur ein zugelassenes gentechnisch verändertes Tier – den Atlantischen Lachs, der mit genetischem Material vom Königslachs und vom Meeres-Dickkopf modifiziert wurde, damit er schneller wächst. Er wurde 1989 entwickelt, der Regulierungsprozess begann 1995, und 2015 wurde er von der FDA als unbedenklich eingestuft. Dennoch dürfen die Fische nicht in Netzgehegen im offenen Meer gezüchtet werden, weil sie entkommen könnten; und es werden nur sterile weibliche Fische verwendet. Die Lachse sind etwas anfälliger für Missbildungen. Fischfarmen in Indiana und Florida begannen 2020 damit, die Lachse zu »ernten«, doch nur in kleinen Mengen. »Das ist keine gangbare Lösung. Wir hatten die Gelegenheit, alles zu überdenken und uns zu fragen, ob die GMO [genetisch modifizierte

Organismen] in irgendeiner Weise schädlich sind. Und nein, sie verursachen noch nicht einmal ein Niesen«, sagt Van Eenennaam. »Die Leute wissen gar nicht, dass die Regulierungsbehörden maßgeblich daran beteiligt sind, Innovationen zu verhindern.« So stark ist unser Widerstand gegen die genetische Modifikation von Tieren – zumindest von denjenigen, die wir kennen.

Viele Leute denken, mit Genom-Editierung würden neue Superzüchtungen geschaffen, die immun gegen Krankheiten sind und mehr Fleisch und Milch produzieren als jemals zuvor. Van Eenennaam hält derartige Erwartungen für überzogen. Sie tippt auf die Zuchtbestimmungen für Rinder und fügt hinzu: »An denen kommen wir nicht vorbei.«

Der Fortschritt liegt sogar in noch weiterer Ferne als Van Eenennaam ahnt. Einige Wochen nach unserem Gespräch gab die FDA, bei der sie eine Ausnahmegenehmigung erwirken wollte, bekannt, dass die Modifikation der hornlosen Rinder nicht so problemlos verlaufen war, wie Van Eenennaam und ihre Partner gehofft hatten: Bei einigen der Rinder wurden Spuren der Bakterien-DNS gefunden, die bei der Genom-Editierung verwendet worden waren.

Es liegt ein Widerspruch darin, Tiere gentechnisch zu verändern und sie gleichzeitig zu achten, wenn das bedeutet, sie so zu akzeptieren, wie sie sind. Solange wir Tiere halten und ihre Zucht kontrollieren, werden wir auch ihre Gene in gewisser Weise beeinflussen. Die Gen-Editierung, selbst die Übertragung von genetischem Material einer anderen Spezies, bringt an sich keine Nachteile für die Tiere mit sich. Es könnte sich sogar als Vorteil erweisen: Wenn die Nutztiere weniger anfällig für Krankheiten sind und sich damit ihre Wirtschaftlichkeit erhöht, werden weniger von ihnen für die Nahrungsmittelproduktion gebraucht. Doch gleichzeitig kommt der unangenehme Gedanke auf, dass auch wir Menschen manipuliert oder danach beurteilt werden könnten, welche genetischen Vor- und Nachteile wir besitzen. In absehbarer Zukunft wird die Genmodifikation eine Randerscheinung bleiben. Wir sind noch nicht bereit, diesen Prozess zuzulassen, der die Tiere und unsere Beziehung zu ihnen grundlegend verändern würde.

Also stellt sich die Frage: Was werden wir der Technologie in Zukunft erlauben?

❖

»Meine Abneigung gegen Moskitos hat sich zu ausgewachsenem Hass gesteigert. Sie sind eine invasive Spezies par excellence.«

Pete Massaro ist der Leiter der Automatisierung bei Verily Life Science, die Abteilung bei Google, die über den gesamten menschlichen Körper nachdenkt, nicht nur darüber, wie man Aufmerksamkeit an Werbekunden verkaufen kann. Die verhassten Moskitos heißen *Aedes aegypti*. Vom Magazin *Atlantic* als »grässlichstes Tier der Welt« bezeichnet, ernähren sie sich von menschlichem Blut und verbreiten tödliche Krankheiten wie das Zika-Virus, das Dengue- und das Chikungunya-Fieber. Ursprünglich stammen sie aus Afrika, haben sich aber in den gesamten Vereinigten Staaten verbreitet – von Virginia über Texas bis nach Kalifornien. Sie haben sich an den Menschen gewöhnt, und wir haben es zugelassen. Wir gehen so unbedacht mit Wasser um, sprengen ständig unsere Gärten und hinterlassen Pfützen, dass ein tropischer Moskito heute sogar in der amerikanischen Wüste und in überwiegend trockenen Regionen wie in der Umgebung von Fresno, Kalifornien, gedeihen kann.

»Es braucht nur einen Flaschendeckel voll Wasser, um eine Kolonie von Moskitos zu etablieren. In Fresno gab es 2013 noch keine *Aedes aegypti*. Heute sind sie überall«, sagt Massaro. »Noch haben die USA kein Seuchenproblem. Doch die Lunte brennt bereits. An einigen Orten finden sich genau die richtigen Moskitoarten in sehr hoher Zahl. Noch hat sich das Dengue-Fieber nicht ausgebreitet. Aber es gibt Gegenden – in den wärmeren, tropischeren Regionen der USA –, wo man sich sehr große Sorgen macht. Und dort würde man Ihnen sagen, dass es nur noch eine Frage der Zeit ist.« 2016 gab es in Florida über 200 Fälle von Infektionen mit dem Zika-Virus. »Ich glaube, das ist ein Warnschuss gewesen.«

Schon immer hat es Tiere gegeben, die den Menschen verhasst waren. Während manche Arten wie Wölfe, Bären, Kaninchen und Haie dennoch ihre Fürsprecher haben, sind es bei Moskitos nur wenige, und bei invasiven Moskitos gar keine. Die einzige Frage lautet: Wie können wir sie wieder loswerden?

Bei Verily Life Science im Süden von San Francisco beschäftigt man sich damit, wie weit unsere Macht reicht. In den 1930er-Jahren suchten amerikanische Wissenschaftler nach einer Methode, um die Schraubenwurmfliege einzudämmen, einen Parasiten, der sich in den Wunden von Rindern niederlässt und schwere Krankheiten verursacht. Sie fanden heraus, dass große Mengen der Fliegen mittels Bestrahlung sterilisiert werden konnten. Wenn sich die weiblichen Fliegen mit den sterilen Männchen paarten, würde die Population schrumpfen. 1966 war die Schraubenwurmfliege in den USA ausgerottet, und seither konnte sie auch in Mexiko und den meisten Teilen von Mittelamerika eliminiert werden. Um die Schraubenwurmfliege umzubringen, mussten Millionen von sterilen Fliegen gezüchtet werden.

Dieser Ansatz funktionierte bei den Moskitos allerdings nicht, denn die sterilisierten männlichen Moskitos kamen nicht weit und gingen ein. Also suchte man nach anderen Methoden – beispielsweise infizierte man die männlichen Moskitos (die den Menschen nicht stechen) mit einem Bakterium namens Wolbachia, das bewirkt, dass ein weiblicher Moskito, der sich mit einem infizierten Männchen fortpflanzt, nicht überlebensfähige Eier legt.

Doch auch diese Methode brachte eine Schwierigkeit mit sich: Die weiblichen Moskitos, die mit Wolbachia infiziert werden, legen dennoch lebensfähige Eier. Man will verhindern, dass die infizierten weiblichen Moskitos freigesetzt werden, denn damit würde sich das Problem nur verschlimmern. Deshalb muss man die weiblichen von den männlichen Moskitos trennen, bevor man sie freisetzt. Die weiblichen Moskitos, die etwas größer als die männlichen sind, lassen sich in einer aufwendigen Methode mit einer Art Sieb aussortieren. Bei Verily wurde dieser Prozess automatisiert: Millionen Bilder von weiblichen Moskitos wurden eingesetzt, um einer Maschine beizubringen, sie von den männlichen zu unterscheiden. Die Moskitos werden an einer winzigen Kamera vorbeigeleitet, die ihr Geschlecht feststellt, um die weiblichen auszusondern. Nach Schätzungen des Verily-Teams schafft es vielleicht eines von 100000 weiblichen Moskitos an der Kamera vorbei.

Um die Schraubenwurmfliege auszurotten, musste man sterile Schraubenwurmfliegen züchten. Und um die Moskitos auszurotten, werden bei Verily Moskitos ausgebrütet. Wir betreten einen kleinen Raum, in dem ein paar Kisten stehen. Es brummt, als wäre die Klimaanlage eingeschaltet. Dann wird mir klar, dass das Geräusch aus den Kisten dringt, die um die 900000 Moskitos beinhalten. So nah bin ich ihnen nicht mehr gewesen, seit ich an der Karibikküste von Kolumbien campen war und das Zelt aufmachte, um ein bisschen frische Luft zu schnappen. »Wir produzieren zurzeit 7,5 Millionen Moskitos in der Woche«, sagt Massaro. »Es sind noch längst nicht genug, aber schon eine ganze Menge.« Moskitos seien »ziemlich fragil, wenn man bedenkt, dass sie die vierthäufigste Todesursache weltweit sind.«

Verily arbeitet daran, die Welt mit Wolbachia-infizierten Moskitos zu überschwemmen. »Wir könnten eines Tages eine Fabrik haben, die 100 Millionen Moskitos in der Woche produziert«, sagt Massaro. Mithilfe dieser Millionen könnten viele weitere Millionen Moskitos eliminiert werden.

Scheinbar gibt es bei dieser Sache keinen Haken. Die *Aedes aegypti* ist irrelevant für die Nahrungskette. Linus Upson, der Leiter der technischen Abteilung bei Verily, ist da gänzlich unsentimental. »Die ökologische Veränderung, die durch die Ausrottung der Moskitos verursacht wird, ist gar nichts gegen die ökologischen Auswirkungen, die entstehen, wenn wir eine Stadt bauen.« Hatte er schon einmal das Gefühl, er würde Gott spielen? »Ich finde, es ist eher der Versuch, das Schlamassel, das wir angerichtet haben, wieder zu beseitigen.«

Unsere Technologie ermöglicht es uns, gefährliche Moskitos mit

Präzision zu töten. Während des dreijährigen Pilotprogramms in Fresno hat Verily 48 Millionen sterile Moskitos freigesetzt und dafür gesorgt, dass die Zahl der stechenden weiblichen Moskitos während der Hochsaison um 84 Prozent gesunken ist. Andere Forscherteams in Ländern wie Brasilien haben Versuche mit genetisch modifizierten *Aedes aegypti* gemacht. Vermutlich wird mindestens eine dieser Methoden weltweit eingesetzt werden. Regierungen werden sich aussuchen können, wie sie *Aedes aegypti* bekämpfen, je nach Budget und anderen Faktoren. Als ich das Büro von Verily verließ, fragte ich mich, welche Spezies wohl als nächste ins Visier des Hightech-Exekutionskommandos geraten würde. Vielleicht eine andere Moskitoart, *Aedes albopictus*, der asiatische Tigermoskito, der sich ebenfalls in den USA verbreitet hat. Im Fall der invasiven Moskitos, deren ökologische Rolle nur klein ist und die viele schwere Krankheiten verursacht, fällt die Entscheidung leicht. Womöglich wird damit sogar der Weg für die Genmodifikation anderer Arten geebnet.

Mit unseren Möglichkeiten wächst die Versuchung, auch andere invasive Arten auszumerzen. *Gene Drive*-Techniken könnten es ermöglichen, ganze Arten gezielt zu eliminieren. Es gäbe noch eine Alternative: Wenn die Forscher einen Weg finden würden, um die Verbreitung von Mutationen einzuschränken, ließe sich der Effekt auf bestimmte Populationen oder eine bestimmte Anzahl von Generationen beschränken.

Tötungen könnten auch auf andere Weise automatisiert werden. Am Great Barrier Reef haben Forscher (ebenfalls mit Geldern von Google) Roboter entwickelt, die den Dornenkronen-Seestern identifizieren und ihm ein tödliches Gift injizieren können. Bisher muss noch ein Mensch den Knopf drücken, doch es ist leicht vorstellbar, dass das eines Tages überflüssig sein wird.

In den Wasserarmen des S'Albufera Nationalparks auf Mallorca, den ich einmal besucht habe, wimmelte es nur so von Karpfen. (Die Behörden vermuteten, dass jemand vor fünfzehn Jahren ein paar Karpfen ausgesetzt hatte, in der Hoffnung, sie später angeln zu können.)

Karpfen, die Karnivoren sind und bis zu zehn Kilo schwer werden können, haben bereits in vielen Teilen der Erde Ökosysteme aus dem Gleichgewicht gebracht, auch in den USA, wo sie im 19. Jahrhundert eingeführt wurden, um den Angelsport zu fördern. In S'Albufera erweisen sie sich als besonders lästige invasive Spezies: Sie gründeln in den Kanälen, machen das Wasser schlammig und verhindern das Pflanzenwachstum. Jedes Jahr fangen die Behörden hunderte von Karpfen mit Netzen, Haken und Reusen. Doch es sind nie genug, und bislang gibt es keine andere Lösung.

Vielleicht kann es Google gelingen, invasive Spezies einzudämmen und beispielsweise die Hirschpopulationen in den USA zu minimieren, woran die Jäger gescheitert sind. Oder es stellt sich ein Bumerangeffekt ein. Unsere Versuche, die Natur zu optimieren, sind häufig fehlgeschlagen. In Neuseeland wurden in den 1980er-Jahren Hermeline eingeführt, um die Kaninchenbestände zu regulieren, die gemeinsam mit den Ratten dazu beigetragen hatten, dass mindestens fünf Vogelarten ausgestorben waren. Auf Marion Island in Südafrika haben die jungen Albatrosse bislang noch keine Verteidigungsmechanismen gegen die Mäuse entwickelt, die vor 200 Jahren auf der Insel ankamen. Es ist zutiefst verstörend, mitanzusehen, wie die Jungvögel in ihren Nestern sitzen, während die Mäuse ihnen die Haut vom Kopf fressen, bis ihre blutigen Schädel freiliegen.

Tierschützer sind dagegen, invasive Spezies zu eliminieren, weil es sich um fühlende Lebewesen handelt, egal, wo sie sich aufhalten. Naturschützer widersprechen ihnen. Doch fehlgeschlagene Interventionen haben die Naturschützer konservativer gemacht. Radikale Ideen sind nicht willkommen. Deshalb sind extreme Formen der Auswilderung – wie die Wiedereinführung von Arten aus dem Jungpleistozän oder die Ansiedlung von Baktrischen Kamelen, afrikanischen Schimpansen und 16000 domestizierten Asiatischen Elefanten (um die Grassteppen zu schützen) in Nordamerika – bei ihnen nicht beliebt. Naturschützer sind vorsichtig im Umgang mit den Unwägbarkeiten der Ökosysteme.

Nehmen wir beispielsweise einen Vorschlag, um dem meistgehandelten Säugetieren weltweit zu helfen. Pangoline oder Schuppentiere sind niedliche Kreaturen, die gerne auf Bäumen herumklettern. Sie werden auf illegalen Märkten in Asien und Afrika gehandelt, ihr Fleisch dient zum Verzehr und ihre Schuppen zu vermeintlichen medizinischen Zwecken. »Es sind liebenswerte, ganz außergewöhnliche Kreaturen«, sagt der Zoologe Dan Challender von der Oxford University, der über sie forscht. Mindestens 900000 Exemplare sind seit 2000 gefangen worden. Pangoline rollen sich bei Gefahr zu einem Ball zusammen. Bei der Gefangennahme werden sie häufig verletzt. Dann werden sie in Säcke gestopft, wo sie aufeinander defäkieren und urinieren, während sie zum Markt transportiert werden. Viele verenden bereits unterwegs. Alle acht Pangolinarten sind mittlerweile vom Aussterben bedroht – sie werden als stark gefährdet eingestuft. Nun wurde der Vorschlag laut, Pangoline sollten auf Farmen gezüchtet werden, damit die Wilderer sie nicht mehr jagen. Doch die meisten Tierschützer sind vehement dagegen. Sie befürchten, dass ein legaler Handel nur bewirken würde, dass immer mehr Konsumenten nach Pangolinen verlangen. Pangoline in freier Wildbahn zu fangen, sei immer noch billiger, als sie zu züchten, und wilde Tiere könnten mit falschen Unterlagen als Zuchttiere deklariert werden. Und angesichts der Tatsache, dass auch domestizierte Tiere wie Kühe und Hühner in der Nutztierhaltung leiden, ist es abwegig, wilde Pangoline züchten zu wollen, die sich in Gefangenschaft besonders unwohl fühlen. Ein ähnlicher Vorschlag, um den Handel mit Nashorn zu legalisieren, ist ebenfalls gescheitert: Ein Farmer aus Südafrika, der 1500 Nashörner züchtete, in der Hoffnung, dass der Handel mit ihren Hörnern legalisiert werden würde, steht bereits vor dem Konkurs. Eine Gruppe von Forschern hat eine andere Lösung vorgeschlagen – die Herstellung von falschem Nashorn aus Pferdehaar. Im Allgemeinen sind Naturschützer eher bereit, mit Regulierungen gegen invasive Spezies und Tierschmuggel vorzugehen als mit Innovationen. Sie stehen auf derselben Seite wie die Tierschützer, die weder wollen, dass Tiere illegal gehandelt noch dass sie gezüchtet werden.

Doch die Kombination aus fortgeschrittener Technologie und dem bevorstehenden Kollaps der Ökosysteme wird uns vor Entscheidungen stellen, beispielsweise ob das Leben von individuellen Tieren weniger schützenswert ist als das ihrer Spezies. Dem Klimawandel ist es zu verdanken, dass Tiere nicht länger an einen bestimmten Ort »gehören«. Sie verlieren ihre ökologischen Nischen. Wie sich gezeigt hat, ist der beste Weg, um das zu verhindern, die Schaffung von Schutzgebieten und die drastische Reduzierung der Kohlendioxidemissionen. Doch manche Tierarten müssten dennoch große Hindernisse überwinden, um eine neue Heimat zu finden. Die australischen Säulengärtner, leuchtend gelbe Vögel, die ihre Nester oft bis zu dreißig Jahre lang am selben Ort bauen, kommen nur in den kühlen Bergen von Queensland vor. In diesen Bergen wird es zunehmend wärmer, und um in die kühleren Berge im Süden Australiens zu gelangen, müssten die Säulengärtner heiße Tiefebenen überqueren, an die sie nicht angepasst sind. Andere Arten werden ganz einfach nicht dazu in der Lage sein, schnell genug umzuziehen. Geben wir zu, dass wir sie nicht retten können? Oder versuchen wir, ihnen bei der Umsiedlung zu helfen?

In den Sommermonaten von 1999 und 2000 haben englische Forscher 500 Kohlweißlinge und 600 Braun-Dickkopffalter mit Netzen gefangen. Einen Tag später haben sie die Schmetterlinge etwa 35 Kilometer außerhalb ihres bisherigen Habitats wieder freigelassen. Aus eigener Kraft konnten die Schmetterlinge ihren Radius weniger als einen Kilometer jährlich erweitern. Das neue Habitat war ausgewählt worden, weil es ein ähnliches Klima wie das alte hatte. Einige Jahre später kamen die Forscher zurück und stellten fest, dass die Schmetterlinge überlebt hatten. Eine Spezies umzusiedeln, entspricht etwa der Arbeitsleistung eines Menschen, der acht Monate Vollzeit arbeitet, zuzüglich knapp 5000 Pfund an Ausgaben.

Derartige Experimente werden als »unterstützte Migration« bezeichnet. Forscher diskutieren auch über die Vorteile »unterstützter Evolution«, bei der wilde Tierarten selektiv wie Nutztiere für ein heißeres Klima gezüchtet und anschließend ausgewildert werden. Zusammengenommen können diese Maßnahmen uns einen Weg aufzeigen, wie wir den Tieren helfen können, deren Ökosysteme wir zerstören.

Unterstützte Evolution und Migration wurden von Naturschützern nicht gerade begeistert aufgenommen. Das grundlegende Problem besteht darin, dass für beide Maßnahmen ein detailliertes Verständnis einer Spezies und ihres Lebensraums vonnöten ist. Die Rote Liste zeigt, wie kompliziert das wäre. In beinahe einem halben Jahrhundert wurden weniger als 2 Prozent von den 8 Millionen Pflanzen- und Tierarten erfasst, die aller Wahrscheinlichkeit nach existieren. »Es ist, als würde man einen Stein auf einen Hügel rollen, und der Stein rollt wieder hinunter und zerquetscht einen. Aber man rollt den Stein wieder hinauf!«, sagt Craig Hilton-Taylor, der umgängliche Verfasser der Roten Liste.

Hilton-Taylor spricht offen darüber, wie schwierig es ist, über die verschiedenen Spezies auf dem Laufenden zu bleiben. »Wenn ich an einem Workshop teilnehme, frage ich die Experten: ›Wie groß ist die Population dieser Schlange?‹ Und sie antworten: ›Wir wissen es nicht.‹ Und ich sage: ›Na gut, sind es über 10000 Exemplare?‹ ›O nein, viel weniger.‹ ›Über 2500?‹ Ich versuche, es einzugrenzen. Man muss immer den Unsicherheitsfaktor berücksichtigen, und der ist äußerst variabel.«

Die Rote Liste ist außerdem nicht aktuell. Das Riesengürteltier, das als vom Aussterben bedroht gilt, ist seit sieben Jahren nicht mehr evaluiert worden. Die Zahl der ausgewachsenen Individuen, die in freier Wildbahn leben, wird als abnehmend eingeschätzt, ist aber unbekannt. Die Auswertungen von Kamerafallen lassen vermuten, dass in ihrem natürlichen Habitat im südamerikanischen Regenwald nur etwa 6 Riesengürteltiere auf 100 Quadratkilometern leben.

Der Roten Liste fehlt die Finanzierung, um dieselben Gruppen von Tieren regelmäßig zu evaluieren. Sie ist abhängig von Spenden von Privatunternehmen – wie Toyota – und der Arbeit von Freiwilligen – wie einem Orthopäden, der in seiner Freizeit ein anerkannter Experte für Schildkröten ist. Gegenwärtig ist die Modellierung der Auswirkungen des Klimawandels auf diverse Tierarten oft nicht möglich, weil »unseren Gutachtern die technischen Möglichkeiten fehlen«, sagt Hilton-Taylor.

In Kolumbien habe ich bei einer Forschungsagentur gearbeitet, die von der Regierung beauftragt war, die Artenvielfalt des Landes zu dokumentieren. Auf den ersten Blick schien das machbar zu sein – die Wildtierwelt zu kartografieren, wie die Spanier einst die Berge und Flüsse Kolumbiens kartografiert hatten. Doch die Aufgabe erwies sich als unmöglich, besonders in einem Land, zu dem sowohl Küstenregionen am Pazifik und am Atlantik als auch Teile des Amazonas- und Orinokobeckens und der Anden gehören.

Bei der Umsiedlung von Tierarten wären viele unbekannte Größen zu berücksichtigen, beispielsweise wie groß die Bestände sind und wie die Ökosysteme sich zukünftig entwickeln werden. Die Forscher wissen nicht genug über Vogelarten wie den Säulengärtner. Wenn wir Hummeln umsiedeln, die von den steigenden Temperaturen betroffen sind, laufen wir Gefahr, einheimische Hummelarten auszulöschen – und Krankheiten zu verbreiten, wie es den Mandel- und Obstfarmern in Kalifornien ergangen ist, die große Mengen von Bienen einsetzen, um ihre Obstbäume zu bestäuben.

Insgesamt sei es »nahezu unmöglich, unterstützte Migration im großen Maßstab umzusetzen«, sagt Alex Pigot vom University College London. »Sich auf eine Spezies zu konzentrieren, reicht nicht aus. Wir können sie nicht eine nach der anderen retten. So funktionieren Ökosysteme nicht.« Wenn wir ganze Ökosysteme wiederherstellen wollen, wird es sehr kostenaufwendig und nur im kleinen Maßstab möglich sein.

Invasive Arten einzudämmen, ist zwar eine gute Idee, aber auch die Ausnahme. Mikromanagement in der Natur zu betreiben, scheint unsere Fähigkeiten zu übersteigen. Stattdessen können wir uns an Maßnahmen wie das Auswildern halten und der Natur die Möglichkeit geben, sich wieder auszubreiten. Wir können uns darauf konzentrieren, ausgerottete Tierarten wie Wölfe, Bären und Jaguare wieder anzusiedeln, die Ökosysteme zusammenhalten.

Die einfachste Methode, um die Wanderung vieler Arten zu erleichtern, ist die Schaffung von natürlichen Korridoren. Die Regierungen müssen sicherstellen, dass Wildtiere von einem Schutzgebiet zum andern gelangen können. Sogar die Grizzlypopulation des Yellowstone Nationalparks – die aus mehreren hundert Exemplaren besteht – gilt als genetisch isoliert; womöglich wird man Bären aus dem Glacier Nationalpark in Montana importieren müssen, der 150 Meilen entfernt liegt, bis man einen anderen Weg gefunden hat, die Populationen miteinander in Kontakt zu bringen. In China wird es den Pandas durch Schnellstraßen, die durch ihr Territorium gelegt wurden, unmöglich gemacht, sich zur Fortpflanzung zu treffen. Tiger, die in Indien mittlerweile gut geschützt sind, verlassen ihre Reviere nur, wenn in der Nähe weitere Habitate existieren. Wandernde Tierarten brauchen Rastpunkte; alle Tierarten müssen sich fortbewegen können, wenn die Trockenperiode beginnt. Man kann Grünbrücken errichten, damit die Tiere Autostraßen überqueren können, oder Zäune entfernen und Rastpunkte wie Seen und Wälder entlang der Wanderrouten der Tiere erhalten. Wenn wir Schutzgebiete schaffen und sie miteinander verbinden, dann haben die Pflanzen- und Tierarten, die vom Klimawandel verdrängt werden, eine Chance, in neue Gebiete vorzudringen, in denen sie sich wieder ansiedeln können. »Es geht darum, wieder mehr Verbindungen zu schaffen«, sagt Pigot. Korridore werden nicht alle Arten oder Populationen retten können, aber in einer Welt, in der für den Naturschutz nur begrenzte Mittel zur Verfügung stehen, sind sie immer noch nützlicher als die unterstützte Migration.

❖

Wenn jemand beispielhaft für die Überzeugung stehen kann, dass wir unsere Beziehung zur Natur durch den Einsatz neuer Technologien verbessern können, ist es Stewart Brand. Man könnte meinen, sich um Tiere zu sorgen, sei eine simple Angelegenheit. Wir sind genötigt, die Welt aus der Perspektive von Lebewesen zu sehen, die im Allgemeinen nicht über unsere kognitiven Fähigkeiten verfügen, und können dabei nicht länger auf die technischen Errungenschaften unserer modernen Gesellschaft zurückgreifen. Brand sieht die Dinge in einem anderen Licht.

1968 publizierte er ein Magazin mit dem Titel *The Whole Earth Catalog*, in dem er verkündete: »Wir sind wie Götter und sollten uns daran gewöhnen.« Heute hat er dieses Motto leicht abgewandelt, um ihm mehr Dringlichkeit zu verleihen: »Wir sind wie Götter und müssen gut darin werden.« Mittlerweile leitet er das Breakthrough Institute, einen Thinktank, der aus einer Gruppe sogenannter Öko-Modernisten besteht, die sich jeden Sommer im grünen Umland von San Francisco zusammenfinden, um einen anspruchsvollen »Dialog« zu führen. Sie streben danach, die Eindringlichkeit von Greta Thunberg mit dem Technikglauben von Mark Zuckerberg zu kombinieren.

Brand denkt gern in großen Zeitspannen. Am liebsten beklagt er sich darüber, dass die Achsen in Diagrammen nicht lang genug sind. Ich traf ihn bei einem Vortrag über das Bevölkerungswachstum, bei dem er sich beschwerte, dass die x-Achse nur bis zum Jahr 2100 reichte. Womöglich würde die menschliche Bevölkerung danach auf natürliche Weise rapide abnehmen. Die Idee, die x-Achse zu verlängern, kam mir wenig sinnvoll vor, wenn man bedenkt, wie ungenau unsere Prognosen für 2100 sind. Doch Brands Argument lautet, dass wir noch nicht absehen können, was auf lange Sicht geschehen wird.

Öko-Modernisten sprechen über die Liebe zur Natur, ohne Begriffe wie Einschränkung und Opferbereitschaft zu benutzen. Sie malen sich eine Welt aus, in der Robotik, lernende Maschinen und hochentwickelte Sensoren die Ökosysteme im Gleichgewicht halten, ohne dass wir uns die Hände schmutzig machen müssen. Weg mit den

Smart Citys, hier kommen die smarten Wälder, Moore und Grassteppen. Dazu bräuchte es zwar noch einiges an Innovationssprüngen, zu denen wir heute noch nicht in der Lage sind, doch die Technologie wird für den Naturschutz und unsere Interaktion mit Wildtieren eine immer größere Rolle spielen. Drohnen können Tierbestände zählen, lernende Maschinen können die Tierarten bestimmen, die von einer Kamerafalle aufgenommen werden, und vermutlich schon bald auch individuelle Tiere.

In Harvard und Cornell versucht man bereits, Roboterbienen zu bauen, die sich wie echte Bienen verhalten. Womöglich können diese Bienen zum Bestäuben eingesetzt werden. Das Harvard-Cornell-Team hat noch nicht herausgefunden, wie man die Miniroboter koordiniert, damit sie wie ein Bienenschwarm agieren, oder sie mit genug Kraft ausstattet, damit sie auch bei Wind fliegen können. Die RoboBees eignen sich eventuell besser für einfachere (wenn auch fragwürdigere) Aufgaben wie Überwachungen. Aber für einen Öko-Modernisten sind derartige Experimente eine aufregende Demonstration menschlichen Erfindergeists.

Eine weitere Passion der Öko-Modernisten, der sich auch Brand verschrieben hat, ist die Wiederbelebung ausgestorbener Tierarten. Das heißt nicht etwa, eine Spezies aus dem Grab zurückzubringen, sondern eine lebende Art so zu modifizieren, dass sie die ökologische Funktion einer ausgestorbenen Art übernehmen kann. Anstatt das Wollmammut wiederauferstehen zu lassen, soll der asiatische Elefant an kälteres Klima angepasst werden, indem man mehrere seiner Gene verändert. Dabei geht es nicht um den Elefanten oder darum, unsere Neugier zu befriedigen, sondern um die »Wiederherstellung wesentlicher ökologischer Funktionen«, sagt Ben Novak, der die Wiederbelebungs-Initiative leitet, die Brand ins Leben gerufen hat. Novak arbeitet daran, die amerikanische Wandertaube wiederzubeleben, die Anfang des 20. Jahrhunderts so stark bejagt wurde, dass sie ausgestorben ist. Novak zufolge spielte sie eine Schlüsselrolle für das Ökosystem des Waldes, den sie aufwühlten, sodass andere Spezies gedeihen konnten. Er hat vor, das Erbgut ihrer engsten Verwandten, der Schuppenhalstaube, entsprechend zu verändern und hofft, dass er die ersten Testschwärme irgendwann zwischen 2030 und 2040 auswildern kann.

Derartige Bestrebungen entsprechen dem Weltbild des Anthropozäns: Wir kontrollieren sowieso längst alles, entweder durch vorsätzliche Handlungen oder Unterlassungen. Und ist Handeln nicht die bessere Option? Genom-Editierung ist daher nur ein Beispiel dafür, wie wir unsere Macht für einen guten Zweck einsetzen können. »Heute gibt es keine einzige noch lebende Spezies, die sich nicht auf die eine oder andere Weise an die menschlichen Aktivitäten angepasst hat und nicht mehr in ihrer ursprünglichen Form existiert, die sie vor dem ersten Kontakt mit den Menschen hatte«, schreibt Novak. Das stimmt natürlich. Nur über die Reaktion kann man sich streiten. Novak und die anderen Öko-Modernisten sind echte Naturliebhaber. Doch letztendlich werden die Technologien, von denen sie träumen, auch Träume bleiben. Und die meisten Genforscher sind skeptisch, was die Wiederbelebung ausgestorbener Tierarten angeht. Vereinfachte Darstellungen der Genom-Editierung erwecken den Eindruck, als müsste man die einzelnen Gene nur ausschneiden und wieder einfügen, doch eine ganze Spezies wiederzubeleben, würde vielfältige und äußerst komplexe Prozesse erfordern, etwa vergleichbar mit dem Versuch, einen Regenwald auf einem kahlen Acker anzupflanzen.

Welche Bedeutung hat die Wiederbelebung ausgestorbener Tierarten für Tierfreunde? Würden wir uns weniger Sorgen über das Artensterben machen, wenn wir wüssten, dass wir ähnliche Arten wiedererschaffen können? Ich glaube kaum, wenn man die Unwägbarkeiten bedenkt. Es läge weiterhin in unserer Verantwortung, den Verlust an Wildtierhabitaten aufzuhalten. Denn es ist zwecklos, Tierarten nachzuzüchten, wenn es keinen Lebensraum für sie gibt.

Die Wiederbelebung ausgestorbener Tierarten klingt jedoch verlockend, für den Fall, dass wir bestimmte Spezies nicht werden schützen können. Vielleicht wird diese Idee sich eines Tages als machbar erweisen, und vielleicht sollten wir sie nicht von vornherein ausschließen.

Vor einigen Jahren war der amerikanische Genforscher Harris Lewin in eine Sackgasse geraten: Er arbeitete gerade daran, zu dokumentieren, wie sich verschiedene Spezies auseinander entwickelt hatten, doch es gab nicht genügend sequenzierte Genome, um fortzufahren. Auf einem Atlantikflug bestellte er sich einen Gin-Tonic und benutzte die Serviette, um auszurechnen, was es kosten würde, alle Eukaryoten – das heißt, alle Tiere, Pflanzen, Pilze und andere Lebewesen, die eine Zelle mit Zellkern besitzen – zu katalogisieren.

Die Servietten-Berechnung wurde zur Grundlage eines seriösen Projekts, bei dem es darum gehen soll, eine Gendatenbank aller Lebewesen zu erstellen – das Earth BioGenome Project. Lewin will damit verhindern, dass wir einige Arten für immer verlieren. »Jeden Tag verschwinden einige hundert Arten von unserem Planeten, und das in zunehmendem Tempo. Wenn wir nichts ändern, können Sie sich ausrechnen, wie es weitergeht«, sagt er. »Wir wissen nicht, wozu die Wissenschaft in Zukunft fähig sein wird. Wenn wir die digitalen Informationen haben und die Sequenz des ganzen Genoms kennen, können wir eventuell Tierarten wiederbeleben oder wiederauferstehen lassen, wie man es auch immer nennen mag. Das klingt vielleicht nach Science-Fiction, doch das gilt auch für das Handy, das Sie in der Hand halten.«

Die Sequenzierung von Genomen könnte sogar unsere Sicht auf das Leben verändern. Die Genome der kalifornischen Redwoods sind zehn Mal so groß wie unsere. »Es verweist uns auf unseren Platz, wenn wir sagen, der Mensch ist ein Säugetier mit Genomen von durchschnittlicher Größe«, sagt Lewin. »Darin unterscheiden wir uns nicht von einer Kuh.«

Lewin und sein Team haben die Kosten für das BioGenome-Projekt auf 4,7 Milliarden US-Dollar veranschlagt, was nicht allzu sehr von der Summe abweicht, die er auf seine Serviette gekritzelt hat. Das Projekt soll so etwas wie eine Versicherung gegen das Artensterben sein. Wäre dieses Geld nicht besser angelegt, wenn man damit tropische Wälder aufkaufen und in Schutzgebiete umwandeln würde?

Vermutlich schon, aber vielleicht würde ein Milliardär mir widersprechen.

❖

Es gibt zwei Typen von Naturschützern: solche wie Stewart Brand, die grundsätzlich optimistisch sind, und solche wie Doug und Kris Tompkins, die glauben, dass die Technologisierung uns erst in diese Misere gebracht hat und uns keinesfalls wieder heraushelfen wird. Die Optimisten können sich darauf berufen, dass die Menschen – entgegen einiger Prognosen aus den 1970er-Jahren – heute nicht ohne Nahrung und andere Ressourcen dastehen. Wir haben die Landwirtschaft produktiver gemacht und damit begonnen, das Bevölkerungswachstum einzudämmen. Die Pessimisten können sich darauf berufen, dass der Klimawandel sich augenscheinlich nicht aufhalten lässt und hunderttausende Arten schon bald ausgestorben sein könnten.

Wenn Sie ein Optimist sind, können Sie außerdem anführen, dass die Technologie uns dazu verhilft, Tiere weniger grausam zu behandeln. Wir können Fleisch aus Stammzellen produzieren, anstatt Nutztiere zu halten. Eins von Brands Projekten soll die Pharmaindustrie daran hindern, weiterhin das Blut von Pfeilschwanzkrebsen für Impfstoffe zu verwenden. Seit den 1970er-Jahren ist das hellblaue Blut der Krebse die einzige Quelle für eine Substanz, die bakterielle Verunreinigungen in einem speziellen Testverfahren sichtbar machen kann. (Arzneimittelhersteller verwendeten früher Kaninchen für ihre Tests und töteten hunderttausende von ihnen im Jahr.) Heute werden etwa 500000 Krabben im Jahr an der Ostküste der USA gefangen, um ihnen anschließend in Laboren das Blut abzuzapfen. Mindestens 130000 sterben – weil sie anschließend als Köder verkauft oder wieder ins Wasser geworfen werden. Die Pfeilschwanzkrebse haben sich seit 450 Millionen Jahren kaum verändert, doch heute stehen sie vor dem Aussterben, weil ihr Blut uns dabei hilft, gesund zu bleiben. Die Zulassung eines synthetischen Ersatzstoffs wird zurzeit geprüft. Das wäre ein Glück für die Pfeilschwanzkrebse, ebenso wie für die Meeresvögel, die sich von ihren Eiern ernähren.

Wenn Sie allerdings ein Pessimist sind, dann befürchten Sie, dass neue Technologien ein weiteres Risiko für unser Verhältnis zu Tieren darstellen. Wir könnten neue Methoden erfinden, um die Ressourcen der Erde auszubeuten, beispielsweise durch Tiefsee-Bergbau. Wir könnten mehr Zeit damit verbringen, auf Bildschirme zu starren, anstatt uns die Natur anzusehen. Wir könnten uns mithilfe biologischer und robotischer Implantate so optimieren, dass wir zu einer ganz neuen Spezies werden. 2020 präsentierte Elon Musk der Öffentlichkeit mehrere Schweine, in deren Gehirne Computerchips und Elektroden eingesetzt worden waren. Der Milliardär will damit nicht etwa die Schweine optimieren, sondern es den Menschen ermöglichen, sich mit künstlicher Intelligenz zu verbinden. Außerdem könnten wir mittels synthetischer Biologie neue Arten erschaffen, die keine evolutionären Vorfahren haben. 2019 gab ein britisches Labor bekannt, dass es das weltweit erste völlig synthetische Bakterium kreiert habe. Der brillante Astrophysiker Martin Rees vermutet, dass »womöglich das Ende der darwinistischen Evolution bevorsteht«.

Das hätte einen ähnlichen Effekt, als würde man aufs Dach klettern und die Leiter wegstoßen. Es gibt Anzeichen dafür, dass wir uns immer weniger abhängig von unserer natürlichen Umwelt fühlen. Die Idee, den Mond und den Mars zu besiedeln, die von Elon Musk und Jeff Bezos propagiert wird, suggeriert, dass der Mensch unabhängig vom Klima, von der Nahrungsmittelproduktion und sogar von der sozialen Gemeinschaft existieren kann, wie wir sie hier auf der Erde haben. Für Art Harman, einen begeisterten Befürworter der Marskolonisierung, der mit der Trump-Administration zusammengearbeitet hat, besteht ein Vorteil des Lebens im Weltraum darin, dass es dort keine Artenschutzgesetze gibt.

Na, dann viel Glück. Wer soll dann unsere Pflanzen bestäuben? Welche Organismen sorgen dafür, dass Verschmutzungen abgebaut werden? Welche Tiere ernähren sich von diesen Organismen und regulieren damit ihre Bestände? Harris Lewin sagt dazu: »Wir können nicht allein für uns existieren. Wir werden Pflanzen mitnehmen. Und Mikroben und Bakterien – weil wir sie immer mit uns tragen.« Die Pilger von der Mayflower brachten Schweine und Hühner mit; reiche Leute, die in den Weltraum umziehen, werden sicherlich darauf bestehen, ihre Katzen und Hunde mitzunehmen.

Für mich ist es eine Sache, die Tür für neue Technologien offen zu halten, wie die Wiederbelebung ausgestorbener Tierarten und Alternativen in der medizinischen Forschung. Aber es ist eine andere Sache, zu erwarten, dass diese Technologien uns von ethischen Dilemmata befreien. Übertriebener Technikoptimismus und das Denken in langen Zeiträumen könnten uns dazu verleiten, uns zu sehr zurückzulehnen. Sie lenken uns von den Entscheidungen ab, die wir heute treffen müssen – bevor die neuen Technologien überhaupt vorhanden sind. Sie machen uns glauben, dass der menschliche Erfindergeist es schon richten wird. Und dass Tierquälerei und das sechste Massenaussterben in der Erdgeschichte, das sich gerade ankündigt, nur Phasen sind, die wir überwinden können.

Wenn wir den Weltraum besiedeln, wovor laufen wir dann weg? Ein technikbegeisterter Tierfreund erklärte mir: »Die größte Gefahr für unseren Planeten besteht nicht darin, dass er von einem riesigen Asteroiden getroffen wird. Sie geht von den Menschen aus. Wenn man die Menschen auf einem anderen Planeten ansiedelt, ändert sich nichts daran, dass sie das Risiko sind.« Und was hoffen wir dort zu finden? Wenn wir nach intelligenten Lebewesen Ausschau halten, dann können wir sie direkt hier auf unserer Erde finden. Die Astrophysikerin und Wal-Expertin Laurance Doyle sagt: »Es gibt keinen vernünftigen Grund, an den Sternenhimmel zu starren und sich zu fragen, ob wir allein sind, wenn es hier unten all diese Kreaturen gibt, die versuchen, mit uns zu kommunizieren.«

Der Innovationsschub des vergangenen Jahrhunderts hat uns deformierte Hühner, geklonte Hunde und vermutlich bald auch gezüchtete Oktopusse beschert. Nichts davon hilft uns dabei, die Grundlagen von Tieremotionen, Veganismus, ethischer Jagd und maßvollem Konsum besser zu verstehen. Die Argumente dafür sind spätestens seit dem 19. Jahrhundert bekannt – wir haben sie nur nicht ernst genommen. Gleichzeitig wird unser Verhältnis zu Tieren nicht schlagartig weniger problematisch werden, wenn wir dazu fähig sind, Tiersprachen zu verstehen, Hybride aus existierenden und ausgestorbenen Spezies zu kreieren oder Roboter zu bauen, die Ökosysteme managen können. Wir brauchen keine neuen Technologien; wir müssen uns selbst verändern. Selbstbeschränkung wird uns weiter bringen als jede noch so geniale Erfindung.

Schlussbemerkung: Die Schöne und das Biest

Die Welt eines Kindes ist frisch und neu, voller Wunder und Überraschungen. Es ist schade, dass diese klarsichtige Vision, dieser reine Instinkt für das Schöne und Wunderbare den meisten von uns abhanden kommt, bevor wir erwachsen sind.
Rachel Carson

Ich werde oft gefragt, ob ich Schimpansen den Menschen vorziehe. Die Antwort ist einfach – ich ziehe manche Schimpansen manchen Menschen vor, und manche Menschen manchen Schimpansen.
Jane Goodall

In unserem Londoner Garten gibt es einen kleinen Teich. Als meine Eltern zum ersten Mal zu Besuch kamen, bemerkten sie gleich, dass die Kinder darin ertrinken könnten und wir ihn trockenlegen lassen sollten. Der Vorschlag war vernünftig, doch da er von meinen Eltern kam, ignorierte ich ihn. Der Teich blieb. Ich wusste noch nicht, wie sehr er mir ans Herz wachsen würde.

Im Frühling tauchte Froschlaich auf. Eliza und ich kauerten auf der Steinumfassung und hielten Ausschau nach den Fröschen. Manchmal waren ihre Augen über der Wasseroberfläche sichtbar, dann wieder flitzten sie unter Wasser herum, und nur selten konnte man einen erblicken, der ganz still dasaß. Es waren ganz normale Frösche – doch sie lösten eine merkwürdige Emotion bei mir aus, die sich wie eine Mischung aus Stolz, Freude und Respekt anfühlte, und doch noch etwas anderes war. Der Teich gab einen kleinen Einblick in die Natur, und ich dachte, meine Kinder würden mit ihm aufwachsen.

In folgenden Jahr bekam der Teich ein Leck. Jedes Mal, wenn ich ihn wieder füllte, leerte er sich so schnell wie das Tequilaglas eines Studenten. Also schöpfte ich den Froschlaich vorsichtig mit einem Eimer ab, um anschließend das Leck zu stopfen, und kümmerte mich nicht weiter darum. Ich ging für drei Monate nach San Francisco. Es liegt auf der Hand, dass es in diesem Jahr keine Frösche gab. Eliza nahm es auf ihre Weise auf: »Daddy hat die Frösche mit nach Amerika genommen.« Ich kam mit einem Sonnenbrand, aber ohne Frösche zurück, und meine Tochter versuchte nicht, ihre Enttäuschung zu verbergen. »Wann kommen die Frösche zurück?«, fragte sie betrübt.

Kurz nach dem Zweiten Weltkrieg verfasste George Orwell einen Essay mit dem Titel »Gedanken über die gemeine Kröte« (1946), der davon handelt, wie er Amphibien in London beobachtet. Heute liest er sich merkwürdig. Orwell scheint sich dafür entschuldigen zu wollen, dass er ein derart »sentimentales« Sujet gewählt hat. »Aus Erfahrung weiß ich, dass ein Passus in einem meiner Artikel, der auf meine Liebe zur Natur hindeutet, entrüstete Zuschriften zur Folge hat.« Er weiß es zu schätzen, dass der Frühling immer noch da ist, um die Menschen zu erfreuen: »In den Arsenalen türmen sich die Atombomben immer höher, Polizei patrouilliert durch die Städte, eine Flut von Lügen entströmt den Lautsprechern, aber unbeirrt umkreist die Erde die Sonne, und alle Diktatoren und Bürokraten, so sehr sie den Vorgang missbilligen, sind nicht imstande, ihn zu verhindern.«

Heute ist vieles anders. Im Gegensatz zu Orwell müssen wir uns nicht mehr dafür entschuldigen, die Natur zu lieben. Und wir haben nicht länger die Gewissheit, dass die Natur in ihrer bisherigen Form bestehen bleiben wird. Die Jahreszeiten wechseln sich noch immer ab, doch ihre Bedeutung verändert sich mit jedem Jahr. Es mag übertrieben klingen, aber unser Teich, aus dem die Frösche verschwunden waren, erschien mir wie ein Mikrokosmos, der zeigt, was wir unserem Planeten antun. Ich wollte nicht, dass meine Töchter es mitansehen müssen.

Ich bin ein ungeschickter Gärtner, der besser darin ist, Pflanzen zu kaufen als sie zu beschneiden. Bei dem Versuch, das Leck in der Plastikauskleidung des Teichs zu finden, war ich gescheitert. Endlich fand ich zwei Löcher, nicht größer als eine Katzenpfote. Ich klebte sie zu. Im folgenden Frühjahr war der Froschlaich wieder da.

Ich sah zu, wie sich die ersten Kaulquappen freischwammen. Ich spürte, wie die Natur zurückkehrte. Die Kaulquappen entwickelten Augen, dann Beine. Sie erklommen die Steine und fielen rücklings hinunter, weil ihre Schwänze so schwer waren. Ich weiß nicht genau, wie oder was sie lernten. Doch während ich zusah, wie die kupferbraunen Fröschlein sich in unserem zugewucherten Garten versteckten, verspürte ich die wohltuende Gegenwart von Tieren. Ich wollte mehr davon.

❖

Hennen sind wärmer als man denkt. Ich halte den Karton in meinen Händen und kann die Hitze spüren, die von ihren Körpern ausgeht. Ich schaue hinein und sehe zwei Hennen, beide braun, groß und etwas zerrupft. Die Haut an ihren Bürzeln ist gerötet und entzündet.

Ich zögerte und machte Ausflüchte, als es darum ging, ob wir zwei Hühner adoptieren sollten. Dann wagte ich den Sprung ins kalte Wasser, aus mehreren Gründen: Erstens waren es eierlegende Hennen, deren Produktivität nachließ. Sie sollten geschlachtet werden, deshalb lag die Latte für meine Eignung als Hühnerhalter ziemlich niedrig. Ich dachte, dass meine Töchter, die Vegetarierinnen und keine Veganerinnen sind, zumindest lernen sollten, wo die Eier herkommen. Außerdem, überlegte ich, wenn die Corona-Pandemie noch länger andauerte, würden wir alle etwas Gesellschaft zu schätzen wissen. Ich hatte schon davon gehört, dass Leute sich in ihre Hühner verliebt haben. Mein naivster Gedanke war vielleicht, dass die Menschen, die meine Hühner kennenlernen würden, anschließend weniger Hühnchen essen würden.

Also gab ich eine absurde Summe für einen Hühnerstall aus und setzte meinen Namen auf die Liste des British Hen Welfare Trust, einer Initiative zur Rettung von Hennen.

Für zwei Hennen soll ich sechs Pfund spenden. An einem Sonntag fahre ich mit Eliza und Cleo zu einem Bauernhof im Norden von London. Wegen der Abstandsregeln haben wir ein Zeitfenster von zehn Minuten bekommen. Als wir ankommen, regnet es so stark, dass uns auch sechzig Sekunden reichen. Ich nehme den Karton, stelle ihn in den Kofferraum, und lehne das Angebot ab, ein weiteres Huhn als Zugabe zu bekommen.

Erst als wir wieder zuhause sind, kann ich mir die Hennen näher anschauen. Ihre Krallenfüße sind respekteinflößend. Jemand muss sie aus dem Karton heben und vorsichtig auf den Boden stellen, ohne ihre fragilen Knochen zu beschädigen. Mir ist klar, dass ich es nicht sein werde.

Susie verdreht die Augen. »Du hättest erwähnen können, dass du Angst vor Hühnern hast«, sagt sie, während sie unsere Hennen in ihr neues Zuhause setzt.

Eliza nennt ihre Henne Patilda, Cleo nennt die andere Kakiyaki. Am nächsten Tag, es ist ein Sonntag, scheint es Patilda nicht gut zu gehen. Sie hockt einfach nur so da, ihr Kamm hat sich zur Seite gelegt. Kakiyaki pickt ein paar Mal angriffslustig nach ihr. Susie versucht, ihr Wasser zu geben, mit einer Pipette, die wir für die Medizin der Kinder verwenden, doch Patilda zeigt kein Interesse.

Eliza entgeht nicht, dass Patilda krank ist. Am Montag, bevor sie in den Kindergarten geht, vertauscht sie die Namen der Vögel, sodass ihr nun das gesunde Huhn gehört. Cleo ist zu jung, um zu bemerken, dass sie hereingelegt wurde. Die Erleichterung dauert nicht lang. Ich habe noch nie eine emotionale Verbindung zu einem Huhn gespürt, doch wie Kakiyaki, vormals Patilda, so zusammengekauert auf der hölzernen Hühnerstange sitzt, wirkt ihre Körpersprache auf mich nicht viel anders als die eines kranken Menschen. Ich verbringe eine Stunde damit, einen Tierarzt zu finden, der bereit ist, ein Huhn behandeln. Endlich bekomme ich einen Termin in einer meilenweit entfernten Praxis. Doch Kakiyaki schafft es nicht.

Susie findet die Henne auf dem Boden des Hühnerstalls. Sie hat aufgehört zu existieren, ist verendet, vor ihren Schöpfer getreten. Die Initiative zur Rettung von Hennen fragt, ob wir die Hälfte unserer Spende zurückerstattet haben wollen. Doch im Gegensatz zu John Cleese in Monty Pythons Papageiensketch fühle ich mich nicht übervorteilt. Ich fühle mich schlecht, und Susie auch. Weil es dem Huhn in seinen letzten Stunden so elend ging, und wir ihm nicht helfen konnten. Kakiyaki war ein lebendiges Wesen, und wenn es anders gekommen wäre, könnte sie immer noch unter uns sein. »Arme Kleine, und dabei hätte sie jetzt ein schönes Leben außerhalb des Käfigs führen können«, sagt eine nette Frau von der Initiative. »Manchmal werden sie einfach nicht damit fertig, freigelassen zu werden, und dann sterben sie.« Ich nehme das tote Huhn mit zum Tierarzt, wo ein wartender Hundebesitzer sich das Grinsen nicht verkneifen kann. Mir dämmert, dass ich 15 Pfund für etwas ausgegeben habe, das man unter anderen Umständen als Barbecue bezeichnen würde. Wir erzählen Eliza und Cleo, dass Kakiyaki wieder zurück auf dem Bauernhof ist.

Patilda gedeiht. Ihr wachsen neue Federn, in Braun und Weiß. Sie ignoriert Crumbles vergebliche Versuche, ihr aufzulauern. Sie rennt im Garten herum wie ein Kind auf dem Spielplatz – kratzt hier herum, hockt sich dort hin. Sie nimmt ein Staubbad in unserem Kräuterbeet. Bald hat sie sich den Garten zu eigen gemacht. Dann will sie die Küche erkunden. Ich habe immer gedacht, Hühner wollen im Freien herumlaufen, jetzt wird mir klar, dass sie auch ein Reihenhaus wollen. Patilda wartet, bis die Hintertür offen steht, um uns dann auf dem Weg zur Türschwelle davonzulaufen. Sie delektiert sich an den Krümeln, die unter den Stühlen der Kinder auf dem Boden liegen. Wenn ich im Wohnzimmer an meinem Laptop sitze, kommt sie und pickt ans Fenster.

Ich kann nicht behaupten, Patilda wäre das ideale Haustier. Eliza und Cleo sind enttäuscht, dass sie keine Eier legt. Mehr noch, sie pickt nach ihnen, bis die beiden Mädchen fast nur noch damit beschäftigt sind, so schnell wie möglich vom Hühnerstall wegzulaufen. Wenn ich im Garten sitze, nähert sich Patilda von hinten. Meine Augenlider zucken, meine Muskeln sind angespannt. Warte ich darauf, dass sie nach mir hackt? Oder gehe ich weg? Ich gehe natürlich weg. Patilda ist nur ein Huhn, aber ich bin ein Feigling.

Trotzdem ist Patilda ein Wunder. Sie ist neugierig und entschlossen, sie stellt alle anderen Vögel in den Schatten, die jemals in unserem Garten waren. Was für eine lächerliche Idee, Tiere wie sie in kleinen Gehegen zu halten, denke ich. Was für ein alberner Gedanke, dass ihr Verstand und ihre Gefühle nur eine Nebenrolle spielen, wenn wir sie verzehren. Ich gewöhne mich daran, dass sie nach mir pickt, und es macht mir Spaß, Gemüseblätter für sie beiseite zu legen. Wir kaufen ihr eine bessere Streu, die sie mag. Und einen Spiegel, der ihr nicht gefällt.

Und dann, Mitte September, verändert sich Patildas Verhalten. Bislang hat sie sich bei Sonnenuntergang zum Schlafen in einen der drei Nistkästen zurückgezogen. Nun versteckt sie sich im Garten. Ein paar Nächte verbringt sie in dem großen Bambusbusch. Ich säubere die Nistkästen und kaufe ein Spray, für den Fall, dass sie von Milben befallen ist. Eines Abends kann ich Patilda nirgends finden. Es ist schon spät, und ich hoffe, dass es ihr gut geht.

Am Morgen schaue ich durch die Vorhänge von Elizas Zimmer und sehe einen weiß-braunen Fleck auf dem Rasen. Ich weiß sofort, dass es Patildas zusammengesunkener Körper ist. Ich war immer der Meinung, dass Hühner draußen leben sollten, selbst wenn das bedeutet, dass ein Fuchs sie holen kann. Natürlich bedaure ich, dass das geschehen musste. Natürlich wünschte ich, ich hätte sie in dieser Nacht eingesperrt. »Niste in Frieden« lautet der Kommentar auf der Facebookseite der Hühnerfreunde.

Irgendwann kann man seinen Kindern nichts mehr vormachen. Der Zeitpunkt kommt schneller, als man denkt. Kinderbücher und -filme sind voller grausamer Begebenheiten aus der Tierwelt. Füchse fressen Schweine und Hühner, Wölfe fressen Jungen und Mädchen. Einige Wochen vor Patildas Ableben war Susies Großmutter gestorben. Ein Todesfall in der Familie hat uns auf den Tod eines Haustiers vorbereitet, nicht andersherum. An diesem Morgen beim Frühstück sagen wir den Mädchen die Wahrheit – dass Patilda von einem Fuchs gerissen wurde. »Füchse fressen Hühner«, sagt Eliza, und ich denke, sie hat es verstanden. »Wird sie jetzt unter der Erde leben, so wie die Füchse?«, fragt sie dann, und ich bin mir nicht mehr so sicher. Dann weint Eliza und ich nehme sie in den Arm, doch meine Umarmung gilt auch Patilda, der Henne, die nie auf dem Arm genommen werden wollte.

»Ist Patilda jetzt traurig?«, fragt Eliza. Ich beiße die Zähne zusammen und denke an die kopflose Henne, die in einer Tüte vor der Küchentür liegt. »Das glaube ich nicht«, sage ich. Wir kochen Porridge und hören uns eine Geschichte an. Zwei Monate lang waren wir eine Familie mit einem Huhn. Jetzt nicht mehr.

Bestimmt denken manche Leute, ich sei ein dummer, nachlässiger Hühnerhalter gewesen. Das habe ich mir selbst auch vorgeworfen, das können Sie mir glauben. Doch selbst wenn wir das Leben unserer zwei Hennen nicht sehr verlängern konnten, stelle ich mir gern vor, dass Patilda zumindest einige glückliche Monate in der Sonne verbracht hat. Wir haben ihr Freiheit, Leckerbissen und genügend Platz gegeben. Ich war für Patildas Tod verantwortlich. Aber sind wir nicht alle verantwortlich für das Schicksal der Tiere, über das wir durch unsere Lebensweise bestimmen?

Jeder Mensch findet seinen eigenen Weg, um mit anderen Lebewesen in Verbindung zu treten, für mich waren es die Hennen. Patilda war weder ein Nutz- noch ein Haustier. Sie war einfach ein fühlendes, einzigartiges Wesen. Es fällt einem leicht, beeindruckende Tiere zu lieben, die in fernen Ländern leben – wie Elefanten, Jaguare oder Koalas. Doch es ist etwas anderes, die Bedeutung eines anderen Lebewesens anzuerkennen, das nicht ganz so schön und gelegentlich auch ein bisschen lästig ist. Heute essen wir Hühner, früher haben wir Amseln gegessen. Wir müssen nicht weiterhin Nutztiere züchten. Wir können uns dazu entscheiden, anders zu leben. Hühner sind wärmer, als man denkt, und Menschen auch.

❖

Tiere zu achten, heißt nicht nur, andere Spezies zu bestaunen. Sondern über sie nachzudenken und uns selbst zu hinterfragen. Für mich besteht der »Animal Test« aus drei Schritten: Als erstes müssen wir prüfen, ob uns Tiere wirklich am Herzen liegen. Das trifft zu. Auf jeder Nachrichtenseite kann man täglich eine Story über eine wundersame Begebenheit finden, die sich in der Natur zugetragen hat. Wer staunt nicht darüber, dass ein Polarfuchs die 3506 Kilometer lange Strecke von Norwegen bis nach Kanada in nur 76 Tagen zurückgelegt hat? Oder dass Hummer *Social Distancing* betreiben, indem sie kranke Artgenossen erkennen und sie meiden? Als ich mit diesem Buch begann, kannte ich Leute, die sich für Pandas, Kängurus, Papageien und andere charismatische Spezies begeisterten. Heute weiß ich, dass es Leute gibt, die sich genauso für Hühner, Motten und Libellen begeistern können. Die Mehrheit der Amerikaner ist dafür, Nutztiere fair zu behandeln, und die Mehrheit der Europäer glaubt, dass Fische Schmerz empfinden. Eine beträchtliche Minderheit der Amerikaner und Briten ist dagegen, dass Tiere zum Testen von Medikamenten verwendet werden, die Menschen nützen könnten. Eins haben wir richtig gemacht – wir lieben Tiere.

Der zweite Schritt besteht darin, festzustellen, ob wir auch danach handeln. Offensichtlich nicht. Wir plündern unseren Planeten aus und verursachen damit immenses Leid bei anderen fühlenden Lebewesen. Wir entziehen vielen Wildtieren die Lebensgrundlage und bringen uns damit selbst in Gefahr. Die Ressourcen der Erde sind begrenzt. Je mehr Platz wir beanspruchen, desto weniger bleibt für die Wildtiere. Ein Unternehmensberater vom Mars wäre entsetzt über unsere Bilanzen. Liebe hat ihre Grenzen. Es ist wie mit dem Hackbraten: Wir sagen, aus Liebe seien wir zu allem bereit – nur darauf können wir nicht verzichten. Doch auf den Hackbraten und andere Tierprodukte zu verzichten, kostet uns nur wenig und bringt den Tieren immensen Nutzen.

Wir glauben, unser Fleischverzehr sei traditionsbedingt und risikolos. Tatsächlich stellt er eine Gefahr dar. Was die Umwelt betrifft, fahren wir mit voller Geschwindigkeit, ohne absehen zu können, was uns hinter der nächsten Kurve erwartet. Wenn wir unseren Konsum von Fleisch und Milchprodukten nicht einschränken – nicht nur ein wenig, sondern stark –, wird es uns nicht gelingen, den Klimawandel in den Griff zu bekommen, und wir verurteilen hunderttausende Arten zum Aussterben. Eine Zukunftsvision besteht darin, Löwen und Giraffen in einigen wenigen Naturparks zu erhalten. Eine andere besagt, dass ein noch größerer Anteil von Tieren in der menschlichen Sphäre leben wird, wie Stadtfüchse und Präriekäuze. »Die Leute denken, die Domestizierung sei vor langer Zeit geschehen. Aber wir sind immer noch dabei«, sagt Naomi Sykes von der Exeter University. »Irgendwann wird es nur noch Hunde, Katzen, Füchse und Tauben geben.« Das ist zwar eine bewusste Übertreibung, doch sie sollte uns nachdenklich stimmen.

Das Schwierigste am »Animal Test« war nicht, Schafsinnereien in einem Schlachthof zusammenzukehren oder erstickte Ferkel im Stroh einzusammeln, obwohl ich beides nicht empfehlen kann. Es war die Konfrontation mit Menschen, die Tiere lieben, aber sich weigern, die naheliegenden Konsequenzen zu ziehen. Die meisten von uns haben gelernt, Tiere in Kategorien einzuteilen, um unser Verhalten ihnen gegenüber zu rechtfertigen: Einige Tiere dienen als Nahrung, andere als Haustiere, wieder andere sind majestätische Wesen, die es wert sind, gerettet zu werden. Uns werden ständig Gelegenheiten geboten, um zu erkennen, dass diese Kategorien Unsinn sind, doch meistens kneifen wir davor.

Der dritte Schritt des »Animal Test« ist die Frage, ob es einen besseren Weg gibt. Ja, ganz offensichtlich. Wenn wir unser Ernährungssystem umstellen, eröffnen sich neue Möglichkeiten für unsere Beziehung zu Tieren. Wir sollten Wildgebiete schützen und wiederherstellen und den Klimawandel unnachgiebig bekämpfen. Wir sollten erkennen, dass wir nicht dazu fähig sind, für die Zufriedenheit von Zootieren zu sorgen, oder Hunde in sonderbaren Formen und Größen zu züchten, ohne ihre Gesundheit zu beeinträchtigen. Unsere Tierliebe wird immer auch irrational sein. Wir bemühen uns, unsere Mitmenschen fair zu behandeln und niemanden aufgrund seines Geschlechts oder seiner Ethnie zu diskriminieren. Bei anderen Lebewesen scheint uns das kaum zu gelingen. Wir begeistern uns für Pandas, weil sie flache Gesichter mit großen Augen haben und aufrecht sitzen können. Aus evolutionären Gründen fürchten wir uns vor Schlangen; vor Moskitos sollten wir uns definitiv fürchten. Tierliebe bedeutet nicht, alle Tiere gleichermaßen zu schätzen, wie es in einer Personalabteilung Vorschrift ist. Doch wenn wir erkennen, welche Gemeinsamkeiten unterschiedliche Tiere haben – beispielsweise dass Krähen sensibel, intelligent und anpassungsfähig wie Schimpansen sind, oder dass Ameisen ebenso wie Otter eine wichtige Rolle in Ökosystemen spielen – kann unsere Vorliebe für bestimmte Arten auf andere abfärben.

Unser Hang zur Empörung ist ebenfalls oft irrational. Die sozialen Medien werden auch weiterhin über Jäger herfallen, obgleich der Verlust von Lebensraum weitaus mehr Tiere tötet als die Jagd. Wenn die Menschen etwas gegen ökologisch bedenkliche Freizeitunternehmungen tun wollen, sollten Kreuzfahrten ganz oben auf der Liste stehen. Die Öko-Touristen, die an einer Kreuzfahrt in die Antarktis teilnehmen, verursachen achtmal mehr Treibhausgase als der durchschnittliche internationale Tourist. Es ist bemerkenswert, dass die meisten von ihnen sagen, sie glaubten nicht, dass ihre Reise Einfluss auf den Klimawandel habe, wie eine Studie von 2010 belegt. Die Trophäenjäger leisten zumindest einen finanziellen Beitrag zum Naturschutz.

Einige Tierrechtsaktivisten wird man niemals von den Vorteilen überzeugen können, die die Jagd für den Naturschutz bietet. Doch womöglich werden sie akzeptieren, dass es andere, deutlich wirksamere Methoden gibt, um das Leid von Tieren zu verringern und die Tierpopulationen zu vergrößern. Seit dem 19. Jahrhundert konzentriert sich die Tierschutzbewegung vor allem auf den Aspekt der Grausamkeit – auf die vorsätzlich schlechte Behandlung durch den Menschen. Was die Tiere heute tatsächlich fürchten müssen, ist nicht Grausamkeit, sondern Gedankenlosigkeit. Wir sehen nur das, was sich direkt vor unseren Augen abspielt. Wir unterschätzen die Auswirkungen, die Fleischverzehr und Flugreisen auf den Klimawandel haben.

Es ist Zeit, die alten Kategorien aufzugeben und die Tiere stattdessen in Übereinstimmung mit unseren eigenen Werten zu behandeln. Ein Wert ist unser Bestreben, anderen kein Leid zuzufügen. Das heißt, dass alle Tiere, die Schmerz empfinden können – Affen, Vögel, Fische, Insekten – berücksichtigt werden müssen. Sie besitzen komplexe, natürliche Bedürfnisse, die wir vermutlich nicht verstehen. Nur weil sie unter sehr unterschiedlichen Bedingungen überleben können – in Farmen, Zoos und Laboratorien – bedeutet das nicht, dass sie ein gutes Leben führen. Die meisten Besucher verbringen weniger als zwei Stunden im Zoo, dennoch gehen sie davon aus, dass die Tiere nicht unglücklich sind, wenn sie zwei Jahrzehnte dort verbringen müssen. Wenn wir das natürliche Verhalten der Tiere verhindern, wenn wir sie Stress oder plötzlichem Tod aussetzen, verhalten wir uns überheblich. Die Tatsache, dass Schweine gut schmecken, oder dass wir schon als Kinder Milch getrunken haben, kann kein Argument sein. Eines Tages werden wir vielleicht eine solide Grundlage dafür haben, den Stellenwert von Kühen, Hühnern, Lachsen und Schweinen moralisch mit unserem gleichzusetzen. Heute muss es genügen, uns darüber zu einigen, dass wir ihnen weit weniger Leid zufügen sollten.

Ein weiterer Wert besteht darin, zuzulassen, dass Tiere existieren können. Der moderne Mensch strebt nicht nach Herrschaft. Wir streben nach Gerechtigkeit. Wir müssen die Tiere unterbringen – in unseren Städten, unseren Landwirtschaftsbetrieben und in Wildgebieten. Die Matsigenka, die im peruanischen Amazonasgebiet leben, verstehen, dass Tiere den Wald brauchen, so wie Menschen ihr Dorf. Der Wald ist »keine natürliche, sondern eine soziale Ordnung«, erzählte mir der Anthropologe Glenn Shepard, der sich mit den Matsigenka befasst hat. Wenn wir endlich begreifen, dass Tiere soziale Beziehungen eingehen und ein Bewusstsein haben, wird es uns schwerer fallen, ihnen ihren Lebensraum zu nehmen. Wenn wir auf Tierprodukte verzichten, sei es als Nahrung, Kleidung oder anderes, werden wir eher dazu fähig sein, ihre Bedürfnisse anzuerkennen.

Ich begann, dieses Buch zu schreiben, weil ich nach klaren Antworten suchte: Haben Nutztiere ein gutes Leben? Würde ein Zootier lieber in Freiheit leben? Oder auch: Wie viele Hirsche gibt es in den Vereinigten Staaten? Manchmal gibt es eindeutige Antworten: Natürlich braucht ein trächtiges Schwein genügend Platz, um sich umdrehen können. Dann wieder ist die lebendige Welt zu komplex, um fundierte Aussagen treffen zu können. Und Fragen können nur partiell beantwortet werden: Zebrafische *scheinen* ein Bewusstsein zu haben, Zuchtnerze *scheinen* sich in Gefangenschaft zu langweilen, unterstützte Migration *könnte* funktionieren.

Als ich mich in Schottland versehentlich auf einen von Donald Trumps Golfplätzen verirrte, traf ich einen Mann, der seinen Angelladen aufgegeben hatte, weil die Lachsbestände ganz plötzlich geschrumpft waren. Forscher bemühten sich, die Ursache dafür zu finden, doch er hatte nur Verachtung für sie übrig. »Sie werden immer noch forschen, wenn der letzte Fisch verschwunden ist«, grummelte er. Ich frage mich, ob wir noch immer über das Wohl der europäischen Zooelefanten nachdenken werden, wenn das letzte Exemplar gestorben ist. Oder ob wir noch immer die gesundheitlichen Nachteile des Labradoodles abwägen werden, wenn diese Züchtung längst ihre Beliebtheit eingebüßt hat. Ohne die jüngere Forschung hätten wir niemals die Gefahr erkannt, die bestimme Pestizide für die Bienen darstellen, oder die Bedrohung, die der Klimawandel für die gesamte Tierwelt bedeutet. Doch genauso häufig werden wir mit Ungewissheiten konfrontiert. Diese Ungewissheiten mahnen uns zur Vorsicht – warum sollten wir Fische und Oktopusse züchten, wenn es doch sehr wahrscheinlich ist, dass sie leiden werden? Sie ermahnen uns auch, demütig zu sein.

Man kann nicht über Tiere schreiben, ohne die Erkenntnis, das man selbst eines ist. Dieser Prozess ist irritierend. Er durchdringt Erziehung und Kultur. Er zwingt mich dazu, über mich selbst als Exemplar einer Spezies nachzudenken, die sich innerhalb einer kurze Phase der Erdgeschichte entwickelt hat und deren Schicksal untrennbar mit vielen anderen Lebewesen verbunden ist. Immer, wenn ich darüber nachgedacht habe, wie Tiere auf faire Weise leben und sterben können, gab es einen Subtext: Sie werden alle irgendwann sterben, und wir auch. Im Vergleich zu Oktopussen haben wir ein langes Leben; Eishaie können wiederum bis zu fünfhundert Jahre alt werden. So oder so müssen wir akzeptieren, was Harry Greene, ein Schlangenexperte und einer der klügsten Naturschutzbiologen der Welt, gesagt hat: »Der Kosmos kümmert sich nicht um individuelles Leben.« Eine Theorie besagt, dass das Nachdenken über Tiere zu weniger Mitgefühl führt, weil sie uns unsere eigene Sterblichkeit vor Augen führen. So ist es mir nicht gegangen. Die Erkenntnis, dass unsere Zeit auf diesem Planeten nur kurz bemessen ist, sollte uns viel eher dazu ermutigen, mitfühlend zu sein und das, was wir haben, für zukünftige Generationen zu erhalten.

Ich habe mich selbst als Tier erkannt, aber ich habe auch eingesehen, dass der Mensch ein sehr spezielles Tier ist. »Im Vergleich zu vielen anderen Tierarten sind wir erstaunlich kooperativ«, sagt Alex Taylor von der Auckland University. Wir besitzen die einzigartige Fähigkeit, zu planen und kulturelle Anpassungen an unsere Kinder weiterzugeben. An jedem Tag, den ich mit meinen Töchtern verbringe, kann ich das beobachten – nicht so sehr die erstaunliche Kooperation (das dauert vermutlich noch ein bisschen), aber das Weitergeben von Kultur. Doch es ist ein Geben und Nehmen. Meine Versuche, meinen Töchtern beizubringen, wie sie mit Tieren umgehen sollen, haben dazu geführt, dass auch ich meine Gewohnheiten verändert habe. »Ist die Schnecke jetzt froh oder traurig?«, fragte Eliza, als ich versuchte, die Rote Bete zu retten, die wir zusammen gepflanzt hatten. In diesem Prozess habe ich genauso viel von ihnen gelernt wie sie von mir.

In diesem Buch geht es hauptsächlich darum, was wir falsch machen. Aber ich hoffe auf eine Zukunft, in der die Menschen die Gemeinsamkeiten erkennen, die sie mit den Tieren haben – in der wir weniger Tiere besitzen und uns mehr darum kümmern, ihnen einen Platz an unserer Seite einzuräumen. Wenn ich in einem Satz sagen sollte, wie ich mir unsere Beziehung zu Tieren vorstelle, dann vermutlich so: Die vorsätzliche Domestizierung von Tieren hat uns in eine Sackgasse geführt, wir müssen sie wieder der Wildnis überantworten.

❖

Im Winter 2019 traf ich eine Frau namens Amanda Millar, die einen Teil ihres Hauses in ein Fledermaus-Hospiz verwandelt hatte. Sie war der Ansicht, dass verwundete Fledermäuse einen Ort bräuchten, wo sie sich erholen oder ihre letzten Tage verbringen könnten. »Wenn man sich in ihre Lage versetzt, wird einem klar, dass man auch nicht sterben wollen würde, nur weil man einen Arm verloren hat«, erzählte sie mir, nicht ohne hinzuzufügen, dass sie natürlich nicht wüsste, was die Fledermäuse dächten. Sie gibt 1500 Pfund im Jahr für die Würmer aus, mit denen sie ihre Fledermäuse füttert. »Wenn ich eine von ihnen in der Dämmerung freilasse, kann ich manchmal beobachten, wie sie sich zu anderen Fledermäusen gesellt und sie gemeinsam herumfliegen. Das rührt mich zu Tränen«, sagte sie.

Die Fledermaus-Bestände in England haben sich verringert, was daran liegt, dass immer mehr Wälder und Insekten verschwinden. Millar brachte mich mit einer Gruppe von Fledermaus-Freunden in Kontakt, die die örtlichen Populationen beobachten und sich für Hilfsmittel wie Fledermaussteine einsetzen, in denen die Tiere nisten können und die ihnen das Leben etwas einfacher machen. Es ist ein Versuch, einen Ausgleich dafür zu schaffen, dass es uns bislang nicht gelungen ist, grundlegende Veränderungen in unseren Städten und in unserer Landwirtschaft vorzunehmen.

Ich bin mit der Gruppe auf eine Erkundungstour gegangen, die uns in einen Eisenbahntunnel ins südlich von London gelegene Sussex führte. Wir wanderten im Halbdunkel herum und beleuchteten die Ziegelmauern mit unseren Taschenlampen. Die Fledermäuse sind klein. Manche von ihnen, die sich in Mauerspalten zusammendrängten, waren kaum als Fledermäuse erkennbar. Es waren nicht besonders viele, wir sahen vielleicht ein Dutzend. Die Teilnehmer waren etwas besorgt – vielleicht war der Winter etwas zu warm, und zu wenige überwinterten hier – doch als wir wieder gingen, waren alle zufrieden, und ich auch. Unterwegs sprachen wir über das schlechte Renommee, das Fledermäuse in der Öffentlichkeit genießen, was nicht nur an den Dracula-Filmen, sondern auch daran liegt, dass sie als Krankheitsüberträger gelten. Auch wenn ich wusste, dass Fledermäuse Träger des SARS-Virus waren, hatte ich in Amandas Hospiz oder in dem Tunnel nicht den Eindruck, dass die natürliche Welt in der Übertragung von Krankheiten eine wesentliche Rolle spielt. Wir wussten damals nicht, dass in chinesischen Krankenhäusern bereits die ersten Opfer des Coronavirus behandelt wurden.

Das Coronavirus ist eine Parabel für das absurde Verhalten der Menschen. Wenn nichtmenschliche Lebewesen eine Krankheit hätten erfinden wollen, um uns eine Lektion darüber zu erteilen, wie falsch wir uns verhalten, hätten sie sich kaum etwas Effektiveres ausdenken können. Heute wissen wir, was Zoonosen sind und wie die Zerstörung von Ökosystemen und die Ausrottung von Raubtieren, die die Träger von Krankheitserregern kontrollieren, ihre Verbreitung begünstigt hat. Tatsächlich wussten wir das schon vorher, wir haben es nur verdrängt. Im Mai 2010 kam die Obama-Administration zu dem Schluss: »Der Klimawandel und pandemische Erkrankungen bedrohen die Sicherheit ganzer Regionen und die Gesundheit und Sicherheit der amerikanischen Bürger.« Genau zehn Jahre später belief sich die Zahl der Amerikaner, die am Coronavirus gestorben waren, bereits auf 100000 Personen – und diese Zahl sollte leider noch weiter ansteigen.

Während ich dies schreibe, ist der Ursprung der Pandemie noch nicht hinreichend geklärt. Sie führte dazu, dass überall auf der Welt Zuchttiere auf wenig humane Weise getötet werden mussten. Aber auch dazu, dass in China der Verkauf von Wildtieren zum Verzehr verboten wurde (jedoch nicht zur Arzneimittelherstellung), und dazu, dass Hunde wieder als Haus- und nicht als Zuchttiere gelten. In den Niederlanden wurde ein Verbot von Nerzfarmen zur Pelzgewinnung forciert, nachdem man herausfand, dass die Nerze Covid-19 übertragen können. Außerdem führte die Pandemie dazu, dass weltweit weniger Treibhausgase emittiert wurden, doch auf eine denkbar gesellschaftsschädigende Weise. Der Tourismus und die Trophäenjagd, auf die viele Naturschutzgebiete finanziell angewiesen sind, erlebten einen starken Rückgang. Wichtige internationale Konferenzen zu Klimawandel und Biodiversität wurden in das Jahr 2021 verlegt. Auch unser Alltag veränderte sich: In den stillen Tagen des Lockdowns konnten wir die Vögel singen hören und uns mehr auf die Natur einlassen. Wir konnten uns fragen, ob unser ruheloser Aktionismus tatsächlich nötig ist. Der Wohlstand, den wir geschaffen haben, hat uns nicht unverwundbar gemacht; unser betriebsames Leben könnte ein jähes Ende haben. Wenn wir jetzt nicht begreifen, wie fragil unsere Existenz ist, wann dann? Viele Menschen konnten endlich mehr Zeit mit ihren Hunden verbringen oder adoptierten Tiere, allerdings ohne groß über die Hundezucht oder die Auswirkungen auf das Ökosystem nachzudenken. Wir erkannten, wie sehr wir in spiritueller Hinsicht auf Tiere angewiesen sind: Die BBC strahlte eine Sondersendung von *Planet Erde* aus, um »die allgemeine Stimmung zu heben«. Unsere Abhängigkeit ließ sich auch physiologisch nachweisen. Alle Medikamente, die zur Behandlung von Covid-19 verwendet wurden, sind an Tieren getestet worden. Zahlreiche klinische Versuchsreihen zu potenziellen neuen Behandlungsmethoden verwenden zur Kontrolle Zellkulturen, die vor einem Jahrzehnt einer Grünen Meerkatze entnommen wurden. Mäuse, Schweine und Rhesusaffen wurden benutzt, um neue Impfstoffe zu entwickeln. Hamster wurden mit medizinischen Masken ausgestattet, um festzustellen, ob die Gesichtsbedeckung einen Einfluss auf die Verbreitung des Virus hat. Das Rennen nach einem Impfstoff lenkte die Aufmerksamkeit kurzzeitig auf die missliche Lage der Pfeilschwanzkrebse, deren Blut dazu verwendet wird, Arzneimittel sicherer zu machen.

Ich habe nach wie vor die Hoffnung, dass wir der natürlichen Welt mehr Demut entgegenbringen. Es hängt von uns selbst ab. Das Coronavirus hat uns gezeigt, dass wir uns vor den Auswirkungen unserer Naturzerstörung nicht abschotten können. Außerdem müssen wir begreifen, dass es keinen Normalzustand gibt, zu dem wir zurückkehren können, nur eine Reihe von widersprüchlichen, unhaltbaren Maßnahmen. Es gibt keinen Grund, anzunehmen, dass dies die schlimmste Pandemie war, der wir in unserem Leben begegnet sind. Immer mehr Krankheiten überspringen die Artenbarriere. Wir könnten in ein Zeitalter der Pandemien eingetreten sein. Der Klimawandel wird es Krankheitserregern ermöglichen, sich in neuen Teilen der Erde auszubreiten. Außerdem müssen wir uns – angesichts von Extremwetterphänomenen und steigendem Meeresspiegel – Sorgen darüber machen, dass unsere Erde unbewohnbar werden wird. Für Millionen von Tieren ist sie bereits unbewohnbar geworden. Tiere erinnern uns nicht nur an unsere evolutionäre Vergangenheit. Sie ermahnen uns auch, an unsere Zukunft zu denken. Wir sind die schlauste Spezies der Erde; warum beharren wir darauf, gleichzeitig die dümmste zu sein?

Der Naturschutzbiologe Anthony Waldron von der Cambridge University spricht von einem »konzeptionellen Hinterhof« – der aus den Tieren besteht, die wir persönlich oder durch Bücher, Fernsehen und soziale Medien kennen. Für die meisten von uns gehören auch unsere Haustiere dazu, einige Bilderbuchdarstellungen von Bauernhöfen und Naturdokumentationen. Der einfachste Weg, um unser Verhalten gegenüber Tieren zu verändern, besteht darin, diesen konzeptionellen Hinterhof zu erweitern, während wir gleichzeitig die Quadratmeter reduzieren, die wir vereinnahmen. Selbst in den belebtesten Städten kann man überall Tiere antreffen.

Als Kind lernte ich, Pandas und Tiger zu bewundern. Mit meinen eigenen Töchtern lerne ich heute, überall in der Natur Schönheit zu entdecken. Während ich diese letzten Worte schreibe, turnt meine Katze über die Tastatur, und eine Elster flattert geschäftig vor meinem Fenster herum. Eben ist eine Biene hereingeflogen. Wenn wir unsere Augen und unseren Geist öffnen, erkennen wir, dass wir nicht allein auf diesem Planeten sind. Wir sollten nicht länger so tun, als wären wir es.

Was Sie tun können

1. Hören Sie auf, Fleisch zu essen. Selbst mit den besten Intentionen ist es unmöglich, nur Fleisch zu essen, das von »guten« Bauernhöfen stammt. Und selbst dort werden die Tiere physisch an ihre Grenzen getrieben und haben kaum eine Chance, naturgemäß zu leben. Ist der Geschmack von Fleisch es tatsächlich wert, dieses Ausmaß an Leid und Umweltverschmutzung zu tolerieren? Das ganze System ist verrottet. Veganes Essen nicht.

2. Verzichten Sie auf Molkereiprodukte. Menschen sind keine Kälber, sie sind nicht auf Milch anderer Lebewesen angewiesen, und Molkereiprodukte für den Massenverbrauch können nicht tierwohlgerecht produziert werden. Indem Sie Molkereiprodukte weglassen, reduzieren Sie ihren ökologischen Fußabdruck vermutlich noch mehr als durch den Fleischverzicht. Sie können damit anfangen, im Restaurant ein veganes Gericht zu bestellen: Wenn man auswärts isst, hat man am wenigsten Kontrolle darüber, was man isst, und die veganen Gerichte schmecken oft am besten.

3. Essen Sie weniger Fisch. Versuchen Sie, Fisch zu kaufen, der aus umweltverträglichen, kleinen Fischereibetrieben stammt. Noch besser wäre es, wenn Sie sich auf Meeresfrüchte beschränken, die nachhaltig sind und nicht leiden – gezüchtete Miesmuscheln, Austern und Venusmuscheln.

4. Erkunden Sie die Natur. Gehen Sie Zelten oder Vögel beobachten. Oder auf die Jagd (nach Rotwild, nicht nach Vögeln). Lassen Sie die natürliche Welt auf sich wirken und werden Sie zornig darüber, dass wir sie zerstören. Die Lebewesen um uns herum – Frösche, Krähen, Libellen, Füchse – sind ebenso schön wie jedes Zootier, und ihr Verhalten in freier Wildbahn ist weitaus faszinierender.

5. Oder lassen Sie es gut sein. Tiere fair zu behandeln heißt nicht, sie lieben zu müssen. Es heißt nur, anzuerkennen, dass auch ihr Leid eine Rolle spielt. Dazu brauchen Sie nicht von Ihrem Sofa aufzustehen.

6. Gleichen Sie die Ausgaben für Ihr Haustier aus: Geben Sie genauso viel für den Schutz einer anderen Spezies aus. Spenden Sie an eine Naturschutzorganisation. Kleben Sie Aufkleber an die Fenster, damit die Vögel nicht gegen die Scheiben fliegen. Legen Sie Habitate für Frösche und Bienen an.

7. Verkleinern Sie Ihren ökologischen Fußabdruck. Wir verdrängen die Wildtiere von unserem Planeten. Bitten Sie Ihre Freunde, Ihnen nur Gebrauchtes zum Geburtstag zu schenken. Verzichten Sie auf Flugreisen. Erfreuen Sie sich an Dingen, die nicht in großen Kartons kommen; oder an Dingen, die gar keine sind.

8. Sagen Sie Ihren Kindern die Wahrheit. Wir sollten aufhören, so zu tun, als ob alles so bleiben muss, wie es ist. Oder als ob wir Tiere nicht anders behandeln könnten. Wir sollten unsere Kinder nicht daran gewöhnen, Fleisch zu essen, Milch zu trinken und übermäßigen Konsum zu betreiben. Schließlich ist es ihre Welt, die wir sabotieren. Kinder zu haben, kann einen dazu bewegen, sich zu verändern. Wir haben uns vieles vorzuwerfen – geben wir den Kindern die Gelegenheit, uns zu zeigen, wie es besser geht.

Was wir gemeinsam tun können

1. Aufklärung darüber verlangen, wo Fleisch und Kleidung herkommen. Die Menschen sollten wissen, wie Tierprodukte hergestellt werden. Milch, Leder, Hühnchen und Zuchtlachs sind vier Beispiele dafür, dass die Konsumenten im Dunklen gelassen werden. Transparenz führt zu höheren Herstellungsstandards. Für Hühner und Schweine in Massenzuchtbetrieben könnte das ganz konkret mehr Sonnenlicht bedeuten. Das Ziel sollte sein, die Massentierhaltung, in der Grausamkeit und Verschwendung vorherrschen, ganz abzuschaffen.

2. Für veganes Essen werben. Die Menschen essen mehr Fleisch in Restaurants, weil es auf der Speisekarte steht. Kantinen in Schulen und Behörden sollten ebenso viele vegane Gerichte anbieten wie Fleisch und Fisch. Regierungen sollten den Flächenverbrauch regulieren und Landwirtschaftssubventionen einführen, um möglichst umweltverträgliche, tierwohlgerecht produzierte Nahrungsmittel zu fördern.

3. Nationalparks gründen und Tiere dort ansiedeln. Uns bleibt noch Zeit, 30 oder sogar 50 Prozent der Länder und Meere in Schutzzonen umzuwandeln, aber wir müssen jetzt handeln. Auf diese Weise könnten wir die Tierpopulationen unseres Planeten gesund erhalten. Außerdem würden wir damit unser eigenes Wohlbefinden sowie den

Tourismus fördern. Falls Sie ein Milliardär sind, gibt es keinen besseren Weg, um Ihr Geld auszugeben. Falls nicht, können Sie immer noch einer Initiative beitreten und Projekte unterstützen. Wir brauchen große Reservate, die durch Korridore miteinander verbunden sind, damit die Tiere landwirtschaftlich genutzte und urbane Gebiete durchwandern können. Wir sollten die Tierarten wieder ansiedeln, die vorangegangene Generationen verdrängt haben. Wenn der lokalen Bevölkerung dadurch Nachteile entstehen, sollte sie anständig entschädigt werden.

4. Kindern die Natur nahebringen. Wir lieben Tiere, bevor wir in die Schule kommen, danach müssen wir es wieder neu lernen. Wir sollten unseren Kindern vor Augen führen, wie die Natur arbeitet und wie unausgewogen unser Verhältnis zu anderen Spezies ist. Auch die Schulen könnten mehr tun und Naturgeschichte auf den Stundenplan setzen. Doch vor allem müssen wir unsere Kinder so oft wie möglich mit nach draußen nehmen – in Schulgärten, Parks und Moorgebiete. Sie können sich nur für etwas einsetzen, das sie kennen.

5. Zoos kritischer und ethisches Jagen weniger kritisch sehen. Die Zoos von heute geben ein verzerrtes Bild der Natur wieder, und die Tiere führen ein unerfreuliches Leben. Zoos sollten sich darauf fokussieren, Tiere in freier Wildbahn zu schützen, indem sie Zuchtprogramme und Landerwerb unterstützen. Die Jagd sollte nicht verteufelt werden, wenn sie Geld für den Naturschutz erwirtschaftet, und wenn zu große Bestände von Rot- und Schwarzwild und anderen Tieren die Ökosysteme gefährden.

6. Die Treibhausgasemissionen reduzieren. Der Klimawandel ist eine ernste Bedrohung. Wir müssen unsere Häuser isolieren, Kohle und Gaskraftwerke abwickeln, unser Transportwesen elektrifizieren und vieles mehr. Unser Ziel sollte bei netto Null im Jahr 2040 liegen. Das kann nur gelingen, wenn wir darauf achten, dass wir uns bei

den nächsten Wahlen für eine Partei mit ökologischen Kompetenzen entscheiden. Je eher wir uns von fossilen Brennstoffen verabschieden, desto geringer fällt der Schaden aus, den wir anderen Spezies zufügen – und uns selbst.

Dank

Es braucht ein Dorf, um ein Kind aufzuziehen, und noch eines, um ein Buch zu schreiben, daher bin ich mittlerweile einem ganzen Ballungsraum verpflichtet. Meine Agentin Carrie Plitt von Felicity Bryan Associates überzeugte mich, dass ich zu diesem Thema etwas schreiben könnte, und stand mir dabei mit gutem Rat zur Seite. Ich hatte das Glück, zwei hervorragende Lektoren zu haben: Bea Hemming von Jonathan Cape in London und Paul Slovak von Viking in New York. Ihre Instinkte waren ausnahmslos besser als mein eigener.

Mein Bericht beruht auf der Großzügigkeit vieler Forscher, Aktivisten und anderen, darunter Dan O'Neill, David MacDonald, Tiana Claussen, Alex Taylor, David Williams, Alex Lockwood, Georgia Mason, Lynne Sneddon, Jonathan Birch, Cwyn Solvi, Luke Steele, Will Travers, Tim Ashton und Yuichiro Kanematsu. Viele andere Menschen waren so freundlich, ihre Geschichten mit mir zu teilen, wie Tiere ihr Leben beeinflusst haben.

Dank an Susannah Gibson, Alexander Lees, Darragh Hare, Hugh Costello, Miles King, James Crabtree, Seb Falk, Ed Wethered, Jonathan Mance, Meghan Murray-Pepper, Glen Goodman, Edward Davey und David Hancocks, der die ersten Entwürfe gelesen und mir wertvolles Feedback gegeben hat. Holly O'Donnell übernahm den Faktencheck. Für eventuelle Fehler bin ich selbst verantwortlich.

Meine Redakteure bei der *Financial Times*, vor allem Alec Russell, ermöglichten es mir, dieses Buch zu schreiben und versuchten, nicht allzu verblüfft auszusehen, als sie erfuhren, dass ich in einem Schlachthof arbeiten wollte. Ich hoffe, dieses Buch wird sie davon überzeugen, dass ich mich nicht für eine neue Karriere entschieden habe. Außerdem danke ich allen Mitarbeitern der British Library, die einer der großartigsten Orte in London ist, selbst wenn man dort 4,50 Pfund für einen veganen Donut bezahlen muss.

Ein spezieller Dank geht an meine Töchter Eliza und Cleo, die mich dazu gebracht haben, auf unerwartete Weise über Tiere nachzudenken, und an unsere Katze Crumble, weil sie eingewilligt hat, nicht ständig auf meinem Laptop zu liegen, sodass ich einige meiner Gedanken niederschreiben konnte. Und zu guter Letzt bin ich vertraglich dazu verpflichtet, meiner Frau Susie Braun zu danken, ohne die dieses Buch und so vieles andere niemals zustande gekommen wäre.

Quellen

Beim Verfassen dieses Buchs habe ich auf eine breite Auswahl an Büchern, Fachzeitschriften und Reportagen sowie meine eigenen Interviews zurückgegriffen. Hier folgen einige der Quellen, die ich besonders hilfreich oder unterhaltsam fand, sowie einige Vorschläge für eine weitere Lektüre.

Vorwort Mit der Rolle, die Tiere in der Geschichte der Menschheit und besonders bei der europäischen Kolonialisierung von Nordamerika gespielt haben, befasst sich Jared Diamond in *Arm und Reich – Die Schicksale menschlicher Gesellschaften* (dt. 1998). Frans de Waals *Mamas letzte Umarmung: Die Emotionen der Tiere und was sie über uns aussagen* (dt. 2020) beschreibt detailliert, was wir über die komplexen mentalen und sozialen Fähigkeiten anderer Lebewesen wissen, ebenso wie Jane Goodalls zahlreiche Forschungsberichte, wie beispielsweise *Ein Herz für Schimpansen: Meine 30 Jahre am Gombe-Strom* (dt. 2020). Adam Rutherfords *Eine kurze Geschichte von jedem, der jemals gelebt hat: Was unsere Gene über uns verraten* (dt. 2018) ist ein unterhaltsamer Überblick über das, was den Menschen einzigartig macht – oder auch nicht. Über die Trauer bei Elefanten schreibt Barbara J. King in *How Animals Grieve* (2014). Todd Feinberg und Jon Mallatts Theorie über das Bewusstsein von Wirbeltieren findet sich in *The Ancient Origins of Consciousness: How the Brain Created Experience* (2016).

Peter Singers *Animal Liberation – Die Befreiung der Tiere* (dt. 2015) ist eine unentbehrliche, fesselnde Lektüre für jeden, der sich für das Leid der Tiere interessiert. Mark Sagoff erklärt in seinem Essay »Animal Liberation and Environmental Ethics: Bad Marriage, Quick Divorce« von 1984, warum Tier- und Naturschützer dazu prädestiniert sind, sich zu streiten. Die Details über Peter Scotts Leben stammen aus Elspeth Huxleys Biografie *Peter Scott: Painter and Naturalist* (1995). Zu Charles Darwin habe ich Jane Brownes zweibändige Biografie *Voyaging* (1996) und *The Power of Place* (2007) hinzugezogen.

Die Studie von 1977 über die Käufer von Strumpfhosen heißt »Telling more than we can know: Verbal reports on mental processes« und stammt von Richard Nisbett und Tomothy Wilson. *Why We Love and Exploit Animals: Bridging Insights from Academia and Advocacy* (2019), herausgegeben von Kristof Dhont und Gordon Hodson, liefert zahlreiche Belege für unser widersprüchliches Verhalten gegenüber Tieren.

Eine kurze Geschichte der Menschen und anderer Tiere Das wohl beste Buch darüber, wie sich die westliche Einstellung gegenüber Tieren entwickelt hat, ist *Man and the Natural World: Changing Attitudes in England 1500–1800* (1983) von Keith Thomas. Großbritanniens historischen Flirt mit dem Veganismus beschreibt Tristram Stuart in *The Bloodless Revolution: A Cultural History of Vegetarianism: From 1600 to Modern Times* (2008). Die Behauptung, Vegetarier seien impotent, findet sich in *The Vegetarian Crusade: The Rise of an American Reform Movement, 1817–1921* (2013) von Adam D. Shprintzen.

Mit der Hundezucht befasst sich Harriet Ritvo in *The Animal Estate: The English and Other Creatures in the Victorian Age* (1987). John Hostettlers Biografie von Lord Erskine heißt *Thomas Erskine and Trial by Jury* (2010). Norm Phelbs *The Longest Struggle: Animal Advocacy from Pythagoras to PETA* (2007) behandelt die wichtigsten Entwicklungen und Tendenzen im Tierschutzaktivismus.

Die Geschichte von Alexander von Humboldt, dem Entdecker, der Charles Darwin inspirierte, kommt in diesem Buch zwar nicht vor, wird aber wunderbar dargestellt in Andrea Wulfs Biografie *Alexander von Humboldt und die Erfindung der Natur* (2016).

1. Schlachthaus-Regeln Yuval Noah Hararis *Eine kurze Geschichte der Menschheit* (dt. 2015) ist das Buch, das mich zum Veganer machte. Lori Marino beschäftigt sich mit den geistigen Fähigkeiten von Tieren, so auch in ihrem Essay »Thinking Chickens: A Literature Review of Cognition, Emotion, and Behavior in the Domestic Chicken«, veröffentlicht in *Animal Cognition* (2017). Ich habe mehrere Berichte über Massentierhaltung verwendet, darunter Ingvar Ekesbos *Farm Animal Behaviour: Characteristics for Assessment of Health and Welfare* (2018). Ramachandra Guha schreibt über Ghandis Versprechen an seine Mutter in *Ghandi: The* Years *that Changed the World, 1914–1918* (2019). Die Daten zum Landverbrauch von Nutztierhaltung sind leicht zugänglich unter www.ourworldindata.org/global-land-for-agriculture. Für den ökologischen Fußabdruck, den Fleisch und Milchprodukte hinterlassen, siehe: www.ourworldindata.org/food-choice-vs-eating-local. Allgemeine Daten zur Landwirtschaft stammen aus den Datenbanken der UN Food and Agricultural Organization (FAO). Der Bericht *Creating a Sustainable Food Future*, den das World Resources Institute 2019 veröffentlichte, skizziert den Weg in eine bessere Zukunft. Das Rangliste der US-Unternehmen von der Humane Society findet sich unter www.humanesociety.org/resources/food-industry-scorecard.

2. Eine Welt ohne Fleisch Anthony Bourdain bringt seine Verachtung für Vegetarier in *Geständnisse eines Küchenchefs: Was Sie über Restaurants nie wissen wollten* (dt. 2003) zum Ausdruck, ein Buch, das selbst Veganer einfach lieben müssen. Bee Wilsons *Essen lernen: Wo unsere Ernährungsgewohnheiten herkommen und wie wir sie ändern können* (dt. 2017) befasst sich damit, wie man Kindern beibringen kann, gut zu essen. Nachdem ich alle meine alten Kochbücher weggeworfen hatte, entdeckte ich *A Modern Way to Cook: Über 200 vegetarische und vegane Rezepte für jeden Tag* (dt. 2015) von Anna Jones und *Täglich vegetarisch: Die schönsten Rezepte aus dem River Cottage* (dt. 2013) von Hugh Fearnley-Whittingstall für mich.

Die Statistik, die besagt, dass 99 Prozent der Nutztiere in den USA in Massentierhaltung leben, stammt vom Science Institute und basiert auf dem US Census of Agriculture. Das Biomasse-Kohlenstoff-Übergewicht von Nutztieren gegenüber wildlebenden Tieren stammt aus »The Biomass Distribution on Earth« von Yinon M. Bar-On, Rob Phillips und Ron Milo, *PNAS* (2018). Der Ökonom Jayson Lusk hat über den *Vote Buy-Gap* geschrieben.

3. Der Ozean verliert immer Callum Roberts *Der Mensch und das Meer: Warum der größte Lebensraum der Erde in Gefahr ist* (dt. 2013) beschreibt die verheerenden Auswirkungen der modernen Fischerei. Helen Scales *Im Auge des Schwarms. Von Fischen, dem Meer und dem Leben* (dt. 2020) befasst sich mit der erstaunlichen Welt der Fische. Statistiken über die globale Fischindustrie stammen aus dem FAO-Bericht *State of the World Fisheries and Aquaculture*. Warum diese Zahlen unzureichend sind, erklären Daniel Pauly und Dirk Zeller in ihrem Aufsatz »Catch reconstructions reveal that global marine fisheries catches are higher than reported and declining«, *Nature Communications* (2016), sowie Rashid Sumaila et al., »Illicit trade in marine fish catch and its effects on eco-systems and people worldwide«, *Science Advances* (2020). Die Statistiken über Thunfischbestände stammen von der ICCAT. Die IUCN Red List Database erfasst auch den Schutzstatus von Meerestieren. Alison Moods Einschätzung der Anzahl der Fische, die zur Nahrungsgewinnung getötet werden, findet sich unter www.fishcount.org.uk. Robert Elwood schreibt über das Schmerzempfinden von Wirbellosen in *The Welfare of Invertebrate Animals* (2020), herausgegeben von Claudio Carere und Jennifer Mather. Zur Unwirtschaftlichkeit von Fischfarmen siehe www.feedbackglobal.org. Zu Oktopussen und ihren erstaunlichen Fähigkeiten siehe Peter Godfrey-Smith, *Der Krake, das Meer und die tiefen Ursprünge des Bewusstseins* (dt. 2019) sowie Sy Montgomery, *Rendezvous mit einem Oktopus: Extrem schlau und unglaublich empfindsam: Das erstaunliche Seelenleben der Kraken* (dt. 2019). Über die Auswirkungen des Klimawandels auf die Weltmeere informiert der *IPCC-Sonderbericht über die Ozeane und die Kryosphäre in einem sich wandelnden Klima* (2019).

4. Ferien für Psychopathen WildCRU, das Forschungsteam von der Oxford University, das den Löwen Cecil mit einem GPS-Sender ausstattete, hat einen großen Beitrag zur Grundlagenforschung über die Trophäenjagd geleistet, siehe www.wildcru.org. Die veränderte Demografie der US-amerikanischen Jäger stammt aus dem *National Survey of Fishing, Hunting and Wildlife-Associated Recreation* (2016).

Aldo Leopolds Naturschutzethos hat den Wandel der Zeiten erstaunlich gut überstanden, siehe dazu *The Essential Aldo Leopold* (2000), herausgegeben von Curt Meine und Richard L. Knight, sowie Julianne Lutz Newton, *Aldo Leopolds Odyssey* (2008). Douglas Brinkley beschreibt in *The Wilderness Warrior: Theodore Roosevelt and the Cru-*

sade for America (2010) Roosevelts Haltung zu Naturschutz und Jagd sowie seine Begegnung mit einem gefesselten Bären.

Lorna Marshalls *Nyae Nyae !Kung Beliefs and Rites* (2000) sowie Jacques Lizots *Tales of the Yanomami: Daily Life in the Venezuelan Forest* (1991) berichten vom Leben indigener Gesellschaften.

5. Die Arche der Geschichte Nigel Rothfels, *Savages and Beasts: The Birth of the Modern Zoo* (2008) sowie Eric Baratay und Elizabeth Hardouin-Fugier, *Zoo. Von der Menagerie zum Tierpark* von (dt. 2000) behandeln die Entstehungsgeschichte moderner Zoos. Zum Londoner Zoo siehe J. Barrington-Johnsons *The Zoo: The Story of London Zoo (2005)* und Takashi Itos *London Zoo and the Victorians, 1828–1859* (2020). Ian Jared Millers *The Nature of the Beasts: Empire und Exhibition at the Tokyo Imperial Zoo* (2013) erzählt die Geschichte des Zootier-Massakers im Zweiten Weltkrieg.

Colin Tudges *Letzte Zuflucht Zoo* (dt. 1998) beschreibt, welche Rolle Zoos noch vor einer Generation gespielt haben. Einen Eindruck davon, wie viel schlechter es damals um das Tierwohl bestellt war, vermittelt die erhellende BBC-Dokumentation *The Ark*, die Anfang der 1990er-Jahre im Londoner Zoo gedreht wurde.

Ros Clubb et al. untersuchen die Langlebigkeit von Elefanten in ihrem Aufsatz »Compromised Survivorship in Zoo Elephants«, *Science* (2008). Dalia Conde et al. bewerten die Auswirkungen von Zoos auf den Naturschutz in »An Emerging Role of Zoos to Conserve Biodiversity«, *Science* (2011); Andrew Balmford et al. nehmen dazu Stellung in »Zoos and Captive Breeding«, *Science* (2011).

Zu den aktuellen Problemen von Zoos und den Angaben, wie viel Prozent ihrer Einnahmen US-amerikanische Zoos für den Naturschutz ausgeben, siehe Ben A. Minteer, Jane Maienschein und James Collins (Hrsg.), *The Ark and Beyond: The Evolution of Zoo and Aquarium Conservation* (2018).

6. Nichts als Fußspuren Als ich in Kolumbien lebte, las ich mit Begeisterung John Hemmings *Tree of Rivers: The Story of the Amazon (2012).* **Ciro Guerras Film** *Embrace of the Serpent* **(2015)** ***bringt einem den Zauber des Regenwaldes nahe.***

William M. Adams *Against Extinction* (2004) zeichnet die Geschichte des Naturschutzes nach. Die Rote Liste Datenbank der IUCN ist für jeden einsehbar auf: www.iucnredlist.org. Zu den Statistiken, wie viele Land- und Meeresgebiete geschützt sind, siehe www.protectedplanet.net. Friederike C. Bolam et al. bewerten die Rolle des Naturschutzes bei der Erhaltung von Tierarten in »How many bird and mammal extinctions has recent conservation action prevented?«, *Conservation Letters* (2020). Der Living Planet Index des WWF ist einsehbar unter: https://livingplanet index.org/home/index.

George Montbiots *Verwildert: Die Wiederherstellung unserer Ökosysteme und die Zukunft der Natur* (dt. 2021) hat das Interesse für Renaturierung in Großbritannien angefacht. Der Vorschlag von Josh Donlan und seinen Kollegen, Schimpansen, Löwen und Elefanten in den USA anzusiedeln, findet sich in »Re-wilding North America«, *Nature* (2005). Douglas Tompkins' Geschichte wird lebendig erzählt in Andrés Azócar *Tompkins. El millonario verde (2017)*. Für Updates zu E. O. Wilsons Half-Earth-Kampagne siehe: www.half-earthproject.org.

Für Belege, dass *land sparing* besser für die Biodiversität ist als *land sharing,* siehe Matthew Scott Luskin et al., »Study context shapes recommendations of land-sparing and sharing; a quantitive review«, *Global Food Security* (2017). Einen nuancierteren Überblick über die Lage in Europa bietet Tom Finch et al., »Bird conservation and the land-sharing-sparing continuum in farmland-dominated landscapes of lowland England«, *Conservation Biology* (2019).

Das Dilemma, in dem wir uns gegenwärtig befinden, wird zusammengefasst in Elizabeth Kolberts *Das sechste Sterben: Wie der Mensch Naturgeschichte schreibt* (dt. 2016) sowie Bill McKibbens *Die taumelnde Welt. Wofür wir im 21. Jahrhundert kämpfen müssen* (dt. 2019). Dave Goulsons *Und sie fliegt doch: Eine kurze Geschichte der Hummel* (dt. 2016) befasst sich mit der Schönheit und Fragilität der Bienen. Wie Bienen den Konflikt zwischen Menschen und Elefanten in Kenia schlichten können, erfährt man auf www.elephantsandbees.com.

7. Es geht nicht um den Hund Es gibt verschiedene ausgezeichnete Bücher über unsere Beziehung zu Haustieren, darunter John Bradshaws *The Animals Among Us* (2017), Alexandra Horowitz' *Gemischtes Doppel: Unsere Hunde und wir* (2020) und Hal Herzogs *Wir streicheln und wir essen sie: Unser paradoxes Verhältnis zu Tieren* (dt. 2012).

Andrew Rowan hat die globale Hundepopulation veranschlagt, siehe: www.wellbeingintl.org. Zu den Schwierigkeiten, bestimmte Tiere in Gefangenschaft zu halten, siehe Catherine Toft und Timothy Wrights *Parrots of the Wild: A Natural History of the World's Most Captivating Birds* (2015) und *The UFAW Companion Animal Handbook* (2018), herausgegeben von James Yeates. Clare Palmers Aussagen stammen aus ihrem Buch *Animal Ethics in Context* (2010).

8. Gott spielen Helen Pilchers *Life-changing: How Humans are Altering Life on Earth* (2020) ist eine brillante Darstellung, wie umfassend wir das Leben der Tiere beeinflusst haben, absichtlich oder auch nicht. Ben A. Minteer befasst sich mit einigen der philosophischen Dilemmata in seinem nachdenklichen Buch *The Fall of the Wild: Extinction, De-Extinction and the Ethics of Conservation* (2018). Emma Marris' *Rambunctious Garden* (2013) belegt auf eloquente Weise, warum die Natur nicht so statisch ist, wie wir gelegentlich meinen. Martin Rees' Gedanken stammen aus *Unsere Zukunft. Perspektiven für die Menschheit* (dt. 2020); Toby Ord erforscht die Möglichkeit, dass die Menschen aussterben, in *The Precipice: Existential Risk and the Future of Humanity* (2020).

Schlussbemerkung: Die Schöne und das Biest Das Zitat von Harry W. Greene stammt aus seinem Memoir *Tracks and Shadows: Field Biology* as an *Art* (2016). Wenn einem die Aufgabe, unser Verhältnis zur Natur zu verändern, über den Kopf zu wachsen droht, sollte man *Hope in the Dark (2016)*, Rebecca Solnits inspirierenden Bericht über die Kraft des Aktivismus, lesen.

Personen- und Sachregister